云南绿春县哈尼族
语言使用现状及其演变

The *Status Quo* and Evolution of Language Use of the Yunnan Lüchun Hani Nationality

戴庆厦　主编

Edited by　Dai Qingxia

作者　戴庆厦　李泽然　邓凤民
　　　余成林　白居舟　李春风
　　　张　鑫　戴宗杰　李文琪

Authors　Dai Qingxia　Li Zeran　Deng Fengmin
　　　　Yu Chenglin　Bai Juzhou　Li Chunfeng
　　　　Zhang Xin　Dai Zongjie　Li Wenqi

商务印书馆
创于1897　The Commercial Press

2012年·北京

图书在版编目(CIP)数据

云南绿春县哈尼族语言使用现状及其演变/戴庆厦主编.
—北京:商务印书馆,2012
(新时期中国少数民族语言使用情况研究丛书)
ISBN 978-7-100-09346-0

Ⅰ.①云… Ⅱ.①戴… Ⅲ.①哈尼语—语言调查—调查研究—绿春县 Ⅳ.①H254

中国版本图书馆 CIP 数据核字(2012)第 177085 号

YÚNNÁN LǛCHŪNXIÀN HĀNÍZÚ YǓYÁN SHǏYÒNG XIÀNZHUÀNG JÍQÍ YǍNBIÀN
云南绿春县哈尼族语言使用现状及其演变
戴庆厦 主编

商 务 印 书 馆 出 版
(北京王府井大街36号 邮政编码 100710)
商 务 印 书 馆 发 行
北京瑞古冠中印刷厂印刷
ISBN 978-7-100-09346-0

2012年12月第1版 开本 787×1092 1/16
2012年12月北京第1次印刷 印张 20½ 插页 4
定价:58.00元

调查组成员在云南绿春县阿者洛马村合影

（从左至右：白居州、戴宗杰、邓凤民、李春风、戴庆厦、张鑫、余成林、李泽然）

目　录

Contents

第一章　绪　论

本书是中央民族大学"985工程"创新基地语言中心"中国少数民族语言国情调查"系列丛书之一。本章主要介绍立题缘由和调查方案，目的在于帮助读者更好地理解本书所罗列的材料和所要论述的观点。

第一节　立题缘由

在我国现代化建设进程中，必须科学地、客观地、与时俱进地认识国情。国情包括的内容是多方面的，上至民族、人口、资源、经济、文化、教育等状况，下至山村、河流、人物、疾病等情况。语言是交流思想、传递信息的工具，又是文化、科学的载体和联络民族感情的媒介，国家的建设和发展以及和谐社会的构建，须臾都不能离开语言。因而，语言国情在国情中占有重要的地位。

语言国情调查既有理论价值又有应用意义。在理论价值上，它对社会科学理论建设和发展都能提供语言方面的信息。从语言国情的反光镜中，能够看到语言背后国家内部存在的许多特点。对于语言学科来说，由于语言国情包括共时和历时两方面的特点，因而语言国情的研究对共时语言学、历时语言学的深入研究都能够提供新的认识。在应用意义上，一个国家的语文方针政策的制定，必须建立在对语言国情科学认识的基础上，也就是说，语言国情调查有助于国家语文方针政策的制定。从这个意义说，语言国情调查是民族语文工作不可缺少的一个方面。

在我们这样一个多民族国家里，由于民族特点不同，语言国情必然会存在不同的类型。比如，北方语言和南方语言的语言国情不同，人数多的民族语言和人数少的民族语言的语言国情不同，聚居民族语言和杂居民族语言的语言国情不同，跨境语言和非跨境语言的语言国情不同，等等。因此，要开展不同类型的语言国情调查研究，才能获得我国语言国情的总体认识。

哈尼语属汉藏语系藏缅语族彝缅语支语言。哈尼族主要分布在云南省红河哈尼族彝族自治州，此外还分布在西双版纳傣族自治州、普洱、墨江、元江、江城一带，人口143.97万人(2000)。哈尼族又是一个跨境民族，在泰国、越南、老挝、缅甸等国也有分布。哈尼语的使用情况是我国少数民族语言使用情况的一种类型，它不同于北方那些有传统民族文字又大片聚居的民族语言，又不同于南方那些人口较少或与其他民族交错杂居的民族语言。弄清哈尼语的语言使用国情及其现状，在语言学研究中会有一定的理论意义和应用价值。这是本书立题的缘由。

红河州绿春县是一个哈尼族聚居的县。全县总人口230879人(2010年)，其中哈尼族人口有201850人，占87.4%，遍布全县8乡1镇。单一少数民族人口在一个县中能够占如此高的比例，在我国民族地区是少见的。绿春县的语言生活和社会活动，都离不开哈尼语，哈尼语是强势语言。哈尼语与全国的通用语——汉语，构成绿春语言生活互补和谐的两支乐章。这两支乐章究竟是如何和谐谱成，需要我们去认识、去理解。

哈尼语的使用现状如何？有多少人还能稳定使用自己的母语，其兼用通用语汉语的情况如何？在现代化进程中，哈尼语的社会功能有哪些变化，应当从中得到哪些启示？目前哈尼文使用情况究竟如何，遇到哪些困难和问题？哈尼族使用母语和兼用语的现状，是由哪些因素决定的？对今后哈尼语语言功能的变化应做何预测？这些问题是本书所要力求回答的。

第二节　调查方案

根据语言调查的一般原理，并根据哈尼族的具体情况，调查组对本次调查的原则、路线、手段、方法做了设计，并在后来的田野调查中通过具体实践又逐步做了补充修正。

一、调查实施的原则

本课题着力于第一线的田野调查，以第一线调查的资料作为形成认识的依据。为此，我们课题组深入到绿春县的一些村寨，具体观察哈尼语是如何在哈尼族生活中使用的。看不看，听不听，大不一样。绿春哈尼语虽然是一种强势语言，但它的强势表现在哪里，我们不能说清楚。而当我们进入了坡头寨的哈尼人家，看到哈尼人的男女老少都在用哈尼语交谈，连在城市工作多年的哈尼人，来到这个场合也不由自主地使用哈尼语，似乎没有别的选择，这些具体的场面让我们初步领会了它的强势所在。还有，在农贸市场，我们看到有些汉族、彝族、瑶族也在熟练地使用哈尼语。原来以汉族为主的大兴寨，现在已变为哈尼族的小聚居区，广泛通行着哈尼语。绿春县城仅有的一条三公里长、东西走向的大街，沿街不时看到穿艳丽民族服饰的哈尼妇女，听到哈尼语的问候和交谈。若不到村寨看一看，不到街头走一走，就难以获取这种感性知识，也不可能在这些感性知识的基础上上升为理性认识。

语言功能的特点是复杂的，不同人的认识也不会完全相同。所以，如何从各种不同的现象和观点中提炼出代表本质特点的认识，是语言国情调查必须遵守的原则。否则，就容易为表面现象或先入为主的意见所遮掩，甚至形成错误的判断。比如：对母语的态度，有的人为了子女将来的升学，就会发表“母语无用论”的观点；而有些人虽主张重视母语，但又不能正确认识母语和通用语的关系。究竟怎样认识母语和通用语的关系，这不是能够轻易认识到位的。所以，我们在听取意见时，必须结合哈尼族的现状、历史走向和根本利益，科学地认识母语和通用语的辩证关系。

必须坚持根据语言事实说话。事实是第一性的，由事实形成的观点是第二性的。所以语言国情调查，必须防止用空泛的理论来代替生动活泼的语言事实。能下功夫做田野调查的语言学家都会有这样一个体会：广泛调查积累语言事实是最辛苦的事，而只根据少量的事实就发表议论是不太费力的。所以，我们课题组在整个调查过程中，始终强调要采取各种办法，去获取第一手资料，要求每个课题组成员都要真正掌握在田野调查中获取第一手资料的本领。

二、调查实施的手段和评判标准

(一) 关于选点

选点，这是国情调查的第一步。应当根据具体语言的特点选取有代表性的点。绿春哈尼族分布聚居，大多是聚居区，语言使用特点比较一致，只是城镇和中越边境的哈尼语使用情况有点不同。根据这个特点，我们按与县城距离的远近选取广吗寨、车里寨、坡头寨和大寨四个聚居点，希望通过这几个点的调查掌握绿春哈尼语使用的基本情况。其中将地处中越边境的车里寨作为调查点，是想通过它了解跨境哈尼语的语言使用特点。绿春县城哈尼族语言使用情况与农村不同，我们也选了一个点，对它进行系统调查。以上五个点，是我们这次调查的重点。除了上述重点外，我们还通过访谈、开座谈会、现场观察等方式对全县各地的哈尼语使用情况做一般性的了解，用于验证重点调查所得结论的可靠性。

(二) 关于语言能力等级的划分

语言国情调查的一个重要任务是要掌握居民的语言能力。语言能力的评判要有一个统一的、量化的标准，不能各有各的标准。所以，在调查之前，要制定好供大家共同遵守的语言能力等级划分的标准。

根据绿春哈尼族的具体情况，我们将语言能力等级划分为熟练、略懂、不会三个等级。三个等级的具体标准是：

1. 熟练：听、说能力俱佳；日常生活中能够自如地运用哈尼语进行交际。

2. 略懂：听、说能力均为一般或较差，或听的能力较强，说的能力较差；日常生活中以兼用语为主。

3. 不会：听、说能力均较为低下或完全不懂；已转用兼用语。

按照这个标准，我们对坡头寨、大寨、广吗寨、车里寨四个聚居点的 1015 户 5428 人，按户口本的登记进行了穷尽式的调查，全面地掌握了绿春县哈尼族语言使用的基本情况。

(三) 关于“四百词测试表”的制定

怎样在较短时间内有效地掌握哈尼族不同年龄段的语言使用能力，这是调查中必须考虑的一个方法问题。根据已有经验，通过四百词的测试，能够在较短时间内具体获取调查对象的语言能力状况。

课题组根据哈尼族语言的特点，从基本词汇中筛选出四百个词设计了“哈尼族（绿春）四百词测试表”（以下简称“四百词表”），作为语言能力的测试依据。

四百词都用国际音标标音。选词的标准以常用词为主，也收录少量难度较大的词。收入的有：

自然现象类的词，如“天、太阳、月亮、星星、风、雨、虹”等；

身体部位类的词，如“眼睛、鼻子、耳朵、肩膀、脚、手、手指、指甲”等；

人物称谓类的词，如“男人、妇女、朋友、爷爷、奶奶、女婿、孙子、哥哥”等；

动物类的词，如“马、山羊、猪、狗、鸡、鸭子、老虎、猴子、狗熊”等；

工具类的词，如“锄头、绳子、镰刀、耙、犁、簸箕、枪”等；

方位词类的词，如“旁边、左边、前边”等；

时间类的词，如“今天、明天、白天”等；

数词类的词，如“一、二、三、七、八、九、百”等；

量词类的词，如“个、粒、双”等；

代词类的词，如“我、我们、你、他、这、那”等；

形容词类的词，如“高、矮、长、短、远、近、厚、薄”等；

动词类的词，如“踩、炒、吃、出去、看、哭、买、卖、呕吐、杀、洗（头）”等。

有些青少年不很熟悉的词，如“锈、腰带、水獭、麂子、编（辫子）、溶化”等也收入，便于拉开语言能力的差异。

不收现代的外来借词，因为哈尼语已大量吸收了汉语借词，外来借词不能反映母语的水平。

不收对意义的理解容易发生分歧的词。如：不收“蘑菇”一词，因为哈尼语蘑菇种类很多，没有一个统称，测试中容易按个人的理解各说各的，影响测试的准确性。

（四）关于四百词测试的标准

对四百词掌握的水平应当有一个统一标准。我们将词的掌握能力分为四级：A、B、C、D。

A 级：能脱口而出的；

B 级：需想一想才说出的；

C 级：经测试人提示后方能想起的；

D 级：经提示仍想不起来的。

四百词测试综合评分标准定为“优秀、良好、一般、差”四级。具体是：

1. “优秀”级：A 级和 B 级相加的词汇达到 350 个以上的，即能较好地掌握哈尼语。

2. “良好”级：A 级和 B 级相加的词汇在 280—349 个之间的，即基本掌握哈尼语。

3.“一般”级:A级和B级相加的词汇在240—279个之间的,即哈尼语的使用能力出现轻度衰退。

4.“差”级:A级和B级相加的词汇在240个以下的,即哈尼语的使用能力出现严重衰退。

(五)关于语言能力年龄段的划分

不同年龄段的语言能力存在差异。一个调查点语言能力的判断要通过不同年龄段的统计来获得。不同的民族,由于文化教育、语言状况的不同,语言能力反映在年龄段上也会有所不同。依据哈尼语的特点,本书将年龄段划分为四段:

1. 少年段:6至19岁;
2. 青壮年段:20至39岁;
3. 中年段:40至59岁;
4. 老年段:60岁以上。

由于6岁以下儿童的语言能力不甚稳定,所以将统计对象的年龄划定在6岁(含6岁)以上。

三、调查实施的方法

(一)多学科综合法

语言国情调查除了语言外,还涉及与语言有联系的方方面面,如社会、民族、历史、地理、文化、教育、宗教等。为此,必须明确语言国情调查的使用方法是多学科综合法,即以语言学为主,吸取民族学、人类学、文化学、统计学等有关的知识和方法。

在调查中除了对语言使用情况和语言本体结构的变化进行调查外,还要有选择地调查与语言有关的情况。如:经济发展、文化教育、地理分布、家庭婚姻、宗教信仰、风俗习惯、人口流动、传统文化等。

(二)人物访谈法

选取有代表性的人物进行面对面的访谈,能够直接获得许多真实的、活生生的信息。被访者进入被调查的角色后,都会知无不言地把自己的观点、看法亮出来,我们能够从中提取有价值的“亮点”。通过具体人物访谈获取的各种情况、各种认识,具有文献价值。所以,人物访谈法是国情调查的一个必不可少的方法。

采访任何一个人,首先要重视的就是必须取得对方的信任和好感。特别是调查语言关系,做不到这一点,你就很难采访到真实的、有价值的材料。在采访时,调查组成员必须像知心朋友似的,与采访对象交谈,尊重他、理解他。

采访中,每一句问话的意思,都应当是非常明确的,能让对方容易理解。在问卷的设计上,要让被访者一下就明确你要了解的是什么。态度要热情,使两个人的交流要自由放松。

(三) 细心观察法

语言现象是复杂的，有表面和深层之分，甚至还会有假象和真相之分。对语言功能的认识，同一社群的人们往往会存在不同的认识。所以调查者在面对各种不同的现象和不同的认识时，必须通过现象的比较和现象的分析，获取能够反映语言本质规律的认识。

为此，我们调查组一直强调必须深入到使用语言的人群中去观察、采集第一手鲜活的语料。要深入群众的语言生活，细心观察语言和谐的表现。特别是语言活力，总是在使用现场中才得到真实的反映。除了访问、聊天外，课题组还要具体观察群众的语言生活。语言关系总是在人群的日常生活中得以体现，所以课题组在有人群交往的地方，尽可能地靠近他们，仔细观察他们是如何使用语言的。

在田野调查中，对语料的收集应当具有高度的敏锐性。不要让一个个鲜活的语言现象不经意地悄悄滑过。

我们强调在实践中进行理论思考，获取更多的理性认识。我们虽然强调理论的重要性，但我们坚持在语言事实的基础上进行理论概括。

(四) 及时总结经验，修改调查方案

语言国情调查是一个新课题，前人没有给我们留下系统的调查经验。所以，在调查方案的实施中，要及时总结经验，不断修改调查方案，使调查设计更贴近语言实际。

比如选点，来到绿春之前，我们原想要做县城周围的哈尼族大村寨的调查，但最后确定要做“四寨一镇”的调查，是我们来到绿春后经过一个星期的实地考察才最后确定下来的。对医院、农贸市场、宾馆、政府机关等处的哈尼语使用情况调查，也是我们来到绿春后才认识到其必要性的。

为此，调查期间，课题组几乎每天晚上都要开一次碰头会，交流调查心得和商讨解决存在的问题，并进一步修改、完善调查方案。

(五) 合作分工，各司其职

为了完成课题的总任务，课题组的工作总是按“一盘棋”的思想来设计如何分工、如何合作。具体是：下寨调查，大多是全体出动，共同完成一个寨的基本情况、语言能力的测试、访谈等方面的调查。但事先做了分工，有的负责村寨基本情况的整理，有的做量化的统计，有的负责专题的构思写作。每个人都必须明确自己的职责，按要求准时完成分给的任务。每人所完成的材料要交课题组统一修改(包括内容的删减、文字的加工等)。每个初稿往往要经过两次以上的修改才能达到定稿的要求。

我们规定全部的调查材料和初稿编写要在实地全部完成，不留尾巴。

四、关于调查阶段的划分

本次调查大致分为四个阶段：

（一）材料准备阶段（2011.5.1—7.23）。在北京做立题申请，选择确定课题组成员，搜集相关文献资料，制定调查词表和调查问卷，设计调查方案和经费预算，完成调查组成员的初步培训。

（二）田野调查阶段（2011.7.25—8.15）。通过深入哈尼族分布区，按计划进行调查，积累大量的第一手原始材料。并对收集到的材料加以分类，拟出写作大纲。

（三）完成初稿阶段（2011.8.3—8.12）。在调查过程中，边调查边整理材料并陆续写成初稿。

（四）统稿成书阶段（2011.8.12—8.30）。统一体例；对注释、图表、标点符号等加以规范；补齐内封内容。9月1日送交商务印书馆。

第二章　绿春县哈尼族概况

哈尼族是居住在我国西南边疆的一个少数民族，人口有 143.97 万人(2000 年)。主要分布在云南省红河哈尼族彝族自治州的红河、元阳、绿春、金平四县，普洱市(原思茅市)的墨江哈尼族自治县、江城哈尼族彝族自治县、普洱彝族哈尼族拉祜族自治县、西双版纳傣族自治州的勐海、景洪、勐腊，以及玉溪市的元江哈尼族彝族傣族自治县、新平彝族傣族自治县，此外，在峨山、建水、景东、景谷等地也有少量分布。其中红河州所属四县和普洱市的墨江县是主要分布区，约占哈尼族总人口的 70%左右。在越南、老挝、泰国、缅甸等国境内也有哈尼族分布，有的称“阿卡”(Akha)。

哈尼族有多种自称和他称，自称“哈尼”的居多，遍布于全县 8 乡 1 镇；自称“哈欧”的主要分布在大兴的岔弄、老边、马宗及三猛乡的桐珠、哈德等地；自称“期弟”、“阿松”的主要散居于牛孔、大水沟、大黑山 3 个乡；自称“果作”的主要分布在平河乡的车里、新寨、东哈、则东等地；自称“碧约”、“卡多”、“西摩洛”的主要分布在牛孔、大黑山、半坡、骑马坝等 4 个区；自称“白宏”的主要分布在大水沟乡。

哈尼族大多居住在海拔 1000—2000 米的半山腰，少数居住在河谷或山顶。最大村落近 400 户人家，最少的仅十几户。大兴镇和牛孔乡的牛孔河源头及其两岸和三猛乡的勐曼河两岸村落较密集，其他地方的村落都比较分散。村址一般选在当阳而有水、有山林的半山腰。哈尼族村寨，村前对着层层梯田，村后有一片参天大树，是村民祭祀寨神的地方，村子的另一面有一片空地，是过矻扎扎节(六月节)立秋千的场所。村寨周围一般生长着丛丛绿竹，寨子周围有一些零星菜园，栽种着芭蕉、蔬菜。水井离村不太远，或就泉筑塘、或开沟引水为井，现在有很多村子用上了自来水。

绿春县是哈尼族的主要聚居地之一，居住着哈尼、彝、瑶、拉祜、傣、汉等 6 个民族，是一个典型的边疆少数民族山区县。哈尼族人口占全县人口的 87.4%，遍布全县 8 乡 1 镇。哈尼族和彝族主要居住在能开垦梯田和栽种各种庄稼的牛孔河、勐曼河、渣吗河、坝沙河两岸及藤条河南岸、李仙江北岸的半山腰，主要从事水田和旱地耕作。瑶族和拉祜族散居于境内的深山老林中，主要从事采集和狩猎，也种植玉米、旱稻等。傣族聚居在骑马坝这个得天独厚的亚热带河谷，经济、文化较其他民族相对先进。最初迁入绿春的汉族多是小商小贩、工艺匠人。他们见多识广，选择交通较便利、人口较集中的地方居住，经营各种当地需要的行业。

第一节　绿春县概况

绿春县位于云南省南部，哀牢山南端，红河州西南部，东经 101°48′—102°39′、北纬 22°33′—23°08′之间。东依元阳、金平两县，北靠红河县，西邻墨江县，西南与江城县接壤，东南与越南社会主义共和国毗连，国境线长 153 公里，面积 3096.86 平方公里。距省会昆明市 446 公里、州府蒙自县 220 公里。距河口边境口岸、金平金水河口岸分别为 312 公里、132 公里。

绿春县原名“六村”，其含义指县城周边有 6 个哈尼村寨。1958 年建县时，周恩来总理根据县境内青山绿水、四季如春的特点，亲自将县名确定为“绿春”并沿用至今。现全县辖 8 乡 1 镇，81 个村委会，6 个社区，738 个村民小组，781 个自然村。

全县总人口 230879 人(2010 年)，有哈尼、彝、瑶、傣、拉祜、汉等 6 个世居民族，少数民族人口占总人口的 98.7%，其中哈尼族人口有 201850 人，占 87.4%，是全国少数民族人口比例最高的县份之一。参见图 1—1。

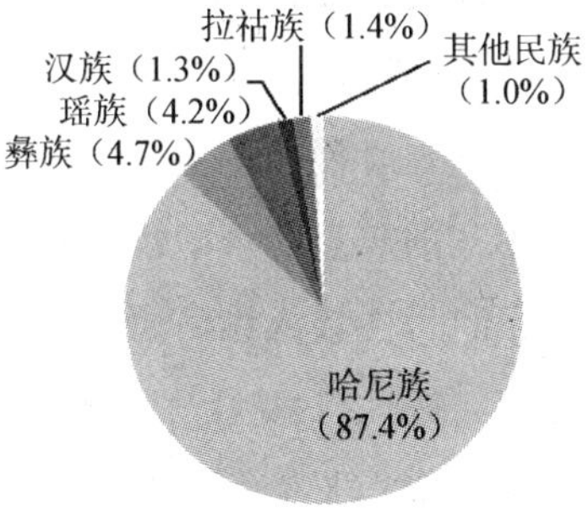

图 1—1　绿春县各民族人口比例图

绿春县境内为高山峡谷地貌，河流深急，沟壑纵横，层峦叠嶂。地势总体为东高西低，北高南低，多高峻条状山地。境内山脉均系哀牢山南出支脉，海拔一般都在 1200 米至 1500 米左右，最高海拔 2637 米，最低海拔 320.2 米。

全境从低到高有北热带、南亚热带、中亚热带、北亚热带、南温带、中温带 6 种气候类型，属云南省西部亚热带山地季风气候，是云南省典型的湿热地区之一。每年 11 月至来年 4 月为旱季。旱季晴天多，光照足，湿度小，昼夜温差大。每年 5 月至 10 月为雨季。雨季雨水多，光照少，昼夜温差小。县城年平均气温 16.6℃，年平均降雨量为 2129.2 毫米，年总日照时数为 2031.5 小时，日照率为 47%。

县境内已发现金、银、铜、铁、铅、锌、锰、煤、砷、硫、盐泉、水晶、硅石、石灰石、白云石、砂石、黏土等 7 大类 17 种 67 个矿产地，已开发利用的有金、铜、铁、铅、锌、银等矿产。境内已鉴定的林木有 43 科，600 余种。其中望天树、桫椤、金花茶为国家一级保护植物。主要药材有大黄藤、龙胆草、大通草、姜黄、毛槟榔、板蓝根、苍耳子、何首乌、双钩藤、山乌龟、砂仁、虫篓等。名花、名草有杜鹃花、茶花、桂花、兰草(素心兰、寒兰等)、君子兰、大令箭、虎爪兰、月季、仙客来、珠兰、米兰、香需、含羞草、文竹等。经多年的生态环境建设,全县森林覆盖率为60.1%。

绿春是中国境内哈尼族居住最集中的地方,是国务院创制哈尼文字时确定的标准语音所在地,是研究哈尼族文化的理想基因库。除哈尼族以外,绿春县境内还世居着彝族、瑶族、傣族、拉祜族、汉族等5个民族。在漫漫的历史长河中,6个兄弟民族创造了灿烂的文化,节庆文化在这里异彩纷呈。走进绿春,就如同走进了鲜活的民俗博物馆。这里有哈尼族热烈隆重的"十月年"、祈福安康的"昂玛突"、向往美好的"矻扎扎",还有彝族热情奔放的"火把节"、傣族荡气浩然的"馔馍那"、瑶族神秘庄重的"度戒"。绿春自然生态旅游资源和原生态民族文化资源积淀深厚,民风民俗独具魅力,民族文化生态旅游发展潜力巨大。

新中国成立前,由于社会历史和地理的原因,绿春地区各民族的社会历史进程十分缓慢。至新中国成立时,绿春哈尼族的社会发展形态大体有两种类型:一种是封建领主经济正在向封建地主经济转化,土地占有日渐集中,阶级分化比较明显,封建地主经济已经占有相当比重,如大兴、牛孔、戈奎、三猛等地区及平河、大水沟、骑马坝的部分地区;另一种是封建领主经济刚刚开始向封建地主经济过渡,土地占有不甚集中,阶级分化尚不十分明显,封建领主经济仍占主要地位,如半坡、三楞及其他一些边远偏僻地区。

新中国成立后,绿春各民族都有了划时代的发展进步。继和平协商土地改革之后掀起了互助合作运动,使绿春各族人民从不同的起点跨入了社会主义社会,生产力也得到相应的长足发展。特别是党的十一届三中全会以后,各族人民的商品观念有了增强,保守思想和平均意识受到了冲击,日渐重视发展商品经济,部分农民走上了农兼工或农兼商的勤劳致富道路。在党的民族政策的指导下,绿春的经济建设取得了前所未有的成就。社会总产值1957年为546万元,1978年为2327万元,1985年为4591万元,2010年增长到11.1亿元。

随着经济的快速发展,绿春县的综合实力不断增强。根据县人民政府提供的数据,"十一五"末,全县生产总值达11.1亿元,年均增长15.4%;财政总收入1.32亿元,年均增长29.7%;全社会固定资产投资17.03亿元,5年累计完成67.3亿元,年均增长14.6%。基础设施明显改善,全县建成公路网4411.42公里,境内平均每平方公里通路里程达1.4公里。元阳至绿春二级公路全面开工建设。全县实现了县乡通油路、村村通公路的目标。县城建设品位不断提升,绿东新区建设稳步推进,双拥文化广场、东仰体育馆、建材市场、综合集贸市场、汽车客运站等一批市政项目相继投入使用。优势产业规模推进,产业结构进一步优化。围绕"绿色产业富县、电矿产业强县、哈尼文化生态县"三大目标,基本形成了以水电、生物、矿冶、文化旅游为主的四大优势产业。社会事业协调发展,教育教学质量持续提高,学生入学(入园)率大幅度提升;公共卫生体系建设和农村卫生工作不断加强,新型农村合作医疗覆盖面逐步扩大,医疗卫生条件明显提高。新农村建设富有成效,社会保障体系不断健全。

经济的快速发展,使绿春人民的收入不断提高,生活水平显著改善。许多哈尼族家庭购买了各种家用电器、摩托车，用上了电话、手机；一些哈尼族家庭还建起了钢筋混凝土的小楼，开上了小汽车。

第二节　族源及迁徙

哈尼族是历史悠久的民族之一，与彝族、拉祜族、傈僳族、景颇族、阿昌族、基诺族等同属于古氐羌人。哈尼族的先民，秦汉时期称“昆明”、“叟”，魏晋隋唐时期称“乌蛮”。《尚书·禹贡》记载：大渡河名为“和水”，沿岸有“和夷”居住。唐初，滇东南六诏山区出现“和蛮”部落，曾多次向唐朝贡方物，与中原保持着政治和经济联系。南诏崛起，“和蛮”隶属南诏，与滇东北和滇南的彝族一起，被称为“三十七部”，其中的因远（今元江、墨江）、思陀（今红河）、溪处（今元阳、金平）、落恐（今绿春）、维摩（今丘北、泸西、广南）、强现（今文山、砚山、西畴）、王弄（今马关、屏边）等七大部是哈尼族先民，其余三十部多数是彝族先民。

据汉文史料记载，古氐羌族群原游牧于青藏高原。哈尼族的祖先曾游牧于遥远北方的一个叫做“努美阿玛”的江边平原，后逐渐南迁，至青海、川北高原。公元前3世纪，和夷所居的大渡河之南、雅砻江之东的地区，或大渡河与金沙江交汇的地区，可能就是哈尼族传说中的发源地“努美阿玛”。后居于此地的和泥、哈尼分两条路线往南迁徙：一条即早先的和夷自川西南迁经昆明一带，再往南迁至滇东南的六诏山地区；一条自滇西北南迁经大理湖滨平坝，然后又分别南下到今哀牢山、无量山的景东、新平、镇沅、景谷、建水、石屏、蒙自，继至元江、墨江、红河、元江、江城及西双版纳等地。

据《绿春县志》记载，绿春县境内的哈尼族大部分源于南北朝至唐初的民族分化组合过程中，从僰、叟、昆明等族中分化出来的“和蛮”。唐朝初年，“和蛮”民族分布在东西两大片区域，东部一片的“和蛮”以孟谷悮为大首领，与“乌蛮”、“白蛮”等民族共同杂居在接近当时安南都护府的地方，即今文山、红河州一带；西部一片的“和蛮”以王罗祁为大首领，居住区域与西洱河（今洱海）相近，即今楚雄州南部至思茅地区一带，其东边与孟谷悮统辖的地区相连接，今绿春县境恰是东西片相接处，唐代南诏时期，就有少数“和蛮”氏族、宗支小村社，自东、西两片迁入，其中来自东片的为早，居多。今县境的哈尼人普遍传说：在很早以前，哈尼族的祖先生活在一个称为“努马昂美”（即前文的“努美阿玛”）的地方。那是个阳光普照、土地肥沃的盆子（或坝子），后来由于人口不断增多，加上民族矛盾而迁徙，来到了拉煞咪常（今元江县境内）。过了一些年，居住于拉煞咪常的哈尼人又有一部分来到了今县境的嗒东、阿迪等地居住，以后又逐渐迁往今县境的其他地方。至宋代，今大兴镇一带就有分别以“扁马阿波”、“衣贵巴腮”、“莫董莫千阿培”等人为首领的小村社，居住在今则东、阿迪、高山寨后山等地。依据哈尼族父子连名的谱系可知，“扁马阿波”是今阿迪、阿倮那等村姓白的哈尼人的祖先，阿迪上寨白木然的第33世祖扁农是扁马的兄长。其家谱如下：

奥玛—玛翁—翁黑—黑通—通玛—玛们—们松—松咪威—威退里—退里中—中明烟—明烟强—强提形—提形里—里包本—包本武—武红然—红然搓—搓莫威—莫威嘴—嘴同朋—同朋沙—沙鲁白—白哈杯—哈杯伟—伟莫作—莫作鲁—鲁比波—比波俄—俄里统—统宁优—宁优扁—扁农—农欧—欧本—本多—多娘—娘董—董成—成嘴—嘴处—处同……普宗……洛瓦—瓦比—比生—生主—主克—克杯—杯折—折翁—……然艳……拉黑—黑昂—昂沙—沙龙—龙九—九波—波木—木然

今县城所在山梁下面的松东河，哈尼族称"本多"河，即因木然的36世祖本多曾在河边建立过村寨而得名；今县城一带，哈尼语称"多娘咪常"，是本多之子，木然的第37世祖多娘将村落搬迁至此。这一连名制家谱显然并不严密，其中，由"处同"到"普宗"，"普宗"到"洛瓦"，"折金"到"然艳"，"然艳"到"拉黑"等四处就明显断线和缺漏。其原因有三：一是哈尼族有传子不传女的习俗，当某代无子，就招赘女婿，女婿生子后取得继承香火的权利后方可记入家谱，这就可能使家谱出现断线的现象。二是非正常死亡的男子一律不得记入家谱，由妻子代夫入家谱，使之不断代，这也会使家谱出现不连名现象。三是哈尼族的家谱长期靠口头传授，没有文字记载，难免出现口误和错漏。参照县内其他一些家谱可以推断，从"多娘"到"木然"至少相隔八九百年，而扁农、扁马的村落遗址是在折东上寨的"扁马"。所以，在宋代今县城附近一带就有一些哈尼族村落了。据本地哈尼族口传史，宋代大理国时期，又有一批人从今文山州方向迁入，其中一部分成了哈尼族村社头人的"部曲"，逐步与哈尼族融合，但至今仍保留他们原有的一些习俗。这部分人称为"哈欧麻然"（意为被雇来的伍卒），简称"哈欧"。他们至今还自称"侬族"，认为是侬智高地后裔。元以后至清代，又先后从个碧、成尼一带（今红河县保华乡）及他郎（今墨江）、勐烈等方向陆续迁来了一批批被称为"瀚尼"或"和尼"、"窝尼"、"倭尼"的哈尼族。哈尼族的姓氏是在氏族、宗支或村社、部落的基础上产生的，这些姓氏一般不直接放在单个人的名字前做称呼，而只是说他是某家的人。明朝后，哈尼族除有自己本民族内部的姓氏外，又纷纷把汉姓缀在自己名字前，作为写在田契、公文等文书上的姓氏，所以渐渐形成了一家人同时有两种姓氏的现象。即除有汉姓外，还有本民族的姓氏。虽然汉姓相同，却往往有不同的本民族姓氏。同一个汉姓的人不是本家的人很多，如汉姓"卢"中，就有本族姓"布懂"、"布郎"等几种。由于时间的推移，使用汉姓渐成自然，所以，现在有部分哈尼族不再用自己本族原有的姓氏。

第三节 习俗与宗教

一、习俗

（一）服饰

哈尼族支系繁多，不同支系在服装款式上有区别。男女老少的服饰均以黑色或青蓝色为主，以蓝、绿、灰色布料做装饰，再以红、黄、蓝、绿、白、紫色的棉线或丝线绣花做点缀。这些色彩斑斓的服饰显示着哈尼人对美的追求。

女子上穿左衽短衣，以银珠和布条做成纽扣；下身穿长裤、短裤或褶裙。过节时外披坎肩一件，多系花围腰，腿缠绣花青布绑腿，在上衣的托肩、襟边、袖口和裤脚边沿上，多镶以彩色花边。年长已婚或生育后的女子多将长发编成独辫或双辫缠绕于头顶，用一幅青布“包头(u^{31} tu̠^{33})”或帕子缠住。

男子在青色或蓝色短衣内配一件白内衣，在袖口、领口和边摆处均匀地露出一道白边。现代青年男子多身着汉装。

（二）饮食

哈尼族饮食的烹饪方式多以煮、生拌、炸为主。原料注重原生态的食物，如新鲜的竹笋、野菜、苦荞菜、苤菜、魔芋、螺蛳、泥鳅、青蛙等。传统饮食主要有哈尼豆豉、腌酸肉、腌酸笋、鸡肉蘸水、白旺等。饮料主要是酒和茶。

（三）传统节日

绿春各民族的节日庆典贯穿全年，几乎月月都有。但在众多的年节祭祀中，最隆重、最普遍的是哈尼矻扎扎、哈尼昂玛突、哈尼十月年、哈尼新米节等。

矻扎扎(khu^{31} ʥa^{31} ʥa^{31})，是哈尼族一年一度的传统节日，意为“过六月节”，主要是祭传说中的一位仙人“俄咀阿培(ɣo^{31} ʦu̠^{33} a^{31} phø^{31})”和祖宗，以示这年的雨季将过去，预祝五谷丰收、人畜安康。节庆时间是从每年农历六月第一轮属猪日开始，一般举行3至6天，其间村村寨寨杀一头牛或猪做祭品，还在村脚寨门立磨秋、架秋千等，举行传统的民间娱乐活动。

昂玛突(ɣa^{31} ma^{33} thu^{55})，是哈尼人祈福安康的祭祀活动，是一年中的开门节，是农事活动的时间表。昂玛突意为“祭寨神”，是绿春县哈尼族最隆重、最庄严的祭典。

十月年(ga^{55} thɔ^{55} thɔ^{55})，与汉族的春节一样，是哈尼族一年一度盛大的传统节日。按哈尼族的历法，以农历十月为一岁之首。节日期间，家家户户杀猪宰鸡、舂糯米粑粑，以设年宴、祭祀祖宗、唱酒歌、跳乐作舞或同尼尼舞。过完年的“出年门”那天，全村家家户户都到寨子脚摆出自家的酒席老老少少一起吃饭，叫“长街古宴”，即“最扎窝黑京宗宗(ʥo^{31} ʥa^{31} ʥi^{55} ʦɔ^{55} ʦɔ^{55})”。

（四）婚恋嫁娶

哈尼姑娘出嫁时有“哭嫁”的习俗，要按古规举行“哭嫁”仪式。姑娘出嫁时，新娘和伙伴们聚在一位亲戚家里，由村里一位德高望重且能唱的老妇人代表长辈领唱古老的哭嫁歌，泣诉生儿育女的艰辛和对女儿的教导。新娘对答中表达对父母的感恩和难舍朝夕相处的父母、兄弟和伙伴们的依恋之情。姑娘们围着新娘抱成一团，放声哭泣。最后以“抢亲”的方式，把新娘背到了新郎家中。

二、宗教信仰

哈尼族信仰原始的万物有灵、多神和祖先。他们认为世上万事万物都有一个或几个完全超脱于人力意志以外的“神灵”，小到一块石头、一丛竹子，大到一座山、一条江河，饲养的家畜家禽，各类野生动植物，在冥冥中都无不处于一种超自然的魂灵“咪松（mi^{55} $sɔ^{55}$）”和“约拉（jo^{55} la^{55}）”主宰下。这些众多的“神灵”都具有七情六欲和喜怒哀乐，并有善恶之分、强弱之别，一般情况人们无法见到它们，只有神弱体虚、遭罪得福之时，才“意外”见到它们。人们的一切祸福荣辱都在它们的掌握中，故人们必须言慈行善，用各种牲畜祭祀它们，否则灵魂会被其摄去，罹遭灾难甚至死亡。

哈尼族祭祀活动纷繁众多。一般分为家祭和外祭。哈尼人认为“昂玛（$ɣa^{31}$ ma^{31}）”是“村寨保护神”，认为即使是无意中随便动一下昂玛范围内的一棵树、一块石头也会因亵渎了昂玛而遭灾罹难。

1956年以后，哈尼族原始宗教仪式中烦琐和神秘的成分逐渐减少。1978年以后，出现了带有娱乐性且较为简化的祭祀仪式，不论家祭或外祭、集体或个体的祭祀，都去掉了那些原本认为是神圣严格的禁忌，而增加了节日的气氛。

第四节　教育与文化

一、教育

新中国成立前，绿春地区的教育发展缓慢。清嘉庆二十三年（1818年），骑马坝村民范庭碧创办了境内第一所私塾。至清末，全境先后共开办过8所私塾。民国初年，国民政府提倡办新学，但这里的封建保守势力千方百计阻挠，仅象征性地把阿倮普施私塾和纳卡私塾改办为初级小学堂。民国二十二年（1933年），元江县政府先后派李尚贤、张竹仙到此兴办教学，都因得不到地方势力的支持而一事无成。直到民国二十四年（1935年）后，地方势力才将骑马坝私塾改为初级小学堂以塞责。在此期间，民众自办的私塾在十分困难的条件下缓慢发展。

从1818年至1948年间，境内先后在31个村子办过32所私塾及学堂。这些私塾乃至小学堂，时办时停，教学、教材、学制都不正规。先后进入私塾或学堂学习的虽近千人，但学完初小课程或学后达到初小水平的总共不到百人。1949年前，哈尼族的文盲占99%以上，许多地方仍处于刻木记事的状态。

新中国成立后的1950年和1951年，人民政府集中精力剿灭土匪安定社会秩序和组织民众恢复、发展生产，未能着手办学。1952年，管辖绿春地区大部的红河县和墨江县，首批派7位教师到绿春地区创办了6所小学，学生246人。省人民政府还批准其中的卧马和扭直两所小学为省立小学分校。此后又逐年兴办学校。

1955 年，六村办事处成立，绿春教育有了新的发展。至 1957 年，有公办小学 26 所，在校学生 2032 人，培养出高小毕业生 40 名。1958 年绿春建县后，8 月创办了县第一所初级中学——绿春中学。但办学条件较差，师资力量极其薄弱、校舍简陋。1959 年小学增至 59 所，小学生 5435 人。1960 年，全县 4 个区又各办了一所农业中学。直至 1985 年，适龄儿童入学率才达到 88.3%，文盲比例逐年下降。20 世纪 90 年代至今，大学生日渐增多，并有了硕士、博士研究生。目前，全县各级各类学校已发展到 299 所，其中小学 277 所，初中 9 所，高中 1 所，职业中学 1 所，幼儿园 11 所，教职工 2085 人。

哈尼族的现代学校教育虽然落后，但历来重视传统道德教育。父母兄长们除在日常生活中对子女进行潜移默化的教育外，还以大家喜闻乐见的形式——“拉吧（la^{55} ba^{55}）”及其他各种歌谣、格言进行有关处世为人、礼尚往来、生产生活等各方面内容的教育。

二、文化

哈尼族有丰富多彩的民间文学艺术，但由于历史的原因，直到民国时期仍处于口头创作、流传阶段。新中国成立后，部分流传较广的哈尼族民间文学艺术逐步得到整理。

（一）传统文学

神话在哈尼族的口头文化中，占有很大的分量。它以奇特宏伟的想象、充满魅力的幻想，反映远古先民的生产、生活方式，以及人与自然之间、人与人之间的关系等内容。大致可分为六类①：1. 开天辟地神话，如《查牛补天》、《神和人的家谱》、《天、地、人的起源》、《三个世界》、《塔坡取种》等；2. 洪水神话，如《兄妹传人种》、《补天的兄妹俩》、《葫芦出人种》、《杀鱼取种》等；3. 日月神话，如《太阳和月亮》、《射太阳的英雄》、《永生不死的姑娘》、《为什么公鸡叫太阳就出来》等；4. 自然神话，如《砍大树》、《遮天大树》、《动植物的家谱》、《神奇的树叶》等；5. 文化起源神话，如《年月树》、《阿扎》、《英雄玛麦》、《尝新先喂狗》、《猫、狗、老鼠和五谷的传说》、《人老不死药》、《猎神》等；6. 祖先神话，如《三个神蛋》、《头人、莫批、工匠》、《红石和黑石的岩洞》等。

这些或是对英雄的赞美，或是对不幸者的同情，而更多的是反映人类的起源，歌颂善良，鞭挞丑恶。如《兄妹成亲》，反映了哈尼族先民也曾经存在过兄弟姐妹相互结婚的血缘家庭，《黄牛妈妈》和《太阳月亮两姐妹》等神话中，那些善良、正直、富于自我牺牲精神的形象，感人至深；艾吉阿标（a^{31} ʥi^{55} a^{55} bjɔ^{55}）神话中的阿标，是哈尼族世代流传的具有非凡才智的人的化身，类似于维吾尔族的阿凡提。

① 云南省民间文学集成办公室编，《哈尼族神话传说集成》，中国民间文艺出版社，1990 年 12 月。

（二）民间故事

哈尼族的民间故事内容丰富、题材广泛。有反抗外族统治和压迫的，有揭露富翁的愚昧丑恶行径的，有赞颂劳动人民智慧的，还有歌颂男女青年纯真爱情的。影响深远、魅力无穷的当首推《大树王（so^{31} ʥø^{31} xo^{31} ma^{33} a^{55} bo^{55}）》，它反映哈尼族先民艰辛的生活和痛恶黑暗、向往光明的思想情感。《哈欧麻然（xa^{55} ɣɤ^{55} ma^{33} za^{31}）》的传说，不但反映了哈尼族迁入绿春的历史，还能展现出哈尼人民对古代英雄的崇拜。

哈尼族的传说故事按内容可分为六类：1. 祖先的传说，如《先祖的脚印》、《哈尼祖先过江来》、《一娘生的亲兄弟》等；2. 精灵传说，如《人鬼分家》、《作洛搓罗》、《巧治妖精》、《成甫娶媳妇》等；3. 习俗传说，如《丧葬的起源》、《莫搓搓的由来》、《男扮女装祭护寨神的来历》、《穿黑衣黑裤的传说》、《木鞋的来历》、《打秋千的来历》等；4. 风物传说，如《红河与藤条江》、《云海的传说》、《驿马坡》、《金鸡与龙马》等；5. 爱情传说，如《孤儿与秀墨姑娘》、《多依巧遇天神女》、《天鹅女》、《马鹿儿子》、《蛤蟆讨媳妇》、《吾西与红壁虎姑娘》等；6. 人物传说，如《山神资车》、《者侯和者山》、《拜阿波找神马》、《莫批》等。

（三）文学样式

“拉吧（la^{55} ba^{55}）”和“阿基（a^{31} ʥi^{55}）”，是哈尼族流传最为广泛、内容丰富多彩的文学样式，也是两种别具一格的咏唱形式。前者多在宴席上咏唱，以“萨咿（sa^{55} ji^{55}）！”起兴，乐调委婉细腻；后者为情歌，咏唱地点在野外，乐调高亢嘹亮。此外，哈尼族还有颂扬祖先事迹、哀悼亲人的“丧葬歌”，和反映旧社会男女不平等的“哭嫁歌”，格调哀怨凄恻，具有震撼人心的艺术力量。

（四）音乐、舞蹈

哈尼族的音乐、舞蹈形式多样，有叙事歌、祭祀歌、情歌、同尼尼、棕扇舞、乐作舞等十几种。主要乐器有铓、鼓、镲、弦、笛、箫等十余种。

“同尼尼（thɔ^{31} ȵi^{31} ȵi^{31}）”，哈尼语，意为扭动身体跳舞，先流行于大水沟哈尼族支系期弟人中，是宗教、婚丧、节庆活动中礼仪性的一种民间传统舞蹈。鼓和铓是同尼尼舞蹈的主要乐器。

棕扇舞是哈尼族在丧葬习俗、宗教祭祀和节庆活动中表演的一种传统舞蹈，因舞者多持棕扇起舞而得名。流行于戈奎乡一带。主要道具有棕扇、八仙桌、戟叉等，表演者或咬起八仙桌起舞，或持棕扇起舞。棕扇舞已列入省州级文化保护名录。

（五）手工艺品及竹文化

刺绣是哈尼妇女制作服饰的一种艺术，图案丰富多彩、针法别具一格。图案多为花卉动物和几何图形。

哈尼族的竹编工艺历史悠久，他们利用本地丰富的竹藤资源，编制出各式各样的生产、生活用具，尤其是用细藤篾编织的箱、笼、箩、席子、兜子十分精美别致。

哈尼族长期以来居住在盛产竹子的地区，每一个村寨周围都有大片的竹林。哈尼族的饮食、生活、生产、建筑、交通、文化、工艺、乐器、舞蹈、宗教等，都离不开竹子。哈尼族有各种各样的竹制用具，如竹筒、竹盆、竹瓢、竹碗、竹壶、竹杯、竹勺、竹筷、竹漏勺、竹桶、篾桌、饭篼、篾盒、竹筷、竹杯等，还有竹鞋、斗笠、竹制家具、竹制农具、竹制狩猎工具、竹制捕鱼工具等。在交通设施方面，由竹搭的独竹桥发展到竹吊桥、竹拱桥。

哈尼族的先民与竹子形成了密不可分的依赖关系，在利用竹子资源的过程中创造了独特而丰富的竹文化。

（六）梯田文化

在哈尼族地区，梯田鳞次栉比，顺着山势蜿蜒、层层相连，从山脚升至山顶，蔚为壮观。它是哈尼人世代农耕劳作的结晶。作为一种文化，梯田显示着山区特殊地理环境中的农耕文化，充分体现这一山居农耕民族的勤劳与智慧。梯田水稻这种耕作方式，是农业的一种良性生态，它在云南亚热带哀牢山特殊地理环境中得到了不断完善和发展。

（七）历法

哈尼族的历法基本上是使用夏历，对季节变化的判断靠观察花儿、鸟儿等物候和太阳的变化，“哈尼户梭阿艳虎（xa^{31} ȵi^{31} lu^{31} so^{55} a^{55}jɛ^{33} xu^{33}）”这句哈尼族以观察花儿判断季节的俗语就说明了这一点。

哈尼族通过物候把一年划分为“朝最（ʦhɔ^{31} ʥø^{31}）”、“翁最（ɣɔ^{55} ʥø^{31}）”、“忍最（zɛ^{55} ʥø^{31}）”、“祖最（ʦu̠^{31} ʥø^{31}）”四季，每季三个月，每月 30 天，几年一闰。

全年分十二个月，每个月和一天的各个时辰都以十二生肖命名。一至十二月依次分别是虎、兔、龙、蛇、马、羊、猴、鸡、狗、猪、鼠、牛，一天自凌晨鸡鸣始分别是鼠、牛、虎、兔、龙、蛇、马、羊、猴、鸡、狗、猪。计算年龄也用十二生肖。现在哈尼族用公历计算年月日也逐渐普遍，以二十四节气安排农事活动、掌握时令也已不少。

第五节　语言与文字

一、语言

哈尼语属汉藏语系藏缅语族彝语支，分为哈雅、碧卡、豪白三种方言。哈雅方言中有哈尼次方言和雅尼次方言两种。哈尼语的三种方言，互相不能通话，存在许多不同的特点。如在声母上，哈雅方言清浊对立严整，不仅擦音清楚对立，塞音、塞擦音也分清浊两类；而碧卡方言和豪白方言，清浊对立大都消失，只在擦音上保留少量清浊对立，塞音、塞擦音有清无浊。在词汇方面，不同方言之间的异源词比例有的高达 70%。在语言与社会关系上，哈尼语呈现出十分复杂的现象，是研究社会语言学的宝贵材料。①

哈尼族以哈尼语为主要交际工具。但是有不少人，特别是青少年兼通汉语。在长期的历史发展过程中，哈尼语不断地从汉语词汇系统里吸收借词来丰富自己。

二、文字

20世纪50年代以前，哈尼族没有记录自己语言的文字。少数人进汉族学校学习汉语文，其他大多数人均是文盲。为了帮助哈尼族尽快提高自己的文化教育，新中国成立后不久，国家就决定为哈尼族创造自己的文字。50年代初，中央及省里的一些民族语文工作者就开始调查研究哈尼语。1957年，以云南省绿春县大寨哈尼话的语音为标准音，设计了拉丁字母为基础的文字方案。这一方案共有26个字母，其中辅音字母20个，元音字母6个。辅音字母有Bb Cc Dd Ff Gg Hh Jj Kk Ll Mm Nn Pp Qq Rr Ss Tt Vv Xx Yy Zz。元音字母有Aa Ee Ii Oo Uu Ww。

哈尼文属拼音类型文字，又叫音位文字或音素文字。只要掌握声母、韵母、声调和拼写规则就能拼写无数的音节，看到一个词便能读出来，学、用、记都不难。哈尼文在设计上尽量和汉语拼音方案靠拢，相同或相近的音尽量取得一致。

1958年7月，哈尼文在红河哈尼彝族自治州的元阳、金平、红河、绿春等四县推广，培训哈尼文老师，在群众和基层干部中进行哈尼文的扫盲，受到哈尼族人民群众和干部的热烈欢迎。为配合哈尼文的扫盲和教学工作，1957年云南人民出版社设立哈尼文编辑室。1958年至1964年间出版了哈尼文读物、教科书、小词典等24种图书，共6万余册。云南民族大学民族语文部于1957年3月和1960年9月开办了两个哈尼文大专班，培训哈尼文人才60多人。中央民族学院少数民族语言文学系于1958年和1963年先后开办了两个哈尼语文本科班，培养了哈尼语文人才14人。“文革”期间哈尼语文教学、扫盲、出版等工作全部被迫停止。

直到1982年在元阳县哈播、1983年在红河州民族师范学校开办过两期哈尼文培训班，共培训了124人。1983年恢复推行哈尼文后，在师资培训、双语文教学、学前教育、扫盲、出版等方面都做了大量工作。

1984年开始，在绿春、元阳、红河、金平等四县的部分小学进行哈尼、汉双语文教学。中央民族学院于1985年开办哈尼文专科班，学制两年，共毕业11名学生。云南省少数民族语文指导工作委员会分别于1984年和1985年两次举办哈尼文中级培训班，先后约有700名小学公办和民办教师分别受过1至3次哈尼文培训，培训时间每次半个月至1个月不等。

在现代化建设进程中，如何根据哈尼族的实际和需要推行哈尼文，有待于进一步研究和探索。

---

① 戴庆厦、段贶乐编著，《哈尼语概论》，云南民族出版社，1995年5月。

第六节　访谈录

一、绿春县县委书记吕兵访谈录

访谈对象：吕兵，男，土族，本科，绿春县县委书记

访谈时间：2011 年 8 月 16 日上午

访谈地点：绿春县县委办公室

访 谈 者：李春风、张鑫

问：吕书记，您好！请您先介绍一下您的工作经历。

答：我 1991 年大学毕业，曾任开远市检察院党组秘书、办公室主任，共青团开远市委副书记、书记，开远市小龙潭办事处党委书记，开远市委常委、市委宣传部部长，共青团红河州委书记等职，2008 年到绿春任县委书记。

问：我们来到绿春后，看到绿春各民族之间一片和谐景象，请问县委、县政府是如何构建绿春和谐社会的？已有的经验是什么？

答：科学发展是解决一切困难和问题的根本途径，也是构建和谐社会的前提和基础。按照科学发展观的要求努力推动全县经济社会加速发展，切实提高各族群众的生产、生活水平，就是多年来县委、县政府构建"和谐绿春"的核心措施。

就具体经验而言，可供借鉴的主要有：一是坚持并不断强化党的领导，完善党的基层组织，加强党与群众的血肉联系，真正做到权为民所用、情为民所系、利为民所谋，让各族群众真心实意地拥护党、拥护政府。二是切实处理好稳定与发展的关系，处理好发展成果共享的问题，高度重视并及时化解各种突出的社会矛盾。三是积极发展农村经济，切实解决"三农"问题。主要是充分利用国家投资农业的资金和项目，发展科技农业，不断提高农业劳动生产率，减少农村的剩余劳动力，切实让农村发展起来、农民富裕起来。四是发展社会主义民主政治，完善和发展基层自治制度，广泛调动各民族村民政治参与的积极性、主动性和创造性。五是努力发展教育、普及科学文化知识，提高各族群众的综合素质，为绿春构建和谐社会提供精神支撑。主要是根据各民族发展的特殊实际，进行分类指导，加强民族教育体系、文化体制创新体系、村民健康和医疗卫生保障体系的构建，切实提高各族群众的综合素质；同时大力培养少数民族党政人才和专业技术人才，高效推进各领域的工作，促进各领域统筹发展。

问：绿春县委为"十二五"期间绿春的发展制定了"一二三四五"的总体思路，我们听了这个思路后很受鼓舞。请问，这个思路付诸实践之后，预计将会给绿春带来什么样的变化？

答："一二三四五"，就是坚持"科学发展"一条主线，抢抓"桥头堡"建设和实施新一轮"兴边富民"工程两大机遇，围绕"绿色经济富县、电矿经济强县、哈尼文化生态县"三大目标，培育

"电矿、生物、加工、文化旅游"四大产业,抓好"基础保障、项目带动、产业支撑、边贸开放、生态文明"五项工作。这一思路是县委在综合分析和判断当前及今后一段时期绿春可能面临的总体形势的基础上,结合绿春实际,为谋求县域经济、社会长远发展、科学发展、个性发展而提出来的,目的是要切实加快转变发展方式,改善民计民生,扩大经济总量,提高发展质量。

当然,"一二三四五"仅仅是总体思路,在这个总体思路之下,我们还有一整套系统的用于指导不同领域推进重点工作的具体思路。只要全县上下按照县委确定的发展思路,狠抓各个领域各项工作的落实,相信终有一天可以把绿春打造成为"世界哈尼文化大观园"、"中国新兴对越边贸城"、"云南'兴边富民'示范区"、"红河绿色生物谷"和"红河绿色能源生产基地"。

问: 近年来,绿春县提出了"生态绿春、哈尼家园"的口号,能否具体谈谈提出这一口号的价值和意义。

答: 绿春县境内森林覆盖率高达60.1%,生态保持较好;在全县人口中,88.2%是哈尼族,是全国哈尼族居住最集中的地方。所以,县委提出"生态绿春、哈尼家园"的口号,是对绿春基本县情的一个准确定位。有了这一定位,县委、县政府谋划绿春发展的一切思路和推动绿春科学发展的一切举措才不至于脱离实际。从某种意义上来说,这一口号就是推动绿春经济、社会加快发展、科学发展、个性发展的"起点坐标"。从广告效应的角度而言,这一口号简单明了,便于传播和记忆,对宣传绿春和扩大绿春知名度也必然能发挥积极的作用。

问: 请您谈谈在绿春县重视保护、传承民族传统文化的意义,以及与发展经济的关系。

答: 党的十七大报告指出:"当今时代,文化越来越成为民族凝聚力和创造力的重要源泉,越来越成为综合国力和竞争力的重要因素。"这深刻揭示了文化在综合国力竞争中的地位和突出作用。绿春是少数民族聚居的边境县,少数民族人口众多,其中哈尼族人口在总人口中的比例在全国是最高的,也是全世界哈尼族人口集中居住的中心地带。而且据专家考证,早在唐末宋初就有哈尼族的先民在境内进行了较有规模的梯田农耕活动。另外,由于山高水深、交通不畅,如今的绿春县在历史上长期被多个不互为统属的行政区划所分割,是几个行政区划的边缘结合部。这种特殊的人口构成和地理环境,使绿春县境内以哈尼文化为主的民族传统文化类型繁多,体系庞大,底蕴深厚。如今在经济全球化和生产社会化的大背景下,这些保存完好的民族传统文化更显得弥足珍贵。重视保护和传承这些优秀的民族传统文化,既是传承中华民族文化精华的政治责任,又是推动绿春经济发展和社会繁荣进步的重要举措,更是创造绿春民族文化旅游品牌和提高绿春知名度的重要途径。保护和传承这些优秀的民族传统文化,对增强民族凝聚力、促进边疆和谐和边防巩固,能发挥积极的作用。

问: 您认为绿春民族教育应该如何发展?

答: 人类步入21世纪以后,教育随之以新的理念、新的模式、新的措施来积极适应经济、社会发展的需求。然而,民族地区相对滞后的民族教育是我国教育事业的重要组成部分,也是民族地区经济全面发展的重要命脉,更是推动和加快民族地区经济、社会科学发展的重要引擎。绿春作为边疆民族地区,应更加重视民族教育的发展。重点应该从以下几个方面做好民族教育工作：

一是进一步深化机制、体制改革，推进办学机制、体制改革，尽快改变民族教育面临的不利局面。二是大力巩固提高“两基”成果，统筹和促进境内各类教育协调发展，突出巩固“两基”成果在民族教育中“重中之重”的地位。三是加强科学规划，大力推进双语教育。引入远程教育与多媒体技术等现代化教学手段，加强民语、汉语教学资源的开发建设，改善双语教学的办学条件；建立健全双语教育的评价办法和督导制度。四是认真规划，以坚持党和国家民族宗教政策为重点，以促进包括汉族在内的各民族优秀文化传统充分交流为基本内容，以培养各民族学生形成平等互助、团结统一、和谐发展的社会主义新型民族关系的价值观以及全面增强各民族学生的相互认同意识、相互信任意识、共同的国家意识、法律意识和公民意识为根本目的，以课堂教学为主阵地，积极推进民族团结教育工作。五是加强现代远程教育网络建设，健全县级远程教学点和乡级多媒体、数据收视点，推进校园网或局域网建设，加强教师和管理人员培训，加快教育信息化步伐，进一步提高民族教育的现代化水平。

问：制约绿春快速发展的主要问题是什么？有哪些具体的困难？

答：类似绿春这样的边疆民族地区，制约发展的主要问题不外乎两个：一是以交通为主的基础设施滞后；二是干部群众的思想观念落后。

边疆地区完善基础设施，一直是通过向上争取各种基础设施项目来实现。但是，争取项目需要地方党委、政府自筹部分配套资金，而边疆民族地区县级财政原本就十分困难，争取的项目越多，所需承担的配套资金也就越多，致使县委、政府争取项目变得有心无力，从而使边疆地区完善基础设施的步伐变得十分缓慢。引进外来人才，影响和带动当地干部群众，是改变边疆民族地区干部群众思想观念落后问题的有效途径之一，但是如今在边疆民族地区工作，不仅条件艰苦，待遇与内地相比也差距较大，导致边疆民族地区人才难引、难留。所以，为了繁荣边疆，巩固边防，不仅应取消边疆地区的项目配套资金，而且项目应多向边疆地区倾斜，加快边疆地区的基础设施完善步伐；此外，应提高边疆地区工作人员的待遇，促使人才向边疆流动，从而促进边疆民族地区干部群众加快转变思想观念。

二、绿春县县长朱布红访谈录

访谈对象：朱布红，男，38岁，哈尼族，本科，绿春县县长

访谈时间：2011年8月16日上午

访谈地点：绿春县县委办公室

访 谈 者：李泽然

问：朱县长您好！请您介绍一下您的个人情况和工作经历。

答：1963年10月，我出生在滇南绿春一个普通的哈尼族农民家庭。1983年7月，毕业于红河州民族师范学校，踏上了教师讲台；1987年至1989年到蒙自师专中文系读书，毕业后重

返讲台。先后任半坡中学教导主任、校长。1993 年被评为全国优秀教师，获全国优秀教师奖章；1994 年 11 月，被调往县人民政府办公室工作。1997 年 10 月至 2000 年 7 月，任戈奎乡党委副书记、书记。2000 年 7 月至 2003 年 3 月，任中共绿春县委常委、县委宣传部部长，主持制定了《绿春县哈尼文化特色县实施方案》，举办“中国·绿春哈尼十月年长街宴”活动并被上海大世界吉尼斯总部誉为“世界上最长的宴席”，打造成在海内外有一定影响的哈尼族民俗文化品牌，提升了绿春的对外新形象。2003 年 4 月至 2006 年 5 月，任中共绿春县委常委、县委办公室主任。2006 年 6 月至 2008 年 10 月，任中共绿春县委副书记。2008 年 11 月至 2009 年 12 月，任中共红河州纪委派出第八纪工委书记。2009 年 12 月至今，调回绿春担任县委副书记、代理县长、县长，全面主持县人民政府工作，大力推行“政府工作项目化”，着力打造法治政府、阳光政府、责任政府、效能政府、诚信政府和节约政府，力争通过 5 年乃至更长时间的努力，把绿春打造成为“世界哈尼文化大观园”、“中国新兴对越边贸城”、“云南兴边富民示范区”、“红河绿色生物谷”、“红河绿色能源生产基地”。

问：请您给我们简单介绍一下绿春的基本情况和主要特点。

答：绿春县情可以用“边境、民族、资源”来概括。边境：绿春地处祖国西南边陲，是云南省 25 个边境县之一。民族：全县世居民族有哈尼、彝、瑶、傣、拉祜、汉六种，少数民族人口占总人口的 98.7%，其中哈尼族人口占 87.4%，是全国少数民族人口比例最高的县份之一。资源：一是土地资源，每平方公里人口密度仅 75 人，有海拔 1000 米以下的热区面积 100 多万亩。二是水能资源，县境内水能蕴藏量达 168 万千瓦，可开发量 120 万千瓦以上，目前已引资 50 亿元开发 80 万千瓦。三是矿产资源，有丰富的金、铜、砷、铅、锌、铁等矿带，占全县国土面积的 37.5%。四是生物资源，县境内的黄连山国家级自然保护区面积达 97 万亩，有数十种国家重点保护的动植物，全县森林覆盖率达 60.1%，累计发展绿色产业 110 余万亩。五是文化旅游资源，绿春是哈尼族最集中的家园，是哈尼文标准音所在地和哈尼原始宗教文化圣地，自然生态旅游资源和原生态民族文化资源积淀深厚，民风民俗独具魅力，民族文化生态旅游发展潜力巨大。

问：您是本地成长的哈尼族领导干部，请您说一说家里语言使用情况，并说一说您与当地干部群众的语言使用情况。

答：在家里与家人交流都使用哈尼语；在工作中，与当地干部交流多使用汉语；下乡调研时，与当地群众交流几乎都使用哈尼语。

问：我们看到，绿春不仅是生态和谐，人与自然和谐，民族之间和谐。请您介绍一下绿春各民族的语言和谐情况。

答：全县各民族虽有各自的语言，但常年生活在一起，不同民族、不同哈尼族支系之间互相影响、和谐共处，在语言交流使用上也互相交融，不局限于本民族、本支系的语言。

问：绿春的民族关系和语言关系如此和谐，您认为其中最重要的原因是什么？

答：我认为主要原因是地处边疆少数民族地区，与外界交流较少，保持了原始生态的淳朴民风和包容性。

问：您长期在民族地区工作，掌握民族语言对开展工作有什么作用？

答：我是农民的儿子，也是人民的公仆，我的工作就是要全心全意为人民服务，要服务好，就必须走进群众，深入基层。绿春少数民族绝大多数还都用民族语言交流，我只有用民族语言与群众交流，才能真正意义上地走进群众，倾听诉求，了解民意。

问：县里提出打造"哈尼文化生态县"的口号，能否具体谈一下这方面的工作情况？

答：绿春是哈尼族最集中的家园，是哈尼标准语音所在地和哈尼原始宗教文化圣地，自然生态旅游资源和原生态民族文化资源积淀深厚，民风民俗独具魅力，民族文化生态旅游发展潜力巨大。近年来，县委、县政府加大了投入力度，东仰民族体育馆、哈尼博物馆等一批文体设施投入使用，率先出台实施了《绿春县文化艺术和新闻宣传作品奖励办法》，完成了《绿春县旅游发展总体规划》编制工作，连续 6 年成功举办了获评"大世界基尼斯之最"的"中国·绿春哈尼十月年长街宴"活动，民族服饰、民族歌舞、饮食文化、民风民俗等哈尼特色文化得到进一步弘扬，"生态绿春、哈尼家园"对外吸引力和影响力明显增强。

随着云南旅游二次创业，包括元阳哈尼梯田申遗在内的红河谷旅游带的建设与开发，绿春所拥有的以哈尼文化积淀为核心、以黄连山自然保护区为代表的绿色旅游资源等旅游休闲度假和大众养生资源，加之绿春独特的气候与地理条件及元绿二级油路即将建成通车的大好局面下，绿春将充分发挥哈尼族原始宗教文化圣地的独特优势，加大力度保护哈尼宗教礼仪习俗、哈尼歌舞饮食服饰文化、哈尼农耕文化等非物质文化遗产，主推"生态游、边境游、民俗游"旅游线路，开发具有浓郁地方特色的观光型、文化型、生态型、休闲型、节会型旅游产品，提倡参与式、互动式消费方式，引导快乐旅游时尚。以"哈尼十月年长街古宴"为依托，加大哈尼文化主题宣传力度，积极推动旅游和文化的有机结合，着力打造"世界哈尼文化大观园"，进而实现哈尼民族文化的可持续发展和哈尼文化向产业化方向发展。

问：如何保存、传承和发展哈尼文化？哈尼文对于保存、传承和发展哈尼文化的意义何在？

答：做好保存、传承和发展哈尼文化工作，一要深入挖掘哈尼文化，做好普查工作；二要加大力度挖掘、保护哈尼文化传承人（民间艺人）；三要通过开办哈尼文化传习班等形式，培养哈尼文化继承人；四要充分利用书报、电视、网络等传媒，大力宣传、保存好哈尼文化。

语言文字是一个民族的生命。传承好、保护好、利用好哈尼族自己的语言文字，将非常有利于原生态哈尼文化的保存、传承和发展。

问：能否预测一下绿春县语言使用情况的趋势？

答：近年来，随着广播、电视、网络等现代传媒的不断普及，以及外出务工人员、民族知识分子的不断增多，讲汉语、甚至是普通话的人越来越多（主要在县城），哈尼民族语言使用率有所降低。但绿春作为边疆少数民族地区，交通、信息等相对滞后，语言、文化等受外界的冲击还较小，预计很长一段时期内，以哈尼语为主的少数民族语言将依然是主流交际工具，保留普遍性、长期性的特点。

三、绿春县副县长罗优宝访谈录

访谈对象：罗优宝，男，哈尼族，本科，绿春县副县长

访谈时间：2011年8月15日上午

访谈地点：县政府办公室

访 谈 者：张鑫

问：罗副县长您好！请您谈一谈您的成长过程，好吗？

答：我出生在一个偏僻贫穷的哈尼山寨。1989年至1991年，在云南财贸学院学习。1992年，我被省人民政府授予“省级劳动模范”的光荣称号，被县委、县政府授予“优秀共产党员”、“绿春县有突出贡献的专业技术人才”等荣誉称号。1996年底至2000年，我被调到县政府办公室工作，先后担任行政科长、秘书科长、副主任职务。1997年至1999年，我连续三年被评为优秀公务员。2000年8月，我被派到县政府驻昆办任主任。2003年3月，我任绿春县水利局局长。2006年7月，我任县发展和改革局局长。2008年初，我被选为县人民政府副县长。我先后被云南省委评为“省级优秀共产党员”，被红河州委、州政府评为全州卫生先进工作者和全州林改先进工作者。

问：绿春县的经济建设和社会发展状况如何？县领导采取了哪些措施进行经济建设？

答：“十一五”末，全县生产总值由“十五”末的4.3亿元增加到11.1亿元，年均增长15.4%；全社会固定资产投资由8.5亿元增加到17亿元，年均增长14.9%；财政总收入由0.36亿元增加到1.32亿元，年均增长29.7%，提前一年实现了第十届县委确定的突破亿元的目标；农民人均纯收入由1070元增加到2119元，年均增长14.6%。县里主要采取了六个方面的措施：一是狠抓项目攻坚；二是狠抓产业培植；三是狠抓社会事业；四是狠抓新农村建设；五是狠抓改革边贸；六是狠抓生态和谐。

问：绿春哈尼族的基本情况怎样？他们的生存现状如何？

答：绿春的主体民族是哈尼族，分布在全县8乡1镇，81个村委会。据2010年统计，有698个自然村，20.18万人，占全县总人数的87.4%。他们居住在海拔1000—2000米之间的阳光充足、水源丰富、土地肥沃、适宜开垦梯田和旱地耕作的牛孔河、勐曼河、渣吗河、坝沙河两岸及藤条河南岸、李仙江北岸的半山腰上。

从20世纪80年代改革开放以后，绿春县不断调整农业产业结构，加大支柱产业培植力度，境内哈尼族地区以橡胶、茶叶、草果等为主的支柱产业群已形成规模，加快了经济发展步伐。到“十一五”时期(2005年至2010年)，哈尼族地区人均纯收入达到1000元以上，哈尼族生活水平不断改善，大多数人家都住上了钢筋水泥楼房。

问：绿春县的民族关系怎样？还存在那些问题？

答：绿春县各民族在长期的社会交往活动中，结下了兄弟般的情谊，以民族团结大局为重，互谅互让，竭诚相待，一直都是团结、和睦、友好的。各民族之间互相通婚、互拜亲家等现象十分普遍。特别是进入新时期以后，各族人民紧紧围绕"共同团结奋斗、共同繁荣发展"的主题，努力构建和谐社会，不断巩固和发展了"民族平等、团结、互助、和谐"的社会主义新型的民族关系。

境内的各民族从没发生过相互歧视、械斗等重大事件。要说有问题，也只是由于不同民族间的语言、习俗等差异，各民族中极少部分人还存在狭隘的民族意识。

问：绿春哈尼族语言的使用现状如何？

答：县境的哈尼人都使用哈尼语。百分之百的农村人口都掌握和使用自己的母语。在县城或城市工作、生活的哈尼人中，20 世纪 80 年代以前出生的哈尼人，平日工作和生活都能使用哈、汉两种语言交流。但是，在以后出生的在城市工作、生活的哈尼后代，由于世界强势文化尤其是汉文化的强烈渗透和冲击，掌握和使用哈尼语的人数越来越少。

问：青少年的语言使用现状与上一代相比如何？是否出现母语衰退的现象？

答：哈尼语从内涵和表达的形式上可分为诗歌、宗教祭词、格言俗语和家常口头语等几大类，这构成了哈尼族的母语体系。从掌握和使用的角度而言，上一代人基本能掌握和使用母语，青少年除了农村中的极少数人以外，只会使用一般的家常口头语，甚至不会说哈尼语，只会使用汉语。青少年的语言使用现状迹象表明：哈尼族母语出现衰退的征兆。

问：您认为哈尼语言文字使用和发展目前面临哪些问题？应该如何解决这些问题？

答：哈尼语言文字使用和发展目前面临的问题有三方面：一是由于全球经济一体化的加速和信息化的迅猛发展，给弱势的哈尼文化带来了严重冲击，哈尼族文化正在被强势文化逐步融合。二是哈尼族过去由于没有文字，文化传承靠口传心记，作为文化传承人的莫批和歌手，在口传心记过程中极容易遗漏和失传。文化传承人中的老者相继离开人世，他们掌握的口碑文化也随之不断流失。三是由于人们对少数民族文化价值缺乏正确的认识，对民族文化的意义认识不到位，导致哈尼族语言文字在一定程度上处于衰退状态。

解决的办法：一是提高对掌握和使用哈尼语言文字意义的认识。"十七大"把文化建设列入了中国特色社会主义理论体系的重要内容，要求"必须加强对民族文化的挖掘，重视文物和非物质文化遗产的保护，建设中华民族共有的精神家园"。哈尼族语言非常丰富，尤以宗教、节日、诗歌、传说、祭词、俗语等非物质文化是哈尼族文化的精髓，这是推动和实施民族文化"走出去"战略的优势。每一个哈尼族成员掌握和使用自己的母语，这是哈尼族自立、自强和自我发展的前提。我们必须充分认识哈尼族语言文字对于哈尼族自身发展的作用，树立抢救和保护哈尼族语言文字的紧迫感和危机感。二是办哈尼文培训班，培养一批哈尼文化的专业人才。本世纪初，县委、县人民政府审时度势，在进一步把握和深化县情认识的前提下，提出了"建设哈尼文化生态县"的战略思路。要实现这一目标，每年必须分批分期办哈尼文培训班，培育一批哈尼文化的专业人才。20 世纪 50 年代初期创制的《哈尼文字方案》，虽然推行了半个世纪，但是掌握哈尼文的人数还是不多。保护哈尼等弱势语言文字，已成为我们的当务之急。而举办哈尼文培训班，推广《哈尼文字方案》，是保护哈尼语言文化的重要途径。三是加强对哈尼族语言文化传承人的培养和保护。尽快建立抢救、保护哈尼族语言文化传承人的工程，组织人员普查、登记、编纂哈尼族莫批、歌手等民间艺人传承人名录，管理和利用这批人抢救保护哈尼族传统文化。四是进行双语教育。从小孩抓起，使哈尼语言、哈尼文化发扬光大。

问：绿春的民族文化保护面临哪些问题？如何采取措施进行保护？

答：面临的问题：一是对民族文化保护缺乏民族自觉。广大干部群众对民族文化保护的重要性认识不足，缺乏责任感和使命感。二是民族文化生态环境恶化。在现代文明的冲击下，民族文化的生存屏障十分脆弱，文化生态环境急剧恶化，大批有历史、科学和文化价值的村落、村寨遭到破坏，依靠口头和行为传承的各种技艺、习俗、礼仪等文化遗产正在不断消失。三是民族文化的继承后继乏人，一些传统技艺面临灭绝。许多民族艺术属独门绝技，口传心授，往往因人而存，人绝艺亡。

保护措施：一是在普查、登记、编纂各类名录的基础上，建立全面反映我县民族文化基本面貌的档案资料数据库，基本摸清民族文化的历史家底。二是通过资助扶持等手段，加强对民族文化传承人的培养和保护，建立比较完善的民族民间艺人传承保护机制。三是通过建立民族文化保护区、各民族文化博物馆等手段，使具有重要的历史、科学和文化价值且处于濒危状态的民族文化种类得以有效保护。四是建立一批民族文化产品的生产基地，科学开发、合理利用民族文化资源。五是建立一支专业工作队伍，培养一批专业知识精湛，对民族文化具有深厚感情和热情的民族文化保护工作者。

问：您认为应如何构建民族和谐以及语言关系的和谐？

答：紧紧围绕“民族团结、民族平等和各民族共同繁荣发展”和“三个离不开”（汉族离不开少数民族，少数民族离不开汉族，各少数民族之间也相互离不开）的民族工作主题，遵循“帮助各少数民族达到政治、经济和文化的全面发展，沿着社会主义道路不断前进，逐步实现各民族事实上的平等”的工作方针搞好民族和谐工作。

语言是人类交流思想、传递信息的工具。一个民族的语言文字，是整个人类文化的重要组成部分，是人类文明的标志之一。因此，在构建民族和谐社会的新形势下，各民族独特的语言文化必将齐放异彩。

问：您认为哈尼语的未来将会这样？

答：有学者说：“民族的崛起就是文化的崛起，文化的衰落预示着民族的衰落。”我认为：当一个民族主动放弃支撑自己民族发展的文化，就预示着一个民族的衰落。哈尼族在人类漫长的历史长河中创造了丰富灿烂的语言文化，千百年来，哈尼族作为中华民族大家庭中的成员之一，正是靠这一民族发展进步的精神和内在动力屹立于世界民族之林。只要哈尼族在世界上存在，哈尼族语言就会继承和发展，不会消亡。

四、红河州广电局办公室副主任高继勇访谈录

访谈对象：高继勇，男，38岁，哈尼族，本科，红河州广播电视局办公室副主任

访谈时间：2011年7月25日上午

访谈地点：红河州蒙自市

访 谈 者：李春风

问：高主任，请介绍一下您的个人情况，好吗？

答：好的。我1973年2月出生在云南省绿春县哈尼族村寨阿倮那村。1994年7月在绿春县大黑山乡政府参加工作，现供职于红河州广播电视局任办公室副主任。

问：您及您的家庭语言使用情况如何？

答：我28岁调离绿春工作。在绿春县工作时基本讲哈尼语，来蒙自市工作后，在同族间讲哈尼话，这样有亲切感，能增进友谊。我父母没有离开过哈尼村寨，母亲只会讲哈尼语。我爱人是汉族，女儿从小生活在蒙自，没有语言环境，不会讲哈尼语。我们在家使用汉语交流。

问：您认为在州政府所在地城镇长大的哈尼族孩子哈尼语水平有何变化？您如何看待这种变化？

答：在城镇长大的哈尼族孩子哈尼语水平明显下降，普遍不讲哈尼语，能熟练使用的很少。同胞聚在一起时，年纪大一点儿的同龄人还能讲哈尼语，与晚辈交流基本上就使用汉语了。因为孩子从小就生活在汉语环境中，如听广播、看电视、学校教育，等等，接触哈尼语的机会特别少。有的小孩有民族自卑感，怕其他民族取笑，没有讲民族语言的自信心。我对这种变化比较担忧。哈尼族的文化主要是口传文化，如果我们的哈尼语使用能力不断弱化，我们传统文化也将随之逐渐流失。

问：红河人民广播电台、电视台现在使用哪几种民族语播音？播音时长、播音内容如何？

答：红河人民广播电台、电视台现在使用哈尼语和彝语两种民族语播音。哈尼语广播节目有：《哈尼语新闻》、《气象服务》、《农业科技》、《民族天地》、《巾帼风采》、《哈尼电影》、《哈尼评书》、《哈尼文艺》、《哈尼拉巴》。彝语广播节目有：《彝语语新闻》、《气象服务》、《农业科技》、《民族天地》、《巾帼风采》、《彝语文艺》、《彝语评书》。哈尼语每天播出时长2小时54分钟，彝语每天播出时长1小时54分钟。电视节目有《哈尼语新闻》、《彝语新闻》、《民族家园》、《民族影院》等，哈尼语、彝语节目每天各播出2小时3分钟。

问：民族语频率、频道收听、收视情况如何？群众有何反映，有何要求？

答：民族语频率主要覆盖城镇人口和交通干线，广播电视信号主要从广电网络传输。除绿春县城镇居民中哈尼族人口比重大点外，大部分哈尼族和彝族主要生活在边远山区。广播电视民族语收视存在两个问题：接收信号好的地方听不懂广播、看不懂电视，听得懂、看得懂的地方却接收不到信号。民族语频率、频道的收听率、收视率整体不高。

我们在民族村寨与村民座谈时，村民对红河人民广播电台、红河电视台办好民语频道寄予很高的期望。元阳县新街镇大鱼塘村的李正学说：“人民群众迫切希望能看到自己民族语言的节目。大鱼塘村是哈尼梯田的核心区，我们祖祖辈辈生活在这里，梯田是祖辈留给我们的财富，具有很深的民族文化。希望多到村子里做民族文化节目，然后用民族语言播出，这样能激发村民的劳动热情，增强村民对哈尼梯田的保护意识，也让其他民族更了解哈尼族，增进民族团结，同时也能为哈尼梯田申报世界遗产做力所能及的事。”人民群众还希望能从民族语广播、电视节目中了解国家政策、法律法规知识、科普知识等更多的信息。

问：红河州广播、电视台民族语播音、播放事业近期有哪些变化？形成原因？

答：红河州民族语广播电视播出工作得到中央、省、州的高度重视，并下拨专款专项支持民族语频率的发展。2010 年 9 月，红河电视台民语频道开始试播。还积极立项申报绿春县、金平县、河口县三个边疆县的民族语译制工作站和红河州民族语电影译配中心。这些项目建成后将提升红河州民族语播出节目的质量和水平。

问：广电事业中，哈尼文字使用情况如何？面临哪些困难？您如何看待哈尼文的使用？

答：在广电事业中，哈尼文的使用仅局限于从事哈尼语播音人员。

目前哈尼文使用面临的困难有三方面：一是认识上存在偏颇，推行工作没有得到足够重视，推行的过程断断续续、时冷时热，直到现在，都处于一种低谷状态。二是没有专门的文字管理机构，哈尼文的推行工作基本处于停滞状态，形成尴尬局面。三是宣传力度不够，在媒体宣传方面，只有红河州广播电台、绿春县广播电视局开播哈尼语。

哈尼文在记录历史、文化、节庆、宗教、习俗以及传统歌谣中具有不可替代性，因为哈尼语中许多经典的词或语句无法用汉文准确书写。目前，哈尼文在记录哈尼语广播稿、影视翻译以及搜集整理哈尼族民间文学等方面已经发挥了积极的作用。

我认为，红河哈尼族彝族自治州应广泛使用哈尼文。2011 年 6 月，州委、州政府出台文件，要求正确、规范使用哈尼文、彝文、汉文文字标牌，突出哈尼族彝族自治州特色。书写格式为哈尼文、彝文占二分之一的空间，汉文占二分之一的空间。其中，在哈尼文、彝文所占的二分之一空间，两种文字又各占二分之一。排列顺序为哈尼文、彝文、汉文。横排书写时从上到下，竖排书写时从右到左。这一项目预计在 2012 年底完成。这对哈尼文的推广和使用将具有很大的促进作用。

问：播音员的素质和培养情况如何？

答：红河州哈尼语广播影视播音（译制）人员数量不足，业务素质不高，年龄偏大。2010 年 9 月，红河电视台开办民族语频道时聘用了两名哈尼语播音员；红河人民广播电台仅 5 名哈尼语播音员；红河州民族语电影译配中心有 9 名哈尼语译制人员。以上 16 名编播译人员中，有 13 人是 1980 年至 1982 年录用的，年龄偏大。播音员基本靠自学，没有受过专业培养，哈尼语播音人才出现断层。

问：您认为哈尼语广播、电视在现代化进程中的作用是什么？

答：广播影视具有广泛的传播性，与人民群众的生产、生活紧密相关。民族语广播电视节目能带给民族地区人民群众真实感和亲切感，其直观性的特点使不同年龄段和文化程度的人都能接受。在轻松愉快的文化娱乐中，宣传先进的思想文化、科学知识，推广实用技术，引导人们树立科学的世界观，消除愚昧，杜绝封建迷信活动。哈尼语广播影视的开播和放映，丰富了哈尼族群众的精神文化生活，增强了哈尼族群众的民族自豪感和向心力。

问：您认为红河州广电事业的哈尼语发展有哪些困难？您有什么建议？

答：困难有六方面：一是红河州广电事业的哈尼语使用范围小，局限于红河人民广播电台、红河电视台民语中心和民族语电影译配中心。二是三个中心建制较低，为正科级，工作力度不够。三是从事广播电视播音和电影译制工作的人员少、年龄偏大，哈尼语广播影视工作人员青黄不接。四是蒙自市远离哈尼族聚居地，没有语言氛围，从事广播电视播音和电影译制工作的人员哈尼语语言使用能力受到影响，不能准确译播民族地区的新生事物和新词术语。五是广播影视信号覆盖主要集中在城镇，哈尼语广播电视的受众较少、影响面小，得不到领导的重视。六是哈尼语有十多种方言土语，哈尼语播音在哈尼族内部也存在听不懂的现象。

几点建议：一是提升红河州民族语译制中心为副处级机构，整合广播、电影、电视三个民语中心的力量，充实哈尼语译制和播音人员，整体提高哈尼语译制播出能力和广播影视节目质量。二是每年分批分期组织从事广播影视译制，播音人员到哈尼族村寨体验生活，收集保护哈尼语资料和学习各地哈尼族语言。三是重视哈尼语专业人才的培养。哈尼语文专业人才现在已严重匮乏，早期培养的人已退休，20世纪80年代培养的人才，坚持从事哈尼语文工作的已所剩无几。建议依托红河学院开办哈尼语文专业班（专科或本科），培养一批哈尼语文专业人才，充实到广播影视或其他岗位，有利于哈尼语文的推广和使用。

五、老哈尼文字工作者罗书文访谈录

访谈对象：罗书文，男，76岁，哈尼族，小学，老哈尼文字工作者，县民政局退休干部

访谈时间：2011年7月28日下午

访谈地点：大寨村委会办公室

访　谈　者：白居舟

问：阿爷，您好，请您介绍一下个人及家庭的基本情况。

答：我今年76岁，已退休多年。小时候在绿春县大兴镇岔弄寨子读过私塾，做过放牛、赶马、种田等活计。1955年参加工作，当时我所在的县商业局把我派往大黑山和半坡二蒲等基层去从事商业工作。因为哈尼语和汉语熟练，1956年我被抽调到云南省少数民族语文工作指导委员会工作，跟随戴庆厦教授等专家设计哈尼文，并做哈尼文扫盲、编译工作，以及哈尼族民间文化收集整理工作。1963年回到绿春县商业局，1981年调到县地名普查办公室工作，1995年在县民政局退休。我有4个孩子，3女1男，他们都已成家立业。现在我和爱人跟小儿子在

家安度晚年。

问：您家人都会几种语言？平时在家使用什么语言？

答：我们一家都会讲哈尼语和汉语。家人之间都讲哈尼语，来外人时看情况选择哈尼语或汉语，讲哈尼语的人来就讲哈尼语，讲汉语的人来就讲汉语。

问：您参加过当年的哈尼文创制和推行，我们听说当年的条件很艰苦。请您说说那时由于不通公路，您和戴老师怎么从建水走路到绿春做哈尼文扫盲的。

答：1958 年，我和戴庆厦老师第一天从建水走到上白沙水，第二天从上白沙水走到元阳县石头寨，第三天从石头寨走到元阳新街老城，第四天从老城走到元阳牛角寨，第五天从牛角寨走到绿春县戈奎乡子雄寨子，第六天从子雄走到绿春县城。那时的绿春县委书记，组织几百人集中在大兴小学上课，教汉语拼音和哈尼文。

后来戴老师把我派去金平扫盲，他自己去绿春县中越边境线边的新寨去扫盲。一个月后我们去新寨会合。当时去平和乡也不通公路，也是走去的。回来的时候，新寨的老百姓煮紫米饭慰劳我们，结果我和另一个成员因为长时间吃得不好，一下子吃了很好的紫米饭就把肚子吃坏了，疼得在地上打滚，只好相互搀扶着连夜赶到平河乡卫生院，输了液才好了。

问：您在元阳县哈播村做哈尼文扫盲时最大的困难是什么？

答：最大的困难是生活特别艰苦，粮食紧张，煮野菜、芭蕉根、杜鹃花、麻木树叶吃，把能吃的野花、野菜都吃了，营养不良，最后我得了水肿病。没办法，打电话到省民委汇报，上级让我们回昆明。我和戴老师走路到建水，从建水乘坐小火车到开远，从开远坐火车到昆明。回到省民委时，因为浮肿，守大门的没认出我来，不让我进去。

问：我们看到，您和戴老师有很深厚的感情，您也有过调到中国社会科学院工作的机会，可是当时您放弃了，为什么？

答：当时抽调我到昆明工作，离家时间长了，太想家。我爱人又没有上过学，如果我调到中国社会科学院工作，又解决不了分居问题。戴老师回到北京后，我就主动要求回到绿春工作了。

问：现在年轻人基本上都会讲汉语了，您觉得哈尼语有保持的必要吗？为什么？

答：即使哈尼人都会讲汉语，但我觉得还有必要保持自己的母语，因为我们的母语哈尼语里保存了好多珍贵的历史文化。

第三章　绿春大兴镇大寨小组哈尼族语言使用情况个案调查

第一节　大寨小组概况

大寨小组是绿春县大兴镇大寨村委会所辖4个寨子中的1个，是大寨村委会所在地。大寨既是村委会的名字，也是寨子的名字。大寨本名“多娘窝拖普马”（哈尼语），“多娘”为建村祖先人名，“窝拖”为倒钩刺藤，“普马”为大寨子，意为“多娘领头创建的周围长满倒钩刺藤的大寨子”，1956年简称为大寨。大寨小组位于大兴镇政府西5公里处，绿春县城西1公里处。东边是小新寨，西边是西哈腊依寨，南边是广吗寨，北边是阿迪寨，这4个寨子的居民也都是哈尼族。

大寨全村有722户，3390人。全村国土面积4.17平方公里，海拔1590米，年平均气温15.3℃，年降水量1870毫米。2010年全村经济总收入1132.54万元，农民人均纯收入2490元。全村有耕地面积2045亩（其中：田1005亩，地1040亩），人均耕地0.6亩。粮食总产量88.5万公斤，人均240公斤。林地8427.3亩，主要种植茶叶、草果、核桃等经济作物，其中茶叶3294亩、草果3881.5亩、八角3881亩、板栗1000亩、核桃92亩。荒山荒地100亩。

大寨现有两所小学——大寨小学和广吗小学。大寨小学有560多位学生，广吗小学有160多名学生。广吗小学是绿春县唯一的一所双语教学示范学校。

2007年年初，大寨村被县委、县政府确定为城乡统筹试点村。大寨村充分发挥区域优势，打破城乡界限，优化资源，努力缩小城乡居民差距，实现城乡互动相融、协调发展，城乡一体化建设初具规模。现在，大寨已经从无到有、由小到大，积极创办私营企业，在市场竞争中实现高效益，走出了一条农民共同富裕奔小康的成功路。随着市场经济的不断搞活，大寨老百姓的生活水平和文化教育程度不断提高。目前，有4个自然村全部实现了“三通”，电视机、影碟机、电脑等一些高档的家用电器也进入许多百姓家中。

改革开放给哈尼族老百姓带来了许多现代新文化，同时，老百姓坚持弘扬自己的传统文化。矻扎扎（六月年）、扎特特（十月年）以及阿倮欧滨祭祀活动，在今日更加焕发出独有的魅力。广吗河沿岸以垂钓、餐饮为主的“农家乐”，成为城乡人们度假、休闲、娱乐的好去处。

2010年，大寨小组有338户，1588人，耕地面积939亩，人均0.59亩。粮食总产量38.62万公斤，人均243.2公斤。经济总收入431.9万元，人均纯收入2410.86元。经济收入主要依靠种植茶叶、草果和核桃。全寨种植茶叶 1279 亩、草果 1100 亩、核桃 234 亩。大寨小组农民的生活水平在不断提高。

随着经济的发展,文化教育水平也在不断提高。大寨小组现有高中以上文化程度 202 人,占全寨人数的 12%;大学以上文化程度 15 人,占全寨人数的 0.89%。随着文化程度的提高,走出大寨小组到外地工作和打工的人越来越多。

第二节 大寨小组语言使用现状

为了解大寨村大寨小组的语言使用现状,我们对全组 395 户共 1681 人(其中包括由本寨到城里工作或从事商业活动的非农业户口 57 户 93 人)进行了穷尽式的入户调查。除了语言能力还不成熟的 6 岁以下儿童和有残疾的共 97 人外,共调查统计了 1584 人的语言使用现状。这 1584 人中,除汉族 14 人、彝族 8 人、傣族 1 人、拉祜族 1 人、壮族 1 人外,其余均为哈尼族。以下是具体的语言使用现状的统计和分析。

一、大寨小组哈尼族母语使用现状

(一) 大寨小组哈尼族的母语使用情况

大寨小组不仅是大寨村委会所在地,而且距离县城较近,在市场经济的冲击下,大寨小组哈尼人的母语情况怎么样?带着这个问题我们对大寨小组哈尼人进行了入户调查、四百词测试和个别访谈,发现大寨小组哈尼族的母语能力很强,属于母语强势型村寨。不同年龄段的哈尼族的语言能力的调查数据统计见表 3-1。

表 3-1 大寨小组不同年龄段的哈尼族母语使用情况表

年龄段(岁)	总人数	熟练		略懂		不会	
		人数	百分比(%)	人数	百分比(%)	人数	百分比(%)
6—19	404	384	95.05	18	4.45	2	0.50
20—39	589	587	99.66	2	0.34	0	0
40—59	383	383	100	0	0	0	0
60 以上	183	183	100	0	0	0	0
合计	1559	1537	98.59	20	1.28	2	0.13

由表 3-1 可以看出,在我们所调查的 6 岁以上(含 6 岁)具有完全语言能力的 1559 人中,哈尼语熟练的有 1537 人,占调查人数的 98.59%;哈尼语略懂的有 20 人,占调查人数的 1.28%;哈尼语不会的只有 2 人,占调查人数的 0.13%。

从年龄段观察,40 岁以上的中年人和老年人全都能熟练地掌握哈尼语;20—39 岁的青壮年有 99.66%的人能够熟练地掌握哈尼语,只有 0.34%的人略懂哈尼语;6—19 岁的青少年有 95.05%的人能够熟练地掌握哈尼语,有 4.45%的人略懂哈尼语,有 0.50%的人不会哈尼语。

青壮年中属于略懂哈尼语的只有 2 人。这 2 人是因为父亲是汉族，受家庭环境的影响，主要以汉语交际为主，长大以后又经常在外打工，所以其哈尼语能力为略懂。青少年不会哈尼语的 2 人中，一位是 12 岁的白慧，因为跟随父母打工住在开远，四五岁刚出去时还会一点儿哈尼语，现在一两年回来一次，长时间没有语言学习和交流的环境，慢慢地也就忘了。另一位是 11 岁的杨雅，因为母亲是昆明的汉族，现在一直住在变电站，没有语言学习和交流的环境，也就不会哈尼语。青少年略懂哈尼语的 18 人基本都是 7 岁以下的儿童，因为家长在家里有意识地教他们汉语，有些家长把孩子送到城里上幼儿园，较早地接受汉语，哈尼语的学习受到了影响。

我们再对大寨小组的哈尼族进行了四百词测试，进一步看到大寨小组哈尼族的语言能力及其使用现状。具体见表 3－2。

表 3－2　大寨小组哈尼族四百词测试统计表

姓名	年龄	性别	文化程度	A	B	C	D	A+B	等级
杨琼仙	32	女	中专	378	6	15	1	384	优秀
朱福良	27	男	初中	370	2	21	7	372	优秀
罗衣者	34	男	高中	346	24	28	2	370	优秀
白秋仙	16	女	初中	346	22	21	11	368	优秀
白秋瑾	10	女	小学	252	29	22	97	281	良好
陈祖玉	9	女	小学	179	58	40	123	237	差
陈普云	8	男	小学	181	71	28	120	252	一般

表 3－2 显示，16 岁以上哈尼族的母语能力都为优秀等级，15 岁以下的哈尼族母语能力稍微差一点儿，特别是陈祖玉和陈普云，他们都在上小学，不仅在学校要学习和使用汉语，在家里，他们的父母也经常使用汉语和他们交流，使得他们的哈尼语词汇量较少，交流能力较弱。

（二）大寨小组非哈尼族的哈尼语使用情况

我们还对大寨小组非哈尼族 25 人使用哈尼语的情况进行了调查和分析，具体见表 3－3。

表 3－3　大寨小组非哈尼族使用哈尼语情况表

民族	总人数	熟练		略懂		不会	
		人数	百分比(%)	人数	百分比(%)	人数	百分比(%)
汉	14	10	71.43	4	28.57	0	0
彝	8	7	87.50	0	0	1	12.50
傣	1	0	0	1	100	0	0
拉祜	1	1	100	0	0	0	0
壮	1	0	0	1	100	0	0
合计	25	18	72.00	6	24.00	1	4.00

这些嫁到大寨小组或者住在大寨小组的非哈尼族人，他们在寨子里经常和哈尼族打交道，慢慢就学会了哈尼语。只有一位彝族小孩王勇俊，才 6 岁，只会汉语不会哈尼语。

根据表 3－3 的统计结果，我们将大寨小组的母语使用现状定性为“全民稳定使用母语型”。

二、大寨小组哈尼族完好保留母语的成因

大寨小组共 395 户 1681 人，其中哈尼族有 1654 人，占全寨人口的 98.39%，村子周边的小新、西哈腊依、广吗和阿迪 4 个寨子也都是哈尼族，形成哈尼族高度聚居的分布局面。村民在家庭和村寨中所交往的都是本族的人，哈尼语必然成为他们沟通感情、传递信息的唯一交际工具。加上哈尼山寨都坐落在不同的山梁上，山道弯弯，出行不便。村中人与外界交流很少，有些人甚至从来没有出过村寨。使外来的语言、文化进入这一片土地受到影响，对哈尼语的冲击相对较小。尤其是中老年以上的哈尼人群，不仅在寨子里，在街上赶场或者到医院看病，他们都使用自己的母语哈尼语和别人交流。

三、大寨小组哈尼族的汉语使用现状

通用语汉语是大寨哈尼人与外界、外族交流的重要交际工具。大寨小组的兼用语主要是通用语汉语。

通过调查，我们发现，整个大寨小组基本都会兼用汉语。也就是说，大寨哈尼族的语言生活属于哈汉双语类型。下面我们对大寨小组 1559 位哈尼族兼用汉语的情况及特点进行分析。

（一）绝大多数人能够熟练兼用汉语

表 3－4　大寨小组不同年龄的哈尼族兼用汉语情况表

年龄段（岁）	总人数	熟练		略懂		不会	
		人数	百分比（%）	人数	百分比（%）	人数	百分比（%）
6—19	404	365	90.35	39	9.65	0	0
20—39	589	571	96.94	17	2.89	1	0.17
40—59	383	295	77.02	75	19.58	13	3.39
60 以上	183	55	30.05	81	44.27	47	25.68
合计	1559	1286	82.49	212	13.60	61	3.91

穷尽式的入户调查显示，1559 位哈尼族有 1286 人能够熟练兼用汉语，占 82.49%；汉语水平为略懂级的有 212 人，占 13.60%；只有 61 人不会汉语，占 3.91%。这一数据说明，大寨小组的哈尼族普遍兼用汉语。

（二）兼用汉语的比例存在代际差异

从不同年龄段的汉语使用情况来看，60 岁以上能够兼用汉语的比例最低，熟练和略懂的有 136 人，占 74.32%；其次是 40—59 岁年龄段的，熟练和略懂的有 370 人，占 96.60%；再次是 20—39 岁年龄段的，熟练和略懂的有 588 人，占 99.83%；最高的是 6—19 岁的青少年，404 人全部都能达到熟练和略懂汉语的程度。

大寨小组兼用汉语的比例呈现出随年龄增大而递减的规律。即：6—19 岁＞20—39 岁＞

40—59岁>60岁以上。其占同年龄的比例分别为:100%>99.83%>96.60%>74.32%,代际差异比较明显。

(三) 兼用汉语的比例与文化程度有密切关系

从不同文化程度的人兼用汉语的情况来看,文化程度与兼用汉语的比例和水平有密切的关系。文化程度越高,兼用汉语的比例和水平越高。高中(包括中专)以上文化程度的有202人,全都能熟练兼用汉语。初中文化程度的有493人,其中有490人能熟练兼用汉语,占99.39%;只有3人略懂汉语,占0.61%。这3人都是因为汉语水平的问题,初中没有读完。小学文化程度(包括幼儿园)的有517人,能熟练兼用汉语的有463人,占89.56%;略懂汉语的有53人,占10.25%;不会的有1人,占0.19%。不会汉语的白者保,现年已经75岁,只读过小学一年级,再加上一直待在寨子里不和外族人交往,不使用汉语,现在也不会说汉语。没上过学的文盲或半文盲兼用汉语的比例和水平最低,347人中能熟练使用汉语的有131人,占37.75%;略懂的有156人,占44.96%;不会汉语的有60人,占17.29%。这说明:在学校待的时间越长,汉语水平越高。具体统计数据见表3-5。

表3-5　大寨小组不同文化程度的哈尼族兼用汉语情况表

文化程度	总人数	熟练		略懂		不会	
		人数	百分比(%)	人数	百分比(%)	人数	百分比(%)
文盲半文盲	347	131	37.75	156	44.96	60	17.29
小学以下	517	463	89.56	53	10.25	1	0.19
初中	493	490	99.39	3	0.61	0	0
高中以上	202	202	100	0	0	0	0
合计	1559	1286	82.49	212	13.60	61	3.91

(四) 兼用汉语的水平存在性别差异

从不同性别上看,兼用汉语的比例男性要比女性高。在我们所调查的1559名哈尼族中,有男性764人,女性795人。在男性764人中,能够熟练兼用汉语的有688人,占90.05%;略懂汉语的有63人,占8.25%;而在女性795人中,能够熟练兼用汉语的有598人,占75.22%;略懂汉语的有149人,占18.74%。而不会汉语的男女人数分别为13人和48人,分别占1.70和6.04%。具体数据见表3-6。

表3-6　大寨小组不同性别的哈尼族兼用汉语情况表

性别	总人数	熟练		略懂		不会	
		人数	百分比(%)	人数	百分比(%)	人数	百分比(%)
男	764	688	90.05	63	8.25	13	1.70
女	795	598	75.22	149	18.74	48	6.04
合计	1559	1286	82.49	212	13.60	61	3.91

通过表 3-6 的数据可以看出,在大寨小组,男性兼用汉语的程度普遍比女性高,而女性略懂和不懂汉语的比例普遍比男性高。

四、大寨小组哈尼族普遍兼用汉语的成因

(一)学校教育是哈尼族普遍掌握汉语的主要保证

大寨小组村民普遍使用哈尼语,汉语没有习得环境。人们只能通过学校教育学习汉语。九年义务教育的实施,为哈尼族习得汉语提供了优良的学习环境。凡是读到小学毕业的哈尼族人,都已能不同程度地掌握了汉语。

(二)市场经济的发展是哈尼族习得汉语的外部环境

在大寨小组,甚至在绿春,到处可见市场经济给哈尼人带来的好处,促使哈尼人不断地与外族接触。通过"走出去"和"请进来"的办法发展地方经济,搞活地方市场,这些都需要通过掌握汉语来实现。所以青壮年熟练掌握汉语的比例要高于其他几个年龄段,男性熟练掌握汉语的比例普遍高于女性。

(三)包容开放的民族情怀是哈尼族习得汉语的心理因素

在哈尼村寨,人们普遍认识到学习汉语的重要性。他们认为,汉语不好,就不会有好的学习成绩;没有好的学习成绩就考不上高一级的学校;考不上高一级的学校,就不能很好地在外边工作或者打工。就像大寨村委会主任罗衣者所说:"我们这一代不熟悉汉语已经吃了亏,不能再让下一代留下遗憾,我们要让他们从小熟练掌握汉语。"很多家长在家里开始教小孩学习汉语,把自己的孩子送到城里读幼儿园或者小学,为自己的孩子提供学习汉语的最好环境。

第三节 大寨小组人物访谈录

一、大寨小组村民陈拉抽访谈录

访谈对象: 陈拉抽,女,40 岁,哈尼族,小学,前大寨小组文艺队队长

访谈时间: 2011 年 8 月 3 日下午

访谈地点: 绿春县绿春印象宾馆

访 谈 者: 李文琪

问: 请您介绍一下您的个人情况吧!

答: 我出生于 1971 年,是从牛洪嫁到大寨来的。我有两个儿子,一个是 1988 年生的,另

一个是 1994 年生的，他们都只念完初中就到外地打工去了。

问：请问您的家庭用语是什么？

答：我们家除了我的弟媳妇是四川的汉族外都是哈尼族。我们在家一般用哈尼语进行交流，但是和弟妹及她的儿子（我的侄子）交流用汉语。家里人就只有母亲汉语不太熟练，所以有时母亲和弟媳交流时需要翻译。

问：您担心寨子里的孩子将来也像您的侄子一样不会说哈尼语吗？

答：不担心。因为他们一直在村寨里生活，寨子里的人都说哈尼语。有了这样的环境，孩子愿意说哈尼语，长大了就自然而然地会说哈尼语了。

问：您是怎么学会哈尼文的？

答：我第一次学习哈尼文是在 2000 年年底。那年白碧波老师到绿春来进行哈尼文的培训。培训进行了五个晚上。在培训课上只介绍哈尼文的基本情况和基本的字母，我特别感兴趣，就跟我在建水学过哈尼文的妹夫学习，声母、韵母就都慢慢学会了。

问：您只参加过这一次哈尼文培训就完全学会哈尼文了？

答：不是的。之后还参加过几次培训。一次是在 2001 年 3 月，白碧波老师来进行第二次培训。通过那次培训我才掌握好了文字。那时白碧波老师提倡我们这些学生边学边教，使我们有机会去教农村人。还有一次是 2008 年蒙自组织的口传文化培训，这次培训后我学会了国际音标，并且获得了云南省《哈尼族口碑文化译注全集》的编译工作证。

问：您是从什么时候开始教外国人哈尼文的，是怎么联系上的？

答：我从 2002 年开始教外国人学习哈尼文。第一次是他们听我的朋友说我会哈尼文，就与我联系，让我教他们。这期间认识了不少外国人。他们来了，或是他们的朋友来了，就与我联系，让我教他们哈尼文，做他们的翻译。

问：他们都是哪些国家的，来绿春主要是做什么工作，您是怎么和他们进行交流的？

答：我第一次教的是一家美国人，他们学哈尼文是为了做哈尼文的研究。通过朋友的介绍，我还教了一个学音乐的加拿大友人。他为了写一篇论文来绿春搞调查。我带他去乡下录哈尼歌。我们到现在也一直有联系，我还帮他录些歌，翻译后用邮件给他发过去。我们一般都用普通话进行交流。

问：说到歌曲，您以前在文艺队的时候排的节目都是哈尼语的么？

答：汉语和哈尼语的节目都有。有的歌曲是汉语的调、哈尼语的词（借词换调），因为哈尼族的古调不好编排舞蹈。少部分是哈尼语的曲调。这些节目在乡下演出时很受欢迎，特别受 35 岁以上的人喜爱。但是，青年人更喜欢汉语节目，因为很多哈尼语节目他们都听不懂，不明白节目表达的意思。

问：听说您还打算教寨子里的人学哈尼文，您能谈谈这方面的打算吗？

答：是的。我打算在农村培训哈尼文。经过申请，今年 3 月政府和民委已经拨给我经费，让我编教材了。等课本出了以后，我就着手准备开班培训的事，初步打算在十月年的时候开班。包括我在内，我们一共有3个教师，都持有云南省《哈尼族口碑文化译注全集》的编译工作证，隶属于州民族研究所。到时候我们会免费给学员发放课本。

问：您编写的哈尼文课本的内容包括什么？

答：内容大部分是从其他哈尼文教材中摘录出来的，也有从其他民间故事集中挑选出来的和自己搜集的民间故事，还有一些山歌、儿歌和家谱，等等。我觉得只有内容丰富，学员才会有兴趣，才会主动在日常生活中看这本书，这样就可以巩固学的内容。

问：您的培训班会在哪里开设？

答：没有固定的地方，看大家学习的积极性高不高、村子里有多少人参加培训。要是大家的积极性高，我们会在每个寨子都设点培训。

问：您的家人支持您的这些工作吗？

答：支持。我爱人没有固定的工作，平时在家干农活、养猪，家里的主要收入来自卖猪所得。

问：您认为寨子里的人学习哈尼文的积极性高吗？

答：还是挺高的。就附近寨子来看，整个县城周围的村子都有想学哈尼文的人。基本上每个寨子有五六十人想要参加哈尼文的培训。我们七八年前也办过哈尼文培训班，当时来参加培训的多是文盲，他们的积极性很高，都希望再次进行哈尼文的相关培训。但是年纪小的人不喜欢学哈尼语。他们认为哈尼语没有汉语重要，哈尼语不实用，学会了只是自己村寨内使用，出去就用不上了。

问：您认为培训时会遇到的困难主要有哪些？

答：首先，我怕学员坚持不了，学不到一个月就不学了。虽然现在农村人学哈尼语积极性高，但是培训时间安排得恰当与否会影响积极性。其次，就是经费问题。虽然我们免费发放课本，免费上课，而且只要有人来问我，我可以在家里就教他们，不收取任何费用。但是，还是需要有一些经费来维持别的开支。

问：您为什么这么热衷于哈尼文的培训工作？

答：首先，我喜欢文字。其次，我担心哈尼语会被汉语同化。如果后人不学哈尼文，那么哈尼人创造的文化就会消失。所以，我努力去学习和传授前辈创造的文化、文字。我考虑的更多的是后者，要是以后只有少数人会看哈尼文，那么，下一代会看的就更少了。

问：您认为哈尼文发展下去会有哪些用途？

答：哈尼文可以表达哈尼人的感情，可以记载原汁原味的哈尼文化、祖先文化。比如，哈尼人会唱山歌，但是只靠口传是传不下去的，有了文字记载，下一辈的人就能通过文字进行学习。

问：您对未来的事业有什么设想？

答：我喜欢哈尼文，希望能做戴老师接班人。我打算在培训的课本出了以后，自己再搜集一些资料去做哈尼语读物，让人们经常有哈尼文的书看。我相信不管以后的人喜欢不喜欢哈尼文，今天我学会了，明天就会有人来学习。

二、大寨小组祭师白普才访谈录

访谈对象： 白普才，男，62岁，哈尼族，小学，阿倮欧滨祭师助理

访谈时间： 2011年7月28日下午

访谈地点： 大寨村委会办公室

访　谈　者： 白居舟

问： 请您说一说现在大寨哈尼人讲的哈尼语和过去的有没有什么差别？

答： 只要是哈尼语，所能讲的那些，现在讲的和过去的基本上是相同的。可是，现在大寨与绿春县城基本上融为一体，这里的哈尼族孩子因为生活在县城区域，就稍微倾向于学讲汉语去了，哈尼语反而不那么熟练了。

问： 那么，现在大寨哈尼人平时讲哈尼语的多还是讲汉语的多？

答： 由于受社会变革大潮的影响，族际交往以及跨地区交往越来越多，现在有一些哈尼人，尤其是年轻人趋向于使用汉语，村子里已出现了部分嫁进来的哈尼族儿媳妇只讲汉语不讲哈尼语的情况，听不懂或者不愿意听老人讲的哈尼语。

问： 那么，应当怎样看待哈尼语和哈尼族文化？

答： 我们哈尼族是祖国56个民族大家庭中的一员，就得有自己独特的民族文化，独特的风俗习惯。而且哈尼族支系繁多，各支系的语言文化以及民风民俗都有各自独特的特点。大寨以西的岔弄、折东、倮边、米克等哈尼族村庄，不到农历七月就过新米节，而我们从大寨到县城以东的县城周边的哈尼族寨子，不到农历七月是不过新米节的，而且还要选日子。这是因为哈尼族各宗支的习俗不同，每一个宗族都讲究自己的规矩、习俗。

哈尼古话说得好：sɿ^{31} tsɿ̱^{31} a^{31} phø^{31} le^{55} ma^{31} dɱo^{55} / sɿ̱^{31} tshe^{55} a^{31} phø^{31} je^{55} ga^{31} le^{55} dɱa̱^{33} / a^{31} phø^{31} phø^{33} ɣa^{55} ma^{31} si̱^{33} / a^{31} da^{33} da^{33} ɣa^{55} ma^{55} le^{55} / da^{33} ma^{33} tshe^{55} tsɿ̱^{55} pha^{55} ɤ^{33} li^{31} / la^{31} gɔ^{55} ma^{31} pha^{55} tɕi̱^{31} / ɯ^{55} ȵu^{31} a^{31} ma^{33} tshe^{55} khɔ^{55} pha^{55} ɤ^{33} li^{31} / nɔ^{31} ɣa^{55} lo^{31} tɕhe^{33} da̱^{33} tsɿ̱^{31} ma^{31} pha^{55}（没有活七代的祖宗，但是有七十代祖宗定下的规矩、习俗；要循祖宗的规，要蹈祖宗的矩；父母更替了十代，父母传下的人种不变；耕牛更换了十条，踩田的路子不变。）

因此，我们都得尊崇自己民族优秀的传统文化。比如哈尼族的重大节日六月年，绿春县城这条梁子（这一带）上的哈尼寨子（特指大寨以东到俄批轰巩周围的十几个哈尼族村庄），必须到农历六月之内的第一个属猪和属鼠的日子才能过，不到农历六月或超过农历六月不行。过十月年呢，则必须是农历十月之内的第一个属龙和属蛇的日子才算数，其他月份不行。不能说是到了农历六月就过六月年，到了农历十月就过十月年，还得选吉日，必须得按照祖先定下来的那个日子和那些规矩来过节，祭祖先，祭寨神、水神等一切民族风俗习惯，都得按照祖先定下的规矩来办，才能起到提高家庭和民族凝聚力、增强民族自信心和自豪感的作用。

大寨是绿春县城周围十几个哈尼族寨子共同参与的祭祀活动阿倮欧滨(为纪念哈尼族传奇人物都玛检收以及祈祷人丁兴盛、六畜兴旺、五谷丰登而举办的宗教祭祀活动)的龙头老大,现在县委、县政府下决心打造哈尼文化特色县,很关心支持我们的阿倮欧滨,大寨的哈尼族规矩和习俗都保持得比较完好。

问:会讲哈尼语的哈尼族青少年及幼儿对本民族的传统文化掌握得如何?比如山歌、情歌、拉吧(特指哈尼族比较固定的生产生活习俗歌)、民间故事等。

年幼的孩子现在不可能明白,他们还听不懂长辈常用的祝福语(包括长辈对晚辈的表扬、祝福之类的惯用语),深奥的哈尼族传统文化就更听不懂了。比如说 khɯ^{55}du^{33}bi^{33}xɯ^{31} / la̱^{31}du^{33}bi^{33}mo^{55},这是祝福孩子健康成长的一句哈尼语,用汉语直译为“祝腿脚粗壮,愿手杆长长”,意译为“茁壮成长”;又比如说 nɔ^{31}za^{31}da̱^{33}khø^{55}khø^{55}la^{55}mi^{55} / ɳ̥u^{31}za^{31}da̱^{33}bje^{55}bje^{55}la^{55}mi^{55} / xa^{31}za^{31}xa^{31}ma^{33}xu^{55}ta̱^{33}dze^{31}li^{33}mi^{31},用汉语直译为“后生越长越聪明,牛犊犄角越长越宽,新竹高于旧竹”,意译为“长江后浪推前浪,一代更比一代强”。这样生动活泼的哈尼祝福语,是哈尼语的瑰宝,我们不舍得丢失,孩子们虽然一下子难以掌握,但我们会教他们。

年轻人当中,在村子里成家立业的年轻父母,睿智又聪明,慢慢就对本民族传统文化产生了兴趣,对自己的孩子,也会用哈尼语来教育。哈尼语的山歌、情歌以及拉吧等,传统的比较稳定的曲子,随着老一代歌手的去世,可能会淡化或消失。但是,新的哈尼族民歌、新的哈尼族文化,会随着时代的前进而逐渐涌现。现在用哈尼语唱现代通俗歌曲的年轻人已经崭露头角,阿哲老马村(绿春县大兴镇迷克村委会的一个自然村)的盲人歌手阿英,就是哈尼族代表。老一代哈尼族歌手已经完成了他们的使命,新一代哈尼族歌手一定能担当起新一代歌手使命,不要担心哈尼族文化会消失,哈尼族的语言文化是能够与时俱进的,因为哈尼族是一个开放包容、胸怀坦荡的民族,在学习汉文化以及国内外先进文化的同时,会继承和发扬自己的民族文化。

问:大寨作为国内现行使用的哈尼文标准语音所在地,请您说说大寨哈尼人的哈尼文使用情况。

答:说到哈尼文,是早在毛主席在世时的 1957 年,党和国家为了让我们哈尼人有自信、有荣耀而特别创制的。可是,经历了不尊重少数民族风俗习惯的几次运动后,特别是“文革”时期,把哈尼族莫批(哈尼族宗教祭师)看成是封建迷信、是牛鬼蛇神,是剥削。哈尼族的民风民俗的发展受到了一定的影响。我父亲原来是当地有名的歌手,“文革”时期,看到不少民族文化传承人受到了打击和迫害,他就不让我跟他学哈尼文化。后来,民族政策得到落实,我才担任龙头的助手。

哈尼文创制出来以后,在哈尼族地区,开展了大规模的哈尼文扫盲活动,大家也非常高兴学习自己民族的语言文字。我们村很荣幸被定为标准语音所在地,而且有两位前辈参与了语言文字的创制和推行,一位是白祖额老师,一位是罗书文老师。

1958 年,绿春县在现在的大兴小学办哈尼文骨干培训班,教室是竹篱笆围的茅草屋,课桌是阿倮那村的一个木匠作的。大寨、牛洪、岔弄等都选代表参加了哈尼文培训，但是后来培训时断时续。大寨虽说是为设计哈尼文而选中的哈尼语标准语音所在地，但真正掌握哈尼文的人不多。最近十年左右，哈尼文在绿春得到一定程度的重视，也有一部分自觉自愿学习哈尼文的人，比如，在大寨，白拉抽是学得比较好的一个中年妇女，她现在能够当哈尼文老师，可以辅导当地爱好者以及一部分慕名前来学习哈尼语的国际友人。

能够利用哈尼文学习哈尼语，对传承哈尼族的历史文化很有帮助，真是一件很有意义的事情。

问：哈尼族的祭寨神是怎么一回事儿呢？它为什么要选在正月的属牛和属虎的日子呢？祭祀寨神的哈尼语祭词主要是哪几句？

答：祭祀寨神不为别的，就是为了让村里人保持元气，有精神。一年之计在于春，因此选在正月里祭祀。选择属牛日，是传说春神诞生于正月属牛的日子，春神降临，万物复苏，生机盎然。祭祀寨神的祭词有这么几句：

tɕhi^{31} pu̱^{33} xɯ^{31} ɤ^{33} ɣa^{31}ma^{33}，

一　寨　大　的 寨神

寨子最大的是寨神，

tɕhi^{31} jɔ^{55} xɯ^{31} ɤ^{33} bɔ^{31}gɯ^{55}，

一　户 大　的 神龛

门户最大的是祖神，

ɣa^{31}ma^{33} ɣa^{31}tshɔ^{31} ɤ^{33} xa̱^{31}lu̱^{33} mo^{55}mi^{55} a^{31}me^{55} phø^{31} ŋa^{33}，

寨神　树林　的 石头　神仙　一样　荣耀 是

寨神林的石头与神仙一样尊贵。

ɣa^{31}ma^{33} la^{31}ɣa^{31} do^{33}gɯ^{33} tsho^{55}dʑo^{55} sa^{55}，

寨神　神力　之下　健康

寨神庇佑我们健康，

ɣa^{31}ma^{33} xo̱^{31}lo^{55} do^{33}gɯ^{33} za^{31}zø^{31} dzɤ^{31}，

寨神　水神　之下　儿孙　旺

水神保佑儿孙兴旺，

ɣa^{31}ma^{33} a^{55}bo^{55} xu^{55}a^{33} ne^{33}nɔ^{31} da̱^{33} me^{55} za^{31}zø^{31} i^{55}mø^{55} bi^{33} dzɤ^{31} mo̱^{31} za^{33}.

寨神　树　之下　嫩枝　出 样　儿孙　那样　让 旺　需　愿

像寨神树林中的嫩枝嫩叶不断生长一样，村里的儿孙繁衍永不停息。

问：您说得很好。只要我们保持自己的民风民俗，坚持说自己的母语，哈尼族的根就不会动摇，是这样吗？

答：对，总体是这样。每一个民族的规矩、习俗都不是随意制定的，对于我们本地的哈尼族来说，祭祀阿倮欧滨习俗不能改变，祭祀寨神习俗不能改变，树神、石神、水神都得祭，这好比每个成语都有典故一样，每一种哈尼人的规矩、习俗，都有它的来龙去脉，不可能凭空捏造。只要遵循哈尼人的这些规矩、习俗，坚持使用母语，哈尼族传统文化是不会失传的。

第四节 大寨小组语言使用情况总表

序号	家庭关系	姓名	民族	年龄（岁）	文化程度	第一语言及水平	第二语言及水平	第三语言及水平
1	户主	李龙鲁	哈尼	71	文盲或半文盲	哈尼语，熟练	汉语，略懂	
	配偶	杨然抽	哈尼	65	文盲或半文盲	哈尼语，熟练	汉语，略懂	
	四子	李然里	哈尼	38	小学	哈尼语，熟练	汉语，熟练	
	儿媳	高黑优	哈尼	29	小学	哈尼语，熟练	汉语，熟练	
	孙女	李简角	哈尼	15	初中	哈尼语，熟练	汉语，熟练	
	孙子	李普才	哈尼	13	小学	哈尼语，熟练	汉语，熟练	
2	户主	李洁霞	哈尼	11	初中	哈尼语，熟练	汉语，熟练	
	哥哥	李科发	哈尼	15	高中	哈尼语，熟练	汉语，熟练	
3	户主	李忠文	哈尼	63	小学	哈尼语，熟练	汉语，略懂	
	配偶	李来碑	哈尼	58	小学	哈尼语，熟练	汉语，熟练	
	长女	李批艳	哈尼	41	小学	哈尼语，熟练	汉语，熟练	
	长子	李来者	哈尼	32	初中	哈尼语，熟练	汉语，熟练	
	儿媳	李鲁简	哈尼	38	小学	哈尼语，熟练	汉语，熟练	
	次子	李鲁处	哈尼	28	初中	哈尼语，熟练	汉语，熟练	
	孙女	李文鲜	哈尼	16	初中	哈尼语，熟练	汉语，熟练	
	孙子	李普骏	哈尼	10	小学	哈尼语，熟练	汉语，熟练	
	外孙女	李来努	哈尼	19	技工学校	哈尼语，熟练	汉语，熟练	
4	户主	白嘎成	哈尼	83	文盲或半文盲	哈尼语，熟练	汉语，熟练	
	配偶	白已们	哈尼	82	文盲或半文盲	哈尼语，熟练	汉语，略懂	
	次子	白成发	哈尼	48	初中	哈尼语，熟练	汉语，熟练	
	儿媳	朱黑背	哈尼	47	文盲或半文盲	哈尼语，熟练	汉语，熟练	
	儿媳	朱里梭	哈尼	44	文盲或半文盲	哈尼语，熟练	汉语，熟练	
	长孙女	白 鹂	哈尼	23	大学	哈尼语，熟练	汉语，熟练	
	次孙女	白 莹	哈尼	21	大专	哈尼语，熟练	汉语，熟练	
	三孙女	白新月	哈尼	19	高中	哈尼语，熟练	汉语，熟练	
	孙子	白绍文	哈尼	17	高中	哈尼语，熟练	汉语，熟练	

5	户主	李成秋	哈尼	36	初中	哈尼语,熟练	汉语,熟练	
	母亲	高达角	哈尼	62	文盲或半文盲	哈尼语,熟练	汉语,略懂	
	妹妹	李成优	哈尼	29	初中	哈尼语,熟练	汉语,熟练	
6	户主	杨鲁师	哈尼	70	初中	哈尼语,熟练	汉语,熟练	
	母亲	高然收	哈尼	91	文盲或半文盲	哈尼语,熟练	汉语,熟练	
	长孙	杨鲁雄	哈尼	18	初中	哈尼语,熟练	汉语,熟练	
	长孙女	杨李情	哈尼	15	初中	哈尼语,熟练	汉语,熟练	
	次孙女	杨期优	哈尼	13	小学	哈尼语,熟练	汉语,熟练	
7	户主	杨普期	哈尼	41	小学	哈尼语,熟练	汉语,熟练	
	配偶	白波艳	哈尼	40	初中	哈尼语,熟练	汉语,熟练	
	长女	杨李情	哈尼	15	初中	哈尼语,熟练	汉语,熟练	
	次女	杨期优	哈尼	13	小学	哈尼语,熟练	汉语,熟练	
8	户主	白生者	哈尼	41	初中	哈尼语,熟练	汉语,熟练	
	配偶	高嘎优	哈尼	29	小学	哈尼语,熟练	汉语,熟练	
	母亲	白优收	哈尼	63	文盲或半文盲	哈尼语,熟练	汉语,略懂	
	妹妹	白明初	哈尼	38	小学	哈尼语,熟练	汉语,熟练	
	弟媳	高明里	哈尼	34	小学	哈尼语,熟练	汉语,熟练	彝语,熟练
	长子	白翁处	哈尼	15	初中	哈尼语,熟练	汉语,熟练	
	次子	白普生	哈尼	12	小学	哈尼语,熟练	汉语,熟练	
	外甥女	李　霞	哈尼	10	小学	哈尼语,熟练	汉语,熟练	
	外甥女	李　燕	哈尼	7	小学	哈尼语,略懂	汉语,熟练	
9	户主	杨里发	哈尼	66	小学	哈尼语,熟练	汉语,熟练	
	配偶	白明里	哈尼	64	文盲或半文盲	哈尼语,熟练	汉语,熟练	
	长女	杨琼仙	哈尼	32	中专或中技	哈尼语,熟练	汉语,熟练	
	次子	杨建忠	哈尼	27	高中	哈尼语,熟练	汉语,熟练	
10	户主	杨才忠	哈尼	42	初中	哈尼语,熟练	汉语,熟练	
	配偶	陈三优	哈尼	33	小学	哈尼语,熟练	汉语,熟练	
	父亲	罗拉角	哈尼	80	文盲或半文盲	哈尼语,熟练	汉语,不会	
	母亲	罗明同	哈尼	64	文盲或半文盲	哈尼语,熟练	汉语,略懂	
	长子	杨忠祥	哈尼	18	高中	哈尼语,熟练	汉语,熟练	
	次子	杨忠华	哈尼	16	初中	哈尼语,熟练	汉语,熟练	
11	户主	杨然嘎	哈尼	69	文盲或半文盲	哈尼语,熟练	汉语,熟练	
	配偶	陈批抽	哈尼	64	文盲或半文盲	哈尼语,熟练	汉语,略懂	
	次子	杨学军	哈尼	36	初中	哈尼语,熟练	汉语,熟练	
	儿媳	高俊车	哈尼	28	初中	哈尼语,熟练	汉语,熟练	
	孙女	杨处燕	哈尼	7	小学	哈尼语,熟练	汉语,略懂	

12	户主	杨咀然	哈尼	65	小学	哈尼语,熟练	汉语,熟练	
	长子	杨然果	哈尼	43	初中	哈尼语,熟练	汉语,熟练	
	儿媳	杨明思	哈尼	41	小学	哈尼语,熟练	汉语,熟练	
	三女	杨然梭	哈尼	33	初中	哈尼语,熟练	汉语,熟练	
	四女	杨然鸟	哈尼	29	初中	哈尼语,熟练	汉语,熟练	
	孙女	杨　媛	哈尼	19	中专	哈尼语,熟练	汉语,熟练	
	孙子	杨　贵	哈尼	17	中专	哈尼语,熟练	汉语,熟练	
13	户主	杨欧才	哈尼	58	小学	哈尼语,熟练	汉语,熟练	
	配偶	杨龙收	哈尼	58	文盲或半文盲	哈尼语,熟练	汉语,略懂	
	长子	杨木者	哈尼	36	小学	哈尼语,熟练	汉语,熟练	
	次子	杨在鑫	哈尼	33	初中	哈尼语,熟练	汉语,熟练	
	三子	杨　华	哈尼	29	初中	哈尼语,熟练	汉语,熟练	
	长孙	杨者超	哈尼	9	小学	哈尼语,熟练	汉语,熟练	
	次孙	杨者宝	哈尼	7	小学	哈尼语,熟练	汉语,略懂	
14	户主	白伟额	哈尼	55	小学	哈尼语,熟练	汉语,熟练	
	配偶	李衣们	哈尼	54	文盲	哈尼语,熟练	汉语,略懂	
	父亲	白则规	哈尼	93	文盲或半文盲	哈尼语,熟练	汉语,略懂	
	长子	白永红	哈尼	29	初中	哈尼语,熟练	汉语,熟练	
	次子	白永强	哈尼	28	初中	哈尼语,熟练	汉语,熟练	
	三子	白永帆	哈尼	26	初中	哈尼语,熟练	汉语,熟练	
	长女	白永梅	哈尼	22	大学	哈尼语,熟练	汉语,熟练	
15	户主	白才者	哈尼	38	初中	哈尼语,熟练	汉语,熟练	
	母亲	曾阿努	哈尼	60	文盲或半文盲	哈尼语,熟练	汉语,略懂	
16	户主	杨理忠	哈尼	72	小学	哈尼语,熟练	汉语,熟练	
	配偶	白波收	哈尼	71	文盲或半文盲	哈尼语,熟练	汉语,略懂	
17	户主	白鲁期	哈尼	42	初中	哈尼语,熟练	汉语,熟练	
	配偶	白然收	哈尼	44	文盲或半文盲	哈尼语,熟练	汉语,略懂	
	父亲	白波普	哈尼	80	文盲或半文盲	哈尼语,熟练	汉语,不会	
	长女	白秀梅	哈尼	18	初中	哈尼语,熟练	汉语,熟练	
	长子	白期成	哈尼	17	初中	哈尼语,熟练	汉语,熟练	
18	户主	白伙成	哈尼	53	小学	哈尼语,熟练	汉语,熟练	
	配偶	李路表	哈尼	49	文盲或半文盲	哈尼语,熟练	汉语,略懂	
	妹妹	白明表	哈尼	46	初中	哈尼语,熟练	汉语,熟练	
	长女	白芸琴	哈尼	24	初中	哈尼语,熟练	汉语,熟练	
	长子	白普三	哈尼	22	初中	哈尼语,熟练	汉语,熟练	
	侄女	白原飘	哈尼	22	初中	哈尼语,熟练	汉语,熟练	

19	户主	白欧收	哈尼	37	小学	哈尼语,熟练	汉语,略懂	
	长女	白普芬	哈尼	16	初中	哈尼语,熟练	汉语,熟练	
	长子	白俊良	哈尼	13	初中	哈尼语,熟练	汉语,熟练	
20	户主	杨批黑	哈尼	60	文盲或半文盲	哈尼语,熟练	汉语,略懂	
	长子	杨斗木	哈尼	27	初中	哈尼语,熟练	汉语,熟练	
	次女	杨斗农	哈尼	22	初中	哈尼语,熟练	汉语,熟练	
21	户主	石忠木	哈尼	60	文盲或半文盲	哈尼语,熟练	汉语,略懂	
	配偶	朱老秋	哈尼	65	文盲或半文盲	哈尼语,熟练	汉语,略懂	
22	户主	白老才	哈尼	67	文盲或半文盲	哈尼语,熟练	汉语,略懂	
	配偶	白托收	哈尼	67	文盲或半文盲	哈尼语,熟练	汉语,略懂	
	长子	白黑初	哈尼	45	初中	哈尼语,熟练	汉语,熟练	
	次子	白波初	哈尼	41	初中	哈尼语,熟练	汉语,熟练	
	儿媳	李合娄	哈尼	35	小学	哈尼语,熟练	汉语,熟练	
	长孙女	白　洁	哈尼	13	小学	哈尼语,略懂	汉语,熟练	
	次孙女	白　慧	哈尼	12	小学	哈尼语,不会	汉语,熟练	
	三孙女	白秋红	哈尼	6	学龄前儿童	哈尼语,略懂	汉语,熟练	
23	户主	白斗波	哈尼	39	初中	哈尼语,熟练	汉语,熟练	
	配偶	白家收	哈尼	41	初中	哈尼语,熟练	汉语,熟练	
	母亲	杨然飘	哈尼	71	文盲或半文盲	哈尼语,熟练	汉语,略懂	
	长女	白慧敏	哈尼	15	初中	哈尼语,熟练	汉语,熟练	
	次女	白慧珍	哈尼	10	小学	哈尼语,熟练	汉语,熟练	
24	户主	白苗鲁	哈尼	82	文盲或半文盲	哈尼语,熟练	汉语,略懂	
	配偶	白波抽	哈尼	71	文盲或半文盲	哈尼语,熟练	汉语,略懂	
	三子	白鲁期	哈尼	31	小学	哈尼语,熟练	汉语,熟练	
	儿媳	朱惠英	哈尼	30	初中	哈尼语,熟练	汉语,熟练	
	孙女	白成鑫	哈尼	10	小学	哈尼语,熟练	汉语,熟练	
	孙子	白期洪	哈尼	7	小学	哈尼语,熟练	汉语,略懂	
25	户主	白斗普	哈尼	79	文盲或半文盲	哈尼语,熟练	汉语,略懂	
	配偶	杨者秋	哈尼	71	文盲或半文盲	哈尼语,熟练	汉语,略懂	
	长子	白普生	哈尼	30	初中	哈尼语,熟练	汉语,熟练	
	儿媳	白嘎努	哈尼	30	小学	哈尼语,熟练	汉语,熟练	
	外孙女	白秀珍	哈尼	23	小学	哈尼语,熟练	汉语,熟练	
	孙女	白生艳	哈尼	10	小学	哈尼语,熟练	汉语,熟练	
	孙子	白生发	哈尼	8	小学	哈尼语,熟练	汉语,略懂	
26	户主	白波才	哈尼	62	文盲或半文盲	哈尼语,熟练	汉语,熟练	
	配偶	高普收	哈尼	58	文盲或半文盲	哈尼语,熟练	汉语,略懂	

27	户主	白木三	哈尼	69	文盲或半文盲	哈尼语,熟练	汉语,略懂	
	配偶	杨然收	哈尼	65	文盲或半文盲	哈尼语,熟练	汉语,略懂	
	长子	白三保	哈尼	42	初中	哈尼语,熟练	汉语,熟练	
	儿媳	卢秀珍	哈尼	39	初中	哈尼语,熟练	汉语,熟练	
	孙女	白保角	哈尼	18	初中	哈尼语,熟练	汉语,熟练	
	孙子	白保强	哈尼	16	初中	哈尼语,熟练	汉语,熟练	
28	户主	白八福	哈尼	47	初中	哈尼语,熟练	汉语,熟练	
	配偶	陈霞芬	哈尼	39	初中	哈尼语,熟练	汉语,熟练	
	长子	白院梁	哈尼	22	中专或中技	哈尼语,熟练	汉语,熟练	
	次子	白院强	哈尼	17	初中	哈尼语,熟练	汉语,熟练	
29	户主	高艳表	哈尼	48	文盲或半文盲	哈尼语,熟练	汉语,略懂	
	母亲	杨伟书	哈尼	82	文盲或半文盲	哈尼语,熟练	汉语,不会	
	长女	白建芬	哈尼	19	初中	哈尼语,熟练	汉语,熟练	
	次女	白者努	哈尼	17	初中	哈尼语,熟练	汉语,熟练	
	长子	白勇明	哈尼	13	小学	哈尼语,熟练	汉语,熟练	
30	户主	白然者	哈尼	54	小学	哈尼语,熟练	汉语,熟练	
	配偶	高普角	哈尼	49	文盲或半文盲	哈尼语,熟练	汉语,熟练	
	母亲	白准收	哈尼	80	文盲或半文盲	哈尼语,熟练	汉语,不会	
	长子	白仁者	哈尼	37	小学	哈尼语,熟练	汉语,熟练	
	儿媳	陈为飘	哈尼	40	文盲或半文盲	哈尼语,熟练	汉语,略懂	
	次子	白仁秋	哈尼	32	初中	哈尼语,熟练	汉语,熟练	
	三子	白晓东	哈尼	26	小学	哈尼语,熟练	汉语,熟练	
	儿媳	白　艳	哈尼	25	初中	哈尼语,熟练	汉语,熟练	
	长女	白晓丽	哈尼	23	小学	哈尼语,熟练	汉语,熟练	
	四子	白晓明	哈尼	19	小学	哈尼语,熟练	汉语,略懂	
	长孙女	白者飘	哈尼	17	小学	哈尼语,熟练	汉语,熟练	
	次孙女	白鲁抽	哈尼	14	初中	哈尼语,熟练	汉语,熟练	
	长孙	白者山	哈尼	13	小学	哈尼语,熟练	汉语,熟练	
	三孙女	白秋宏	哈尼	8	小学	哈尼语,熟练	汉语,熟练	
	次孙	白伟黑	哈尼	7	小学	哈尼语,熟练	汉语,略懂	
31	户主	白快仙	傣	39	初中	傣语,熟练	汉语,熟练	哈尼语,略懂
32	户主	杨立普	哈尼	64	文盲或半文盲	哈尼语,熟练	汉语,略懂	
	次女	杨波抽	哈尼	29	初中	哈尼语,熟练	汉语,熟练	
	儿媳	王建芬	哈尼	26	小学	哈尼语,熟练	汉语,熟练	
33	户主	杨里才	哈尼	80	文盲或半文盲	哈尼语,熟练	汉语,略懂	
	儿媳	高然抽	哈尼	59	文盲或半文盲	哈尼语,熟练	汉语,略懂	
	孙媳	白雪梅	哈尼	27	初中	哈尼语,熟练	汉语,熟练	
	重孙女	杨佳慧	哈尼	6	学龄前儿童	哈尼语,不会	汉语,熟练	

34	户主	白波农	哈尼	71	文盲或半文盲	哈尼语,熟练	汉语,略懂	
	长子	李鲁俭	哈尼	45	高中	哈尼语,熟练	汉语,熟练	
	儿媳	白来新	哈尼	42	初中	哈尼语,熟练	汉语,熟练	
	四女	李 艳	哈尼	30	初中	哈尼语,熟练	汉语,熟练	
	孙子	李俭文	哈尼	19	高中	哈尼语,熟练	汉语,熟练	
	孙女	李俭虹	哈尼	17	高中	哈尼语,熟练	汉语,熟练	
35	户主	罗哈优	哈尼	48	文盲或半文盲	哈尼语,熟练	汉语,略懂	
	长子	白秋生	哈尼	28	中专	哈尼语,熟练	汉语,熟练	
	儿媳	白 媛	哈尼	26	初中	哈尼语,熟练	汉语,熟练	
	次女	白秋艳	哈尼	22	中专	哈尼语,熟练	汉语,熟练	
36	户主	罗拉嘎	哈尼	89	文盲或半文盲	哈尼语,熟练	汉语,略懂	
	配偶	李黑收	哈尼	89	文盲或半文盲	哈尼语,熟练	汉语,略懂	
37	户主	杨明果	哈尼	61	文盲或半文盲	哈尼语,熟练	汉语,略懂	
	三子	白然里	哈尼	32	小学	哈尼语,熟练	汉语,熟练	
	儿媳	白木角	哈尼	28	小学	哈尼语,熟练	汉语,熟练	
	孙子	白沙金	哈尼	10	小学	哈尼语,熟练	汉语,熟练	
	孙女	白沙梅	哈尼	9	小学	哈尼语,熟练	汉语,熟练	
38	户主	白得保	哈尼	41	初中	哈尼语,熟练	汉语,熟练	
	配偶	白明走	哈尼	36	小学	哈尼语,熟练	汉语,熟练	
	长子	白保才	哈尼	18	初中	哈尼语,熟练	汉语,熟练	
	次子	白保华	哈尼	15	初中	哈尼语,熟练	汉语,熟练	
39	户主	白达扒	哈尼	54	小学	哈尼语,熟练	汉语,略懂	
	配偶	白来者	哈尼	52	文盲或半文盲	哈尼语,熟练	汉语,不会	
	长女	白雪萍	哈尼	30	小学	哈尼语,熟练	汉语,熟练	
	次女	白 婷	哈尼	28	初中	哈尼语,熟练	汉语,熟练	
	三女	白学珍	哈尼	22	初中	哈尼语,熟练	汉语,熟练	
	四女	白学花	哈尼	21	中专或中技	哈尼语,熟练	汉语,熟练	
	长子	白陆玉强	哈尼	18	初中	哈尼语,熟练	汉语,熟练	
40	户主	杨然普	哈尼	72	文盲或半文盲	哈尼语,熟练	汉语,不会	
	长女	杨明里	哈尼	34	小学	哈尼语,熟练	汉语,熟练	
41	户主	郭成背	哈尼	45	小学	哈尼语,熟练	汉语,熟练	
	配偶	罗培波	哈尼	44	高中	哈尼语,熟练	汉语,熟练	
	长子	罗世伟	哈尼	19	初中	哈尼语,熟练	汉语,熟练	
	长女	罗艳芬	哈尼	17	初中	哈尼语,熟练	汉语,熟练	
42	户主	李鲁者	哈尼	41	小学	哈尼语,熟练	汉语,熟练	
	长女	李 洁	哈尼	19	高中	哈尼语,熟练	汉语,熟练	
	次女	李 艳	哈尼	17	初中	哈尼语,熟练	汉语,熟练	
	长子	李者昆	哈尼	10	小学	哈尼语,熟练	汉语,熟练	

43	户主	李么求	哈尼	38	初中	哈尼语,熟练	汉语,熟练	
	配偶	李秋娄	哈尼	37	文盲或半文盲	哈尼语,熟练	汉语,略懂	
	长子	李白云	哈尼	19	初中	哈尼语,熟练	汉语,熟练	
	长女	李白妹	哈尼	17	初中	哈尼语,熟练	汉语,熟练	
44	户主	杨鲁成	哈尼	57	中专或中技	哈尼语,熟练	汉语,熟练	
	配偶	龙波收	哈尼	52	小学	哈尼语,熟练	汉语,熟练	
	长女	杨才抽	哈尼	25	初中	哈尼语,熟练	汉语,熟练	
45	户主	杨普荣	哈尼	62	高中	哈尼语,熟练	汉语,熟练	
	配偶	卢来收	哈尼	62	文盲或半文盲	哈尼语,熟练	汉语,略懂	
	长孙女	杨艺芝	哈尼	13	小学	哈尼语,熟练	汉语,熟练	
	次孙女	杨玉洁	哈尼	10	小学	哈尼语,熟练	汉语,熟练	
46	户主	杨普初	哈尼	58	文盲或半文盲	哈尼语,熟练	汉语,熟练	
	配偶	朱秋优	哈尼	57	文盲或半文盲	哈尼语,熟练	汉语,略懂	
	次子	杨初波	哈尼	35	小学	哈尼语,熟练	汉语,熟练	
	儿媳	李　婷	哈尼	29	小学	哈尼语,熟练	汉语,熟练	
	三子	杨荣成	哈尼	30	初中	哈尼语,熟练	汉语,熟练	
	儿媳	陈黑秀	哈尼	26	文盲或半文盲	哈尼语,熟练	汉语,略懂	
	长孙	杨建鹏	哈尼	9	小学	哈尼语,熟练	汉语,熟练	
	次孙	杨建福	哈尼	6	学龄前儿童	哈尼语,熟练	汉语,略懂	
	三孙	杨德祥	哈尼	6	学龄前儿童	哈尼语,熟练	汉语,略懂	
47	户主	白优鲁	哈尼	54	小学	哈尼语,熟练	汉语,熟练	
	配偶	龙吉们	哈尼	53	文盲或半文盲	哈尼语,熟练	汉语,略懂	
	母亲	陈期表	哈尼	71	文盲或半文盲	哈尼语,熟练	汉语,不会	
	长子	白瑞清	哈尼	31	中专或中技	哈尼语,熟练	汉语,熟练	
48	户主	白咀车	哈尼	39	小学	哈尼语,熟练	汉语,略懂	
	配偶	李坚收	哈尼	40	小学	哈尼语,熟练	汉语,熟练	
	长女	白　莲	哈尼	19	大学	哈尼语,熟练	汉语,熟练	
	长子	白　成	哈尼	17	初中	哈尼语,熟练	汉语,熟练	
49	户主	白行收	哈尼	72	文盲或半文盲	哈尼语,熟练	汉语,不会	
	配偶	白波基	哈尼	72	文盲或半文盲	哈尼语,熟练	汉语,不会	
	四子	白　华	哈尼	28	初中	哈尼语,熟练	汉语,熟练	
	儿媳	杨晓芬	哈尼	27	中专或中技	哈尼语,熟练	汉语,熟练	
50	户主	白黑有	哈尼	57	小学	哈尼语,熟练	汉语,熟练	
	配偶	白沙努	哈尼	57	文盲或半文盲	哈尼语,熟练	汉语,略懂	
	次女	白晓春	哈尼	30	初中	哈尼语,熟练	汉语,熟练	

51	户主	李志华	哈尼	41	小学	哈尼语,熟练	汉语,熟练	
	配偶	白木收	哈尼	39	文盲或半文盲	哈尼语,熟练	汉语,略懂	
	长子	李发有	哈尼	18	初中	哈尼语,熟练	汉语,熟练	
	次子	李发才	哈尼	15	初中	哈尼语,熟练	汉语,熟练	
	长女	李发仙	哈尼	11	小学	哈尼语,熟练	汉语,熟练	
52	户主	李波秋	哈尼	57	初中	哈尼语,熟练	汉语,熟练	
	配偶	白成背	哈尼	53	文盲或半文盲	哈尼语,熟练	汉语,略懂	
	长子	李秋者	哈尼	31	小学	哈尼语,熟练	汉语,熟练	
	次子	李秋三	哈尼	28	初中	哈尼语,熟练	汉语,熟练	
	三子	李剑红	哈尼	25	小学	哈尼语,熟练	汉语,熟练	
53	户主	白黑然	哈尼	42	小学	哈尼语,熟练	汉语,熟练	
	配偶	许沙脚	哈尼	40	文盲或半文盲	哈尼语,熟练	汉语,略懂	
	长子	白院强	哈尼	18	小学	哈尼语,熟练	汉语,熟练	
	长女	白艳芳	哈尼	10	小学	哈尼语,熟练	汉语,熟练	
54	户主	陈平黑	哈尼	53	小学	哈尼语,熟练	汉语,熟练	
	配偶	石抽成	哈尼	52	文盲或半文盲	哈尼语,熟练	汉语,略懂	
	长子	陈简然	哈尼	31	中专或中技	哈尼语,熟练	汉语,熟练	
	儿媳	李嘎收	哈尼	28	文盲或半文盲	哈尼语,熟练	汉语,略懂	
	孙女	陈祖玉	哈尼	9	小学	哈尼语,熟练	汉语,熟练	
55	户主	陈鲁普	哈尼	43	初中	哈尼语,熟练	汉语,熟练	
	配偶	李阿处	哈尼	43	文盲或半文盲	哈尼语,熟练	汉语,略懂	
	长子	陈普云	哈尼	8	小学	哈尼语,熟练	汉语,熟练	
56	户主	周存丽	哈尼	44	中专或中技	哈尼语,熟练	汉语,熟练	
	配偶	李忠强	哈尼	44	高中	哈尼语,熟练	汉语,熟练	
	长子	李剑伟	哈尼	11	小学	哈尼语,熟练	汉语,熟练	
57	户主	李福有	彝	71	初中	彝语,熟练	哈尼语,熟练	汉语,熟练
	配偶	李永抽	哈尼	72	文盲或半文盲	彝语,熟练	哈尼语,熟练	汉语,熟练
	外孙	王勇俊	彝	6	学龄前儿童	汉语,熟练		
58	户主	石苗成	哈尼	56	小学	哈尼语,熟练	汉语,熟练	
	配偶	白黑批	哈尼	55	文盲或半文盲	哈尼语,熟练	汉语,略懂	
	长子	石梦华	哈尼	35	中专或中技	哈尼语,熟练	汉语,熟练	
	孙子	石祖亮	哈尼	7	小学	哈尼语,略懂	汉语,熟练	
59	户主	石翁者	哈尼	53	小学	哈尼语,熟练	汉语,熟练	
	配偶	白黑背	哈尼	46	文盲或半文盲	哈尼语,熟练	汉语,略懂	
	长女	石杏媚	哈尼	25	大学	哈尼语,熟练	汉语,熟练	
	长子	石伟财	哈尼	23	小学	哈尼语,熟练	汉语,熟练	
	次女	石抽艳	哈尼	10	小学	哈尼语,熟练	汉语,熟练	

60	户主	石普初	哈尼	46	初中	哈尼语,熟练	汉语,熟练	
	配偶	李批娄	哈尼	39	小学	哈尼语,熟练	汉语,熟练	
	长女	石初瑜	哈尼	17	高中	哈尼语,熟练	汉语,熟练	
	次女	石初儿	哈尼	13	初中	哈尼语,熟练	汉语,熟练	
61	户主	白绍初	哈尼	74	小学	哈尼语,熟练	汉语,熟练	
	配偶	罗明都	哈尼	74	文盲或半文盲	哈尼语,熟练	汉语,略懂	
	儿媳	何丽芳	哈尼	30	中专或中技	哈尼语,熟练	汉语,熟练	
	孙子	白正东	哈尼	7	小学	哈尼语,略懂	汉语,熟练	
62	户主	白　林	哈尼	42	初中	哈尼语,熟练	汉语,熟练	
	长女	白燕明	哈尼	20	中专或中技	哈尼语,熟练	汉语,熟练	
	长子	白振南	哈尼	9	小学	哈尼语,熟练	汉语,熟练	
63	户主	白嘎飘	哈尼	44	文盲或半文盲	哈尼语,熟练	汉语,熟练	
64	户主	白波斗	哈尼	58	文盲或半文盲	哈尼语,熟练	汉语,略懂	
	配偶	石批价	哈尼	57	文盲或半文盲	哈尼语,熟练	汉语,略懂	
	长子	白斗秋	哈尼	35	初中	哈尼语,熟练	汉语,熟练	
	儿媳	高　英	哈尼	35	初中	哈尼语,熟练	汉语,熟练	
	次女	白　雪	哈尼	30	中专或中技	哈尼语,熟练	汉语,熟练	
	长孙女	白秋瑾	哈尼	9	小学	哈尼语,熟练	汉语,熟练	
	次孙女	白秋琼	哈尼	9	小学	哈尼语,熟练	汉语,熟练	
	外孙女	德静芳	哈尼	8	小学	哈尼语,熟练	汉语,熟练	
	长孙	白秋文	哈尼	7	小学	哈尼语,熟练	汉语,熟练	
	次孙	白秋华	哈尼	7	小学	哈尼语,熟练	汉语,熟练	
65	户主	杨德昌	哈尼	59	小学	哈尼语,熟练	汉语,熟练	
	配偶	普任梭	哈尼	60	文盲或半文盲	哈尼语,熟练	汉语,略懂	
	次子	杨志雄	哈尼	31	高中	哈尼语,熟练	汉语,熟练	
	次女	张玉农	哈尼	28	小学	哈尼语,熟练	汉语,熟练	
66	户主	杨梦杰	哈尼	38	高中	哈尼语,熟练	汉语,熟练	
	配偶	马才们	哈尼	36	文盲或半文盲	哈尼语,熟练	汉语,略懂	
	长子	杨一帆	哈尼	14	初中	哈尼语,熟练	汉语,熟练	
	长女	杨　祺	哈尼	12	小学	哈尼语,熟练	汉语,熟练	
67	户主	杨生山	哈尼	49	初中	哈尼语,熟练	汉语,熟练	
	配偶	白沙也	哈尼	46	文盲或半文盲	哈尼语,熟练	汉语,略懂	
	长女	杨嘎努	哈尼	21	初中	哈尼语,熟练	汉语,熟练	
	长子	杨嘎福	哈尼	13	初中	哈尼语,熟练	汉语,熟练	

68	户主	杨伟山	哈尼	54	初中	哈尼语,熟练	汉语,熟练	
	配偶	白梅青	哈尼	54	文盲或半文盲	哈尼语,熟练	汉语,熟练	
	长子	杨 林	哈尼	25	初中	哈尼语,熟练	汉语,熟练	
	次子	杨 荣	哈尼	23	初中	哈尼语,熟练	汉语,熟练	
69	户主	白普仙	哈尼	42	初中	哈尼语,熟练	汉语,熟练	
	配偶	李者秋	哈尼	51	文盲或半文盲	哈尼语,熟练	汉语,熟练	
	长女	李 慧	哈尼	18	高中	哈尼语,熟练	汉语,熟练	
	次女	李 倩	哈尼	15	初中	哈尼语,熟练	汉语,熟练	
	长子	李 钢	哈尼	12	小学	哈尼语,熟练	汉语,熟练	
70	户主	白普华	哈尼	39	初中	哈尼语,熟练	汉语,熟练	
	配偶	陈立抽	哈尼	40	文盲或半文盲	哈尼语,熟练	汉语,略懂	
	长子	白华云	哈尼	18	初中	哈尼语,熟练	汉语,熟练	
	长女	白华丽	哈尼	16	初中	哈尼语,熟练	汉语,熟练	
71	户主	白才有	哈尼	37	小学	哈尼语,熟练	汉语,熟练	
	长子	白友华	哈尼	19	初中	哈尼语,熟练	汉语,熟练	
	次子	白友者	哈尼	17	初中	哈尼语,熟练	汉语,熟练	
72	户主	吴明努	哈尼	47	小学	哈尼语,熟练	汉语,熟练	
	配偶	白成斗	哈尼	47	小学	哈尼语,熟练	汉语,熟练	
	长子	白德明	哈尼	21	初中	哈尼语,熟练	汉语,熟练	
73	户主	白成有	哈尼	37	初中	哈尼语,熟练	汉语,熟练	
	配偶	杨秋碑	哈尼	37	文盲或半文盲	哈尼语,熟练	汉语,熟练	
	长女	白有缘	哈尼	14	初中	哈尼语,熟练	汉语,熟练	
	长子	白有为	哈尼	11	小学	哈尼语,熟练	汉语,熟练	
74	户主	石万青	哈尼	46	初中	哈尼语,熟练	汉语,熟练	
	配偶	白沙努	哈尼	44	文盲或半文盲	哈尼语,熟练	汉语,熟练	
	长子	石其华	哈尼	23	大学	哈尼语,熟练	汉语,熟练	
75	户主	朱黑艳	哈尼	41	文盲或半文盲	哈尼语,熟练	汉语,熟练	
76	户主	石山保	哈尼	46	初中	哈尼语,熟练	汉语,熟练	
	配偶	高明初	哈尼	45	文盲或半文盲	哈尼语,熟练	汉语,不会	
	长女	石龙敏	哈尼	16	初中	哈尼语,熟练	汉语,熟练	
	次女	石龙发	哈尼	11	小学	哈尼语,熟练	汉语,略懂	
	长子	石龙好	哈尼	8	小学	哈尼语,略懂	汉语,熟练	
77	户主	陈和荣	哈尼	53	高中	哈尼语,熟练	汉语,熟练	
	配偶	陶迷嘎	哈尼	48	文盲或半文盲	哈尼语,熟练	汉语,熟练	
	长子	陈 福	哈尼	25	大专	哈尼语,熟练	汉语,熟练	

78	户主	李黑也	哈尼	80	文盲或半文盲	哈尼语,熟练	汉语,不会	
	次子	李远保	哈尼	42	初中	哈尼语,熟练	汉语,熟练	
	儿媳	石龙背	哈尼	40	初中	哈尼语,熟练	汉语,熟练	
	长孙女	李　燕	哈尼	21	高中	哈尼语,熟练	汉语,熟练	
	次孙女	李　霞	哈尼	19	初中	哈尼语,熟练	汉语,熟练	
	长孙	李　根	哈尼	16	初中	哈尼语,熟练	汉语,熟练	
79	户主	李摸鲁	哈尼	47	小学	哈尼语,熟练	汉语,熟练	
	配偶	白伟远	哈尼	48	文盲或半文盲	哈尼语,熟练	汉语,熟练	
	长子	李苗斗	哈尼	28	初中	哈尼语,熟练	汉语,熟练	
	儿媳	杨　萍	哈尼	27	初中	哈尼语,熟练	汉语,熟练	
	长女	李健英	哈尼	25	大专	哈尼语,熟练	汉语,熟练	
	次女	李健萍	哈尼	23	初中	哈尼语,熟练	汉语,熟练	
80	户主	李波沙	哈尼	62	文盲或半文盲	哈尼语,熟练	汉语,略懂	
	配偶	李则表	哈尼	58	小学	哈尼语,熟练	汉语,略懂	
	长子	李沙鲁	哈尼	26	初中	哈尼语,熟练	汉语,熟练	
	次女	李三飘	哈尼	21	文盲	哈尼语,熟练	汉语,熟练	
81	户主	李生然	哈尼	34	小学	哈尼语,熟练	汉语,熟练	
	配偶	白明纠	哈尼	36	小学	哈尼语,熟练	汉语,熟练	
	长子	李忠才	哈尼	15	初中	哈尼语,熟练	汉语,熟练	
	次子	李忠嘎	哈尼	13	小学	哈尼语,熟练	汉语,熟练	
82	户主	李波牛	哈尼	61	小学	哈尼语,熟练	汉语,熟练	
83	户主	白木者	哈尼	52	高中	哈尼语,熟练	汉语,熟练	
	配偶	卢优收	哈尼	49	文盲或半文盲	哈尼语,熟练	汉语,略懂	
	父亲	白和衣发	哈尼	74	文盲或半文盲	哈尼语,熟练	汉语,熟练	
	母亲	罗阿飘	哈尼	74	文盲或半文盲	哈尼语,熟练	汉语,不会	
	长子	白　杰	哈尼	31	中专	哈尼语,熟练	汉语,熟练	
	次子	白　俊	哈尼	28	初中	哈尼语,熟练	汉语,熟练	
	长女	白玉芬	哈尼	22	初中	哈尼语,熟练	汉语,熟练	
84	户主	李龙苗	哈尼	84	文盲或半文盲	哈尼语,熟练	汉语,不会	
	长子	李优者	哈尼	54	文盲或半文盲	哈尼语,熟练	汉语,熟练	
	儿媳	龙咀优	哈尼	54	文盲或半文盲	哈尼语,熟练	汉语,熟练	
	孙女	李者欧	哈尼	27	小学	哈尼语,熟练	汉语,熟练	
	孙子	李者龙	哈尼	25	初中	哈尼语,熟练	汉语,熟练	
85	户主	李波全	哈尼	52	初中	哈尼语,熟练	汉语,熟练	
	配偶	白波秋	哈尼	49	文盲或半文盲	哈尼语,熟练	汉语,不会	
	长女	李雪梅	哈尼	28	小学	哈尼语,熟练	汉语,熟练	
	次女	李晓艳	哈尼	21	初中	哈尼语,熟练	汉语,熟练	
	长子	李前龙	哈尼	18	高中	哈尼语,熟练	汉语,熟练	

86	户主	白普有	哈尼	44	初中	哈尼语,熟练	汉语,熟练	
	配偶	张祖收	哈尼	45	文盲或半文盲	哈尼语,熟练	汉语,不会	
	母亲	杨然元	哈尼	72	文盲或半文盲	哈尼语,熟练	汉语,略懂	
	长女	白优觉	哈尼	23	小学	哈尼语,熟练	汉语,略懂	
	长子	白友福	哈尼	19	初中	哈尼语,熟练	汉语,熟练	
	次子	白友成	哈尼	15	初中	哈尼语,熟练	汉语,熟练	
87	户主	白尔涛	哈尼	40	小学	哈尼语,熟练	汉语,熟练	
	配偶	杨然表	哈尼	40	小学	哈尼语,熟练	汉语,略懂	
	长子	白福新	哈尼	14	初中	哈尼语,熟练	汉语,熟练	
	次子	白亮文	哈尼	12	小学	哈尼语,熟练	汉语,熟练	
88	户主	杨迷嗒	哈尼	45	小学	哈尼语,熟练	汉语,略懂	
	长子	白贞遥	哈尼	20	初中	哈尼语,熟练	汉语,熟练	
	长女	白苑徽	哈尼	19	初中	哈尼语,熟练	汉语,熟练	
89	户主	陈来嘎	哈尼	75	文盲或半文盲	哈尼语,熟练	汉语,略懂	
	配偶	李来杯	哈尼	72	文盲或半文盲	哈尼语,熟练	汉语,不会	
	长孙女	陈山优	哈尼	27	小学	哈尼语,熟练	汉语,熟练	
	次孙女	陈山波	哈尼	24	小学	哈尼语,熟练	汉语,熟练	
	孙子	陈　华	哈尼	20	初中	哈尼语,熟练	汉语,略懂	
90	户主	陈建忠	哈尼	38	高中	哈尼语,熟练	汉语,熟练	
	配偶	李普抽	哈尼	39	高中	哈尼语,熟练	汉语,熟练	
	母亲	陈批所	哈尼	79	文盲或半文盲	哈尼语,熟练	汉语,不会	
	长女	陈　艳	哈尼	16	初中	哈尼语,熟练	汉语,熟练	
	长子	陈规者	哈尼	10	小学	哈尼语,熟练	汉语,熟练	
	次女	陈规燕	哈尼	9	小学	哈尼语,熟练	汉语,熟练	
91	户主	李则鲁	哈尼	49	中专或中技	哈尼语,熟练	汉语,熟练	
	配偶	白龙梭	哈尼	47	文盲或半文盲	哈尼语,熟练	汉语,不会	
	母亲	李来角	哈尼	69	文盲或半文盲	哈尼语,熟练	汉语,不会	
	长女	李　娜	哈尼	27	小学	哈尼语,熟练	汉语,熟练	
	外孙女	张如梦	汉	6	学龄前儿童	哈尼语,熟练	汉语,略懂	
92	户主	陈　山	哈尼	48	初中	哈尼语,熟练	汉语,熟练	
	配偶	李明读	彝族	41	文盲或半文盲	彝语,熟练	哈尼语,熟练	汉语,熟练
	长子	陈忠发	哈尼	26	初中	哈尼语,熟练	汉语,熟练	
	次女	陈忠艳	哈尼	24	初中	哈尼语,熟练	汉语,熟练	
	三女	陈忠优	哈尼	21	初中	哈尼语,熟练	汉语,熟练	
	次子	陈忠云	哈尼	12	小学	哈尼语,熟练	汉语,熟练	

93	户主	李苗初	哈尼	61	文盲或半文盲	哈尼语,熟练	汉语,熟练	
	配偶	陈生梭	哈尼	51	文盲或半文盲	哈尼语,熟练	汉语,熟练	
	长子	李初黑	哈尼	30	小学	哈尼语,熟练	汉语,熟练	
	儿媳	杨明师	哈尼	34	文盲或半文盲	哈尼语,熟练	汉语,熟练	
	长女	李　嘉	哈尼	32	小学	哈尼语,熟练	汉语,熟练	
	次女	李香兰	哈尼	26	小学	哈尼语,熟练	汉语,熟练	
	三女	李初芬	哈尼	23	小学	哈尼语,熟练	汉语,熟练	
	外孙女	魏素霞	哈尼	15	初中	哈尼语,熟练	汉语,熟练	
	长孙女	李黑香	哈尼	13	小学	哈尼语,熟练	汉语,略懂	
	次孙女	李欣蕊	哈尼	10	小学	哈尼语,熟练	汉语,熟练	
	孙子	李黑银	哈尼	6	学龄前儿童	哈尼语,熟练	汉语,略懂	
94	户主	李　林	哈尼	34	小学	哈尼语,熟练	汉语,熟练	
	配偶	马琼英	哈尼	35	小学	哈尼语,熟练	汉语,熟练	
	长子	李成龙	哈尼	13	小学	哈尼语,熟练	汉语,熟练	
	长女	李斗梭	哈尼	9	小学	哈尼语,熟练	汉语,熟练	
95	户主	陈万玉	哈尼	71	文盲或半文盲	哈尼语,熟练	汉语,略懂	
	配偶	龙三车	哈尼	68	文盲或半文盲	哈尼语,熟练	汉语,略懂	
	外孙女	陈艳芬	哈尼	23	初中	哈尼语,熟练	汉语,熟练	
96	户主	柴石才	汉	44	初中	汉语,熟练	哈尼语,略懂	
	配偶	李明姑	哈尼	43	文盲或半文盲	哈尼语,熟练	汉语,熟练	
	长女	柴春辉	哈尼	23	小学	哈尼语,略懂	汉语,熟练	
	次女	柴梦停	哈尼	21	初中	哈尼语,略懂	汉语,熟练	
97	户主	李　文	哈尼	70	文盲或半文盲	哈尼语,熟练	汉语,略懂	
	次子	李生秋	哈尼	34	小学	哈尼语,熟练	汉语,熟练	
	儿媳	白波艳	哈尼	31	小学	哈尼语,熟练	汉语,熟练	
	孙女	李雪丽	哈尼	12	小学	哈尼语,熟练	汉语,熟练	
	孙子	李永亮	哈尼	9	初中	哈尼语,熟练	汉语,熟练	
98	户主	李规然	哈尼	54	初中	哈尼语,熟练	汉语,熟练	
	配偶	白黑农	哈尼	46	文盲或半文盲	哈尼语,熟练	汉语,熟练	
	长子	李然发	哈尼	34	小学	哈尼语,熟练	汉语,熟练	
	儿媳	白处抽	哈尼	32	小学	哈尼语,熟练	汉语,熟练	
	长女	李燕春	哈尼	22	初中	哈尼语,熟练	汉语,熟练	
	三子	李文华	哈尼	20	初中	哈尼语,熟练	汉语,熟练	
	长孙	李发云	哈尼	12	小学	哈尼语,熟练	汉语,熟练	
	次孙	李发勇	哈尼	8	小学	哈尼语,熟练	汉语,略懂	

99	户主	李波者	哈尼	61	文盲或半文盲	哈尼语,熟练	汉语,略懂	
	配偶	白才收	哈尼	62	文盲或半文盲	哈尼语,熟练	汉语,略懂	
	长子	李者嘎	哈尼	35	初中	哈尼语,熟练	汉语,熟练	
	儿媳	高艳琼	哈尼	33	文盲或半文盲	哈尼语,熟练	汉语,熟练	
	长孙女	李　素	哈尼	17	小学	哈尼语,熟练	汉语,略懂	
	次孙女	李　锐	哈尼	13	小学	哈尼语,熟练	汉语,熟练	
	三孙女	李茉芝	哈尼	9	小学	哈尼语,熟练	汉语,熟练	
100	户主	杨然背	哈尼	63	文盲或半文盲	哈尼语,熟练	汉语,略懂	
	长子	白则有	哈尼	41	初中	哈尼语,熟练	汉语,熟练	
	儿媳	罗生鲁	哈尼	41	文盲或半文盲	哈尼语,熟练	汉语,熟练	
	孙子	白友海	哈尼	19	初中	哈尼语,熟练	汉语,熟练	
	孙女	白友霞	哈尼	17	中专	哈尼语,熟练	汉语,熟练	
101	户主	白咀然	哈尼	70	文盲或半文盲	哈尼语,熟练	汉语,略懂	
	配偶	李折鸟	哈尼	69	文盲或半文盲	哈尼语,熟练	汉语,略懂	
	次子	白学亮	哈尼	38	初中	哈尼语,熟练	汉语,熟练	
	儿媳	马然楼	哈尼	39	初中	哈尼语,熟练	汉语,熟练	
	孙子	白　航	哈尼	18	中专	哈尼语,熟练	汉语,熟练	
	孙女	白　珍	哈尼	16	初中	哈尼语,熟练	汉语,熟练	
102	户主	白学清	哈尼	45	高中	哈尼语,熟练	汉语,熟练	
	配偶	白然努	哈尼	43	文盲或半文盲	哈尼语,熟练	汉语,熟练	
	长女	白　琳	哈尼	21	大学	哈尼语,熟练	汉语,熟练	
	长子	白云锋	哈尼	19	大专	哈尼语,熟练	汉语,熟练	
103	户主	李明收	哈尼	70	文盲或半文盲	哈尼语,熟练	汉语,不会	
	配偶	白者保	哈尼	75	小学	哈尼语,熟练	汉语,不会	
	长女	白龙艳	哈尼	42	初中	哈尼语,熟练	汉语,熟练	
	次子	白保安	哈尼	35	初中	哈尼语,熟练	汉语,熟练	
	长孙	白安宁	哈尼	16	初中	哈尼语,熟练	汉语,熟练	
	次孙	白安顺	哈尼	14	小学	哈尼语,熟练	汉语,熟练	
104	户主	白万六	哈尼	65	小学	哈尼语,熟练	汉语,熟练	
	配偶	白龙波	哈尼	62	文盲或半文盲	哈尼语,熟练	汉语,略懂	
	三女	白来飘	哈尼	35	初中	哈尼语,熟练	汉语,熟练	
	次子	白志鸿	哈尼	28	中专或中技	哈尼语,熟练	汉语,熟练	
	外孙女	王锦宏	哈尼	10	小学	哈尼语,熟练	汉语,熟练	
105	户主	石成文	哈尼	36	初中	哈尼语,熟练	汉语,熟练	
	配偶	方爱秀	彝	39	初中	哈尼语,熟练	汉语,熟练	
	哥哥	石常云	哈尼	45	初中	哈尼语,熟练	汉语,熟练	
	长子	石保文	哈尼	15	初中	哈尼语,熟练	汉语,熟练	
	长女	石保艳	哈尼	13	初中	哈尼语,熟练	汉语,熟练	

106	户主	石检泽	哈尼	41	初中	哈尼语,熟练	汉语,略懂	
	配偶	杨咀表	哈尼	41	初中	哈尼语,熟练	汉语,略懂	
	长女	石晓芳	哈尼	18	高中	哈尼语,熟练	汉语,熟练	
	长子	石志强	哈尼	16	初中	哈尼语,熟练	汉语,熟练	
107	户主	石批才	哈尼	49	文盲或半文盲	哈尼语,熟练	汉语,不会	
	配偶	杨折奴	哈尼	47	文盲或半文盲	哈尼语,熟练	汉语,不会	
	母亲	白明都	哈尼	74	文盲或半文盲	哈尼语,熟练	汉语,不会	
	次女	石彩花	哈尼	22	初中	哈尼语,熟练	汉语,熟练	
	长子	石成生	哈尼	20	初中	哈尼语,熟练	汉语,熟练	
108	户主	石艳春	哈尼	40	初中	哈尼语,熟练	汉语,熟练	
	长子	张子良	哈尼	19	初中	哈尼语,熟练	汉语,熟练	
	次子	张子贵	哈尼	17	初中	哈尼语,熟练	汉语,熟练	
	三子	张曙辉	哈尼	13	初中	哈尼语,熟练	汉语,熟练	
109	户主	石元初	哈尼	43	初中	哈尼语,熟练	汉语,熟练	
	配偶	李普抽	哈尼	42	文盲或半文盲	哈尼语,熟练	汉语,略懂	
	长子	石佰勇	哈尼	18	初中	哈尼语,熟练	汉语,熟练	
	长女	石冬梅	哈尼	15	初中	哈尼语,熟练	汉语,熟练	
110	户主	石卜者	哈尼	67	小学	哈尼语,熟练	汉语,略懂	
111	户主	石成嘎	哈尼	45	小学	哈尼语,熟练	汉语,熟练	
	配偶	杨来车	哈尼	43	文盲或半文盲	哈尼语,熟练	汉语,熟练	
	母亲	陈斗飘	哈尼	77	文盲或半文盲	哈尼语,熟练	汉语,不会	
	长女	石嘎表	哈尼	25	小学	哈尼语,熟练	汉语,熟练	
	次女	石嘎仙	哈尼	22	小学	哈尼语,熟练	汉语,熟练	
	长子	石嘎发	哈尼	17	小学	哈尼语,熟练	汉语,熟练	
112	户主	石成昆	哈尼	58	小学	哈尼语,熟练	汉语,略懂	
	配偶	白里收	哈尼	54	文盲或半文盲	哈尼语,熟练	汉语,略懂	
	长子	石来超	哈尼	31	初中	哈尼语,熟练	汉语,熟练	
	次女	石来艳	哈尼	28	初中	哈尼语,熟练	汉语,熟练	
	孙女	石祖春	哈尼	9	小学	哈尼语,熟练	汉语,略懂	
113	户主	石成九	哈尼	53	高中	哈尼语,熟练	汉语,熟练	
	配偶	李拉批	哈尼	51	文盲或半文盲	哈尼语,熟练	汉语,略懂	
	三女	石九苗	哈尼	24	小学	哈尼语,熟练	汉语,熟练	
	四女	石九华	哈尼	21	小学	哈尼语,熟练	汉语,熟练	
	长子	石九福	哈尼	19	小学	哈尼语,熟练	汉语,熟练	

114	户主	石成黑	哈尼	48	小学	哈尼语,熟练	汉语,熟练	
	配偶	李明标	哈尼	47	文盲或半文盲	哈尼语,熟练	汉语,熟练	
	长女	石海芬	哈尼	24	小学	哈尼语,熟练	汉语,熟练	
	长子	石海旭	哈尼	22	小学	哈尼语,熟练	汉语,熟练	
	次子	石海文	哈尼	20	小学	哈尼语,熟练	汉语,熟练	
115	户主	石三登	哈尼	88	文盲或半文盲	哈尼语,熟练	汉语,略懂	
	儿媳	白伟优	哈尼	48	文盲或半文盲	哈尼语,熟练	汉语,略懂	
	长孙	石海明	哈尼	27	初中	哈尼语,熟练	汉语,熟练	
	次孙	石海华	哈尼	24	初中	哈尼语,熟练	汉语,熟练	
116	户主	石顺三	哈尼	38	小学	哈尼语,熟练	汉语,熟练	
	配偶	李梅芳	哈尼	35	小学	哈尼语,熟练	汉语,熟练	
	母亲	李杨玉收	哈尼	66	文盲或半文盲	哈尼语,熟练	汉语,不会	
	哥哥	石阿三	哈尼	42	初中	哈尼语,熟练	汉语,熟练	
	侄子	石山河	哈尼	23	小学	哈尼语,熟练	汉语,熟练	
	大侄女	石山花	哈尼	19	小学	哈尼语,熟练	汉语,熟练	
	二侄女	石山妹	哈尼	17	小学	哈尼语,熟练	汉语,熟练	
	长子	石波文	哈尼	10	小学	哈尼语,熟练	汉语,略懂	
	长女	石波艳	哈尼	7	小学	哈尼语,熟练	汉语,略懂	
117	户主	石德和	哈尼	41	初中	哈尼语,熟练	汉语,熟练	
	配偶	高木背	哈尼	39	小学	哈尼语,熟练	汉语,熟练	
	长女	石慧敏	哈尼	18	高中	哈尼语,熟练	汉语,熟练	
	长子	石高红	哈尼	16	初中	哈尼语,熟练	汉语,熟练	
118	户主	石老则	哈尼	70	文盲或半文盲	哈尼语,熟练	汉语,略懂	
	配偶	张生妞	哈尼	66	文盲或半文盲	哈尼语,熟练	汉语,略懂	
	三子	石明敏	哈尼	36	初中	哈尼语,熟练	汉语,熟练	
	儿媳	朱艳春	哈尼	37	小学	哈尼语,熟练	汉语,熟练	
	孙子	石翁明	哈尼	16	初中	哈尼语,熟练	汉语,熟练	
	孙女	石天英	哈尼	14	小学	哈尼语,熟练	汉语,熟练	
119	户主	石则秋	哈尼	41	初中	哈尼语,熟练	汉语,熟练	
	配偶	马鲁所	哈尼	31	文盲或半文盲	哈尼语,熟练	汉语,熟练	
120	户主	罗有才	哈尼	91	文盲或半文盲	哈尼语,熟练	汉语,熟练	
	配偶	白母乌	哈尼	83	文盲或半文盲	哈尼语,熟练	汉语,略懂	
	长子	罗阿者	哈尼	61	小学	哈尼语,熟练	汉语,熟练	
	儿媳	杨才杯	哈尼	62	文盲或半文盲	哈尼语,熟练	汉语,熟练	
	孙子	罗素华	哈尼	24	初中	哈尼语,熟练	汉语,熟练	

121	户主	白明都	哈尼	58	文盲或半文盲	哈尼语,熟练	汉语,熟练	
	配偶	石万才	哈尼	66	小学	哈尼语,熟练	汉语,熟练	
	次子	石黑秋	哈尼	32	初中	哈尼语,熟练	汉语,熟练	
	儿媳	卢求梭	哈尼	32	文盲或半文盲	哈尼语,熟练	汉语,熟练	
	三子	石黑斗	哈尼	29	小学	哈尼语,熟练	汉语,熟练	
	长孙女	石秋燕	哈尼	11	小学	哈尼语,熟练	汉语,熟练	
	次孙女	石秋芬	哈尼	8	小学	哈尼语,熟练	汉语,略懂	
122	户主	白伟龙	哈尼	55	初中	哈尼语,熟练	汉语,熟练	
	配偶	张伟收	哈尼	54	文盲或半文盲	哈尼语,熟练	汉语,略懂	
	次子	白应发	哈尼	27	初中	哈尼语,熟练	汉语,熟练	
123	户主	李有梭	哈尼	62	文盲或半文盲	哈尼语,熟练	汉语,略懂	
	长子	李生三	哈尼	45	初中	哈尼语,熟练	汉语,熟练	
	儿媳	白波吉	哈尼	46	文盲或半文盲	哈尼语,熟练	汉语,熟练	
	孙女	李来梭	哈尼	21	小学	哈尼语,熟练	汉语,熟练	
	长孙	李来华	哈尼	16	初中	哈尼语,熟练	汉语,熟练	
	次孙	李伟东	哈尼	9	小学	哈尼语,熟练	汉语,略懂	
124	户主	李农九	哈尼	54	文盲或半文盲	哈尼语,熟练	汉语,熟练	
	配偶	卢波抽	哈尼	54	文盲或半文盲	哈尼语,熟练	汉语,熟练	
	长子	李九成	哈尼	35	小学	哈尼语,熟练	汉语,熟练	
	儿媳	白普农	哈尼	33	小学	哈尼语,熟练	汉语,熟练	
	孙女	李成芬	哈尼	14	初中	哈尼语,熟练	汉语,熟练	
	孙子	李成云	哈尼	12	小学	哈尼语,熟练	汉语,熟练	
125	户主	白伟波	哈尼	70	小学	哈尼语,熟练	汉语,熟练	
	配偶	罗明都	哈尼	62	文盲或半文盲	哈尼语,熟练	汉语,略懂	
	次子	白者山	哈尼	32	大专	哈尼语,熟练	汉语,熟练	
	儿媳	李晓琳	哈尼	23	高中	哈尼语,熟练	汉语,熟练	
126	户主	罗三保	哈尼	45	小学	哈尼语,熟练	汉语,熟练	
	配偶	李梅红	哈尼	45	文盲或半文盲	哈尼语,熟练	汉语,熟练	
	长女	罗阿优	哈尼	25	小学	哈尼语,熟练	汉语,熟练	
	三女	罗阿秋	哈尼	20	小学	哈尼语,熟练	汉语,熟练	
	四女	罗肆梅	哈尼	17	高中	哈尼语,熟练	汉语,熟练	
	五女	罗优飘	哈尼	15	初中	哈尼语,熟练	汉语,熟练	
127	户主	罗云华	哈尼	35	高中	哈尼语,熟练	汉语,熟练	
	侄女	罗雪娇	哈尼	21	小学	哈尼语,熟练	汉语,熟练	
128	户主	罗志文	哈尼	63	小学	哈尼语,熟练	汉语,熟练	
	配偶	李九努	哈尼	64	小学	哈尼语,熟练	汉语,熟练	

129	户主	罗哈生	哈尼	53	文盲或半文盲	哈尼语,熟练	汉语,熟练	
	配偶	白波抽	哈尼	53	文盲或半文盲	哈尼语,熟练	汉语,略懂	
	三女	罗　敏	哈尼	25	小学	哈尼语,熟练	汉语,熟练	
	长子	罗　途	哈尼	22	初中	哈尼语,熟练	汉语,熟练	
130	户主	李翁普	哈尼	77	文盲或半文盲	哈尼语,熟练	汉语,不会	
	配偶	李者角	哈尼	79	文盲或半文盲	哈尼语,熟练	汉语,不会	
	长子	李九者	哈尼	36	高中	哈尼语,熟练	汉语,熟练	
	儿媳	白波农	哈尼	41	小学	哈尼语,熟练	汉语,熟练	
	孙女	李奇方	哈尼	20	中专	哈尼语,熟练	汉语,熟练	
	孙子	李哲保	哈尼	19	高中	哈尼语,熟练	汉语,熟练	
131	户主	杨玉发	哈尼	53	小学	哈尼语,熟练	汉语,熟练	
	配偶	李忠优	哈尼	54	文盲或半文盲	哈尼语,熟练	汉语,略懂	
	父亲	杨嘎表	哈尼	84	文盲或半文盲	哈尼语,熟练	汉语,不会	
	长女	杨　珍	哈尼	33	初中	哈尼语,熟练	汉语,熟练	
	女婿	姜老虎	哈尼	30	中专	哈尼语,熟练	汉语,熟练	
	次女	杨　英	哈尼	31	初中	哈尼语,熟练	汉语,熟练	
	长子	杨建新	哈尼	27	初中	哈尼语,熟练	汉语,熟练	
	外甥	姜　伟	哈尼	20	初中	哈尼语,熟练	汉语,熟练	
132	户主	杨玉才	哈尼	43	初中	哈尼语,熟练	汉语,熟练	
	长女	杨成菊	哈尼	15	初中	哈尼语,熟练	汉语,熟练	
	长子	杨成秋	哈尼	13	小学	哈尼语,熟练	汉语,熟练	
133	户主	高生然	哈尼	46	初中	哈尼语,熟练	汉语,熟练	
	配偶	李来收	哈尼	46	文盲或半文盲	哈尼语,熟练	汉语,熟练	
	长子	高成发	哈尼	19	小学	哈尼语,熟练	汉语,熟练	
134	户主	高普者	哈尼	62	文盲或半文盲	哈尼语,熟练	汉语,熟练	
	配偶	白秋农	哈尼	55	文盲或半文盲	哈尼语,熟练	汉语,略懂	
	次子	高者波	哈尼	31	小学	哈尼语,熟练	汉语,熟练	
	儿媳	李秀英	哈尼	31	中专毕业	哈尼语,熟练	汉语,熟练	
	四子	高者发	哈尼	26	初中	哈尼语,熟练	汉语,熟练	
	儿媳	李成秀	哈尼	22	小学	哈尼语,熟练	汉语,熟练	
	孙女	高院玫	哈尼	8	小学	哈尼语,熟练	汉语,熟练	
135	户主	白鲁黑	哈尼	41	初中	哈尼语,熟练	汉语,熟练	
	长子	白核宝	哈尼	16	初中	哈尼语,熟练	汉语,熟练	
	长女	白核优	哈尼	14	小学	哈尼语,熟练	汉语,熟练	

136	户主	白鲁科	哈尼	47	初中	哈尼语,熟练	汉语,熟练	
	配偶	白鲁表	哈尼	48	文盲或半文盲	哈尼语,熟练	汉语,略懂	
	母亲	白木收	哈尼	80	文盲或半文盲	哈尼语,熟练	汉语,不会	
	长子	白科者	哈尼	24	高中	哈尼语,熟练	汉语,熟练	
	次子	白科保	哈尼	21	初中	哈尼语,熟练	汉语,熟练	
137	户主	白鲁秋	哈尼	44	文盲或半文盲	哈尼语,熟练	汉语,熟练	
	配偶	陈追抽	哈尼	42	文盲或半文盲	哈尼语,熟练	汉语,熟练	
	长女	白科香	哈尼	21	大学	哈尼语,熟练	汉语,熟练	
	长子	白秋者	哈尼	19	高中	哈尼语,熟练	汉语,熟练	
138	户主	陈简苗	哈尼	71	文盲或半文盲	哈尼语,熟练	汉语,熟练	
	配偶	朱嘎角	哈尼	66	文盲或半文盲	哈尼语,熟练	汉语,不会	
	次子	陈苗成	哈尼	39	初中	哈尼语,熟练	汉语,熟练	
	儿媳	李沙吉	哈尼	34	文盲或半文盲	哈尼语,熟练	汉语,略懂	
	孙子	陈　云	哈尼	13	小学	哈尼语,熟练	汉语,熟练	
	孙女	陈　霞	哈尼	9	小学	哈尼语,熟练	汉语,略懂	
139	户主	陈苗处	哈尼	36	初中	哈尼语,熟练	汉语,熟练	
	配偶	李　萍	哈尼	31	文盲或半文盲	哈尼语,熟练	汉语,熟练	
	长女	陈秋芳	哈尼	13	初中	哈尼语,熟练	汉语,熟练	
	长子	陈秋荣	哈尼	7	小学	哈尼语,略懂	汉语,略懂	
140	户主	陈建国	哈尼	36	初中	哈尼语,熟练	汉语,熟练	
	配偶	白干抽	哈尼	36	文盲或半文盲	哈尼语,熟练	汉语,略懂	
	长女	陈忠远	哈尼	21	初中	哈尼语,熟练	汉语,熟练	
	次女	陈忠努	哈尼	14	小学	哈尼语,熟练	汉语,熟练	
141	户主	白光亮	哈尼	70	小学	哈尼语,熟练	汉语,熟练	
	配偶	卢斗娘	哈尼	67	文盲或半文盲	哈尼语,熟练	汉语,略懂	
	长子	白欧山	哈尼	45	高中	哈尼语,熟练	汉语,熟练	
	儿媳	张优楼	哈尼	38	文盲或半文盲	哈尼语,熟练	汉语,不会	
	孙女	白山花	哈尼	15	初中	哈尼语,熟练	汉语,熟练	
142	户主	杨波发	哈尼	44	初中	哈尼语,熟练	汉语,熟练	
	配偶	李晓燕	哈尼	42	文盲或半文盲	哈尼语,熟练	汉语,熟练	
	长子	杨健福	哈尼	17	小学	哈尼语,熟练	汉语,熟练	
	次子	杨建雄	哈尼	15	初中	哈尼语,熟练	汉语,熟练	
143	户主	杨斗表	哈尼	83	文盲或半文盲	哈尼语,熟练	汉语,不会	
144	户主	杨批波	哈尼	53	小学	哈尼语,熟练	汉语,熟练	
	配偶	陆福鲜	哈尼	49	文盲或半文盲	哈尼语,熟练	汉语,略懂	
	次女	杨鲁苗	哈尼	25	小学	哈尼语,熟练	汉语,熟练	

145	户主	杨然秋	哈尼	62	文盲或半文盲	哈尼语,熟练	汉语,熟练	
	配偶	朱行收	哈尼	60	文盲或半文盲	哈尼语,熟练	汉语,略懂	
	次子	杨志明	哈尼	34	初中	哈尼语,熟练	汉语,熟练	
	儿媳	白春梅	哈尼	30	初中	哈尼语,熟练	汉语,熟练	
	孙子	杨文彬	哈尼	10	小学	哈尼语,熟练	汉语,熟练	
146	户主	杨梅楼	哈尼	36	初中	哈尼语,熟练	汉语,熟练	
	配偶	李　霞	哈尼	33	初中	哈尼语,熟练	汉语,熟练	
	长女	杨　梅	哈尼	8	小学	哈尼语,熟练	汉语,熟练	
147	户主	杨　浩	哈尼	41	高中	哈尼语,熟练	汉语,熟练	
	配偶	白者楼	哈尼	38	小学	哈尼语,熟练	汉语,熟练	
	长子	杨玉福	哈尼	17	高中	哈尼语,熟练	汉语,熟练	
	次子	杨玉良	哈尼	15	初中	哈尼语,熟练	汉语,熟练	
148	户主	何嘎努	哈尼	45	文盲或半文盲	哈尼语,熟练	汉语,略懂	
	长女	杨雨莲	哈尼	23	大专	哈尼语,熟练	汉语,熟练	
	次女	杨雪莲	哈尼	21	大学	哈尼语,熟练	汉语,熟练	
149	户主	白欧才	哈尼	72	文盲或半文盲	哈尼语,熟练	汉语,略懂	
	配偶	罗明果	哈尼	66	文盲或半文盲	哈尼语,熟练	汉语,略懂	
	五子	白永进	哈尼	37	中专或中技	哈尼语,熟练	汉语,熟练	
150	户主	杨达哈	哈尼	59	小学	哈尼语,熟练	汉语,熟练	
	配偶	张约背	哈尼	56	文盲或半文盲	哈尼语,熟练	汉语,略懂	
	长子	杨　华	哈尼	32	高中	哈尼语,熟练	汉语,熟练	
	次女	杨　艳	哈尼	28	初中	哈尼语,熟练	汉语,熟练	
	次子	杨者发	哈尼	26	中专或中技	哈尼语,熟练	汉语,熟练	
151	户主	杨然果	哈尼	46	初中	哈尼语,熟练	汉语,熟练	
	长女	杨普抽	哈尼	24	初中	哈尼语,熟练	汉语,熟练	
	次女	杨普鲜	哈尼	22	大专	哈尼语,熟练	汉语,熟练	
	四女	杨普收	哈尼	16	初中	哈尼语,熟练	汉语,熟练	
	长子	杨普云	哈尼	13	初中	哈尼语,熟练	汉语,熟练	
152	户主	白艳芬	哈尼	28	小学	哈尼语,熟练	汉语,熟练	
153	户主	陈木波	哈尼	59	文盲或半文盲	哈尼语,熟练	汉语,熟练	
	丈夫	李志成	哈尼	62	中专或中技	哈尼语,熟练	汉语,熟练	
	长女	李秀芬	哈尼	42	初中	哈尼语,熟练	汉语,熟练	
	三子	李永发	哈尼	34	高中	哈尼语,熟练	汉语,熟练	
	孙女	李睿琦	哈尼	9	小学	哈尼语,略懂	汉语,熟练	

154	户主	杨才贵	哈尼	57	小学	哈尼语,熟练	汉语,熟练	
	配偶	白艳角	哈尼	58	文盲或半文盲	哈尼语,熟练	汉语,略懂	
	次子	杨来华	哈尼	24	中专或中技	哈尼语,熟练	汉语,熟练	
	三子	杨学成	哈尼	20	高中	哈尼语,熟练	汉语,熟练	
155	户主	杨普沙	哈尼	53	小学	哈尼语,熟练	汉语,熟练	
	配偶	罗翁抽	哈尼	46	文盲或半文盲	哈尼语,熟练	汉语,略懂	
	长子	杨志福	哈尼	28	初中	哈尼语,熟练	汉语,熟练	
	长女	杨志娟	哈尼	25	高中	哈尼语,熟练	汉语,熟练	
	次女	杨志超	哈尼	22	高中	哈尼语,熟练	汉语,熟练	
156	户主	白才光	哈尼	60	文盲或半文盲	哈尼语,熟练	汉语,熟练	
	配偶	李艳飘	哈尼	56	文盲或半文盲	哈尼语,熟练	汉语,熟练	
	长女	白科收	哈尼	34	小学	哈尼语,熟练	汉语,熟练	
	女婿	马咀俄	哈尼	36	小学	哈尼语,熟练	汉语,熟练	
	长子	白科波	哈尼	29	小学	哈尼语,熟练	汉语,熟练	
	次子	白　华	哈尼	25	初中	哈尼语,熟练	汉语,熟练	
	外孙	马伟建	哈尼	11	小学	哈尼语,熟练	汉语,熟练	
157	户主	白波然	哈尼	75	小学	哈尼语,熟练	汉语,熟练	
	配偶	白伙收	哈尼	71	文盲或半文盲	哈尼语,熟练	汉语,略懂	
158	户主	白穷收	哈尼	78	文盲或半文盲	哈尼语,熟练	汉语,略懂	
	配偶	李鲁收	哈尼	76	文盲或半文盲	哈尼语,熟练	汉语,略懂	
	次子	白斗秋	哈尼	42	初中	哈尼语,熟练	汉语,熟练	
	儿媳	李成飘	哈尼	35	文盲或半文盲	哈尼语,熟练	汉语,略懂	
	长孙	白成文	哈尼	14	初中	哈尼语,熟练	汉语,熟练	
	次孙	白秋厚	哈尼	12	初中	哈尼语,熟练	汉语,熟练	
159	户主	杨发光	哈尼	84	文盲或半文盲	哈尼语,熟练	汉语,熟练	
	配偶	吴火背	哈尼	72	文盲或半文盲	哈尼语,熟练	汉语,不会	
	三子	杨斗秋	哈尼	37	小学	哈尼语,熟练	汉语,熟练	
	儿媳	李晓芳	哈尼	39	小学	哈尼语,熟练	汉语,熟练	
	四子	杨德华	哈尼	29	初中	哈尼语,熟练	汉语,熟练	
	儿媳	罗素艳	哈尼	38	小学	哈尼语,熟练	汉语,熟练	
	长孙女	杨秋梅	哈尼	12	小学	哈尼语,熟练	汉语,熟练	
	次孙女	杨春芳	哈尼	9	小学	哈尼语,熟练	汉语,熟练	
160	户主	白伟山	哈尼	45	小学	哈尼语,熟练	汉语,熟练	
	配偶	李翁梭	哈尼	42	文盲或半文盲	哈尼语,熟练	汉语,略懂	
	长子	白文华	哈尼	19	初中	哈尼语,熟练	汉语,熟练	

161	户主	白鲁普	哈尼	63	文盲或半文盲	哈尼语,熟练	汉语,熟练	
	配偶	李丽华	哈尼	58	文盲或半文盲	哈尼语,熟练	汉语,不会	
	长女	白晓艳	哈尼	38	小学	哈尼语,熟练	汉语,熟练	
162	户主	白阿红	哈尼	42	小学	哈尼语,熟练	汉语,熟练	
	配偶	白明觉	哈尼	44	文盲或半文盲	哈尼语,熟练	汉语,熟练	
	母亲	罗福首	哈尼	80	文盲或半文盲	哈尼语,熟练	汉语,不会	
	长女	白云春	哈尼	20	小学	哈尼语,熟练	汉语,熟练	
	次女	白艳花	哈尼	18	小学	哈尼语,熟练	汉语,熟练	
	三女	白三妹	哈尼	16	小学	哈尼语,熟练	汉语,熟练	
	长子	白者帆	哈尼	13	小学	哈尼语,熟练	汉语,熟练	
163	户主	白斗苗	哈尼	50	小学	哈尼语,熟练	汉语,熟练	
	配偶	杨伟所	哈尼	46	文盲或半文盲	哈尼语,熟练	汉语,熟练	
	长子	白志华	哈尼	23	大专	哈尼语,熟练	汉语,熟练	
	长女	白　云	哈尼	21	大专	哈尼语,熟练	汉语,熟练	
	次子	白　强	哈尼	19	高中	哈尼语,熟练	汉语,熟练	
164	户主	白波者	哈尼	45	初中	哈尼语,熟练	汉语,熟练	
	配偶	龙然成	哈尼	51	文盲或半文盲	哈尼语,熟练	汉语,略懂	
	三女	白晓玲	哈尼	19	高中	哈尼语,熟练	汉语,熟练	
	四女	白丽萍	哈尼	17	初中	哈尼语,熟练	汉语,熟练	
165	户主	白　蝶	哈尼	53	高中	哈尼语,熟练	汉语,熟练	
	配偶	白石背	哈尼	48	文盲或半文盲	哈尼语,熟练	汉语,熟练	
	长子	白云亮	哈尼	25	小学	哈尼语,熟练	汉语,熟练	
	次女	白君迈	哈尼	21	小学	哈尼语,熟练	汉语,熟练	
166	户主	白才三	哈尼	58	文盲或半文盲	哈尼语,熟练	汉语,熟练	
	配偶	白者才	哈尼	55	文盲或半文盲	哈尼语,熟练	汉语,熟练	
	次子	白来忠	哈尼	28	小学	哈尼语,熟练	汉语,熟练	
167	户主	白三才	哈尼	59	高中	哈尼语,熟练	汉语,熟练	
	长女	白红芬	哈尼	33	小学	哈尼语,熟练	汉语,熟练	
	三女	白斗农	哈尼	24	小学	哈尼语,熟练	汉语,熟练	
	长子	白学强	哈尼	23	小学	哈尼语,熟练	汉语,熟练	
	四女	白学英	哈尼	20	高中	哈尼语,熟练	汉语,熟练	
168	户主	白伟甫	哈尼	52	小学	哈尼语,熟练	汉语,熟练	
	配偶	白木收	哈尼	50	文盲或半文盲	哈尼语,熟练	汉语,略懂	
	长子	白批有	哈尼	27	初中	哈尼语,熟练	汉语,熟练	
	次子	白甫山	哈尼	25	初中	哈尼语,熟练	汉语,熟练	
	三子	白甫鲁	哈尼	22	初中	哈尼语,熟练	汉语,熟练	

169	户主	白劳欧	哈尼	86	文盲或半文盲	哈尼语,熟练	汉语,不会	
	配偶	李成优	哈尼	89	文盲或半文盲	哈尼语,熟练	汉语,不会	
	次子	白兰者	哈尼	43	小学	哈尼语,熟练	汉语,熟练	
	儿媳	张批背	哈尼	45	小学	哈尼语,熟练	汉语,熟练	
	孙子	白普处	哈尼	23	高中	哈尼语,熟练	汉语,熟练	
	长孙女	白苗优	哈尼	21	初中	哈尼语,熟练	汉语,熟练	
	次孙女	白　琳	哈尼	19	初中	哈尼语,熟练	汉语,熟练	
170	户主	白伟波	哈尼	57	初中	哈尼语,熟练	汉语,熟练	
	配偶	白户收	哈尼	50	文盲或半文盲	哈尼语,熟练	汉语,不会	
	次子	白　林	哈尼	30	小学	哈尼语,熟练	汉语,熟练	
	儿媳	白晓慧	哈尼	26	小学	哈尼语,熟练	汉语,熟练	
	三子	白波者	哈尼	24	初中	哈尼语,熟练	汉语,熟练	
171	户主	白永俊	哈尼	67	大专	哈尼语,熟练	汉语,熟练	
	配偶	杨朴脚	哈尼	63	文盲或半文盲	哈尼语,熟练	汉语,不会	
172	户主	白明里	哈尼	57	文盲或半文盲	哈尼语,熟练	汉语,略懂	
	配偶	白永勤	哈尼	59	高中	哈尼语,熟练	汉语,熟练	
	长子	白绍华	哈尼	38	高中	哈尼语,熟练	汉语,熟练	
	次子	白绍良	哈尼	35	中专或中技	哈尼语,熟练	汉语,熟练	
	儿媳	陆牛抽	哈尼	34	小学	哈尼语,熟练	汉语,熟练	
	长孙	白云胜	哈尼	11	小学	哈尼语,熟练	汉语,熟练	
	次孙	白云中	哈尼	9	小学	哈尼语,略懂	汉语,熟练	
173	户主	朱批者	哈尼	61	文盲或半文盲	哈尼语,熟练	汉语,略懂	
	配偶	陈黑农	哈尼	62	文盲或半文盲	哈尼语,熟练	汉语,略懂	
174	户主	李九苗	哈尼	47	小学	哈尼语,熟练	汉语,熟练	
	配偶	高然所	哈尼	45	小学	哈尼语,熟练	汉语,熟练	
	长女	李苗吉	哈尼	24	小学	哈尼语,熟练	汉语,熟练	
	长子	李苗国	哈尼	21	初中	哈尼语,熟练	汉语,熟练	
175	户主	白得来	哈尼	52	文盲或半文盲	哈尼语,熟练	汉语,熟练	
	长子	李优者	哈尼	30	初中	哈尼语,熟练	汉语,熟练	
	次子	李欧才	哈尼	28	初中	哈尼语,熟练	汉语,熟练	
	三子	李欧三	哈尼	25	中专毕业	哈尼语,熟练	汉语,熟练	
176	户主	李然那	哈尼	55	小学	哈尼语,熟练	汉语,熟练	
	配偶	卢岸艳	哈尼	43	文盲或半文盲	哈尼语,熟练	汉语,熟练	
	长子	李则黑	哈尼	25	初中	哈尼语,熟练	汉语,熟练	
	长女	李黑飘	哈尼	23	初中	哈尼语,熟练	汉语,熟练	

177	户主	白黑普	哈尼	39	初中	哈尼语，熟练	汉语，熟练	
	配偶	白然抽	哈尼	37	小学	哈尼语，熟练	汉语，熟练	
	长女	白　雪	哈尼	18	初中	哈尼语，熟练	汉语，熟练	
	次女	白　梅	哈尼	16	小学	哈尼语，熟练	汉语，熟练	
	长子	白开明	哈尼	8	小学	哈尼语，熟练	汉语，略懂	
178	户主	陈普成	哈尼	45	初中	哈尼语，熟练	汉语，熟练	
	配偶	李拉嘎	哈尼	45	文盲或半文盲	哈尼语，熟练	汉语，熟练	
	长女	陈成背	哈尼	23	初中	哈尼语，熟练	汉语，熟练	
	长子	陈成勇	哈尼	22	初中	哈尼语，熟练	汉语，熟练	
179	户主	陈山秋	哈尼	49	小学	哈尼语，熟练	汉语，熟练	
	配偶	李山飘	哈尼	45	小学	哈尼语，熟练	汉语，熟练	
	长子	陈秋成	哈尼	24	初中	哈尼语，熟练	汉语，熟练	
	长女	陈秋收	哈尼	22	小学	哈尼语，熟练	汉语，熟练	
180	户主	李明努	哈尼	43	文盲或半文盲	哈尼语，熟练	汉语，熟练	
	母亲	白波优	哈尼	64	文盲或半文盲	哈尼语，熟练	汉语，略懂	
	长女	陈来吉	哈尼	22	初中	哈尼语，熟练	汉语，熟练	
	长子	陈来忠	哈尼	19	小学	哈尼语，熟练	汉语，熟练	
181	户主	白波积	哈尼	48	初中	哈尼语，熟练	汉语，熟练	
	长女	陈玉芳	哈尼	26	大专	哈尼语，熟练	汉语，熟练	
	次女	陈来芬	哈尼	24	初中	哈尼语，熟练	汉语，熟练	
	三女	陈来静	哈尼	22	高中	哈尼语，熟练	汉语，熟练	
	长子	陈来福	哈尼	17	初中	哈尼语，熟练	汉语，熟练	
182	户主	罗牛梭	哈尼	55	小学	哈尼语，熟练	汉语，熟练	
	长子	罗伟忠	哈尼	29	初中	哈尼语，熟练	汉语，熟练	
	次子	罗兰有	哈尼	25	初中	哈尼语，熟练	汉语，熟练	
183	户主	石鲁普	哈尼	66	小学	哈尼语，熟练	汉语，熟练	
	孙子	石海宝	哈尼	7	小学	哈尼语，熟练	汉语，略懂	
184	户主	陈处然	哈尼	65	文盲或半文盲	哈尼语，熟练	汉语，不会	
	配偶	李鲁苗	哈尼	47	文盲或半文盲	哈尼语，熟练	汉语，不会	
	长子	陈然忠	哈尼	24	小学	哈尼语，熟练	汉语，熟练	
	次子	陈然鲁	哈尼	22	小学	哈尼语，熟练	汉语，熟练	
185	户主	杨咀卜	哈尼	48	文盲或半文盲	哈尼语，熟练	汉语，熟练	
	配偶	白伙收	哈尼	47	文盲或半文盲	哈尼语，熟练	汉语，熟练	
	长子	杨正发	哈尼	22	初中	哈尼语，熟练	汉语，熟练	
	长女	杨　玲	哈尼	17	初中	哈尼语，熟练	汉语，熟练	

186	户主	白斗木	哈尼	45	高中	哈尼语,熟练	汉语,熟练	
	配偶	白九收	哈尼	43	文盲或半文盲	哈尼语,熟练	汉语,熟练	
	长子	白拉黑	哈尼	22	高中	哈尼语,熟练	汉语,熟练	
	长女	白朗杰	哈尼	19	高中	哈尼语,熟练	汉语,熟练	
	次女	白谋优	哈尼	16	初中	哈尼语,熟练	汉语,熟练	
187	户主	杨小五	哈尼	37	初中	哈尼语,熟练	汉语,熟练	
	配偶	白来友	哈尼	40	小学	哈尼语,熟练	汉语,熟练	
	长女	杨伍艳	哈尼	13	初中	哈尼语,熟练	汉语,熟练	
	次女	杨伍妹	哈尼	11	小学	哈尼语,熟练	汉语,熟练	
188	户主	白额秋	哈尼	38	小学	哈尼语,熟练	汉语,熟练	
	配偶	李拉收	哈尼	40	文盲或半文盲	哈尼语,熟练	汉语,熟练	
	长女	白秋优	哈尼	20	初中	哈尼语,熟练	汉语,熟练	
	长子	白秋成	哈尼	18	职业高中	哈尼语,熟练	汉语,熟练	
	次女	白秋仙	哈尼	16	初中	哈尼语,熟练	汉语,熟练	
189	户主	罗文勇	哈尼	41	初中	哈尼语,熟练	汉语,熟练	
	配偶	朱托楼	哈尼	43	文盲或半文盲	哈尼语,熟练	汉语,熟练	
	长女	罗艳琼	哈尼	10	小学	哈尼语,熟练	汉语,熟练	
	长子	罗艳云	哈尼	9	小学	哈尼语,熟练	汉语,熟练	
190	户主	白成光	哈尼	46	高中	哈尼语,熟练	汉语,熟练	
	配偶	李鲁表	哈尼	39	文盲或半文盲	哈尼语,熟练	汉语,略懂	
	长子	白成龙	哈尼	17	初中	哈尼语,熟练	汉语,熟练	
	次子	白成云	哈尼	15	初中	哈尼语,熟练	汉语,熟练	
	大表哥	姚恭恩	汉	49	初中	汉语,熟练	哈尼语,熟练	
	二表哥	姚河康	汉	47	小学	汉语,熟练	哈尼语,熟练	
	表妹	姚云珠	汉	43	小学	汉语,熟练	哈尼语,熟练	
	大表弟	姚梅云	汉	42	高中	汉语,熟练	哈尼语,熟练	
	二表弟	姚世强	汉	41	初中	汉语,熟练	哈尼语,熟练	
191	户主	王哈依们	彝	44	小学	彝语,熟练	哈尼语,熟练	汉语,熟练
	三女	白飞飞	哈尼	22	小学	哈尼语,熟练	汉语,熟练	
	长子	白福光	哈尼	16	初中	哈尼语,熟练	汉语,熟练	
192	户主	白批才	哈尼	82	文盲或半文盲	哈尼语,熟练	汉语,不会	
	配偶	杨老收	哈尼	75	文盲或半文盲	哈尼语,熟练	汉语,熟练	
193	户主	白　洋	哈尼	48	初中	哈尼语,熟练	汉语,熟练	
	配偶	白波抽	哈尼	43	文盲或半文盲	哈尼语,熟练	汉语,熟练	
	长子	白龙云	哈尼	23	初中	哈尼语,熟练	汉语,熟练	
	儿媳	李院芬	哈尼	23	小学	哈尼语,熟练	汉语,熟练	
	长女	白龙妹	哈尼	20	中专或中技	哈尼语,熟练	汉语,熟练	
	次女	白龙春	哈尼	16	初中	哈尼语,熟练	汉语,熟练	

194	户主	白那姑	哈尼	56	文盲或半文盲	哈尼语,熟练	汉语,略懂	
	配偶	李福背	哈尼	57	文盲或半文盲	哈尼语,熟练	汉语,不会	
	次女	白艳花	哈尼	28	初中	哈尼语,熟练	汉语,熟练	
	三女	白桥燕	哈尼	24	初中	哈尼语,熟练	汉语,熟练	
	长子	白来云	哈尼	20	初中	哈尼语,熟练	汉语,熟练	
195	户主	李龙抽	哈尼	64	文盲或半文盲	哈尼语,熟练	汉语,熟练	
	三女	罗　玲	哈尼	24	初中	哈尼语,熟练	汉语,熟练	
196	户主	罗虎波	哈尼	56	文盲或半文盲	哈尼语,熟练	汉语,熟练	
	配偶	白波迷	哈尼	52	文盲或半文盲	哈尼语,熟练	汉语,熟练	
	次女	罗石收	哈尼	30	初中	哈尼语,熟练	汉语,熟练	
	三女	罗胡抽	哈尼	29	初中	哈尼语,熟练	汉语,熟练	
	长子	罗玉高	哈尼	27	初中	哈尼语,熟练	汉语,熟练	
	儿媳	张兰花	哈尼	23	小学	哈尼语,熟练	汉语,熟练	
197	户主	罗模六	哈尼	41	初中	哈尼语,熟练	汉语,熟练	
	配偶	白艳花	哈尼	41	文盲或半文盲	哈尼语,熟练	汉语,熟练	
	长子	罗来福	哈尼	20	高中	哈尼语,熟练	汉语,熟练	
	次子	罗来云	哈尼	18	初中	哈尼语,熟练	汉语,熟练	
	长女	罗琼梅	哈尼	14	初中	哈尼语,熟练	汉语,熟练	
198	户主	杨智伟	哈尼	40	初中	哈尼语,熟练	汉语,熟练	
	配偶	白斗梭	哈尼	38	小学	哈尼语,熟练	汉语,熟练	
	长女	杨伟芬	哈尼	18	初中	哈尼语,熟练	汉语,熟练	
199	户主	白约者	哈尼	49	小学	哈尼语,熟练	汉语,熟练	
	配偶	白龙飘	哈尼	46	文盲或半文盲	哈尼语,熟练	汉语,熟练	
	长子	白志华	哈尼	26	初中	哈尼语,熟练	汉语,熟练	
	次子	白志强	哈尼	21	高中	哈尼语,熟练	汉语,熟练	
	侄子	白斗福	哈尼	21	高中	哈尼语,熟练	汉语,熟练	
200	户主	白才然	哈尼	48	初中	哈尼语,熟练	汉语,熟练	
	配偶	龙里顺	哈尼	49	初中	哈尼语,熟练	汉语,熟练	
	长子	白春营	哈尼	23	初中	哈尼语,熟练	汉语,熟练	
201	户主	高然才	哈尼	57	小学	哈尼语,熟练	汉语,熟练	
	配偶	卢腊收	哈尼	57	文盲或半文盲	哈尼语,熟练	汉语,不会	
	长子	高才斗	哈尼	36	初中	哈尼语,熟练	汉语,熟练	
	儿媳	卢里飘	哈尼	35	初中	哈尼语,熟练	汉语,熟练	
	次女	高才英	哈尼	23	初中	哈尼语,熟练	汉语,熟练	
	长孙	高者华	哈尼	15	初中	哈尼语,熟练	汉语,熟练	
	次孙	高者超	哈尼	13	初中	哈尼语,熟练	汉语,熟练	

202	户主	杨则杰	哈尼	66	文盲或半文盲	哈尼语,熟练	汉语,熟练	
	四女	何依收	哈尼	33	小学	哈尼语,熟练	汉语,熟练	
	孙子	李贵欧	哈尼	12	小学	哈尼语,熟练	汉语,熟练	
203	户主	罗依山	哈尼	49	大学	哈尼语,熟练	汉语,熟练	
	配偶	杨阿努	哈尼	48	小学	哈尼语,熟练	汉语,熟练	
	长女	罗　瑜	哈尼	26	中专或中技	哈尼语,熟练	汉语,熟练	
204	户主	白普才	哈尼	62	小学	哈尼语,熟练	汉语,熟练	
	配偶	杨咀收	哈尼	62	小学	哈尼语,熟练	汉语,熟练	
	长子	白才嘎	哈尼	41	初中	哈尼语,熟练	汉语,熟练	
	儿媳	陆明来	哈尼	41	初中	哈尼语,熟练	汉语,熟练	
205	户主	白来发	哈尼	21	中专或中技	哈尼语,熟练	汉语,熟练	
	弟弟	白来源	哈尼	18	中专或中技	哈尼语,熟练	汉语,熟练	
206	户主	龙应发	哈尼	71	小学	哈尼语,熟练	汉语,熟练	
	配偶	白伟努	哈尼	65	文盲或半文盲	哈尼语,熟练	汉语,略懂	
	三子	龙学玉	哈尼	42	小学	哈尼语,熟练	汉语,熟练	
	孙子	龙元东	哈尼	14	小学	哈尼语,熟练	汉语,熟练	
207	户主	白艳春	哈尼	41	小学	哈尼语,熟练	汉语,熟练	
	长子	龙云庭	哈尼	16	小学	哈尼语,熟练	汉语,熟练	
208	户主	陈衣科	哈尼	61	文盲或半文盲	哈尼语,熟练	汉语,熟练	
	配偶	李阿九	哈尼	55	文盲或半文盲	哈尼语,熟练	汉语,熟练	
	长女	陈普楼	哈尼	32	文盲或半文盲	哈尼语,熟练	汉语,熟练	
	女婿	谢　伟	汉	33	初中	哈尼语,熟练	汉语,熟练	
	长子	陈普处	哈尼	30	初中	哈尼语,熟练	汉语,熟练	
	次子	陈保安	哈尼	26	初中	哈尼语,熟练	汉语,熟练	
	外孙女	谢雨云	汉	8	小学	哈尼语,略懂	汉语,略懂	
209	户主	白忠简	哈尼	39	初中	哈尼语,熟练	汉语,熟练	
	配偶	李依梭	哈尼	38	初中	哈尼语,熟练	汉语,熟练	
	长女	白秋芬	哈尼	18	高中	哈尼语,熟练	汉语,熟练	
	长子	白者秋	哈尼	16	初中	哈尼语,熟练	汉语,熟练	
210	户主	陈然鲁	哈尼	38	初中	哈尼语,熟练	汉语,熟练	
	配偶	张衣抽	哈尼	36	文盲或半文盲	哈尼语,熟练	汉语,熟练	
	长女	陈晓琴	哈尼	16	初中	哈尼语,熟练	汉语,熟练	
	长子	陈志刚	哈尼	14	小学	哈尼语,熟练	汉语,熟练	
	外甥	刘　健	哈尼	9	小学	哈尼语,略懂	汉语,略懂	
211	户主	白斗者	哈尼	30	小学	哈尼语,熟练	汉语,熟练	
	母亲	朱生楼	哈尼	57	文盲或半文盲	哈尼语,熟练	汉语,熟练	

212	户主	白斗沙	哈尼	34	小学	哈尼语,熟练	汉语,熟练	
	配偶	李成们	哈尼	33	文盲或半文盲	哈尼语,熟练	汉语,熟练	
	长女	白沙表	哈尼	13	初中	哈尼语,熟练	汉语,熟练	
	长子	白沙福	哈尼	10	小学	哈尼语,略懂	汉语,略懂	
213	户主	白斗黑	哈尼	36	小学	哈尼语,熟练	汉语,熟练	
	配偶	白成背	哈尼	34	初中	哈尼语,熟练	汉语,熟练	
	长女	白黑飘	哈尼	16	初中	哈尼语,熟练	汉语,熟练	
	次女	白黑芬	哈尼	14	初中	哈尼语,熟练	汉语,熟练	
214	户主	陈衣三	哈尼	58	文盲或半文盲	哈尼语,熟练	汉语,熟练	
	配偶	罗明黑	哈尼	54	文盲或半文盲	哈尼语,熟练	汉语,略懂	
	次子	陈里黑	哈尼	32	小学	哈尼语,熟练	汉语,熟练	
	孙子	陈　林	哈尼	8	小学	哈尼语,略懂	汉语,略懂	
215	户主	罗波思	哈尼	65	小学	哈尼语,熟练	汉语,略懂	
	配偶	李来艳	哈尼	60	文盲或半文盲	哈尼语,熟练	汉语,略懂	
	长子	罗木然	哈尼	41	初中	哈尼语,熟练	汉语,熟练	
	儿媳	李生飘	哈尼	38	初中	哈尼语,熟练	汉语,熟练	
	长孙	罗平勇	哈尼	18	初中	哈尼语,熟练	汉语,熟练	
	次孙	罗明才	哈尼	16	初中	哈尼语,熟练	汉语,熟练	
216	户主	白明高	哈尼	58	小学	哈尼语,熟练	汉语,熟练	
	配偶	罗伟秋	哈尼	56	文盲或半文盲	哈尼语,熟练	汉语,略懂	
	长子	白高玲	哈尼	25	初中	哈尼语,熟练	汉语,熟练	
	儿媳	李普优	哈尼	22	小学	哈尼语,熟练	汉语,熟练	
217	户主	白沙才	哈尼	54	小学	哈尼语,熟练	汉语,熟练	
	配偶	白明的	哈尼	54	小学	哈尼语,熟练	汉语,略懂	
	长女	白成春	哈尼	29	小学	哈尼语,熟练	汉语,熟练	
	次女	白成芬	哈尼	25	小学	哈尼语,熟练	汉语,熟练	
	三女	白成者	哈尼	17	小学	哈尼语,熟练	汉语,熟练	
218	户主	白沙然	哈尼	49	小学	哈尼语,熟练	汉语,熟练	
	配偶	杨模收	哈尼	48	文盲或半文盲	哈尼语,熟练	汉语,略懂	
	次女	白月梅	哈尼	23	高中	哈尼语,熟练	汉语,熟练	
	三女	白然表	哈尼	21	初中	哈尼语,熟练	汉语,熟练	
219	户主	吴石飘	哈尼	48	文盲或半文盲	哈尼语,熟练	汉语,略懂	
	长女	白卫莲	哈尼	28	高中	哈尼语,熟练	汉语,熟练	
	长子	白波然	哈尼	25	初中	哈尼语,熟练	汉语,熟练	
	儿媳	朱玉努	哈尼	23	小学	哈尼语,熟练	汉语,熟练	

220	户主	白成浦	哈尼	29	高中	哈尼语,熟练	汉语,熟练	
	母亲	白普抽	哈尼	52	文盲或半文盲	哈尼语,熟练	汉语,略懂	
	弟弟	白成文	哈尼	25	大学	哈尼语,熟练	汉语,熟练	
221	户主	白成角	哈尼	31	中专或中技	哈尼语,熟练	汉语,熟练	
222	户主	白沙有	哈尼	44	初中	哈尼语,熟练	汉语,熟练	
	配偶	李成娄	哈尼	36	文盲或半文盲	哈尼语,熟练	汉语,略懂	
	长子	白有福	哈尼	21	小学	哈尼语,熟练	汉语,熟练	
	长女	白优角	哈尼	15	初中	哈尼语,熟练	汉语,熟练	
223	户主	李成芬	哈尼	45	小学	哈尼语,熟练	汉语,熟练	
	长女	白成敏	哈尼	18	高中	哈尼语,熟练	汉语,熟练	
	长子	白优生	哈尼	13	初中	哈尼语,熟练	汉语,熟练	
224	户主	白玉成	哈尼	31	初中	哈尼语,熟练	汉语,熟练	
	配偶	杨明抽	哈尼	33	文盲或半文盲	哈尼语,熟练	汉语,略懂	
	大哥	白美良	哈尼	43	小学	哈尼语,熟练	汉语,熟练	
	二哥	白美忠	哈尼	38	小学	哈尼语,熟练	汉语,熟练	
	长子	白玉保	哈尼	9	小学	哈尼语,熟练	汉语,熟练	
	长女	白云梅	哈尼	6	小学	哈尼语,熟练	汉语,熟练	
225	户主	白成发	哈尼	53	高中	哈尼语,熟练	汉语,熟练	
	配偶	李然杰	哈尼	48	小学	哈尼语,熟练	汉语,熟练	
	长子	白志祥	哈尼	28	高中	哈尼语,熟练	汉语,熟练	
	儿媳	陈　丽	哈尼	28	初中	哈尼语,熟练	汉语,熟练	
	次子	白志明	哈尼	26	初中	哈尼语,熟练	汉语,熟练	
	三子	白志永	哈尼	23	高中	哈尼语,熟练	汉语,熟练	
	四子	白德贵	哈尼	20	初中	哈尼语,熟练	汉语,熟练	
226	户主	白玖楼	哈尼	24	初中	哈尼语,熟练	汉语,熟练	
227	户主	李中们	哈尼	44	小学	哈尼语,熟练	汉语,熟练	
	配偶	吴翁抽	哈尼	44	文盲或半文盲	哈尼语,熟练	汉语,略懂	
	长女	白志明	哈尼	17	初中	哈尼语,熟练	汉语,熟练	
	次女	白然花	哈尼	13	初中	哈尼语,熟练	汉语,熟练	
228	户主	白木福	哈尼	59	小学	哈尼语,熟练	汉语,熟练	
	配偶	龙规梭	哈尼	54	小学	哈尼语,熟练	汉语,熟练	
	次子	白建伟	哈尼	31	初中	哈尼语,熟练	汉语,熟练	
	三子	白建生	哈尼	29	小学	哈尼语,熟练	汉语,熟练	
	孙子	白继亮	哈尼	8	小学	哈尼语,熟练	汉语,熟练	

229	户主	白永忠	哈尼	49	高中	哈尼语,熟练	汉语,熟练	
	配偶	石林芬	哈尼	48	文盲或半文盲	哈尼语,熟练	汉语,略懂	
	长女	白雪梅	哈尼	27	初中	哈尼语,熟练	汉语,熟练	
	次子	白招拒	哈尼	22	小学	哈尼语,熟练	汉语,熟练	
230	户主	陈玉发	哈尼	48	初中	哈尼语,熟练	汉语,熟练	
	配偶	白谋角	哈尼	46	文盲或半文盲	哈尼语,熟练	汉语,熟练	
231	户主	陈秋沙	哈尼	22	小学	哈尼语,熟练	汉语,熟练	
232	户主	白　福	哈尼	54	初中	哈尼语,熟练	汉语,熟练	
	配偶	罗龙杰	哈尼	55	文盲或半文盲	哈尼语,熟练	汉语,略懂	
	长子	白来军	哈尼	31	中专或中技	哈尼语,熟练	汉语,熟练	
	长女	白丽珍	哈尼	29	初中	哈尼语,熟练	汉语,熟练	
	次子	白建军	哈尼	25	初中	哈尼语,熟练	汉语,熟练	
233	户主	白玖发	哈尼	45	小学	哈尼语,熟练	汉语,熟练	
	配偶	杨嘎抽	哈尼	43	文盲或半文盲	哈尼语,熟练	汉语,略懂	
	长女	白成仙	哈尼	23	初中	哈尼语,熟练	汉语,熟练	
	次女	白成粉	哈尼	20	小学	哈尼语,熟练	汉语,熟练	
	三女	白成金	哈尼	17	初中	哈尼语,熟练	汉语,熟练	
	长子	白成强	哈尼	15	初中	哈尼语,熟练	汉语,熟练	
234	户主	白九斗	哈尼	49	初中	哈尼语,熟练	汉语,熟练	
	配偶	李成芬	哈尼	45	文盲或半文盲	哈尼语,熟练	汉语,熟练	
	长女	白　惠	哈尼	26	小学	哈尼语,熟练	汉语,熟练	
	长子	白斗处	哈尼	24	小学	哈尼语,熟练	汉语,熟练	
	次子	白斗福	哈尼	22	小学	哈尼语,熟练	汉语,熟练	
235	户主	杨来娘	哈尼	64	小学	哈尼语,熟练	汉语,熟练	
	配偶	李黑农	哈尼	58	文盲或半文盲	哈尼语,熟练	汉语,熟练	
	长子	杨娘三	哈尼	38	初中	哈尼语,熟练	汉语,熟练	
	长女	杨　露	哈尼	33	中专	哈尼语,熟练	汉语,熟练	
	次女	杨　玲	哈尼	31	高中	哈尼语,熟练	汉语,熟练	
	孙女	杨　雅	哈尼	11	小学	哈尼语,不会	汉语,熟练	
236	户主	李波黑	哈尼	78	文盲或半文盲	哈尼语,熟练	汉语,熟练	
	配偶	杨友收	哈尼	71	文盲或半文盲	哈尼语,熟练	汉语,略懂	
	三子	李黑斗	哈尼	37	高中	哈尼语,熟练	汉语,熟练	
	儿媳	杨建萍	哈尼	37	初中	哈尼语,熟练	汉语,熟练	
	长孙女	李尹鑫	哈尼	12	小学	哈尼语,熟练	汉语,熟练	
	次孙女	李　媛	哈尼	10	小学	哈尼语,熟练	汉语,熟练	

237	户主	白马玉者	哈尼	48	初中	哈尼语,熟练	汉语,熟练	
	配偶	杨树琼	哈尼	46	文盲或半文盲	哈尼语,熟练	汉语,略懂	
	长女	白设艳	哈尼	22	高中	哈尼语,熟练	汉语,熟练	
	次女	白玲玲	哈尼	20	高中	哈尼语,熟练	汉语,熟练	
	三女	白琼梅	哈尼	18	中专或中技	哈尼语,熟练	汉语,熟练	
	长子	白晓东	哈尼	16	初中	哈尼语,熟练	汉语,熟练	
238	户主	白丁三	哈尼	41	小学	哈尼语,熟练	汉语,熟练	
	配偶	王德把	哈尼	41	文盲或半文盲	哈尼语,熟练	汉语,熟练	
	长女	白丹丹	哈尼	21	初中	哈尼语,熟练	汉语,熟练	
	次女	白珍珍	哈尼	17	初中	哈尼语,熟练	汉语,熟练	
239	户主	李则然	哈尼	45	小学	哈尼语,熟练	汉语,熟练	
	配偶	李立收	哈尼	45	文盲或半文盲	哈尼语,熟练	汉语,略懂	
	长子	李 伟	哈尼	23	小学	哈尼语,熟练	汉语,熟练	
	长女	李然芬	哈尼	21	小学	哈尼语,熟练	汉语,熟练	
	次子	李智发	哈尼	19	小学	哈尼语,熟练	汉语,熟练	
240	户主	李阿亮	哈尼	45	小学	哈尼语,熟练	汉语,熟练	
	配偶	李成努	哈尼	42	文盲或半文盲	哈尼语,熟练	汉语,略懂	
	长女	李 艳	哈尼	21	初中	哈尼语,熟练	汉语,熟练	
	长子	李胡荣	哈尼	19	初中	哈尼语,熟练	汉语,熟练	
	次子	李泽明	哈尼	13	初中	哈尼语,熟练	汉语,熟练	
	次女	李者优	哈尼	7	小学	哈尼语,熟练	汉语,熟练	
241	户主	石普龙	哈尼	28	初中	哈尼语,熟练	汉语,熟练	
	配偶	白见松	哈尼	26	文盲或半文盲	哈尼语,熟练	汉语,熟练	
	父亲	石鲁普	哈尼	75	文盲或半文盲	哈尼语,熟练	汉语,略懂	
	母亲	罗阿荣	哈尼	71	文盲或半文盲	哈尼语,熟练	汉语,熟练	
	长子	石龙伟	哈尼	10	小学	哈尼语,熟练	汉语,熟练	
242	户主	石宗然	哈尼	58	小学	哈尼语,熟练	汉语,熟练	
	配偶	白普背	哈尼	54	文盲或半文盲	哈尼语,熟练	汉语,略懂	
	母亲	白来收	哈尼	82	文盲或半文盲	哈尼语,熟练	汉语,不会	
	长子	石然保	哈尼	33	初中	哈尼语,熟练	汉语,熟练	
	次子	石然嘎	哈尼	25	初中	哈尼语,熟练	汉语,熟练	
243	户主	石生者	哈尼	46	高中	哈尼语,熟练	汉语,熟练	
	配偶	卢明红	哈尼	47	初中	哈尼语,熟练	汉语,熟练	
	长子	石成友	哈尼	22	初中	哈尼语,熟练	汉语,熟练	
	长女	石 璇	哈尼	20	初中	哈尼语,熟练	汉语,熟练	

244	户主	杨发昌	哈尼	67	小学	哈尼语,熟练	汉语,熟练	
	配偶	白简角	哈尼	66	文盲或半文盲	哈尼语,熟练	汉语,不会	
	儿媳	白　钰	哈尼	32	初中	哈尼语,熟练	汉语,熟练	
	次女	杨敏连	哈尼	25	初中	哈尼语,熟练	汉语,熟练	
245	户主	杨鲁普	哈尼	62	文盲或半文盲	哈尼语,熟练	汉语,熟练	
	配偶	罗伟角	哈尼	63	文盲或半文盲	哈尼语,熟练	汉语,略懂	
	长子	杨普坚	哈尼	41	初中	哈尼语,熟练	汉语,熟练	
	儿媳	白成背	哈尼	39	文盲或半文盲	哈尼语,熟练	汉语,熟练	
	长孙女	杨斯涵	哈尼	17	中专	哈尼语,熟练	汉语,熟练	
	次孙女	杨涵雯	哈尼	13	初中	哈尼语,熟练	汉语,熟练	
	孙子	杨建生	哈尼	6	学龄前儿童	哈尼语,熟练	汉语,熟练	
246	户主	杨　静	哈尼	57	高中	哈尼语,熟练	汉语,熟练	
	配偶	白批背	哈尼	53	文盲或半文盲	哈尼语,熟练	汉语,略懂	
	长女	杨为农	哈尼	31	小学	哈尼语,熟练	汉语,熟练	
	长子	杨者才	哈尼	28	初中	哈尼语,熟练	汉语,熟练	
	次子	杨者三	哈尼	26	小学	哈尼语,熟练	汉语,熟练	
	儿媳	卢翁楼	哈尼	22	小学	哈尼语,熟练	汉语,熟练	
247	户主	陈木娄	哈尼	49	文盲或半文盲	哈尼语,熟练	汉语,熟练	
	长子	白云春	哈尼	29	小学	哈尼语,熟练	汉语,熟练	
	长女	白九收	哈尼	23	小学	哈尼语,熟练	汉语,熟练	
	次子	白九者	哈尼	22	小学	哈尼语,熟练	汉语,熟练	
248	户主	陶一生	哈尼	53	文盲或半文盲	哈尼语,熟练	汉语,熟练	
	配偶	李阿清	哈尼	55	高中	哈尼语,熟练	汉语,熟练	
	长女	李志仙	哈尼	29	中专或中技	哈尼语,熟练	汉语,熟练	
	次子	李志强	哈尼	18	高中	哈尼语,熟练	汉语,熟练	
	外孙女	李　佳	哈尼	6	小学	哈尼语,熟练	汉语,熟练	
249	户主	白扒表	哈尼	62	文盲或半文盲	哈尼语,熟练	汉语,略懂	
	配偶	李伟抽	哈尼	61	文盲或半文盲	哈尼语,熟练	汉语,略懂	
	长子	白志强	哈尼	25	高中	哈尼语,熟练	汉语,熟练	
	次子	白志福	哈尼	22	高中	哈尼语,熟练	汉语,熟练	
250	户主	杨才宝	哈尼	42	初中	哈尼语,熟练	汉语,熟练	
	配偶	李波努	哈尼	42	小学	哈尼语,熟练	汉语,熟练	
	长女	杨兰英	哈尼	21	初中	哈尼语,熟练	汉语,熟练	
	长子	杨普云	哈尼	18	职业高中毕业	哈尼语,熟练	汉语,熟练	
	次女	杨普芬	哈尼	16	初中	哈尼语,熟练	汉语,熟练	

251	户主	杨　宏	哈尼	64	初中	哈尼语,熟练	汉语,熟练	
	配偶	白普优	哈尼	63	文盲或半文盲	哈尼语,熟练	汉语,不会	
	次子	杨阿九	哈尼	36	初中	哈尼语,熟练	汉语,熟练	
	三子	杨三勇	哈尼	34	小学	哈尼语,熟练	汉语,熟练	
	长孙女	杨晓梅	哈尼	14	小学	哈尼语,熟练	汉语,熟练	
	次孙女	杨榕萍	哈尼	11	小学	哈尼语,熟练	汉语,熟练	
	孙子	杨勇权	哈尼	7	小学	哈尼语,熟练	汉语,熟练	
252	户主	罗书文	哈尼	77	小学	哈尼语,熟练	汉语,熟练	
	配偶	杨美来	哈尼	75	文盲或半文盲	哈尼语,熟练	汉语,略懂	
	长子	罗永康	哈尼	38	初中	哈尼语,熟练	汉语,熟练	
253	户主	白玉清	哈尼	43	高中	哈尼语,熟练	汉语,熟练	
	配偶	杨优表	哈尼	43	初中	哈尼语,熟练	汉语,熟练	
	长子	白福云	哈尼	20	中专或中技	哈尼语,熟练	汉语,熟练	
	长女	白福梅	哈尼	16	初中	哈尼语,熟练	汉语,熟练	
	次子	白福瑞	哈尼	13	初中	哈尼语,熟练	汉语,熟练	
254	户主	石黑然	哈尼	39	初中	哈尼语,熟练	汉语,熟练	
	配偶	李生们	哈尼	41	初中	哈尼语,熟练	汉语,熟练	
	长子	石颖林	哈尼	19	高中	哈尼语,熟练	汉语,熟练	
255	户主	李生普	哈尼	45	小学	哈尼语,熟练	汉语,熟练	
	配偶	白三农	哈尼	47	小学	哈尼语,熟练	汉语,熟练	
	长女	李波优	哈尼	24	大专	哈尼语,熟练	汉语,熟练	
	次女	李玉珍	哈尼	21	高中	哈尼语,熟练	汉语,熟练	
	长子	李才亮	哈尼	18	初中	哈尼语,熟练	汉语,熟练	
256	户主	杨黑山	哈尼	56	小学	哈尼语,熟练	汉语,熟练	
	配偶	白火楼	哈尼	52	文盲或半文盲	哈尼语,熟练	汉语,略懂	
	长子	杨三处	哈尼	34	小学	哈尼语,熟练	汉语,熟练	
	儿媳	白　艳	哈尼	31	高中	哈尼语,熟练	汉语,熟练	
	次子	杨阿边	哈尼	30	小学	哈尼语,熟练	汉语,熟练	
	长女	杨三所	哈尼	27	初中	哈尼语,熟练	汉语,熟练	
	次女	杨明里	哈尼	22	小学	哈尼语,熟练	汉语,熟练	
	孙女	杨城雪	哈尼	8	小学	哈尼语,熟练	汉语,熟练	
	孙子	杨城东	哈尼	6	学龄前儿童	哈尼语,熟练	汉语,熟练	
257	户主	白波俭	哈尼	54	文盲或半文盲	哈尼语,熟练	汉语,熟练	
	配偶	陈三角	哈尼	53	文盲或半文盲	哈尼语,熟练	汉语,熟练	
	长女	白俭收	哈尼	30	文盲或半文盲	哈尼语,熟练	汉语,熟练	
	长子	白俭然	哈尼	28	初中	哈尼语,熟练	汉语,熟练	
	次子	白院青	哈尼	25	初中	哈尼语,熟练	汉语,熟练	
	次女	白院玲	哈尼	23	高中	哈尼语,熟练	汉语,熟练	

258	户主	杨最欧	哈尼	74	文盲或半文盲	哈尼语,熟练	汉语,熟练	
	配偶	白波梭	哈尼	77	文盲或半文盲	哈尼语,熟练	汉语,不会	
	长子	杨然里	哈尼	32	初中	哈尼语,熟练	汉语,熟练	
259	户主	杨批背	哈尼	57	文盲或半文盲	哈尼语,熟练	汉语,略懂	
	配偶	罗志忠	哈尼	56	高中	哈尼语,熟练	汉语,熟练	
	次子	罗　七	哈尼	31	小学	哈尼语,熟练	汉语,熟练	
	三子	罗阿三	哈尼	24	初中	哈尼语,熟练	汉语,熟练	
260	户主	杨然波	哈尼	71	文盲或半文盲	哈尼语,熟练	汉语,略懂	
	配偶	高们抽	哈尼	71	文盲或半文盲	哈尼语,熟练	汉语,不会	
	五子	杨小城	哈尼	33	初中	哈尼语,熟练	汉语,熟练	
	长女	杨　萍	哈尼	33	初中	哈尼语,熟练	汉语,熟练	
	孙女	杨彩艳	哈尼	9	小学	哈尼语,熟练	汉语,熟练	
	外孙女	陶　鑫	哈尼	12	小学	哈尼语,熟练	汉语,熟练	
	外孙子	陶寅荣	哈尼	8	小学	哈尼语,熟练	汉语,熟练	
261	户主	白来抽	哈尼	37	文盲或半文盲	哈尼语,熟练	汉语,熟练	
	配偶	罗永生	哈尼	38	初中	哈尼语,熟练	汉语,熟练	
	长女	罗　燕	哈尼	18	高中	哈尼语,熟练	汉语,熟练	
	次女	罗农霞	哈尼	16	初中	哈尼语,熟练	汉语,熟练	
	长子	罗　超	哈尼	14	小学	哈尼语,熟练	汉语,熟练	
262	户主	罗学文	哈尼	65	文盲或半文盲	哈尼语,熟练	汉语,熟练	
	配偶	李明都	哈尼	63	文盲或半文盲	哈尼语,熟练	汉语,略懂	
	三子	罗　强	哈尼	32	初中	哈尼语,熟练	汉语,熟练	
	四子	罗院忠	哈尼	29	初中	哈尼语,熟练	汉语,熟练	
263	户主	罗石发	哈尼	63	文盲或半文盲	哈尼语,熟练	汉语,熟练	
	配偶	高然也	哈尼	62	文盲或半文盲	哈尼语,熟练	汉语,不会	
	三子	罗模荣	哈尼	30	初中	哈尼语,熟练	汉语,熟练	
264	户主	罗玉福	哈尼	28	初中	哈尼语,熟练	汉语,熟练	
	配偶	卢　霞	哈尼	27	初中	哈尼语,熟练	汉语,熟练	
	弟弟	罗虎强	哈尼	26	初中	哈尼语,熟练	汉语,熟练	
265	户主	罗阿四	哈尼	83	文盲或半文盲	哈尼语,熟练	汉语,不会	
	配偶	李普梭	哈尼	71	文盲或半文盲	哈尼语,熟练	汉语,不会	
	长子	罗伟志	哈尼	34	小学	哈尼语,熟练	汉语,熟练	
	长女	罗　芳	哈尼	30	小学	哈尼语,熟练	汉语,熟练	

266	户主	罗高发	哈尼	58	文盲或半文盲	哈尼语，熟练	汉语，熟练	
	配偶	杨路梭	哈尼	58	文盲或半文盲	哈尼语，熟练	汉语，熟练	
	长女	罗　奕	哈尼	38	高中	哈尼语，熟练	汉语，熟练	
	儿媳	陆来芬	哈尼	22	小学	哈尼语，熟练	汉语，熟练	
267	户主	罗　瑞	哈尼	38	初中	哈尼语，熟练	汉语，熟练	
	配偶	白波楼	哈尼	34	初中	哈尼语，熟练	汉语，熟练	
	母亲	白明里	哈尼	76	文盲或半文盲	哈尼语，熟练	汉语，不会	
	长子	罗　耀	哈尼	11	小学	哈尼语，熟练	汉语，略懂	
	次子	罗　茂	哈尼	6	学龄前儿童	哈尼语，熟练	汉语，略懂	
268	户主	罗继才	哈尼	40	文盲或半文盲	哈尼语，熟练	汉语，熟练	
	配偶	白脚梭	哈尼	40	小学	哈尼语，熟练	汉语，熟练	
	母亲	李文角	哈尼	70	文盲或半文盲	哈尼语，熟练	汉语，不会	
	长女	罗艳花	哈尼	17	初中	哈尼语，熟练	汉语，熟练	
	长子	罗龙福	哈尼	14	小学	哈尼语，熟练	汉语，熟练	
269	户主	罗牛牛	哈尼	45	文盲或半文盲	哈尼语，熟练	汉语，熟练	
	配偶	李正有	哈尼	45	初中	哈尼语，熟练	汉语，熟练	
	母亲	李来飘	哈尼	84	文盲或半文盲	哈尼语，熟练	汉语，略懂	
	长子	李伟森	哈尼	13	小学	哈尼语，熟练	汉语，熟练	
270	户主	何门吐	哈尼	70	文盲或半文盲	哈尼语，熟练	汉语，略懂	
	长女	罗翁艳	哈尼	45	小学	哈尼语，熟练	汉语，熟练	
	女婿	李然九	哈尼	47	文盲或半文盲	哈尼语，熟练	汉语，熟练	
	三女	罗牛有	哈尼	31	小学	哈尼语，熟练	汉语，熟练	
	外孙子	李祖清	哈尼	21	高中	哈尼语，熟练	汉语，熟练	
	长外孙女	李祖丽	哈尼	18	高中	哈尼语，熟练	汉语，熟练	
	次外孙女	李祖妹	哈尼	14	初中	哈尼语，熟练	汉语，熟练	
271	户主	陈明表	哈尼	44	文盲或半文盲	哈尼语，熟练	汉语，熟练	
	长女	罗宇欣	哈尼	20	小学	哈尼语，熟练	汉语，熟练	
	长子	罗宇发	哈尼	18	小学	哈尼语，熟练	汉语，熟练	
272	户主	罗复生	哈尼	38	初中	哈尼语，熟练	汉语，熟练	
	配偶	周保克	哈尼	28	小学	哈尼语，熟练	汉语，熟练	
	母亲	白才收	哈尼	62	文盲或半文盲	哈尼语，熟练	汉语，略懂	
	弟弟	罗石忠	哈尼	26	小学	哈尼语，熟练	汉语，熟练	
273	户主	白小六	哈尼	43	高中	哈尼语，熟练	汉语，熟练	
	配偶	陈成秋	哈尼	33	小学	哈尼语，熟练	汉语，熟练	
	表妹	普克努	拉祜	30	文盲或半文盲	拉祜语，熟练	汉语，熟练	哈尼语，熟练
	长子	白玉保	哈尼	12	小学	哈尼语，熟练	汉语，熟练	
	侄子	白罗伟发	哈尼	30	小学	哈尼语，熟练	汉语，熟练	

274	户主	白龙表	哈尼	51	初中	哈尼语,熟练	汉语,熟练	
	长女	高福楼	哈尼	32	文盲或半文盲	哈尼语,熟练	汉语,熟练	
	长子	高福有	哈尼	22	初中	哈尼语,熟练	汉语,熟练	
275	户主	李忠普	哈尼	71	文盲或半文盲	哈尼语,熟练	汉语,略懂	
	配偶	张娄表	哈尼	64	文盲或半文盲	哈尼语,熟练	汉语,不会	
	次女	李三抽	哈尼	41	文盲或半文盲	哈尼语,熟练	汉语,熟练	
	女婿	陈光养	汉	46	文盲或半文盲	汉语,熟练	哈尼语,略懂	
	三子	李沙元	哈尼	35	初中	哈尼语,熟练	汉语,熟练	
	儿媳	李规优	哈尼	29	初中	哈尼语,熟练	汉语,熟练	
	长孙	陈　斌	哈尼	20	小学	哈尼语,熟练	汉语,熟练	
	长孙女	陈　芬	哈尼	18	小学	哈尼语,熟练	汉语,熟练	
	次孙	李咀成	哈尼	10	小学	哈尼语,熟练	汉语,熟练	
	次孙女	李咀仙	哈尼	7	小学	哈尼语,熟练	汉语,略懂	
276	户主	李然表	哈尼	55	小学	哈尼语,熟练	汉语,熟练	
	配偶	罗文和	哈尼	62	文盲或半文盲	哈尼语,熟练	汉语,略懂	
	次子	罗咀山	哈尼	36	小学	哈尼语,熟练	汉语,熟练	
	孙女	罗岸先	哈尼	13	小学	哈尼语,熟练	汉语,熟练	
	孙子	罗生波	哈尼	12	小学	哈尼语,熟练	汉语,熟练	
277	户主	杨鲁农	哈尼	57	文盲或半文盲	哈尼语,熟练	汉语,略懂	
	次子	朱然鲁	哈尼	24	小学	哈尼语,熟练	汉语,熟练	
278	户主	朱普然	哈尼	23	小学	哈尼语,熟练	汉语,熟练	
279	户主	李元表	哈尼	59	文盲或半文盲	哈尼语,熟练	汉语,略懂	
	儿媳	陈忠芬	哈尼	28	初中	哈尼语,熟练	汉语,熟练	
280	户主	朱咀鲁	哈尼	66	文盲或半文盲	哈尼语,熟练	汉语,略懂	
	配偶	白那在	哈尼	62	文盲或半文盲	哈尼语,熟练	汉语,略懂	
281	户主	朱黑普	哈尼	42	初中	哈尼语,熟练	汉语,熟练	
	配偶	白嘎菊	哈尼	41	初中	哈尼语,熟练	汉语,熟练	
282	户主	朱黑秋	哈尼	37	初中	哈尼语,熟练	汉语,熟练	
	配偶	李鲁迎	哈尼	35	初中	哈尼语,熟练	汉语,熟练	
	长女	李　丹	哈尼	10	小学	哈尼语,熟练	汉语,熟练	
	长子	李　涛	哈尼	8	小学	哈尼语,熟练	汉语,熟练	
283	户主	朱玉福	哈尼	19	初中	哈尼语,熟练	汉语,熟练	
	大妹	朱冬梅	哈尼	17	高中	哈尼语,熟练	汉语,熟练	
	二妹	朱冬霞	哈尼	16	初中	哈尼语,熟练	汉语,熟练	

284	户主	罗波章	哈尼	54	文盲	哈尼语,熟练	汉语,略懂	
	配偶	龙卜飘	哈尼	51	文盲或半文盲	哈尼语,熟练	汉语,略懂	
	次女	罗艳梅	哈尼	22	高中	哈尼语,熟练	汉语,熟练	
	长子	罗云华	哈尼	15	初中	哈尼语,熟练	汉语,熟练	
285	户主	罗波初	哈尼	57	初中	哈尼语,熟练	汉语,熟练	
	配偶	白明都	哈尼	51	文盲或半文盲	哈尼语,熟练	汉语,熟练	
	长子	李 明	哈尼	29	初中	哈尼语,熟练	汉语,熟练	
	儿媳	熊 英	哈尼	24	小学	哈尼语,熟练	汉语,熟练	
286	户主	白拉斗	哈尼	36	初中	哈尼语,熟练	汉语,熟练	
	配偶	马仁秋	哈尼	28	小学	哈尼语,熟练	汉语,熟练	
	祖母	白黑农	哈尼	79	文盲或半文盲	哈尼语,熟练	汉语,不会	
	妹夫	陈晓明	哈尼	31	初中	哈尼语,熟练	汉语,熟练	
	长女	白 季	哈尼	6	小学	哈尼语,熟练	汉语,略懂	
287	户主	高普德	哈尼	40	小学	哈尼语,熟练	汉语,熟练	
	配偶	高忠努	哈尼	43	文盲或半文盲	哈尼语,熟练	汉语,略懂	
	长女	高德妹	哈尼	16	初中	哈尼语,熟练	汉语,熟练	
	次女	高德元	哈尼	14	初中	哈尼语,熟练	汉语,熟练	
288	户主	白鲁吉	哈尼	67	文盲或半文盲	哈尼语,熟练	汉语,略懂	
	四子	白意隆	哈尼	37	初中	哈尼语,熟练	汉语,熟练	
	儿媳	张福抽	哈尼	31	文盲或半文盲	哈尼语,熟练	汉语,熟练	
289	户主	罗志诚	哈尼	59	高中	哈尼语,熟练	汉语,熟练	
	配偶	李减优	哈尼	37	文盲或半文盲	哈尼语,熟练	汉语,熟练	
	长女	罗丽花	哈尼	16	初中	哈尼语,熟练	汉语,熟练	
290	户主	李波然	哈尼	36	初中	哈尼语,熟练	汉语,熟练	
291	户主	李拉索	哈尼	91	文盲或半文盲	哈尼语,熟练	汉语,不会	
292	户主	朱批山	哈尼	35	小学	哈尼语,熟练	汉语,熟练	
	配偶	白伟洁	哈尼	38	小学	哈尼语,熟练	汉语,熟练	
	长女	朱 玲	哈尼	14	小学	哈尼语,熟练	汉语,熟练	
	次女	朱 燕	哈尼	9	小学	哈尼语,熟练	汉语,熟练	
293	户主	白斗然	哈尼	45	初中	哈尼语,熟练	汉语,熟练	
	配偶	张玉美	哈尼	43	小学	哈尼语,熟练	汉语,略懂	
	长子	白玉皇	哈尼	22	初中	哈尼语,熟练	汉语,熟练	
	长女	白春艳	哈尼	20	高中	哈尼语,熟练	汉语,熟练	
	次子	白万云	哈尼	18	初中	哈尼语,熟练	汉语,熟练	
294	户主	吴成努	哈尼	56	文盲或半文盲	哈尼语,熟练	汉语,不会	
	次子	白杨咀期	哈尼	30	初中	哈尼语,熟练	汉语,熟练	

295	户主	白发有	哈尼	26	中专或中技	哈尼语,熟练	汉语,熟练	
296	户主	杨建华	哈尼	30	大专	哈尼语,熟练	汉语,熟练	
297	户主	龙者收	哈尼	48	文盲或半文盲	哈尼语,熟练	汉语,熟练	
298	户主	白龙飞	哈尼	44	初中	哈尼语,熟练	汉语,熟练	
	长子	白东云	哈尼	21	小学	哈尼语,熟练	汉语,熟练	
299	户主	高者福	哈尼	27	大专	哈尼语,熟练	汉语,熟练	
300	户主	白福芬	哈尼	26	中专或中技	哈尼语,熟练	汉语,熟练	
301	户主	白伟山	哈尼	32	中专或中技	哈尼语,熟练	汉语,熟练	
302	户主	白者捌	哈尼	34	小学	哈尼语,熟练	汉语,熟练	
	配偶	陆明那	哈尼	35	文盲或半文盲	哈尼语,熟练	汉语,熟练	
	母亲	罗牛抽	哈尼	71	文盲或半文盲	哈尼语,熟练	汉语,不会	
	长子	白理福	哈尼	11	小学	哈尼语,熟练	汉语,熟练	
	次子	白理建	哈尼	9	小学	哈尼语,熟练	汉语,熟练	
303	户主	白明里	哈尼	42	初中	哈尼语,熟练	汉语,熟练	
	配偶	王建永	哈尼	40	高中	哈尼语,熟练	汉语,熟练	
	次子	王　磊	哈尼	17	初中	哈尼语,熟练	汉语,熟练	
304	户主	白艳芬	哈尼	26	中专或中技	哈尼语,熟练	汉语,熟练	
305	户主	白艳萍	哈尼	26	中专或中技	哈尼语,熟练	汉语,熟练	
306	户主	陈普初	哈尼	37	小学	哈尼语,熟练	汉语,熟练	
	配偶	白飘抽	哈尼	32	文盲或半文盲	哈尼语,熟练	汉语,熟练	
	长子	陈初德	哈尼	12	小学	哈尼语,熟练	汉语,熟练	
	长女	陈初燕	哈尼	8	小学	哈尼语,熟练	汉语,熟练	
307	户主	白阿康	哈尼	34	小学	哈尼语,熟练	汉语,熟练	
	配偶	白艳芳	哈尼	34	初中	哈尼语,熟练	汉语,熟练	
	长子	白侣亮	哈尼	8	小学	哈尼语,熟练	汉语,熟练	
308	户主	李鲁山	哈尼	34	初中	哈尼语,熟练	汉语,熟练	
	配偶	李来优	哈尼	30	初中	哈尼语,熟练	汉语,熟练	
	长子	李来高	哈尼	12	小学	哈尼语,熟练	汉语,熟练	
	次子	李培亮	哈尼	10	小学	哈尼语,熟练	汉语,熟练	
309	户主	李成脚	哈尼	33	中专或中技	哈尼语,熟练	汉语,熟练	
	配偶	罗云德	哈尼	38	高中	哈尼语,熟练	汉语,熟练	
	长子	罗　振	哈尼	10	小学	哈尼语,熟练	汉语,熟练	
	次子	罗　健	哈尼	6	学龄前儿童	哈尼语,略懂	汉语,熟练	
310	户主	龙立黑	哈尼	44	初中	哈尼语,熟练	汉语,熟练	
	次子	龙黑才	哈尼	20	小学	哈尼语,熟练	汉语,熟练	
	长女	龙院芬	哈尼	13	小学	哈尼语,熟练	汉语,熟练	

311	户主	郭志良	哈尼	48	大专	哈尼语,熟练	汉语,熟练	
	长子	郭晓明	哈尼	13	小学	哈尼语,略懂	汉语,熟练	
312	户主	何依山	哈尼	44	大专	哈尼语,熟练	汉语,熟练	
	配偶	黄丽军	汉	40	中专或中技	哈尼语,熟练	汉语,熟练	
	长子	何　凯	哈尼	18	高中	哈尼语,熟练	汉语,熟练	
313	户主	白成勇	哈尼	47	大学肄业	哈尼语,熟练	汉语,熟练	
	配偶	李九芬	哈尼	41	初中	哈尼语,熟练	汉语,熟练	
	长子	白秋林	哈尼	18	高中	哈尼语,熟练	汉语,熟练	
	长女	白秋兰	哈尼	15	小学	哈尼语,熟练	汉语,熟练	
	侄女	白院辉	哈尼	14	初中	哈尼语,熟练	汉语,熟练	
314	户主	杨德伟	哈尼	43	初中	哈尼语,熟练	汉语,熟练	
	配偶	白玉玲	哈尼	44	初中	哈尼语,熟练	汉语,熟练	
	长女	杨旖旎	哈尼	21	大学	哈尼语,熟练	汉语,熟练	
	长子	杨数顺	哈尼	19	初中	哈尼语,熟练	汉语,熟练	
315	户主	白波发	哈尼	44	初中	哈尼语,熟练	汉语,熟练	
	配偶	李秀英	哈尼	41	初中	哈尼语,熟练	汉语,熟练	
	长女	白　倩	哈尼	17	初中	哈尼语,熟练	汉语,熟练	
	次女	白发金	哈尼	8	小学	哈尼语,熟练	汉语,熟练	
316	户主	白艳清	哈尼	32	高中	哈尼语,熟练	汉语,熟练	
	配偶	李艳芬	哈尼	27	小学	哈尼语,熟练	汉语,熟练	
	父亲	白普成	哈尼	58	小学	哈尼语,熟练	汉语,熟练	
	母亲	普灯梭	哈尼	64	小学	哈尼语,熟练	汉语,熟练	
317	户主	白学忠	哈尼	41	高中	哈尼语,熟练	汉语,熟练	
	配偶	白龙艳	哈尼	42	初中	哈尼语,熟练	汉语,熟练	
	妹妹	白来芬	哈尼	31	小学	哈尼语,熟练	汉语,熟练	
	长女	白来春	哈尼	16	初中	哈尼语,熟练	汉语,熟练	
318	户主	李然处	哈尼	54	半文盲	哈尼语,熟练	汉语,熟练	
	配偶	李波燕	哈尼	52	文盲或半文盲	哈尼语,熟练	汉语,熟练	
	长女	李秋收	哈尼	31	小学	哈尼语,熟练	汉语,熟练	
	长子	李处文	哈尼	29	小学	哈尼语,熟练	汉语,熟练	
	儿媳	穆云芹	彝	31	小学	彝语,熟练	哈尼语,熟练	汉语,熟练
319	户主	杨莫斗	哈尼	71	小学	哈尼语,熟练	汉语,熟练	
	配偶	白沙所	哈尼	69	文盲或半文盲	哈尼语,熟练	汉语,熟练	
	长女	杨建华	哈尼	40	初中	哈尼语,熟练	汉语,熟练	
	长子	杨　伟	哈尼	38	初中	哈尼语,熟练	汉语,熟练	
	次子	杨阿明	哈尼	34	初中	哈尼语,熟练	汉语,熟练	

320	户主	何英优	哈尼	71	初中	哈尼语,熟练	汉语,熟练	
321	户主	石忠翔	哈尼	38	中专或中技	哈尼语,熟练	汉语,熟练	
	配偶	陈俄背	哈尼	36	初中	哈尼语,熟练	汉语,熟练	
	长子	石子金	哈尼	15	初中	哈尼语,熟练	汉语,熟练	
	次子	石子灿	哈尼	12	小学	哈尼语,熟练	汉语,熟练	
322	户主	杨永吉	哈尼	39	初中	哈尼语,熟练	汉语,熟练	
323	户主	陈黑发	哈尼	35	小学	哈尼语,熟练	汉语,熟练	
	配偶	陆哈梭	哈尼	37	文盲或半文盲	哈尼语,熟练	汉语,略懂	
	长女	陈来仙	哈尼	14	初中	哈尼语,熟练	汉语,熟练	
	次女	陈来云	哈尼	11	小学	哈尼语,熟练	汉语,熟练	
324	户主	白鲁桦	哈尼	25	高中	哈尼语,熟练	汉语,熟练	
325	户主	杨来保	哈尼	28	中专或中技	哈尼语,熟练	汉语,熟练	
326	户主	李阿华	哈尼	39	小学	哈尼语,熟练	汉语,熟练	
	配偶	白那检	哈尼	36	文盲或半文盲	哈尼语,熟练	汉语,熟练	
	长女	李保梭	哈尼	10	小学	哈尼语,熟练	汉语,熟练	
	长子	李保亮	哈尼	8	小学	哈尼语,熟练	汉语,熟练	
327	户主	杨桂仙	哈尼	27	大专	哈尼语,熟练	汉语,熟练	
328	户主	白文艳	哈尼	27	大专	哈尼语,熟练	汉语,熟练	
329	户主	罗学云	哈尼	28	大专	哈尼语,熟练	汉语,熟练	
330	户主	李哈者	哈尼	56	初中	哈尼语,熟练	汉语,熟练	
	配偶	白明珠	哈尼	51	文盲或半文盲	哈尼语,熟练	汉语,熟练	
	长子	李春红	哈尼	27	中专或中技	哈尼语,熟练	汉语,熟练	
	长女	李春艳	哈尼	24	中专或中技	哈尼语,熟练	汉语,熟练	
331	户主	白然果	哈尼	38	小学	哈尼语,熟练	汉语,熟练	
	配偶	陆梅飘	哈尼	39	小学	哈尼语,熟练	汉语,熟练	
	长子	白发福	哈尼	11	小学	哈尼语,熟练	汉语,熟练	
	次子	白发云	哈尼	7	小学	哈尼语,熟练	汉语,熟练	
332	户主	罗然里	哈尼	44	高中	哈尼语,熟练	汉语,熟练	
333	户主	白学云	哈尼	29	中专或中技	哈尼语,熟练	汉语,熟练	
334	户主	白桥福	哈尼	47	初中	哈尼语,熟练	汉语,熟练	
	配偶	白明表	哈尼	46	文盲或半文盲	哈尼语,熟练	汉语,熟练	
	长女	白慧英	哈尼	24	初中	哈尼语,熟练	汉语,熟练	
	长子	白永华	哈尼	20	大专	哈尼语,熟练	汉语,熟练	
	次女	白慧芬	哈尼	18	初中	哈尼语,熟练	汉语,熟练	
335	户主	石忠嘎	哈尼	52	高中	哈尼语,熟练	汉语,熟练	
	配偶	李明都	哈尼	54	文盲或半文盲	哈尼语,熟练	汉语,熟练	
	长子	石嘎文	哈尼	27	初中	哈尼语,熟练	汉语,熟练	

336	户主	罗云清	哈尼	41	高中	哈尼语,熟练	汉语,熟练	
337	户主	白斗收	哈尼	30	小学	哈尼语,熟练	汉语,熟练	
	长子	李成志	哈尼	8	小学	哈尼语,熟练	汉语,熟练	
338	户主	李兰秋	哈尼	49	文盲或半文盲	哈尼语,熟练	汉语,熟练	
	长子	白文辉	哈尼	23	大学	哈尼语,熟练	汉语,熟练	
339	户主	陈　华	哈尼	30	小学	哈尼语,熟练	汉语,熟练	
	配偶	白明里	哈尼	32	初中	哈尼语,熟练	汉语,熟练	
340	户主	白柒艳	哈尼	26	大专	哈尼语,熟练	汉语,熟练	
341	户主	杨波黑	哈尼	36	小学	哈尼语,熟练	汉语,熟练	
	配偶	白艳梅	哈尼	37	初中	哈尼语,熟练	汉语,熟练	
	长女	杨婷婷	哈尼	16	初中	哈尼语,熟练	汉语,熟练	
	长子	杨黑秋	哈尼	14	小学	哈尼语,熟练	汉语,熟练	
342	户主	石　禹	哈尼	39	初中	哈尼语,熟练	汉语,熟练	
	配偶	白学花	哈尼	38	初中	哈尼语,熟练	汉语,熟练	
	长女	石海燕	哈尼	10	小学	哈尼语,熟练	汉语,熟练	
	次女	石海莹	哈尼	8	小学	哈尼语,略懂	汉语,略懂	
343	户主	朱晨强	哈尼	28	中专或中技	哈尼语,熟练	汉语,熟练	
344	户主	杨勇宏	哈尼	38	初中	哈尼语,熟练	汉语,熟练	
	配偶	白普们	哈尼	35	文盲或半文盲	哈尼语,熟练	汉语,熟练	
	长子	杨振华	哈尼	10	小学	哈尼语,熟练	汉语,熟练	
	长女	杨者芬	哈尼	9	小学	哈尼语,熟练	汉语,熟练	
345	户主	石勇明	哈尼	37	小学	哈尼语,熟练	汉语,熟练	
	配偶	陆艳仙	哈尼	36	小学	哈尼语,熟练	汉语,熟练	
	长子	石金华	哈尼	10	小学	哈尼语,熟练	汉语,熟练	
346	户主	白苗保	哈尼	35	小学	哈尼语,熟练	汉语,熟练	
	配偶	朱文秀	哈尼	34	初中	哈尼语,熟练	汉语,熟练	
	长子	白成健	哈尼	7	小学	哈尼语,熟练	汉语,熟练	
347	户主	罗云康	哈尼	40	初中	哈尼语,熟练	汉语,熟练	
	配偶	石来飘	哈尼	30	初中	哈尼语,熟练	汉语,熟练	
	长女	罗雪媛	哈尼	6	学龄前儿童	哈尼语,熟练	汉语,熟练	
348	户主	李者忠	哈尼	41	初中	哈尼语,熟练	汉语,熟练	
349	户主	白成普	哈尼	39	文盲或半文盲	哈尼语,熟练	汉语,熟练	
	长子	朱林波	哈尼	22	初中	哈尼语,熟练	汉语,熟练	
	次子	朱龙华	哈尼	20	初中	哈尼语,熟练	汉语,熟练	
	三子	朱玉强	哈尼	18	初中	哈尼语,熟练	汉语,熟练	
	长女	朱艳芬	哈尼	16	初中	哈尼语,熟练	汉语,熟练	

350	户主	陈普德	哈尼	42	小学	哈尼语,熟练	汉语,熟练	
	配偶	李鲁也	哈尼	42	文盲或半文盲	哈尼语,熟练	汉语,熟练	
	长子	陈德者	哈尼	21	初中	哈尼语,熟练	汉语,熟练	
	长女	陈德收	哈尼	18	初中	哈尼语,熟练	汉语,熟练	
	次女	陈德仙	哈尼	16	初中	哈尼语,熟练	汉语,熟练	
351	户主	罗城忠	哈尼	53	初中	哈尼语,熟练	汉语,熟练	
	配偶	白明都	哈尼	47	文盲或半文盲	哈尼语,熟练	汉语,熟练	
	母亲	张生楼	哈尼	91	文盲或半文盲	哈尼语,熟练	汉语,不会	
352	户主	吴成梭	哈尼	32	初中	哈尼语,熟练	汉语,熟练	
	长子	李田华	哈尼	14	小学	哈尼语,熟练	汉语,熟练	
	次子	李成勇	哈尼	9	小学	哈尼语,熟练	汉语,熟练	
353	户主	白　云	哈尼	35	高中	哈尼语,熟练	汉语,熟练	
354	户主	白波芬	哈尼	41	初中	哈尼语,熟练	汉语,熟练	
	长女	白　甜	哈尼	14	初中	哈尼语,熟练	汉语,熟练	
355	户主	陈久芬	哈尼	35	文盲或半文盲	哈尼语,熟练	汉语,熟练	
	长子	白　庆	哈尼	12	小学	哈尼语,熟练	汉语,熟练	
356	户主	朱成然	哈尼	37	小学	哈尼语,熟练	汉语,熟练	
	配偶	白付抽	哈尼	40	小学	哈尼语,熟练	汉语,熟练	
	长子	朱　银	哈尼	9	小学	哈尼语,熟练	汉语,熟练	
	次子	朱　强	哈尼	6	小学	哈尼语,略懂	汉语,略懂	
357	户主	白才洁	哈尼	39	初中	哈尼语,熟练	汉语,熟练	
	长子	杨德贵	哈尼	18	初中	哈尼语,熟练	汉语,熟练	
	长女	杨德仙	哈尼	15	初中	哈尼语,熟练	汉语,熟练	
358	户主	李山友	哈尼	38	小学	哈尼语,熟练	汉语,熟练	
	配偶	余凤金	壮	32	小学	汉语,熟练	哈尼语,略懂	
	长女	李嘉慧	哈尼	9	小学	哈尼语,熟练	汉语,熟练	
	长子	李嘉文	哈尼	7	小学	哈尼语,熟练	汉语,熟练	
359	户主	罗优鲁	哈尼	63	文盲或半文盲	哈尼语,熟练	汉语,略懂	
	配偶	张娘秋	哈尼	55	文盲或半文盲	哈尼语,熟练	汉语,略懂	
	长子	罗顺华	哈尼	27	初中	哈尼语,熟练	汉语,熟练	
360	户主	白鲁然	哈尼	39	小学	哈尼语,熟练	汉语,熟练	
	配偶	杨成艳	哈尼	38	文盲或半文盲	哈尼语,熟练	汉语,略懂	
	长女	白云春	哈尼	11	小学	哈尼语,熟练	汉语,熟练	
	次女	白云芬	哈尼	10	小学	哈尼语,熟练	汉语,熟练	
361	户主	朱然黑	哈尼	32	小学	哈尼语,熟练	汉语,熟练	
	配偶	白龙收	哈尼	33	初中	哈尼语,熟练	汉语,熟练	
	长子	朱成涛	哈尼	10	小学	哈尼语,熟练	汉语,熟练	
	长女	朱成媚	哈尼	6	小学	哈尼语,略懂	汉语,略懂	

362	户主	龙学义	哈尼	41	初中	哈尼语,熟练	汉语,熟练	
	配偶	杨明里	哈尼	40	初中	哈尼语,熟练	汉语,熟练	
	长女	龙　琳	哈尼	12	小学	哈尼语,熟练	汉语,熟练	
363	户主	罗克收	哈尼	27	小学	哈尼语,熟练	汉语,熟练	
364	户主	杨普芳	哈尼	32	初中	哈尼语,熟练	汉语,熟练	
	长子	卢胜华	哈尼	9	小学	哈尼语,熟练	汉语,熟练	
365	户主	石泽华	哈尼	29	初中	哈尼语,熟练	汉语,熟练	
	配偶	许三也	哈尼	30	高中	哈尼语,熟练	汉语,熟练	
	长女	石华慧	哈尼	6	小学	哈尼语,略懂	汉语,熟练	
366	户主	陈九华	哈尼	29	初中	哈尼语,熟练	汉语,熟练	
	配偶	李发英	哈尼	27	初中	哈尼语,熟练	汉语,熟练	
	长子	陈斗保	哈尼	6	小学	哈尼语,熟练	汉语,熟练	
367	户主	白义成	哈尼	31	中专或中技	哈尼语,熟练	汉语,熟练	
	配偶	白才觉	哈尼	33	初中	哈尼语,熟练	汉语,熟练	
	长子	白前云	哈尼	8	小学	哈尼语,熟练	汉语,熟练	
	长女	白前霞	哈尼	6	小学	哈尼语,熟练	汉语,略懂	
368	户主	白世明	哈尼	34	小学	哈尼语,熟练	汉语,熟练	
	配偶	李乔卫	彝	24	小学	彝语,熟练	汉语,熟练	哈尼语,熟练
	长女	白者花	哈尼	6	小学	哈尼语,熟练	汉语,熟练	彝语,略懂
369	户主	杨志华	哈尼	34	初中	哈尼语,熟练	汉语,熟练	
	配偶	李公们	哈尼	30	文盲或半文盲	哈尼语,熟练	汉语,熟练	
	长女	杨　虹	哈尼	9	小学	哈尼语,熟练	汉语,熟练	
	长子	杨永骏	哈尼	6	小学	哈尼语,略懂	汉语,略懂	
370	户主	李　燕	哈尼	40	小学	哈尼语,熟练	汉语,熟练	
	长女	颜秋凤	哈尼	8	小学	哈尼语,略懂	汉语,略懂	
371	户主	龙衣梅	哈尼	43	小学	哈尼语,熟练	汉语,熟练	
	长子	杨菁元	哈尼	22	大专	哈尼语,熟练	汉语,熟练	
	长女	杨菁梅	哈尼	21	大学	哈尼语,熟练	汉语,熟练	
372	户主	朱黑然	哈尼	41	初中	哈尼语,熟练	汉语,熟练	
373	户主	罗　强	哈尼	34	小学	哈尼语,熟练	汉语,熟练	
	配偶	龙院收	哈尼	34	初中	哈尼语,熟练	汉语,熟练	
	长子	罗　锦	哈尼	7	学龄前儿童	哈尼语,熟练	汉语,略懂	
374	户主	石成斗	哈尼	45	初中	哈尼语,熟练	汉语,熟练	
	长女	石　红	哈尼	16	初中	哈尼语,熟练	汉语,熟练	
375	户主	施连英	汉	45	初中	汉语,熟练	哈尼语,熟练	
	长女	施宇涵	汉	11	小学	汉语,熟练	哈尼语,熟练	

376	户主	石勇强	哈尼	33	小学	哈尼语,熟练	汉语,熟练	
	配偶	陈建芬	哈尼	30	初中	哈尼语,熟练	汉语,熟练	
	长女	石久梭	哈尼	11	小学	哈尼语,熟练	汉语,熟练	
	长子	石久发	哈尼	8	小学	哈尼语,熟练	汉语,熟练	
377	户主	白忠和	哈尼	30	初中	哈尼语,熟练	汉语,熟练	
	配偶	白高才	哈尼	28	初中	哈尼语,熟练	汉语,熟练	
	长女	白和芬	哈尼	11	小学	哈尼语,熟练	汉语,熟练	
378	户主	李永云	哈尼	38	中专或中技	哈尼语,熟练	汉语,熟练	
	配偶	白才角	哈尼	30	初中	哈尼语,熟练	汉语,熟练	
	长子	李俊松	哈尼	6	学龄前儿童	哈尼语,略懂	汉语,熟练	
379	户主	马萍车	哈尼	48	小学	哈尼语,熟练	汉语,略懂	
	长子	罗佳良	哈尼	15	初中	哈尼语,熟练	汉语,熟练	
	次子	罗龙伟	哈尼	12	小学	哈尼语,熟练	汉语,熟练	
380	户主	朱成发	哈尼	30	初中	哈尼语,熟练	汉语,熟练	
	配偶	杨鲁秋	哈尼	30	小学	哈尼语,熟练	汉语,熟练	
	长女	朱艳琼	哈尼	6	学龄前儿童	哈尼语,略懂	汉语,熟练	
381	户主	李波山	哈尼	46	高中	哈尼语,熟练	汉语,熟练	
	配偶	朱明翁	哈尼	43	文盲或半文盲	哈尼语,熟练	汉语,略懂	
	长子	李来缘	哈尼	17	初中	哈尼语,熟练	汉语,熟练	
	长女	李来珍	哈尼	15	初中	哈尼语,熟练	汉语,熟练	
382	户主	李志平	哈尼	32	初中	哈尼语,熟练	汉语,熟练	
	配偶	罗兰仙	哈尼	30	中专或中技	哈尼语,熟练	汉语,熟练	
	长女	李　祯	哈尼	7	小学	哈尼语,略懂	汉语,熟练	
383	户主	白来处	哈尼	30	初中	哈尼语,熟练	汉语,熟练	
	配偶	高秋梭	哈尼	32	初中	哈尼语,熟练	汉语,熟练	
	长子	白秋成	哈尼	8	小学	哈尼语,熟练	汉语,略懂	
384	户主	杨普亮	哈尼	29	初中	哈尼语,熟练	汉语,熟练	
	大姐	杨　丽	哈尼	32	初中	哈尼语,熟练	汉语,熟练	
	二妹	杨　春	哈尼	27	初中	哈尼语,熟练	汉语,熟练	
385	户主	石杰昆	哈尼	48	小学	哈尼语,熟练	汉语,熟练	
	配偶	李然梭	哈尼	48	小学	哈尼语,熟练	汉语,熟练	
	长女	石　萍	哈尼	19	小学	哈尼语,熟练	汉语,熟练	
	长子	石海锋	哈尼	7	小学	哈尼语,熟练	汉语,熟练	
386	户主	杨泽华	哈尼	42	初中	哈尼语,熟练	汉语,熟练	
	配偶	白玉芬	哈尼	38	初中	哈尼语,熟练	汉语,熟练	
	长女	杨艳萍	哈尼	17	小学	哈尼语,熟练	汉语,熟练	

387	户主	白则美	哈尼	32	小学	哈尼语,熟练	汉语,熟练	
	长女	李 茜	哈尼	8	小学	哈尼语,熟练	汉语,熟练	
388	户主	陈来梭	哈尼	31	初中	哈尼语,熟练	汉语,熟练	
389	户主	石来斗	哈尼	29	小学	哈尼语,熟练	汉语,熟练	
	配偶	白玉努	哈尼	29	小学	哈尼语,熟练	汉语,熟练	
	长女	石祖英	哈尼	11	小学	哈尼语,熟练	汉语,熟练	
	次女	石东盈	哈尼	7	小学	哈尼语,熟练	汉语,略懂	
390	户主	李普杯	哈尼	41	中专毕业	哈尼语,熟练	汉语,熟练	
391	户主	罗一德	哈尼	39	初中	哈尼语,熟练	汉语,熟练	
	配偶	杨秋芬	哈尼	32	中专或中技	哈尼语,熟练	汉语,熟练	
392	户主	李额抽	哈尼	33	小学	哈尼语,熟练	汉语,熟练	
	配偶	白艳光	哈尼	34	小学	哈尼语,熟练	汉语,熟练	
	长子	白建保	哈尼	11	小学	哈尼语,熟练	汉语,熟练	
	长女	白建梅	哈尼	9	小学	哈尼语,熟练	汉语,熟练	
393	户主	王 纯	彝	36	中专或中技	彝语,熟练	汉语,熟练	哈尼语,熟练
394	户主	白生果	哈尼	51	初中	哈尼语,熟练	汉语,熟练	
	配偶	白明玖	哈尼	47	文盲或半文盲	哈尼语,熟练	汉语,熟练	
	次女	白欧飘	哈尼	24	大学	哈尼语,熟练	汉语,熟练	
	长子	白欧波	哈尼	22	初中	哈尼语,熟练	汉语,熟练	
395	户主	王丽辉	汉	38	小学	汉语,熟练	哈尼语,不会	

第四章　绿春大兴镇坡头小组哈尼族语言使用情况个案调查

第一节　坡头小组概况

绿春县大兴镇牛洪村委会坡头村民小组位于绿春县城东部一座山包上，总户数 273 户，总人口 1152 人(2011 年全国第六次人口普查数据)。其中彝族 3 户，9 人；汉族 4 户，11 人(汉族是近几年迁入的外来人口)。

坡头寨(小组)哈尼语全称 a^{31} lu̠^{33} pu̠^{33} the^{55}，当地汉语方言称“阿倮坡头”，建寨约有 300 多年。相传，哈尼族称建寨的先辈是米阿·然和乌说·然两个家族，是从附近叫那倮果的哈尼寨子搬迁来的。后来陆续迁进的有自称阿牛(a^{31} ȵu^{31})、最玛(dzø^{31} ma^{33})、朱班(dzu^{55} ba^{55})、行农(si^{31} nɔ^{31})、巩宏(gɔ^{31} xɔ^{31})、哈欧(xa^{55} ɣɤ^{55})、腊咪(la^{31} mi^{55})等家族，还有普姓和李姓两位彝族男先民做上门女婿融入该村，其后裔都变成了哈尼人。

20 世纪六七十年代，坡头寨还处于城乡边缘，受外界的影响还比较少，外来文化以及经济大潮的冲击还不突出，大家都过着日出而作、日落而息的农耕生活。因为周边都是哈尼寨子，除了上学的孩子在校内听老师用汉语授课以外，更多的是族内交际，使用的语言也比较单一，基本上只讲哈尼语。

1979 年实行家庭联产承包责任制(又叫包产到户)以后，坡头哈尼人家开始了与过去截然不同的新生活，逐渐打破了过去相对封闭的旧山寨生活格局。

跨入 21 世纪，坡头民居已从破旧的土基房搬入了宽敞舒适的钢筋混凝土住房，村道都修成了水泥卫生路，寨神林已用石墙牢固保护，水井壁已用钢筋混凝土浇灌，寨门也从过去的村西口秋千房迁移到公路养护段以下与城区主街道衔接的路口。高高的寨门上书写着醒目的汉文和哈尼文“哈尼村寨坡头 HAQNIQ AQLUV PUVTEIL”，表示坡头人喜迎四方宾客，建设更加美好的家园。

坡头小组的适龄儿童基本上都上学了，大部分就地在坡头完小读书，有条件的部分适龄儿童到大兴小学读书。一部分父母当孩子 3 岁时就送到城里的幼儿园去学习汉语，有的把孩子送到教学质量更好的内地去学习。现有 20 多个坡头孩子在红河州教学条件较好的建水、蒙自、开远，以及省会昆明等地读中学、中专和大学。

坡头小组哈尼人的节日习俗与牛洪村委会其他村寨基本一样，一年要过三次年(六月年、十月年和汉族的春节)，每年主要的节日有六月年、新米节、十月年、春节、祭寨神、端午节等，有的年轻人还过中秋节。

哈尼人以农历十月为岁首。过十月年，时间选定在农历十月的第一个属龙日和属蛇日过年。全寨杀一头肥猪，先平均分到各户煮熟后祭祖，再配其他佳肴和美酒办宴席。期间感恩祖先，孝敬父母老人，教育子女好好学习、规矩守法、勤劳善良。过春节的习俗与汉族基本相似，不同的是出嫁的女人初三要带女婿回娘家送礼物。

礼俗和节日对于保持和传承民族传统文化，尤其是保持哈尼族口传文化，能起到促进和弘扬的作用。所以，越有财力的人家越注重礼俗，不惜花费财力、物力，时常请哈尼莫批或贝玛为家人做各种礼俗活动。

第二节 坡头小组语言使用现状

为了了解坡头小组(也称“坡头寨”)的语言使用现状，我们对全组 273 户共 1135 人(不包括语言能力还不成熟的 6 岁以下儿童 17 人)进行了穷尽式的入户调查，统计了他们的语言使用情况。在这 1135 人中，除 9 人为彝族、11 人为汉族外，其余 1115 人为哈尼族。以下是对这 1115 人的语言使用现状的统计和分析。

一、坡头小组哈尼族母语使用现状

(一) 全部居民稳定使用哈尼语

调查显示，全寨 1115 名哈尼族几乎都能熟练地使用哈尼语。结合其他的访谈、观察的材料，我们认为坡头寨哈尼族母语使用现状为“全民稳定使用母语型”。其不同年龄段的哈尼族母语使用详情见下表 4－1：

表 4－1 坡头小组不同年龄段的哈尼族母语使用情况表

年龄段(岁)	总人数	熟练		略懂		不会	
		人数	百分比(%)	人数	百分比(%)	人数	百分比(%)
6—19	277	274	98.92	3	1.08	0	0
20—39	468	468	100	0	0	0	0
40—59	248	248	100	0	0	0	0
60 以上	122	122	100	0	0	0	0
合计	1115	1112	99.73	3	0.27	0	0

表 4－1 显示，在 1115 名统计调查对象中，有 1112 人能够熟练地掌握哈尼语，占 99.73%；只有 3 人略懂哈尼语，占 0.27%。通过数据发现，略懂哈尼语的 3 名村民都是处于 6—19 岁这一年龄段的青少年儿童。我们进而对这 3 名被调查者的具体情况进行了详细的了解。他们

的具体情况见表 4－2：

表 4－2　略懂哈尼语的 3 名村民情况表

姓名	性别	民族	年龄（岁）	文化程度	第一语言及水平	第二语言及水平
白小莲	女	哈尼	18	高中	哈尼，略懂	汉，熟练
白小慧	女	哈尼	16	初中	哈尼，略懂	汉，熟练
白小勇	男	哈尼	10	小学	哈尼，略懂	汉，熟练

这 3 名哈尼语使用情况为“略懂”的青少年，出生于同一个家庭。他们的母语使用程度为“略懂”，但汉语使用水平却达到“熟练”的程度。村民告诉我们，造成这一现象的主要原因是他们从小跟随外出打工的父母在外地生活，很少接触到哈尼语。可以认为，这 3 人的母语能力不同于绝大多数哈尼族，是个例外现象。

我们走进坡头寨，随处可听到人们用哈尼语交谈的声音：悠闲的老人们抽着水烟筒围坐在活动室门口，用哈尼语谈天说笑；肩上扛着锄头的男人们、背着背篓的女人们陆续从地里干完农活儿回寨，一路上都用哈尼语互相交谈；路边你追我赶的小孩子们，也都用哈尼语呼唤着同伴。

（二）母语词汇量的掌握具有代际差异

虽然坡头寨有 1112 人能够熟练地掌握哈尼语，其比例高达 99.73％，但是通过对 13 名不同年龄段的母语人进行四百词测试后，我们发现其掌握的词汇量具有代际差异。表 4－3 是具体的测试结果：

表 4－3　坡头小组哈尼族四百词测试统计表

年龄段（岁）	总人数	A		B		C		D	
		人口	百分比（％）	人口	百分比（％）	人口	百分比（％）	人口	百分比（％）
6—19	6	1	16.67	2	33.33	2	33.33	1	16.67
20—39	2	2	100	0	0	0	0	0	0
40—59	4	4	100	0	0	0	0	0	0
60 以上	1	1	100	0	0	0	0	0	0
合计	13	8	16.67	2	33.33	2	33.33	1	16.67

上表显示，除了 6—19 岁这一年龄段外，其他年龄段的四百词测试结果均为“优秀”。具体来说，6—19 岁这一年龄段的测试结果呈梯形分布，各有一名被测试者的四百词测试结果为“优秀”或“差”，占 16.67％；“良好”或“一般”的也都各有两名，占 33.33％。从这一测试结果不难发现，青少年对母语词汇的掌握水平下降，出现了代际差异。下表 4－4 是这 13 名被测试者的详细情况：

表 4-4 坡头小组 13 名哈尼族四百词测试情况表

姓名	年龄（岁）	性别	文化程度	A		B		C		D		A+B	等级
				数量	百分比（%）	数量	百分比（%）	数量	百分比（%）	数量	百分比（%）		
白黑峰	6	男	幼儿园	164	41	89	22.25	110	27.5	36	0.9	253	一般
白媛惠	7	女	小学	171	42.75	89	22.25	107	26.75	33	8.25	259	一般
白三保	11	男	小学	267	66.75	71	17.75	44	11	18	4.5	338	良好
白元昊	11	男	小学	193	48.25	20	5	32	8	155	38.75	213	差
白伟梭	13	女	小学	278	69.5	58	14.5	39	9.75	25	6.25	336	良好
白云福	17	男	高中	337	84.7	20	5	20	5	23	5.3	357	优秀
白者黑	32	男	大学	394	98.5	4	1	1	0.25	1	0.25	398	优秀
刀玉山	45	男	高中	379	95.75	13	3.25	5	1.25	3	0.75	392	优秀
白波者	59	男	中专	398	99.5	0	0	1	0.25	1	0.25	398	优秀
白斗卜	35	男	初中	323	80.8	41	10.2	32	8	4	1	364	优秀
龙友杯	58	女	文盲	400	100	0	0	0	0	0	0	400	优秀
白老然	59	男	大学	400	100	0	0	0	0	0	0	400	优秀
白波者	83	男	文盲	400	100	0	0	0	0	0	0	400	优秀

从以上测试结果我们看到坡头寨哈尼族掌握词汇的两个特点：第一，词汇量的多少基本与年龄大小成正比，即年龄越大词汇量越多。哈尼语等级为“差”的白元昊与四百词能力测试为“优秀”的龙友杯、白老然、白波者相比，在年龄上至少相差 45 岁。第二，性别、文化程度与词汇掌握能力并无明显的制约关系。如 58 岁的龙友杯是一位十分传统的哈尼族妇女，她的四百词测试结果全都是 A，主要是因为其母语是哈尼语。但因为她没有上过学，所以只能听懂一些汉语的日常用语和生活用语；再如，59 岁的男子白老然虽然是大学文化程度，但依然能够熟练使用母语哈尼语和第二语言汉语。二人四百词测试的结果都是 A。

哈尼语等级较差的被调查者都是年龄在 13 岁以下的青少年。其形成原因主要有：第一，长时间处于汉语环境中。哈尼语词汇等级较低的几名被测试者都是儿童，他们都在县城上学，在校期间用汉语进行交流的时间较多。如 11 岁的白元昊，从小在县大兴小学上学，在学校用汉语与老师和同学进行交流，因而在测试时许多词汇都需要提醒才能回记起来，而且使用汉语借词比较多。第二，青少年年龄小，接触事物有限，所测词语虽很常见，但在日常生活中很少能说到。如“柱子、芝麻、酸角、铜”等，很多青少年基本不会，或者根本就不知道是什么东西。有的测试词汇的所指事物在日常生活中已经见不到，如“松鼠”等。

（三）稳定使用哈尼语的原因

坡头小组村民能够如此完好地保留母语，主要有以下两个方面的原因：

1. 客观原因：这一地区属于哈尼族高度聚居区。虽然坡头小组地处县城，但哈尼族高度聚居，这使坡头小组的语言使用不受外来经济文化以及族际婚姻的冲击，能够稳定地保留母语。坡头小组共 273 户 1135 人，其中 98.24%以上是哈尼族，大家都用哈尼语进行交流。周围村寨都是哈尼族寨子，寨子之间平时交际也都使用哈尼语。这一客观条件对于哈尼语的使用与传承极为有利。

2. 主观原因：哈尼族对母语感情深厚。在走访调查中我们看到，坡头寨的哈尼人对自己的母语有着十分深厚的感情，有使用自己母语的强烈观念。

我们测试了 15 人的语言观念与语言态度，请测试对象回答“您对哈尼语的热爱程度”这一问题，答案有：“①非常热爱，②很热爱，③一般热爱，④不热爱。”调查问卷中回答“非常热爱”的有 11 人，“很热爱的”有 4 人，没有人回答“不热爱”。回答非常热爱的如白波者和白者黑父子，两人都在县城工作，汉语使用都很熟练，但是父子间平时都讲哈尼语。没有读过书的 83 岁高龄老人白波者和 58 岁务农妇女龙友杯说：“不热爱自己母语的人，那肯定是个呆子或傻瓜。”他们认为哈尼语是老祖宗传下来的珍宝，祖宗的语言比金子更珍贵，是无价之宝。有的人说：“地下泥土没有穷尽，哈尼母语也没有讲完的一天。”有人认为：“哈尼人讲哈尼语是天经地义的事，老一辈有责任、有义务把母语传授给子孙后代。”

二、坡头小组哈尼族兼用汉语的现状

汉语是坡头人与外界、外族交流的交际工具。坡头村民小组的哈尼族在兼用汉语方面存在以下两个特点：

(一) 多数人能够熟练兼用汉语

穷尽式的入户调查显示，1115 名坡头哈尼人基本都能不同程度地使用汉语。详细数据见表 4-5：

表 4-5　坡头小组不同年龄的哈尼族兼用汉语情况表

年龄段(岁)	总人数	熟练		略懂		不会	
		人数	百分比(%)	人数	百分比(%)	人数	百分比(%)
6—19	277	275	99.28	2	0.72	0	0
20—39	468	445	95.09	22	4.70	1	0.21
40—59	248	175	70.57	60	24.19	13	5.24
60 以上	122	34	27.87	37	30.33	51	41.80
合计	1115	929	83.32	121	10.85	65	5.83

表 4-5 统计数据显示：在 1115 名坡头哈尼人中，有 929 人能够熟练兼用汉语，其比例占 83.32%；汉语水平为“略懂”的有 121 人，占 10.85%。因此，在坡头小组，有 94.17%的哈尼人能够不同程度地兼用汉语。只有 65 人不会汉语，占 5.83%。

（二）兼用汉语的水平存在代际差异

从表 4-5 来看，坡头哈尼人兼用汉语的水平存在明显的代际差异，即年龄越大兼用汉语的水平越低，兼用汉语的比例呈现随年龄增大而递减的趋势。

表 4-5 中的数据显示，60 岁以上能够兼用汉语的比例最低，“熟练”和“略懂”的合计为 71 人，占这一年龄段总人口的 58.20 %；其次是 40—59 岁年龄段的，“熟练”和“略懂”的合计为 235 人，占这一年龄段总人口的 94.76%；再次是 20—39 岁年龄段的，“熟练”和“略懂”的合计为 467 人，占这一年龄段总人口的 99.79%；最高的是 6—19 岁的青少年，277 人全都能不同程度地兼用汉语。

调查发现，坡头哈尼人具有开放的语言意识。在村内，遇到听不懂哈尼语的人，会主动用汉语交流。年轻的父母为了让孩子尽快学会汉语，适应更广阔的语言环境，在孩子牙牙学语时就尽量教孩子先学讲汉语。他们从来不担心孩子学会汉语而失去母语能力。

（三）兼用汉语的水平存在文化程度差异

从文化程度不同的人兼用汉语的情况来看，文化程度与兼用汉语的水平有密切的关系。见表 4-6：

表 4-6 坡头小组不同文化程度的哈尼族兼用汉语情况表

文化程度	总人数	熟练		略懂		不会	
		人数	百分比(%)	人数	百分比(%)	人数	百分比(%)
文盲半文盲	242	62	25.62	115	47.52	65	26.86
小学及学前	390	385	98.72	5	1.28	0	0
初中	381	380	99.74	1	0.26	0	0
高中以上	102	102	100	0	0	0	0
合计	1115	929	83.32	121	10.85	65	5.83

表 4-6 显示，坡头哈尼人兼用汉语的水平与文化程度成正比。即：文化程度越高，熟练掌握汉语的比例越高；反之，文化程度越低，熟练掌握汉语的比例越低。坡头小组高中以上学历的哈尼人，100%能够熟练掌握汉语；初中文化程度的，99.74%能够熟练掌握汉语；小学及学前文化程度的，98.72%能够熟练掌握汉语；文盲或半文盲中，只有 25.62%的人能够熟练掌握汉语，47.52%的人略懂汉语，还存在 65 人不会汉语。据了解，他们不仅没有受过什么学校教育，而且有很多没有出过村寨，即使走出村寨，也主要是和哈尼人接触。

（四）兼用汉语的水平存在性别差异

调查中发现，兼用汉语的水平不仅与年龄、文化程度相关，而且与性别也有一定关联。详见表 4-7：

表 4－7　坡头小组不同性别的哈尼族兼用汉语情况表

性别	总人数	熟练		略懂		不会	
		人数	百分比(%)	人数	百分比(%)	人数	百分比(%)
男	556	519	93.35	27	4.86	10	1.79
女	559	410	73.35	94	16.82	55	9.84
合计	1115	929	83.32	121	10.85	65	5.83

表 4－7 显示，在坡头小组，男性掌握汉语的水平和比例明显高于女性。男性村民中，有 98.21%，即 546 人能不同程度地掌握汉语；有 1.79%，即 10 人不懂汉语。而女性村民，有 90.16%，即 504 人能够不同程度地掌握汉语；有 9.84%，即 55 人不懂汉语。如前面提到的 58 岁哈尼族妇女龙友杯，全家人只有她不会使用汉语，其他家庭成员，上至 34 岁的长子，下至 7 岁的孙女，都能够熟练使用汉语。她告诉我们，她一般都在家中务农，很少出门。

哈尼族社会一般是男主外，女主内。男子外出较多，时间长了，容易学会汉语，而女子一般主持家里的事务，外出的机会相对较少，所以，她们不会汉语的比例高于男性。

三、坡头小组非哈尼族的哈尼语使用情况

除了哈尼族，定居坡头寨的还有彝族和汉族，他们占总人口的 1.76%，其中包括来自上海、天津的老知青。调查中，村长告诉我们当年有位天津知青魏书生，在绿春县商业局工作，时常到坡头体验哈尼族民风、民俗，不但会讲哈尼语，而且还会唱哈尼山歌和酒歌。村民还向我们提到一个去贵州当兵的坡头寨人白忠然，退役后从贵州带回一个汉族媳妇，她不到一年就能讲一口流利的哈尼语。

为了进一步了解坡头寨的哈尼语使用情况，我们还对坡头寨中包括彝族和汉族在内的 20 个非哈尼族村民的语言使用情况，进行了调查和分析。其情况如下：

(一) 坡头小组汉族的语言使用现状

坡头小组中居住着汉族 11 人，他们为了满足生活和交际需要，不仅能熟练使用汉语，而且还能不同程度地使用哈尼语。具体情况见表 4－8：

表 4－8　坡头小组汉族村民语言水平统计表

年龄段(岁)	总人数	第一语言汉语语及水平		第一语言哈尼语及水平		第二语言汉语及水平		第二语言哈尼语及水平	
		熟练	略懂	熟练	略懂	熟练	略懂	熟练	略懂
20—39	7	6	0	1	0	1	0	4	2
40—59	4	4	0	0	0	0	0	4	0
总计	11	10	0	1	0	1	0	8	2

表 4-8 显示，生活在坡头寨的汉族年龄在 20—59 岁之间，其中只有 2 人的哈尼语使用水平为“略懂”，其余 9 人均能熟练使用哈尼语与当地哈尼族进行交流。其中一位能熟练使用哈尼语的汉族人的第一语言转用为哈尼语了。村民告诉我们，这名汉族是 36 岁的赵春丽，她从小生活在坡头寨，从外地的中专学校毕业回来以后，依然能够熟练地用哈尼语和寨子里的人交流。

(二) 坡头小组彝族的语言使用现状

居住在坡头小组的 9 名彝族村民，全都能熟练地使用哈尼语，其哈尼语使用水平比汉族高。表 4-9 是他们语言使用的详细情况：

表 4-9 坡头小组彝族村民语言使用情况表

姓名	性别	民族	年龄	文化程度	第一语言及水平	第二语言及水平	第三语言及水平
李来努	女	彝	18	初中	彝语，熟练	哈尼语，熟练	汉语，熟练
李尚福	男	彝	21	初中	彝语，熟练	哈尼语，熟练	汉语，熟练
李成高	男	彝	25	初中	哈尼语，熟练	汉语，熟练	
李玉梅	女	彝	32	初中	哈尼语，熟练	汉语，熟练	
普胡勇	男	彝	41	初中	哈尼语，熟练	汉语，熟练	
李牛才	男	彝	44	小学	彝语，熟练	哈尼语，熟练	汉语，熟练
李松义	女	彝	44	文盲	彝语，熟练	哈尼语，熟练	汉语，熟练
陈伟梭	女	彝	51	文盲	哈尼语，熟练	汉语，略懂	

表 4-9 显示，坡头小组 9 名彝族村民中有 5 人为双语人，4 人为多语人。有的不会彝语只会哈尼语和汉语；有的会彝语但还兼用哈尼语和汉语；有的已不能使用自己的母语彝语，而转用了哈尼语，但是没有转用汉语的。表 4-10 是不同年龄段的彝族村民第一语言转用情况表：

表 4-10 彝族第一语言转用情况表

年龄段(岁)	总人数	第一语言哈尼语及水平		第一语言彝语及水平		第一语言汉语及水平	
		熟练	略懂	熟练	略懂	熟练	略懂
6—19	2	1	0	1	0	0	0
20—39	3	2	0	1	0	0	0
40—59	4	2	0	2	0	0	0
总计	9	5	0	4	0	0	0

表 4-10 显示：在坡头小组居住的彝族居民分布于各个年龄段中。各年龄段的人数从 40—59 岁到 6—19 岁依次递减，即 40—59 岁＞20—39 岁＞6—19 岁。

值得注意的是，第一语言转用为哈尼语的彝族比第一语言仍为母语的彝族村民稍多，这证明了哈尼语在当地的强势地位。他们生活在哈尼族高度聚居的坡头，日常生活中都用哈尼语与其他村民进行交流，所以即使他们是彝族，但使用母语的机会很少，最多也就是在家庭内部使用。如李牛才一家，家庭成员还包括妻子李松义以及子女李尚福和李来努。他们一家是从其他彝族村寨迁过来的，彝语保留得比较好。调查中，李牛才告诉我们，彝语一般也只是在家庭成员之间进行交流，或者遇到同族人的时候才派上用场，与村子里的其他人交往或者平时上街买东西时基本都用哈尼语和汉语。又如32岁的李玉梅，她的祖父是从倮德迁过来的彝族，现在家中只有父母还略懂彝语，但父母从来不用彝语和自己交流，所以她和弟弟已经不会使用彝语了。

我们认为，哈尼语目前仍是坡头寨各民族沟通感情、传递信息的主要交际工具，但由于坡头寨属于正在建设中的绿东新区，全寨所有农户都有田地被征用，所以大量农民正转向从事第三产业和外出打工，这个新情况，将会对坡头寨今后的母语使用产生怎样的影响。这是有待研究的新问题。

第三节 坡头小组人物访谈录

一、坡头小组组长白阿三访谈录

访谈对象：白阿三，男，36岁，哈尼族，中专，坡头村民小组组长，绿春县第十二届人大代表

访谈时间：2011年7月26日下午

访谈地点：绿春县绿春印象宾馆

访 谈 者：余成林

问：组长您好，请您介绍一下您的个人情况，好吗？

答：好的，我叫白阿三（哈尼名字叫白者友），36岁，哈尼族，坡头两届村民小组组长，绿春县第十二届人大代表。我是1995年红河州粮食干部学校中专毕业的，现在又在绿春县委党校读西南大学举办的函授大专班。

问：请问白组长您会什么语言？

答：主要会哈尼语和汉语，不会哈尼文。过去在彝族地区的牛孔乡做过粮食方面的工作，会讲一两句彝语。

问：请白组长再介绍一下您的家庭情况。

答：我妻子叫赵春丽，36岁，汉族，中专学历，在建水广电局工作，没有哈尼名字。女儿白莹（哈尼名字叫白友农），12岁，在建水一小读五年级，只会汉语不会哈尼语。母亲叫陆雪收，64岁，哈尼族，小学毕业，一直担任村里的妇女干部，会哈尼语和汉语，会写哈尼文和汉文。还有两个哥哥和一个弟弟。大哥白阿宝，42岁，退伍军人，大学学历，县农业局农机监理站站长。大嫂陈慕依，36岁，哈尼族，中专学历，也在县农业局工作，会哈尼语和汉语。二哥白阿发，39岁，初中毕业，在县政府工作。二嫂龙普梭，36岁，哈尼族，小学学历，会哈尼语和汉语，自己做

生意。弟弟白阿荣，33岁，大专学历，毕业于西南林业大学，现在大兴镇人民政府工作，会哈尼语和汉语。弟媳杨欣，27岁，哈尼族，初中文化，在家务农，会哈尼语和汉语。由于我们家一直没有分家，所以是一个大家庭。

问：请问你们家在一起的时候主要使用什么语言？

答：我们兄弟辈之间或者和我们的长辈之间交流的时候都使用哈尼语，和我妻子交流的时候都用汉语，因为她是汉族，不会哈尼语。和小孩交流的时候主要用汉语，小孩不会讲哈尼语。

问：你们在村里一般使用什么语言？

答：在村里遇到同辈或者长辈的时候都使用哈尼语，和小孩子交流的时候有时候用哈尼语，有时候用汉语。很多家庭在家里和小孩子交流时用汉语，如果在家里不教小孩子汉语的话，他们到学校就听不懂汉语，学习就跟不上，成绩就会很差。

问：20世纪50年代就创制了哈尼文，请问你们小组现在有多少人会哈尼文？

答：我们小组懂哈尼文的只有几个。

问：作为组长，请您介绍一下你们小组的基本情况。

答：我们小组现有260多户，1100多人。原来有几家彝族，但是他们不会讲彝语，都会讲哈尼语，包括娶进来的媳妇和招进来的女婿虽然有的是其他民族，也都学会了哈尼语，我们也把他们看作哈尼族了，所以我们是一个纯哈尼族的大寨子，名称也叫"哈尼寨子——阿倮坡头"。

问：你们寨子（小组）附近都有哪些寨子，都是哈尼族吗？

答：我们寨子是牛洪村村委会下边的一个最大的自然村寨。牛洪村有4000多人，下辖9个自然村，另外还有落瓦、阿倮那、那倮果、牛洪、俄批、瓦龙、规洞、松东，都是哈尼族寨子，讲的语言也都是一样的。

问：请问你们寨子一直就在现在这个位置吗？

答：不是的。听老人讲以前是从外边搬进来的，到现在已经有300多年的历史了，具体从哪里来的，情况也不一样，有从墨江来的，有从红河来的。刚搬来的时候只有几家，现在发展到200多家了。

问：你们寨子现在200多家都是同一个支系吗？

答：不是的。我们寨子分为几个家族，比如我家是最玛家族，是个比较有影响力的家族。人数最多的是米阿·然家族，还有巩宏、阿牛等家族。各个家族的语言都一样，只是各家的亲戚不一样。家族内部是一个整体，比如某一个家族有什么重大事情的时候，家族内部的人都要参加，做事情也要一致，其他家族可以参加，也可以不参加。每到过年杀猪的时候，我们就先把猪肉分到各个家族，再由各个家族分到每家每户。

问：你们这里也是父子连名制吗？

答：是的。哈尼族都是父子连名制，尤其是男孩子，女孩子很少父女连名，嫁出去就随夫家了。

问：你们小组的人均经济收入怎样？

答：我们寨子的人均收入每天最少的也有五十元左右，多的有七八十元。我一天可以达到几千元，因为我开了石料场、KTV、宾馆等。

问：你们村的发展还是不错的，主要采取了什么措施？

答：我们寨子就在城边，现在基本属于城中村。2007年，我做了组长以后，就开始改造土砖房，建成现在的钢筋混凝土住房。还建了一个老年活动中心、一个综合楼。这几年政策好，政府每年都要投资，比如每家五六千元不等，农民的积极性就比较高。对于政府投资，我们都是组内统一规划、统一分配。

问：看来你们寨子的发展前景很好。

答：也不是。因为我们组内人均耕地不足0.3亩，大部分人家一点儿土地也没有了，主要依靠打工和做生意。土地被政府征收有一点儿补贴，但是比较少。比如2006年政府每征收一亩补贴9000元，2009年政府每征收一亩补贴10600元，现在是每亩15000多一点儿。我们的地本来就不多，以前人均也才两三亩。我们现在最担心的是：政府征地补贴到各家的钱，他们买了车拉人，以后如果拉不到人了，没有生活来源了怎么办？

问：你们小组是什么时候通水、通电的？

答：我们小组很早以前就有水管，但是没有到每家每户，2000年开始到每家每户。很早就通电了。铺通水泥路也有十年左右了。

问：寨子里有学校吗？

答：寨子里只有一所小学——坡头小学，一到六年级，没有学前班。

问：坡头小学里都是你们寨子的学生吗？

答：坡头小学里基本都是我们寨子的学生。因为没有学前班，有能力的家庭就把孩子送到县里的学校读学前班。

问：你们小学的老师都使用什么语言授课？

答：学校老师全部使用汉语授课，没有读过学前班的学生听不懂，考试成绩就非常低。在学校一般是读了两三年才听得懂，就像我一样，读到三年级才听得懂汉语。

问：你们寨子读初中、高中、大学的学生多吗？

答：我们寨子读初中的学生比较多，读高中的就少了，读大学的就更少了，才20个左右吧。

问：为什么你们寨子读高中、读大学的学生越来越少？

答：因为原来是在一中读初中，比较近，现在搬到二中比较远，不方便，尤其是不敢去学校上晚自习，很多学生从初中开始就不愿意读了。所以越往上，读书的人就越少。

问：针对这种情况，你们有什么奖励措施吗？

答：总体来说，我们寨子的教育质量还是很差的。以前对考上大学的没有什么奖励，我当了组长以后，就制定了一些奖励措施，主要是鼓励学生考大学。比如考上“一本”的奖励1000元，考上“二本”的奖励500元。

问：对考上高中或者其他学校的没有奖励吗？

答：没有。

问：你担心哈尼语会消失吗？

答：我很担心哈尼语会消失，担心以后的小孩子都不会哈尼语了，这只是时间迟早的问题。哈尼语真的有危机了！我的小孩12岁了，和她妈妈在一起，在建水一小读书，一句哈尼语也不会讲。没有办法。让她放假的时候回到寨子，寨子里的小孩知道她不会哈尼语，也和她讲汉语。

问：为什么会出现这样的情况，你们没有什么补救措施吗？

答：也没什么办法。主要是受学校的影响，受现在的社会环境的影响，很多学生到城里的学校读书。比如大兴小学70%的学生是哈尼族，但是他们的父母都在单位工作，有很多小孩不会哈尼语。我听说大兴小学在做一种叫做哈尼乐作舞的课间操，是一种舞蹈，我们过年过节的时候都会跳这种舞，他们这么做也是在传承哈尼文化吧，这对传承哈尼语有一定的好处。但在坡头小学就没有这么做。

问：你们哈尼族有些什么节日？

答：哈尼族最大的节日就是哈尼十月年（哈尼语叫“甘通通”），是在每年农历的十月属龙和属蛇日过节。哈尼族以农历十月为岁首，是一年中最隆重的节日，相当于汉族的春节。节日期间有祭祀祖宗、设宴迎宾、唱酒歌等活动。十月年最热闹、最欢快的场面是举行盛大的街心宴，又叫“长街宴”。每户要做一些自己认为最拿手的好菜，抬到指定的街头呈一字形摆起来，每家一张桌子，多的时候会有七八十米长，甚至100米长，远远望去像一条长龙。长街宴主要在下午办，上午一般不办，一般是从下午四五点开始，有时候可以办到天亮。

节日里，寨子里要杀猪、杀牛祭拜，龙头（哈尼语叫“咪谷”，就是哈尼族的主持）要在秋千房里搞一下祭祀活动，全村的男人（女人不能参加）都要去拜，包括刚生出来的男孩。全村祭拜之后，每家还要把分到的肉拿回家祭拜自己的老祖宗，目的就是让老祖宗也知道要过年了，让老祖宗保佑自己的后辈。祭拜之后女人们才可以吃这些肉，但是女人不能与男人同桌。这是很早以前就留下来的规矩，比如我老婆就不能和我父亲以及比我年纪大的人在一起吃饭，就连平时也不行，不过，现在也在慢慢地改。

十月年之后还有一个小年。过小年的时候，如果有谁家新讨了媳妇或者新生了小孩，就要向龙头敬酒，还要把全村的所有老人都接来共同庆祝。过小年全村要休息3天，不能去地里干活。有谁去地里干活的话就会害了全村，会给寨子带来灾难。

另外还有矻扎扎（六月年）、祭龙等节庆活动。

二、坡头小组前副组长李艳收访谈录

访谈对象：李艳收，女，56 岁，哈尼族，文盲，坡头村民小组前副组长

访谈时间：2011 年 7 月 26 日

访谈地点：绿春县绿春印象酒店

访 谈 者：李春风

问：请您介绍一下您的个人情况吧！

答：我今年 56 岁了。17 岁从大寨嫁过来。有两个女儿和一个儿子。二女儿嫁给石屏人，但是现在在我们这边做养殖生意。两个外孙都在这边读书。

问：您的语言使用情况如何？

答：我在寨子（小组）里说哈尼语，出去有时候说汉语。二女儿的两个孩子来到这里半年就会说哈尼语，一年就什么哈尼语都会说了。儿媳妇也是哈尼族，是从别的寨子嫁来的，衣服装饰有所不同，语言也有点儿不同，但可以交流。

问：您是如何学会汉语的呢？

答：小时候生活困难，身体不好，没办法读书。17 岁嫁过来，20 岁生小孩，后来当妇女主任。汉语是跟其他干部一起工作的时候学会的。

问：那您的小孩没有出去打工吗？

答：没有，都在我身边，都有事情做。我的儿子开皮卡车，大女儿卖菜，二女儿在这边养猪、养鸡。

问：您不希望孩子们出去？

答：不想。在别的地方也不放心。他们现在都在我身边，生活得都挺好。政府征地以后，我安排他们用那些钱做生意，他们一样能发展起来。

问：寨子里出去打工的孩子多吗？

答：还是很多的。以前有土地的时候，种粮食啊、种菜啊，怎么也能填饱肚子。土地征收以后，很多农户没有土地了。有头脑的做生意，没有头脑的，几万块钱几天就花完了。不出去找工作怎么办呀！

问：您对这类事情很担忧，是吗？

答：是很担心！我一直在想，我们这个寨子的人以后都怎么办呢？我自己的小孩都有事情做，可是别人家呢？征地得来的钱，我自己是一分钱都不敢乱花的。可是有的人家就不做事，也不找事做，手里的钱很快就花光了。寨子里还有那么多老人，如果他们的儿女没得饭吃，那些老人谁来照顾？人家都说哈尼族妇女顶半边天，我们女人多，长寿的也多，100 岁的老人都有。我很担心土地被征收以后老人们怎么办，妇女以后的生活出路是什么？唉，我一想到这些，心里就很难过。我想不能只一家或个别几家富裕，我们要家家都有饭吃，都能过上好日子。

问：您想过对策吗？

答：我想国家应该对妇女、老人有所照顾。我现在带头组织妇女投资搞养殖或者卖菜，应该各个寨子联合起来。

问：您说有很多年轻人出去打工，那他们回来的时候还会说哈尼语吗？

答：会的。这些年轻人不管出去多少年，回来的时候哈尼语说得还跟以前一样好，而且他们的汉语说得也好。

问：村民在寨里一般说什么语言？

答：老老少少都说哈尼语。现在寨子里会听会说汉语的人多，不会听、不会说的人少。遇到外面来的不会说哈尼语的人就说汉语。很多上学的娃娃回来偶尔说汉语。寨子里有祖孙辈沟通困难的情况。现在寨子是嫁进来的多，嫁出去的少。嫁进来的有彝族、汉族等，很多人嫁进来的时候不会说哈尼语，但是现在都会说了。

问：您如何看待越来越多的人说汉语？

答：如果会说汉语的人多了也好，大家沟通起来就方便。我是希望小孩们多会几种语言，能学会哪种就学哪种，喜欢哪种语言就说哪种语言。哈尼语、普通话、方言样样都会就好了。这样他们不论是在家里、寨子里还是在外面，都能生存。不会汉语不好。

问：听说您也做了多年的妇女主任，您是如何处理寨子里的家庭矛盾的？

答：有的是遇到儿女不孝顺的。那些老人会先找到我，我先去给她们的儿女讲道理。如果还不行的话，就召集妇女们在一起开会进行教育。一般来说，教育一下以后就都好了。我经常调解家庭矛盾。我们寨子里的家庭关系很和谐。

问：您有什么工作经验呢？

答：处理矛盾纠纷嘛，就是不要发脾气，要慢慢做思想工作，都能说得通的。要做好妇女的思想工作，家庭矛盾就容易解决了。我要考虑到村民们生活的方方面面，他们都说我是“全村的妈妈”。（自豪地笑了）

三、绿春县博物馆副馆长白者黑访谈录

访谈对象：白者黑，男，32岁，哈尼族，大专，绿春县博物馆副馆长

访谈时间：2011年7月30日上午

访谈地点：绿春县博物馆

访 谈 者：张鑫

问：请您做个简单的自我介绍吧！

答：我叫白者黑，父亲给取的乳名。这是按照哈尼族的传统取名方式取的名，即父子连名谱，父亲叫白波者，我叫白者黑，儿子叫白黑峰。我妻子叫白福梭。我们家里都是哈尼族，都会讲哈尼语。

问：请问您的家庭用语是什么？

答：我们家里主要是说哈尼语，我母亲不会汉语，她和我儿子讲哈尼语，其他人跟孩子交流时都说汉语。我在单位和寨子（小组）里基本上都说哈尼语。我们也会用汉语回答跟我们讲汉语的人。

问：您孩子说哈尼语吗？

答：我儿子在家里只和我母亲说哈尼语，在村里与穿哈尼服饰的妇女也用哈尼语交谈，和其他人交谈基本上都用汉语。

问：你们为什么那么喜欢使用自己的语言？

答：一是因为这里的生活和工作环境是一个哈尼人聚居、哈尼文化氛围浓的地方；二是因为我是哈尼族，我热爱我的民族，讲哈尼话感觉自然，而且有自豪感。

问：您担心您的民族语言会走向衰退吗？

答：我十分担心。因为随着社会进步和地区发展，外来人员不断增加，人与人之间交流倾向于汉语。另外，现在民族地区的学校基本都用普通话教学。在民族家庭里，甚至有的家长为了孩子将来升学就业，也会常用汉语和孩子们交流，让他们熟练使用汉语。

问：您对绿春哈尼语使用的前景做何估计？

答：大部分人在家里、寨子里会说哈尼话。但从长远来看，绿春哈尼语使用前景并不乐观，甚至很有可能消亡。由于汉语的冲击使哈尼语的使用范围大大减少。政府若不重视、不采取保护措施，若干年后可能会被汉语所替代。这是社会发展的必然和民族进步的趋势。

问：年轻人中有愿意学民族文化的吗？您担心不担心本族文化会没人继承？

答：我在生活、工作中也看到了一些比较热爱民族文化的年轻人，但现在看来这只是表面的，因为他们都很现实。他们为了职业和报酬是不会去做没有物质价值的保护民族文化的事情，所以大多无法深入学习和研究民族文化。我非常担心若干年后本民族的文化没有了继承人。因为继承民族文化要有坚强的意志、要耐得住寂寞，自己还要付出大量的心血。

问：请您谈谈绿春县博物馆有关民族文化及文物的保护情况。

答：绿春县博物馆是世界唯一的哈尼族博物馆，是200万哈尼族同胞共同的文化基因库。博物馆建于2006年，投入1200万，2008年11月投入使用，免费开放。2011年1月30日得到云南省文物局的批复。自开馆以来，共接待国内外学者、专家及游客7万余人。博物馆有总馆、迁徙馆、宗教馆、农耕馆、习俗馆、服饰馆、女神馆、茶文化馆、音乐舞蹈馆、多媒体馆11个展馆，馆内收藏2990件文物（包括图片和书籍）。参观博物馆会对哈尼族的分布、支系、历史、宗教、农耕、服饰、饮食等文化有一定的了解。博物馆承担着整理、保护和宣传哈尼文化的历史重任。因此，我们会加强内部管理，加大投资力度，深入村寨征集文物，努力达到“保护民族文物，弘扬哈尼文化”的目的。

问：据我们所知绿春县有大量的口传哈尼语传统文学史料，你们采取什么措施进行保护？

答：目前，我们还没有采取什么强有力的措施来保护这些史料，也有个别民族文化工作者凭个人的兴趣整理并录制了一些自己感兴趣的东西进行家族传承，而大范围的保护措施并没有采取。我觉得绿春作为哈尼族同胞的共同家园，应该投入大量资金培养专门人才，并采取现代化信息手段（如：出书、录碟、广告宣传等）对哈尼语传统文学史料进行收集、整理、保护和传承。

问：举办家庭哈尼服饰传承馆，您是怎么想的？

答：我觉得作为博物馆副馆长，我有责任对民族文化进行保护和宣传，加上我对本民族文化的强烈热爱，早在3年前我就开始准备绿春哈尼服饰传承馆。将来传承馆投入使用后，我可能就成了我们当地出名的穷光蛋，但是为了民族文化的发展，我觉得这些付出是值得的。截至目前，我已把三四年的心血共计12万余元全部投入进去了。

问：服饰传承馆现在的规模如何？以后还有哪些新举措、新设想？

答：服饰传承馆4个展厅已基本形成，纺织器具也已经基本做好，其中两个展厅用于展演纺织工艺，另一个展厅进行现场裁缝，最后一个展厅用于展览并出售成品，我把它作为哈尼族一项文化产业来做。我还会在4个展厅内陈列我个人收藏的320件古老的哈尼族生产、生活器具和农耕用具。今年我又打算投入5万元经费对8位年轻的哈尼族妇女进行培训，让她们继承纺线、拉线、织布等12道古老的哈尼纺织工艺，为的就是把家庭哈尼服饰传承馆做好，以展示我们绿春哈尼族的服饰文化。新举措包括工艺传承、展馆装饰、文物陈列等。我期待有专家、领导和朋友们能对我进行指导和帮助，我们哈尼族同胞将衷心感谢大家。我日日期待传承馆隆重开放的那一天，我常梦见无数国内外专家、学者和游客们尽情参观传承馆，并赞扬我们哈尼族的文化。我衷心希望早日梦想成真。

第四节 坡头小组语言使用情况总表

序号	家庭关系	姓名	民族	年龄（岁）	文化程度	第一语言及水平	第二语言及水平	第三语言及水平
1	户主	白衣者	哈尼	40	初中	哈尼语，熟练	汉语，略懂	
	配偶	李普艳	哈尼	39	文盲或半文盲	哈尼语，熟练	汉语，略懂	
	长子	白云高	哈尼	19	小学	哈尼语，熟练	汉语，熟练	
	次子	白云福	哈尼	17	小学	哈尼语，熟练	汉语，熟练	
2	户主	白斗略	哈尼	56	小学	哈尼语，熟练	汉语，略懂	
	长子	李然里	哈尼	34	小学	哈尼语，熟练	汉语，熟练	
	儿媳	罗　艳	哈尼	28	小学	哈尼语，熟练	汉语，熟练	
	儿媳	陈来农	哈尼	26	文盲或半文盲	哈尼语，熟练	汉语，略懂	
	长女	李则农	哈尼	17	小学	哈尼语，熟练	汉语，熟练	

3	户主	白处者	哈尼	78	文盲或半文盲	哈尼语,熟练	汉语,熟练	
4	户主	白斗木	哈尼	38	小学	哈尼语,熟练	汉语,熟练	
	配偶	李智芳	哈尼	35	文盲或半文盲	哈尼语,熟练	汉语,熟练	
	长子	白木赢	哈尼	15	小学	哈尼语,熟练	汉语,熟练	
	次子	白木发	哈尼	13	小学	哈尼语,熟练	汉语,熟练	
5	户主	白伙院	哈尼	76	小学	哈尼语,熟练	汉语,熟练	
	配偶	白普艳	哈尼	72	文盲或半文盲	哈尼语,熟练	汉语,略懂	
	四子	白学志	哈尼	27	初中	哈尼语,熟练	汉语,熟练	
	儿媳	李三梭	哈尼	27	初中	哈尼语,熟练	汉语,熟练	
6	户主	李岳叁	哈尼	44	初中	哈尼语,熟练	汉语,熟练	
	配偶	李登秋	哈尼	38	文盲或半文盲	哈尼语,熟练	汉语,略懂	
	长子	李　欢	哈尼	15	初中	哈尼语,熟练	汉语,熟练	
	次子	李　云	哈尼	13	初中	哈尼语,熟练	汉语,熟练	
7	户主	李苗者	哈尼	53	初中	哈尼语,熟练	汉语,熟练	
	配偶	卢伟农	哈尼	50	文盲或半文盲	哈尼语,熟练	汉语,略懂	
	母亲	李伟角	哈尼	85	文盲或半文盲	哈尼语,熟练	汉语,不会	
	长子	李伟发	哈尼	27	初中	哈尼语,熟练	汉语,熟练	
	儿媳	白来收	哈尼	27	小学	哈尼语,熟练	汉语,熟练	
	次子	李　斌	哈尼	26	小学	哈尼语,熟练	汉语,熟练	
	儿媳	白　云	哈尼	22	初中	哈尼语,熟练	汉语,熟练	
	三子	李则宝	哈尼	22	小学	哈尼语,熟练	汉语,熟练	
8	户主	白来成	哈尼	41	小学	哈尼语,熟练	汉语,熟练	
	配偶	陆胡抽	哈尼	45	小学	哈尼语,熟练	汉语,熟练	
	长子	白斗勇	哈尼	17	小学	哈尼语,熟练	汉语,熟练	
	次子	白斗保	哈尼	15	初中	哈尼语,熟练	汉语,熟练	
	长女	白罗吉	哈尼	13	小学	哈尼语,熟练	汉语,熟练	
9	户主	白波飘	哈尼	64	文盲或半文盲	哈尼语,熟练	汉语,略懂	
	次子	白石宝	哈尼	36	小学	哈尼语,熟练	汉语,熟练	
	儿媳	罗克梭	哈尼	36	文盲或半文盲	哈尼语,熟练	汉语,熟练	
	孙女	白伟梭	哈尼	13	初中	哈尼语,熟练	汉语,熟练	
	孙子	白三保	哈尼	11	小学	哈尼语,熟练	汉语,熟练	
10	户主	罗玉梅	哈尼	41	小学	哈尼语,熟练	汉语,熟练	
	长子	白翁山	哈尼	23	小学	哈尼语,熟练	汉语,熟练	
	长女	白龙梅	哈尼	20	小学	哈尼语,熟练	汉语,熟练	

11	户主	李石斗	哈尼	75	文盲或半文盲	哈尼语,熟练	汉语,略懂	
	次女	李苗表	哈尼	35	中专或中技	哈尼语,熟练	汉语,熟练	
	长外孙女	白樟丽	哈尼	21	初中	哈尼语,熟练	汉语,熟练	
	次外孙女	白樟华	哈尼	18	初中	哈尼语,熟练	汉语,熟练	
12	户主	白阿咀	哈尼	55	文盲或半文盲	哈尼语,熟练	汉语,熟练	
	父亲	白忠处	哈尼	80	文盲或半文盲	哈尼语,熟练	汉语,熟练	
	长子	白来嘎	哈尼	30	初中	哈尼语,熟练	汉语,熟练	
	儿媳	陈龙梭	哈尼	30	初中	哈尼语,熟练	汉语,熟练	
	长孙	白发者	哈尼	10	小学	哈尼语,熟练	汉语,熟练	
	次孙	白来忠	哈尼	9	小学	哈尼语,熟练	汉语,熟练	
	三孙	白发荣	哈尼	7	小学	哈尼语,熟练	汉语,熟练	
	四孙	白来初	哈尼	7	小学	哈尼语,熟练	汉语,熟练	
13	户主	白伙者	哈尼	63	文盲或半文盲	哈尼语,熟练	汉语,熟练	
	配偶	张斗梭	哈尼	60	文盲或半文盲	哈尼语,熟练	汉语,略懂	
	父亲	白龙卜	哈尼	91	文盲或半文盲	哈尼语,熟练	汉语,略懂	
	次女	白宝飘	哈尼	33	小学	哈尼语,熟练	汉语,熟练	
	三女	白宝芬	哈尼	27	初中	哈尼语,熟练	汉语,熟练	
	四女	白宝英	哈尼	23	小学	哈尼语,熟练	汉语,熟练	
14	户主	白苗才	哈尼	74	文盲或半文盲	哈尼语,熟练	汉语,略懂	
	配偶	白波收	哈尼	74	文盲或半文盲	哈尼语,熟练	汉语,略懂	
	长女	白成农	哈尼	46	文盲或半文盲	哈尼语,熟练	汉语,熟练	
	次子	白江龙	哈尼	37	初中	哈尼语,熟练	汉语,熟练	
	儿媳	白秀英	哈尼	32	高中	哈尼语,熟练	汉语,熟练	
	孙女	白江丽	哈尼	8	小学	哈尼语,熟练	汉语,熟练	
15	户主	李伙沙	哈尼	61	文盲或半文盲	哈尼语,熟练	汉语,熟练	
	长女	李白英	哈尼	35	初中	哈尼语,熟练	汉语,熟练	
	四女	李四妹	哈尼	30	中专或中技	哈尼语,熟练	汉语,熟练	
	外孙	李　航	哈尼	10	小学	哈尼语,熟练	汉语,熟练	
16	户主	白波发	哈尼	46	小学	哈尼语,熟练	汉语,熟练	
	配偶	白规飘	哈尼	47	文盲或半文盲	哈尼语,熟练	汉语,略懂	
	长子	白发者	哈尼	26	小学	哈尼语,熟练	汉语,熟练	
	长女	白八收	哈尼	24	小学	哈尼语,熟练	汉语,熟练	
	次子	白八三	哈尼	22	小学	哈尼语,熟练	汉语,熟练	
17	户主	白玉忠	哈尼	44	初中	哈尼语,熟练	汉语,熟练	
	配偶	白翁所	哈尼	45	文盲或半文盲	哈尼语,熟练	汉语,略懂	
	长子	白　桦	哈尼	23	小学	哈尼语,熟练	汉语,熟练	
	次女	白三角	哈尼	21	小学	哈尼语,熟练	汉语,熟练	

18	户主	白波干	哈尼	61	文盲或半文盲	哈尼语，熟练	汉语，略懂	
	配偶	白咀收	哈尼	59	文盲或半文盲	哈尼语，熟练	汉语，略懂	
	三子	白嘎腰	哈尼	29	初中	哈尼语，熟练	汉语，熟练	
19	户主	白亿宝	哈尼	54	小学	哈尼语，熟练	汉语，熟练	
	配偶	白拉崩	哈尼	49	文盲或半文盲	哈尼语，熟练	汉语，略懂	
	长女	白财努	哈尼	26	初中	哈尼语，熟练	汉语，熟练	
	长子	白文亮	哈尼	23	小学	哈尼语，熟练	汉语，熟练	
	次子	白亿福	哈尼	21	小学	哈尼语，熟练	汉语，熟练	
20	户主	龙伙普	哈尼	45	初中	哈尼语，熟练	汉语，熟练	
	配偶	罗牛娄	哈尼	41	文盲或半文盲	哈尼语，熟练	汉语，略懂	
	长女	龙优梭	哈尼	17	小学	哈尼语，熟练	汉语，熟练	
	次女	龙优楼	哈尼	15	初中	哈尼语，熟练	汉语，熟练	
	长子	龙额八	哈尼	14	小学	哈尼语，熟练	汉语，熟练	
21	户主	龙老贵	哈尼	73	文盲或半文盲	哈尼语，熟练	汉语，略懂	
	配偶	龙普友	哈尼	71	文盲或半文盲	哈尼语，熟练	汉语，略懂	
	四子	龙伙龙	哈尼	31	初中	哈尼语，熟练	汉语，熟练	
22	户主	龙石斗	哈尼	72	文盲或半文盲	哈尼语，熟练	汉语，略懂	
	四子	龙求保	哈尼	34	小学	哈尼语，熟练	汉语，熟练	
	孙子	龙云刀	哈尼	13	小学	哈尼语，熟练	汉语，熟练	
	孙女	龙　梅	哈尼	12	小学	哈尼语，熟练	汉语，熟练	
23	户主	龙秋木	哈尼	46	小学	哈尼语，熟练	汉语，熟练	
	配偶	龙三角	哈尼	47	文盲或半文盲	哈尼语，熟练	汉语，略懂	
	长子	龙木者	哈尼	24	小学	哈尼语，熟练	汉语，熟练	
	次子	龙木保	哈尼	22	小学	哈尼语，熟练	汉语，熟练	
	长女	龙木梭	哈尼	19	小学	哈尼语，熟练	汉语，熟练	
24	户主	白普三	哈尼	56	初中	哈尼语，熟练	汉语，熟练	
	配偶	白处玉	哈尼	49	文盲或半文盲	哈尼语，熟练	汉语，略懂	
	次女	白波荣	哈尼	16	初中	哈尼语，熟练	汉语，熟练	
	长子	白波云	哈尼	15	初中	哈尼语，熟练	汉语，熟练	
25	户主	白龙飘	哈尼	61	文盲或半文盲	哈尼语，熟练	汉语，略懂	
	配偶	白纠崩	哈尼	53	文盲或半文盲	哈尼语，熟练	汉语，略懂	
	长子	白批斗	哈尼	31	初中	哈尼语，熟练	汉语，熟练	
	次子	白批然	哈尼	29	小学	哈尼语，熟练	汉语，熟练	
	三子	白批才	哈尼	26	小学	哈尼语，熟练	汉语，熟练	
	儿媳	龙娘努	哈尼	22	小学	哈尼语，熟练	汉语，熟练	
	长女	白哈收	哈尼	22	小学	哈尼语，熟练	汉语，熟练	

26	户主	白普成	哈尼	56	小学	哈尼语,熟练	汉语,熟练	
	配偶	白　飘	哈尼	53	文盲或半文盲	哈尼语,熟练	汉语,略懂	
	长子	聂长春	哈尼	26	高中	哈尼语,熟练	汉语,熟练	
	次子	白成保	哈尼	24	小学	哈尼语,熟练	汉语,熟练	
27	户主	白龙保	哈尼	47	初中	哈尼语,熟练	汉语,熟练	
	配偶	白才们	哈尼	45	文盲或半文盲	哈尼语,熟练	汉语,熟练	
	母亲	白柱收	哈尼	69	文盲或半文盲	哈尼语,熟练	汉语,不会	
	长子	白来初	哈尼	25	初中	哈尼语,熟练	汉语,熟练	
	次子	白文学	哈尼	22	小学	哈尼语,熟练	汉语,熟练	
	三子	白文才	哈尼	20	初中	哈尼语,熟练	汉语,熟练	
28	户主	白岸沙	哈尼	54	小学	哈尼语,熟练	汉语,熟练	
	配偶	白干艳	哈尼	53	文盲或半文盲	哈尼语,熟练	汉语,略懂	
	母亲	白沙崩	哈尼	82	文盲或半文盲	哈尼语,熟练	汉语,不会	
	长子	白阿秋	哈尼	28	初中	哈尼语,熟练	汉语,熟练	
	次子	李忠华	哈尼	24	小学	哈尼语,熟练	汉语,熟练	
29	户主	普文光	哈尼	67	初中	哈尼语,熟练	汉语,熟练	
	配偶	白咀杯	哈尼	67	小学	哈尼语,熟练	汉语,熟练	
30	户主	白波欧	哈尼	65	文盲或半文盲	哈尼语,熟练	汉语,略懂	
	三子	白欧者	哈尼	35	小学	哈尼语,熟练	汉语,熟练	
	儿媳	陈黑飘	哈尼	31	文盲或半文盲	哈尼语,熟练	汉语,略懂	
	长女	白欧艳	哈尼	29	小学	哈尼语,熟练	汉语,熟练	
	孙子	白者保	哈尼	10	小学	哈尼语,熟练	汉语,熟练	
	孙女	白者都	哈尼	6	学龄前儿童	哈尼语,熟练	汉语,熟练	
31	户主	白额沙	哈尼	37	小学	哈尼语,熟练	汉语,熟练	
32	户主	白忠然	哈尼	64	文盲或半文盲	哈尼语,熟练	汉语,略懂	
	配偶	白明后	哈尼	59	文盲或半文盲	哈尼语,熟练	汉语,熟练	
	长子	白成苗	哈尼	34	小学	哈尼语,熟练	汉语,熟练	
	儿媳	白龙抽	哈尼	33	文盲或半文盲	哈尼语,熟练	汉语,熟练	
	次子	白成忠	哈尼	32	初中	哈尼语,熟练	汉语,熟练	
	三子	白成秋	哈尼	28	初中	哈尼语,熟练	汉语,熟练	
	长孙	白苗伟	哈尼	14	初中	哈尼语,熟练	汉语,熟练	
	次孙	白苗勇	哈尼	12	小学	哈尼语,熟练	汉语,熟练	
33	户主	白欧秋	哈尼	42	初中	哈尼语,熟练	汉语,熟练	
	配偶	杨明里	哈尼	37	文盲或半文盲	哈尼语,熟练	汉语,熟练	
	长女	白　丽	哈尼	16	初中	哈尼语,熟练	汉语,熟练	
	长子	白　伟	哈尼	14	初中	哈尼语,熟练	汉语,熟练	

34	户主	李老波	哈尼	48	初中	哈尼语,熟练	汉语,熟练	
	配偶	杨三抽	哈尼	48	文盲或半文盲	哈尼语,熟练	汉语,熟练	
	次子	李　勇	哈尼	25	大专	哈尼语,熟练	汉语,熟练	
	三子	李　精	哈尼	23	初中	哈尼语,熟练	汉语,熟练	
	四子	李　逍	哈尼	20	高中	哈尼语,熟练	汉语,熟练	
35	户主	白波那	哈尼	48	小学	哈尼语,熟练	汉语,熟练	
	配偶	王玉飘	哈尼	48	文盲或半文盲	哈尼语,熟练	汉语,熟练	
	长子	白来公	哈尼	26	初中	哈尼语,熟练	汉语,熟练	
	儿媳	杨　艳	哈尼	22	中专或中技	哈尼语,熟练	汉语,熟练	
	长女	白玲梅	哈尼	23	中专或中技	哈尼语,熟练	汉语,熟练	
36	户主	李老山	哈尼	55	初中	哈尼语,熟练	汉语,熟练	
	配偶	白龙艳	哈尼	53	文盲或半文盲	哈尼语,熟练	汉语,略懂	
	次女	李王丽	哈尼	26	初中	哈尼语,熟练	汉语,熟练	
	女婿	汪　正	汉	25	小学	汉语,熟练	哈尼语,略懂	
37	户主	白农伟	哈尼	40	小学	哈尼语,熟练	汉语,熟练	
	配偶	白波角	哈尼	41	初中	哈尼语,熟练	汉语,熟练	
	母亲	白普飘	哈尼	73	文盲或半文盲	哈尼语,熟练	汉语,不会	
	长子	白伟荣	哈尼	17	初中	哈尼语,熟练	汉语,熟练	
	长女	白伟洁	哈尼	15	初中	哈尼语,熟练	汉语,熟练	
38	户主	白明思	哈尼	45	小学	哈尼语,熟练	汉语,熟练	
	长女	龙泽仙	哈尼	18	高中	哈尼语,熟练	汉语,熟练	
	长子	龙泽华	哈尼	16	初中	哈尼语,熟练	汉语,熟练	
39	户主	龙然秋	哈尼	39	小学	哈尼语,熟练	汉语,熟练	
	配偶	白明师	哈尼	39	文盲或半文盲	哈尼语,熟练	汉语,熟练	
	长女	龙秋芬	哈尼	19	大学	哈尼语,熟练	汉语,熟练	
	长子	龙秋学	哈尼	17	高中	哈尼语,熟练	汉语,熟练	
	次子	龙秋福	哈尼	16	初中	哈尼语,熟练	汉语,熟练	
40	户主	龙批发	哈尼	50	初中	哈尼语,熟练	汉语,熟练	
	配偶	李秋崩	哈尼	47	初中	哈尼语,熟练	汉语,熟练	
	母亲	白苗表	哈尼	83	文盲或半文盲	哈尼语,熟练	汉语,不会	
	次子	龙发勇	哈尼	27	初中	哈尼语,熟练	汉语,熟练	
	儿媳	李批抽	哈尼	30	小学	哈尼语,熟练	汉语,熟练	
	长女	龙桥芬	哈尼	24	初中	哈尼语,熟练	汉语,熟练	
41	户主	陈才然	哈尼	65	文盲或半文盲	哈尼语,熟练	汉语,熟练	
	次女	陈龙抽	哈尼	41	小学	哈尼语,熟练	汉语,熟练	
	长子	陈泽宝	哈尼	31	高中	哈尼语,熟练	汉语,熟练	
	五女	陈艳霞	哈尼	28	小学	哈尼语,熟练	汉语,熟练	

42	户主	龙忠才	哈尼	79	小学	哈尼语,熟练	汉语,熟练	
	配偶	许忠抽	哈尼	72	文盲或半文盲	哈尼语,熟练	汉语,不会	
	三子	龙成山	哈尼	31	小学	哈尼语,熟练	汉语,熟练	
	儿媳	白成艳	哈尼	32	初中	哈尼语,熟练	汉语,熟练	
	孙女	龙艳春	哈尼	8	小学	哈尼语,熟练	汉语,熟练	
	孙子	龙云东	哈尼	6	学龄前儿童	哈尼语,熟练	汉语,熟练	
43	户主	白才木	哈尼	43	初中	哈尼语,熟练	汉语,熟练	
	配偶	马拉抽	哈尼	42	文盲或半文盲	哈尼语,熟练	汉语,熟练	
	长女	白春丽	哈尼	23	初中	哈尼语,熟练	汉语,熟练	
	次女	白木农	哈尼	22	初中	哈尼语,熟练	汉语,熟练	
	三女	白菊花	哈尼	19	初中	哈尼语,熟练	汉语,熟练	
	长子	白木三	哈尼	17	初中	哈尼语,熟练	汉语,熟练	
44	户主	龙秋收	哈尼	73	文盲或半文盲	哈尼语,熟练	汉语,不会	
	次子	龙波斗	哈尼	38	小学	哈尼语,熟练	汉语,熟练	
	儿媳	白则表	哈尼	39	文盲或半文盲	哈尼语,熟练	汉语,略懂	
45	户主	龙波九	哈尼	41	小学	哈尼语,熟练	汉语,熟练	
	配偶	陆来鲁	哈尼	37	文盲或半文盲	哈尼语,熟练	汉语,熟练	
	长子	龙建伟	哈尼	19	小学	哈尼语,熟练	汉语,熟练	
	长女	龙玖娄	哈尼	17	小学	哈尼语,熟练	汉语,熟练	
46	户主	龙贵鲁	哈尼	59	小学	哈尼语,熟练	汉语,熟练	
	配偶	李普艳	哈尼	59	文盲或半文盲	哈尼语,熟练	汉语,不会	
47	户主	龙阿成	哈尼	29	初中	哈尼语,熟练	汉语,熟练	
	配偶	陈斗克	哈尼	29	初中	哈尼语,熟练	汉语,熟练	
	母亲	李嘎农	哈尼	47	文盲或半文盲	哈尼语,熟练	汉语,略懂	
	妹妹	龙阿春	哈尼	24	高中	哈尼语,熟练	汉语,熟练	
	长子	龙成金	哈尼	6	学龄前儿童	哈尼语,熟练	汉语,熟练	
48	户主	白成纠	哈尼	75	文盲或半文盲	哈尼语,熟练	汉语,熟练	
	配偶	龙们抽	哈尼	70	文盲或半文盲	哈尼语,熟练	汉语,不会	
49	户主	白才贵	哈尼	43	小学	哈尼语,熟练	汉语,熟练	
	配偶	龙拉收	哈尼	41	文盲或半文盲	哈尼语,熟练	汉语,略懂	
	母亲	白所表	哈尼	69	文盲或半文盲	哈尼语,熟练	汉语,不会	
	长女	白来飘	哈尼	22	初中	哈尼语,熟练	汉语,熟练	
	次女	白　慧	哈尼	19	初中	哈尼语,熟练	汉语,熟练	
	长子	白三福	哈尼	17	初中	哈尼语,熟练	汉语,熟练	

50	户主	李来三	哈尼	69	小学	哈尼语，熟练	汉语，熟练	
	配偶	龙老秋	哈尼	67	文盲或半文盲	哈尼语，熟练	汉语，不会	
	长子	李国兴	哈尼	27	初中	哈尼语，熟练	汉语，熟练	
51	户主	白合抽	哈尼	65	文盲或半文盲	哈尼语，熟练	汉语，不会	
	次子	李三鲁	哈尼	35	初中	哈尼语，熟练	汉语，熟练	
	儿媳	王阿努	哈尼	35	文盲或半文盲	哈尼语，熟练	汉语，略懂	
	次女	李　梅	哈尼	33	初中	哈尼语，熟练	汉语，熟练	
	三子	李三保	哈尼	29	初中	哈尼语，熟练	汉语，熟练	
	孙女	李鲁艳	哈尼	12	小学	哈尼语，熟练	汉语，熟练	
	孙子	李鲁福	哈尼	8	小学	哈尼语，熟练	汉语，熟练	
52	户主	白伙处	哈尼	44	初中	哈尼语，熟练	汉语，熟练	
	配偶	李永收	哈尼	44	文盲或半文盲	哈尼语，熟练	汉语，略懂	
	长子	白自强	哈尼	26	初中	哈尼语，熟练	汉语，熟练	
	长女	白发新	哈尼	25	小学	哈尼语，熟练	汉语，熟练	
53	户主	白忠三	哈尼	73	文盲或半文盲	哈尼语，熟练	汉语，不会	
	配偶	白木所	哈尼	71	文盲或半文盲	哈尼语，熟练	汉语，不会	
	次子	白三前	哈尼	44	初中	哈尼语，熟练	汉语，熟练	
	儿媳	白落受	哈尼	44	文盲或半文盲	哈尼语，熟练	汉语，略懂	
	长孙女	白前收	哈尼	22	小学	哈尼语，熟练	汉语，熟练	
	次孙女	白前芬	哈尼	17	高中	哈尼语，熟练	汉语，熟练	
	孙子	白前云	哈尼	15	初中	哈尼语，熟练	汉语，熟练	
54	户主	李龙黑	哈尼	34	小学	哈尼语，熟练	汉语，熟练	
	配偶	陈佳艳	哈尼	38	小学	哈尼语，熟练	汉语，熟练	
	长子	李北勇	哈尼	13	初中	哈尼语，熟练	汉语，熟练	
	长女	李帅燕	哈尼	11	小学	哈尼语，熟练	汉语，熟练	
55	户主	李波忠	哈尼	41	小学	哈尼语，熟练	汉语，熟练	
	配偶	杨晓琳	哈尼	41	初中	哈尼语，熟练	汉语，熟练	
	母亲	龙约角	哈尼	61	文盲或半文盲	哈尼语，熟练	汉语，不会	
	长子	李龙才	哈尼	14	初中	哈尼语，熟练	汉语，熟练	
	长女	李龙芬	哈尼	12	小学	哈尼语，熟练	汉语，熟练	
56	户主	白批龙	哈尼	62	小学	哈尼语，熟练	汉语，熟练	
	配偶	白忠楼	哈尼	60	文盲或半文盲	哈尼语，熟练	汉语，熟练	
	次子	白阿四	哈尼	33	小学	哈尼语，熟练	汉语，熟练	
57	户主	白阿秋	哈尼	40	小学	哈尼语，熟练	汉语，熟练	
	配偶	李秋燕	哈尼	39	小学	哈尼语，熟练	汉语，熟练	
	长女	白艳芬	哈尼	16	初中	哈尼语，熟练	汉语，熟练	
	长子	白艳者	哈尼	13	初中	哈尼语，熟练	汉语，熟练	

58	户主	白波建	哈尼	36	小学	哈尼语,熟练	汉语,熟练	
	配偶	龙摸三	哈尼	33	文盲或半文盲	哈尼语,熟练	汉语,熟练	
	母亲	白忠秋	哈尼	72	文盲或半文盲	哈尼语,熟练	汉语,不会	
	长子	白春雄	哈尼	10	小学	哈尼语,熟练	汉语,熟练	
	次子	白春明	哈尼	7	学龄前儿童	哈尼语,熟练	汉语,熟练	
59	户主	白批然	哈尼	57	高中	哈尼语,熟练	汉语,熟练	
	配偶	朱伟收	哈尼	51	文盲或半文盲	哈尼语,熟练	汉语,熟练	
	妻妹	朱微微	哈尼	32	初中	哈尼语,熟练	汉语,熟练	
	长子	白来初	哈尼	31	初中	哈尼语,熟练	汉语,熟练	
	长女	白来努	哈尼	27	初中	哈尼语,熟练	汉语,熟练	
	次子	白学云	哈尼	23	初中	哈尼语,熟练	汉语,熟练	
	长孙女	白龙芬	哈尼	9	小学	哈尼语,熟练	汉语,熟练	
	次孙女	白文静	哈尼	8	小学	哈尼语,熟练	汉语,熟练	
60	户主	龙忠元	哈尼	65	文盲或半文盲	哈尼语,熟练	汉语,略懂	
	配偶	龙普所	哈尼	59	文盲或半文盲	哈尼语,熟练	汉语,略懂	
	三子	龙也发	哈尼	33	小学	哈尼语,熟练	汉语,熟练	
	四子	龙也成	哈尼	30	小学	哈尼语,熟练	汉语,熟练	
	儿媳	卢间嘎	哈尼	23	小学	哈尼语,熟练	汉语,熟练	
61	户主	白伙普	哈尼	48	初中	哈尼语,熟练	汉语,熟练	
	配偶	李秋表	哈尼	43	文盲或半文盲	哈尼语,熟练	汉语,略懂	
	长子	白嘎秋	哈尼	23	初中	哈尼语,熟练	汉语,熟练	
	长女	白晓梅	哈尼	21	初中	哈尼语,熟练	汉语,熟练	
62	户主	白沙有	哈尼	45	初中	哈尼语,熟练	汉语,熟练	
	配偶	黄秀珍	哈尼	44	高中	哈尼语,熟练	汉语,熟练	
	长子	白远舟	哈尼	24	初中	哈尼语,熟练	汉语,熟练	
63	户主	白批斗	哈尼	52	小学	哈尼语,熟练	汉语,熟练	
	配偶	白者收	哈尼	51	文盲或半文盲	哈尼语,熟练	汉语,略懂	
	长女	白晓燕	哈尼	30	初中	哈尼语,熟练	汉语,熟练	
	长子	白小华	哈尼	25	小学	哈尼语,熟练	汉语,熟练	
	长外孙女	张晓丹	哈尼	12	小学	哈尼语,熟练	汉语,熟练	
	次外孙女	张继婷	哈尼	7	小学	哈尼语,熟练	汉语,熟练	
64	户主	白斗生	哈尼	38	小学	哈尼语,熟练	汉语,熟练	
	配偶	白阿所	哈尼	39	文盲或半文盲	哈尼语,熟练	汉语,略懂	
	长子	白则宝	哈尼	20	初中	哈尼语,熟练	汉语,熟练	
	次子	白则华	哈尼	18	初中	哈尼语,熟练	汉语,熟练	

65	户主	白普波	哈尼	58	文盲或半文盲	哈尼语,熟练	汉语,略懂	
	配偶	黄优美	哈尼	58	文盲或半文盲	哈尼语,熟练	汉语,略懂	
	长子	白来波	哈尼	34	初中	哈尼语,熟练	汉语,熟练	
	儿媳	白九优	哈尼	31	文盲或半文盲	哈尼语,熟练	汉语,熟练	
	三女	白波收	哈尼	30	初中	哈尼语,熟练	汉语,熟练	
	孙子	白　云	哈尼	10	小学	哈尼语,熟练	汉语,熟练	
	孙女	白龙梅	哈尼	6	学龄前儿童	哈尼语,熟练	汉语,熟练	
66	户主	白成红	哈尼	28	小学	哈尼语,熟练	汉语,熟练	
	配偶	王福也	哈尼	23	小学	哈尼语,熟练	汉语,熟练	
	姐姐	白斗抽	哈尼	41	小学	哈尼语,熟练	汉语,熟练	
	儿子	白红云	哈尼	6	学龄前儿童	哈尼语,熟练	汉语,熟练	
	外甥女	白艳芳	哈尼	13	初中	哈尼语,熟练	汉语,熟练	
	外甥	白庆生	哈尼	10	小学	哈尼语,熟练	汉语,熟练	
67	户主	白三囡	哈尼	77	小学	哈尼语,熟练	汉语,熟练	
	次子	白苗二	哈尼	44	初中	哈尼语,熟练	汉语,熟练	
	儿媳	李阿抽	哈尼	42	文盲或半文盲	哈尼语,熟练	汉语,熟练	
	长孙女	白光丽	哈尼	19	高中	哈尼语,熟练	汉语,熟练	
	次孙女	白光艳	哈尼	17	初中	哈尼语,熟练	汉语,熟练	
	孙子	白光辉	哈尼	14	初中	哈尼语,熟练	汉语,熟练	
68	户主	白才忠	哈尼	45	初中	哈尼语,熟练	汉语,熟练	
	配偶	白才农	哈尼	45	文盲或半文盲	哈尼语,熟练	汉语,略懂	
	长子	白智迪	哈尼	24	高中	哈尼语,熟练	汉语,熟练	
	长女	白志群	哈尼	22	初中	哈尼语,熟练	汉语,熟练	
69	户主	白龙然	哈尼	55	文盲或半文盲	哈尼语,熟练	汉语,熟练	
	配偶	张波角	哈尼	58	文盲或半文盲	哈尼语,熟练	汉语,略懂	
	长子	白金荣	哈尼	36	中专或中技	哈尼语,熟练	汉语,熟练	
	儿媳	李文仙	哈尼	32	中专或中技	哈尼语,熟练	汉语,熟练	
	次子	白云春	哈尼	32	初中	哈尼语,熟练	汉语,熟练	
	儿媳	李　娟	哈尼	29	初中	哈尼语,熟练	汉语,熟练	
	长孙	白鲁亮	哈尼	9	小学	哈尼语,熟练	汉语,熟练	
	次孙	白　毅	哈尼	8	小学	哈尼语,熟练	汉语,熟练	
	孙女	白　梅	哈尼	6	学龄前儿童	哈尼语,熟练	汉语,熟练	

70	户主	白卜波	哈尼	65	文盲或半文盲	哈尼语，熟练	汉语，略懂	
	配偶	白才所	哈尼	62	文盲或半文盲	哈尼语，熟练	汉语，略懂	
	三子	白波秋	哈尼	36	初中	哈尼语，熟练	汉语，熟练	
	儿媳	白者们	哈尼	32	文盲或半文盲	哈尼语，熟练	汉语，略懂	
	长孙	白然成	哈尼	12	小学	哈尼语，熟练	汉语，熟练	
	次孙	白秋雄	哈尼	9	小学	哈尼语，熟练	汉语，熟练	
	孙女	白秋仙	哈尼	7	小学	哈尼语，熟练	汉语，熟练	
71	户主	白波师	哈尼	41	初中	哈尼语，熟练	汉语，熟练	
	配偶	李拉抽	哈尼	39	文盲或半文盲	哈尼语，熟练	汉语，熟练	
	长女	白晓霞	哈尼	17	初中	哈尼语，熟练	汉语，熟练	
	长子	白生勇	哈尼	15	初中	哈尼语，熟练	汉语，熟练	
72	户主	李成三	哈尼	57	中专或中技	哈尼语，熟练	汉语，熟练	
	配偶	白拉背	哈尼	55	文盲或半文盲	哈尼语，熟练	汉语，略懂	
	长子	李桥富	哈尼	30	小学	哈尼语，熟练	汉语，熟练	
	儿媳	高者艳	哈尼	30	初中	哈尼语，熟练	汉语，熟练	
	孙女	李院玲	哈尼	7	学龄前儿童	哈尼语，熟练	汉语，熟练	
73	户主	白老六	哈尼	55	初中	哈尼语，熟练	汉语，熟练	
	配偶	卢伟梭	哈尼	49	文盲或半文盲	哈尼语，熟练	汉语，略懂	
	长子	白嘎荣	哈尼	27	小学	哈尼语，熟练	汉语，熟练	
	儿媳	陆生花	哈尼	28	初中	哈尼语，熟练	汉语，熟练	
	孙子	白荣伟	哈尼	7	学龄前儿童	哈尼语，熟练	汉语，熟练	
74	户主	白永良	哈尼	32	初中	哈尼语，熟练	汉语，熟练	
	配偶	李跃琼	哈尼	32	初中	哈尼语，熟练	汉语，熟练	
	母亲	王们红	哈尼	61	文盲或半文盲	哈尼语，熟练	汉语，略懂	
	哥哥	白勇强	哈尼	36	高中	哈尼语，熟练	汉语，熟练	
	长子	白建辉	哈尼	7	小学	哈尼语，熟练	汉语，熟练	
	侄子	白　健	哈尼	12	小学	哈尼语，熟练	汉语，熟练	
75	户主	白也秋	哈尼	47	文盲或半文盲	哈尼语，熟练	汉语，略懂	
	配偶	罗高波	哈尼	46	文盲或半文盲	哈尼语，熟练	汉语，略懂	
	长子	白秋嘎	哈尼	24	小学	哈尼语，熟练	汉语，熟练	
	次子	白秋鲁	哈尼	23	初中	哈尼语，熟练	汉语，熟练	
76	户主	白普秋	哈尼	44	小学	哈尼语，熟练	汉语，熟练	
	配偶	白然飘	哈尼	40	小学	哈尼语，熟练	汉语，熟练	
	长女	白秋珍	哈尼	23	初中	哈尼语，熟练	汉语，熟练	
	次女	白春芬	哈尼	21	初中	哈尼语，熟练	汉语，熟练	
	长子	白秋福	哈尼	19	高中	哈尼语，熟练	汉语，熟练	

77	户主	白者楼	哈尼	40	小学	哈尼语,熟练	汉语,熟练	
	婆婆	龙来抽	哈尼	64	文盲或半文盲	哈尼语,熟练	汉语,不会	
	长女	白鲁琪	哈尼	21	初中	哈尼语,熟练	汉语,熟练	
	次女	白鲁华	哈尼	20	初中	哈尼语,熟练	汉语,熟练	
	长子	白鲁明	哈尼	18	高中	哈尼语,熟练	汉语,熟练	
78	户主	罗鲁才	哈尼	62	小学	哈尼语,熟练	汉语,熟练	
	配偶	白批崩	哈尼	63	文盲或半文盲	哈尼语,熟练	汉语,熟练	
	次女	罗敏丽	哈尼	31	初中	哈尼语,熟练	汉语,熟练	
	长子	罗兰波	哈尼	30	初中	哈尼语,熟练	汉语,熟练	
	儿媳	李芳芬	哈尼	24	初中	哈尼语,熟练	汉语,熟练	
	外孙女	王　瑞	哈尼	8	小学	哈尼语,熟练	汉语,熟练	
79	户主	罗蓝者	哈尼	46	初中	哈尼语,熟练	汉语,熟练	
	配偶	白波艳	哈尼	45	文盲或半文盲	哈尼语,熟练	汉语,略懂	
	长女	罗阳春	哈尼	23	初中	哈尼语,熟练	汉语,熟练	
	长子	罗兰保	哈尼	21	初中	哈尼语,熟练	汉语,熟练	
	次子	罗犹沙	哈尼	18	小学	哈尼语,熟练	汉语,熟练	
80	户主	罗龙鲁	哈尼	71	文盲或半文盲	哈尼语,熟练	汉语,略懂	
	配偶	白苗抽	哈尼	66	文盲或半文盲	哈尼语,熟练	汉语,略懂	
	长子	罗云华	哈尼	36	小学	哈尼语,熟练	汉语,熟练	
	儿媳	陈独叫	哈尼	28	文盲或半文盲	哈尼语,熟练	汉语,略懂	
	次女	罗未优	哈尼	12	小学	哈尼语,熟练	汉语,熟练	
81	户主	白龙斗	哈尼	43	初中	哈尼语,熟练	汉语,熟练	
	配偶	罗牛抽	哈尼	42	文盲或半文盲	哈尼语,熟练	汉语,略懂	
	长子	白福保	哈尼	20	小学	哈尼语,熟练	汉语,熟练	
	长女	白福英	哈尼	18	初中	哈尼语,熟练	汉语,熟练	
82	户主	陈规者	哈尼	58	文盲或半文盲	哈尼语,熟练	汉语,熟练	
	配偶	陈石楼	哈尼	57	文盲或半文盲	哈尼语,熟练	汉语,略懂	
	次子	陈者山	哈尼	36	小学	哈尼语,熟练	汉语,熟练	
	孙女	陈山努	哈尼	11	小学	哈尼语,熟练	汉语,熟练	
83	户主	陈伟秋	哈尼	47	小学	哈尼语,熟练	汉语,熟练	
	配偶	李翁抽	哈尼	46	文盲或半文盲	哈尼语,熟练	汉语,略懂	
	长子	陈秋发	哈尼	20	小学	哈尼语,熟练	汉语,熟练	
	次子	陈秋生	哈尼	17	初中	哈尼语,熟练	汉语,熟练	
84	户主	白玉山	哈尼	40	初中	哈尼语,熟练	汉语,熟练	
	配偶	白学芳	哈尼	45	高中	哈尼语,熟练	汉语,熟练	
	长子	白者伟	哈尼	20	小学	哈尼语,熟练	汉语,熟练	
	长女	白者慧	哈尼	17	高中	哈尼语,熟练	汉语,熟练	

85	户主	龙翁者	哈尼	49	初中	哈尼语，熟练	汉语，熟练	
	配偶	白阿都	哈尼	47	文盲或半文盲	哈尼语，熟练	汉语，略懂	
	长子	龙　云	哈尼	27	初中	哈尼语，熟练	汉语，熟练	
	儿媳	张琼兰	汉	33	小学	汉语，熟练	哈尼语，略懂	
	长女	龙　燕	哈尼	25	高中	哈尼语，熟练	汉语，熟练	
	次子	龙　健	哈尼	22	初中	哈尼语，熟练	汉语，熟练	
86	户主	龙普梭	哈尼	37	文盲或半文盲	哈尼语，熟练	汉语，熟练	
	长子	白健荣	哈尼	17	初中	哈尼语，熟练	汉语，熟练	
	长女	白慧甄	哈尼	14	初中	哈尼语，熟练	汉语，熟练	
87	户主	白批黑	哈尼	36	小学	哈尼语，熟练	汉语，熟练	
	配偶	白批优	哈尼	37	初中	哈尼语，熟练	汉语，熟练	
	母亲	白批抽	哈尼	63	文盲或半文盲	哈尼语，熟练	汉语，略懂	
	姐姐	白阿飞	哈尼	38	初中	哈尼语，熟练	汉语，熟练	
	弟弟	白小三	哈尼	34	初中	哈尼语，熟练	汉语，熟练	
	长女	白成婷	哈尼	12	小学	哈尼语，熟练	汉语，熟练	
	长子	白成伟	哈尼	7	小学	哈尼语，熟练	汉语，熟练	
	外甥	罗高山	哈尼	10	小学	哈尼语，熟练	汉语，熟练	
88	户主	白石波	哈尼	52	初中	哈尼语，熟练	汉语，熟练	
	配偶	白波秋	哈尼	53	文盲或半文盲	哈尼语，熟练	汉语，略懂	
	长女	白来金	哈尼	34	初中	哈尼语，熟练	汉语，熟练	
	次子	白来初	哈尼	29	初中	哈尼语，熟练	汉语，熟练	
	儿媳	白者飘	哈尼	30	小学	哈尼语，熟练	汉语，熟练	
	外孙女	白　梦	哈尼	13	小学	哈尼语，熟练	汉语，熟练	
89	户主	白成福	哈尼	65	文盲或半文盲	哈尼语，熟练	汉语，不会	
	配偶	陈三勒	哈尼	62	文盲或半文盲	哈尼语，熟练	汉语，熟练	
	次子	白院宝	哈尼	32	中专或中技	哈尼语，熟练	汉语，熟练	
	儿媳	张波芬	哈尼	31	中专或中技	哈尼语，熟练	汉语，熟练	
90	户主	白伙龙	哈尼	66	小学	哈尼语，熟练	汉语，熟练	
	配偶	白然收	哈尼	65	文盲或半文盲	哈尼语，熟练	汉语，不会	
	长子	白志方	哈尼	29	大学	哈尼语，熟练	汉语，熟练	
91	户主	白石龙	哈尼	73	文盲或半文盲	哈尼语，熟练	汉语，不会	
	配偶	白木梭	哈尼	71	文盲或半文盲	哈尼语，熟练	汉语，不会	
	次女	白迷师	哈尼	41	初中	哈尼语，熟练	汉语，熟练	
	三子	白然普	哈尼	35	小学	哈尼语，熟练	汉语，熟练	
	儿媳	陈玉仙	哈尼	34	初中	哈尼语，熟练	汉语，熟练	
	长孙	白福万	哈尼	11	小学	哈尼语，熟练	汉语，熟练	
	次孙	白福波	哈尼	8	小学	哈尼语，熟练	汉语，熟练	

92	户主	白鲁俭	哈尼	54	初中	哈尼语，熟练	汉语，熟练	
	配偶	白普八	哈尼	49	文盲或半文盲	哈尼语，熟练	汉语，不会	
	长子	白则宝	哈尼	27	初中	哈尼语，熟练	汉语，熟练	
	儿媳	白成聪	哈尼	27	初中	哈尼语，熟练	汉语，熟练	
	次子	白来者	哈尼	24	初中	哈尼语，熟练	汉语，熟练	
	三子	白则秋	哈尼	23	大专	哈尼语，熟练	汉语，熟练	
	长女	白慧娟	哈尼	20	小学	哈尼语，熟练	汉语，熟练	
93	户主	李老然	哈尼	42	初中	哈尼语，熟练	汉语，熟练	
	配偶	李普农	哈尼	41	文盲或半文盲	哈尼语，熟练	汉语，熟练	
	长女	李雪梅	哈尼	20	初中	哈尼语，熟练	汉语，熟练	
	长子	李腊者	哈尼	17	中专或中技	哈尼语，熟练	汉语，熟练	
	侄子	罗文亮	哈尼	26	初中	哈尼语，熟练	汉语，熟练	
	侄子	李者欧	哈尼	20	初中	哈尼语，熟练	汉语，熟练	
	侄女	李师农	哈尼	18	初中	哈尼语，熟练	汉语，熟练	
94	户主	白翁三	哈尼	37	小学	哈尼语，熟练	汉语，熟练	
	配偶	白明翁	哈尼	34	文盲或半文盲	哈尼语，熟练	汉语，略懂	
	长子	白沙荣	哈尼	14	初中	哈尼语，熟练	汉语，熟练	
	次子	白沙福	哈尼	12	初中	哈尼语，熟练	汉语，熟练	
95	户主	石哈秋	哈尼	48	文盲或半文盲	哈尼语，熟练	汉语，略懂	
	长子	白来然	哈尼	25	小学	哈尼语，熟练	汉语，熟练	
	次子	白来财	哈尼	22	小学	哈尼语，熟练	汉语，熟练	
96	户主	李江思	哈尼	43	小学	哈尼语，熟练	汉语，熟练	
	长女	李思雨	哈尼	16	小学	哈尼语，熟练	汉语，熟练	
	次女	李思农	哈尼	14	初中	哈尼语，熟练	汉语，熟练	
97	户主	白欧者	哈尼	40	初中	哈尼语，熟练	汉语，熟练	
	配偶	陈生抽	哈尼	38	文盲或半文盲	哈尼语，熟练	汉语，略懂	
	长女	白者努	哈尼	14	初中	哈尼语，熟练	汉语，熟练	
	长子	白翁发	哈尼	11	小学	哈尼语，熟练	汉语，熟练	
98	户主	白云芬	哈尼	34	小学	哈尼语，熟练	汉语，熟练	
99	户主	李龙健	哈尼	32	初中	哈尼语，熟练	汉语，熟练	
	配偶	白里飘	哈尼	28	初中	哈尼语，熟练	汉语，熟练	
	长子	李建文	哈尼	12	小学	哈尼语，熟练	汉语，熟练	
	长女	李建英	哈尼	8	小学	哈尼语，熟练	汉语，熟练	
100	户主	龙也斗	哈尼	38	小学	哈尼语，熟练	汉语，熟练	
	配偶	黄腊努	哈尼	37	小学	哈尼语，熟练	汉语，熟练	
	长子	龙春福	哈尼	12	小学	哈尼语，熟练	汉语，熟练	
	长女	龙来花	哈尼	10	小学	哈尼语，熟练	汉语，熟练	

101	户主	龙秋然	哈尼	40	小学肄业	哈尼语,熟练	汉语,略懂	
	配偶	李黑表	哈尼	33	文盲或半文盲	哈尼语,熟练	汉语,略懂	
	长女	龙来英	哈尼	14	小学	哈尼语,熟练	汉语,熟练	
	长子	龙秋华	哈尼	9	小学	哈尼语,熟练	汉语,熟练	
102	户主	白剑鸿	哈尼	32	初中	哈尼语,熟练	汉语,熟练	
	配偶	杨燕霞	哈尼	32	初中	哈尼语,熟练	汉语,熟练	
	长女	白　璐	哈尼	14	初中	哈尼语,熟练	汉语,熟练	
103	户主	白小路	哈尼	46	大专	哈尼语,熟练	汉语,熟练	
	配偶	白朝美	哈尼	46	高中	哈尼语,熟练	汉语,熟练	
	长女	白　莲	哈尼	21	初中	哈尼语,熟练	汉语,熟练	
104	户主	龙云芬	哈尼	29	中专或中技	哈尼语,熟练	汉语,熟练	
105	户主	白普苗	哈尼	38	小学	哈尼语,熟练	汉语,熟练	
	配偶	李普抽	哈尼	38	初中	哈尼语,熟练	汉语,熟练	
	长女	白院春	哈尼	18	初中	哈尼语,熟练	汉语,熟练	
	次女	白艳梅	哈尼	15	初中	哈尼语,熟练	汉语,熟练	
	三女	白艳清	哈尼	13	初中	哈尼语,熟练	汉语,熟练	
106	户主	白岸抽	哈尼	40	小学	哈尼语,熟练	汉语,熟练	
107	户主	白宝山	哈尼	35	大专	哈尼语,熟练	汉语,熟练	
108	户主	白者黑	哈尼	32	大专	哈尼语,熟练	汉语,熟练	
	配偶	白福梭	哈尼	26	初中	哈尼语,熟练	汉语,熟练	
	长子	白衡峰	哈尼	6	学龄前儿童	哈尼语,熟练	汉语,熟练	
109	户主	李龙哲	哈尼	35	中专或中技	哈尼语,熟练	汉语,熟练	
	长女	李哲芬	哈尼	11	小学	哈尼语,熟练	汉语,熟练	
	长子	李文辉	哈尼	9	小学	哈尼语,熟练	汉语,熟练	
110	户主	李秋龙	哈尼	65	小学	哈尼语,熟练	汉语,熟练	
	配偶	李文英	哈尼	62	小学	哈尼语,熟练	汉语,熟练	
	长女	李隆飘	哈尼	27	初中	哈尼语,熟练	汉语,熟练	
111	户主	陈伟梭	彝	51	文盲或半文盲	哈尼语,熟练	汉语,略懂	
	长女	李玉梅	彝	32	初中	哈尼语,熟练	汉语,熟练	
	长子	李成高	彝	25	初中	哈尼语,熟练	汉语,熟练	
	外孙女	李院萍	哈尼	7	小学	哈尼语,熟练	汉语,熟练	
112	户主	普胡勇	彝	41	初中	哈尼语,熟练	汉语,熟练	
	配偶	黄秀萍	哈尼	41	初中	哈尼语,熟练	汉语,熟练	
	长子	普彦晨	彝	16	小学	哈尼语,熟练	汉语,熟练	
	户主	张然鲁	哈尼	34	初中	哈尼语,熟练	汉语,熟练	
	长女	张艳晶	哈尼	9	小学	哈尼语,熟练	汉语,熟练	

114	户主	白阿发	哈尼	39	初中	哈尼语,熟练	汉语,熟练	
	母亲	陆雪收	哈尼	64	小学	哈尼语,熟练	汉语,熟练	
	大弟	白永福	哈尼	36	中专或中技	哈尼语,熟练	汉语,熟练	
	二弟	白阿荣	哈尼	34	大专	哈尼语,熟练	汉语,熟练	
	弟媳	杨　欣	哈尼	30	中专或中技	哈尼语,熟练	汉语,熟练	
115	户主	李黑斗	哈尼	47	小学	哈尼语,熟练	汉语,熟练	
	配偶	李来优	哈尼	44	小学	哈尼语,熟练	汉语,熟练	
	长子	李　保	哈尼	25	小学	哈尼语,熟练	汉语,熟练	
	次子	李斗础	哈尼	24	小学	哈尼语,熟练	汉语,熟练	
116	户主	龙也处	哈尼	35	小学	哈尼语,熟练	汉语,熟练	
	配偶	卢牛飘	哈尼	29	小学	哈尼语,熟练	汉语,熟练	
	长子	龙秋山	哈尼	12	小学	哈尼语,熟练	汉语,熟练	
	长女	龙秋梅	哈尼	9	小学	哈尼语,熟练	汉语,熟练	
117	户主	龙院光	哈尼	37	初中	哈尼语,熟练	汉语,熟练	
	配偶	李　慧	哈尼	38	小学	哈尼语,熟练	汉语,熟练	
	长子	龙　华	哈尼	18	初中	哈尼语,熟练	汉语,熟练	
	长女	龙　梅	哈尼	16	初中	哈尼语,熟练	汉语,熟练	
118	户主	白伙龙	哈尼	66	文盲或半文盲	哈尼语,熟练	汉语,略懂	
	配偶	白哈收	哈尼	63	文盲或半文盲	哈尼语,熟练	汉语,略懂	
	长子	白苗秋	哈尼	41	高中	哈尼语,熟练	汉语,熟练	
	儿媳	李仇洁	哈尼	32	小学	哈尼语,熟练	汉语,熟练	
	次子	白阿普	哈尼	38	小学	哈尼语,熟练	汉语,熟练	
	次女	白苗表	哈尼	35	初中	哈尼语,熟练	汉语,熟练	
	孙女	白　薇	哈尼	14	小学	哈尼语,熟练	汉语,熟练	
119	户主	白阿三	哈尼	35	小学	哈尼语,熟练	汉语,熟练	
	配偶	朱丽芬	哈尼	35	小学	哈尼语,熟练	汉语,熟练	
	长子	白海银	哈尼	12	小学	哈尼语,熟练	汉语,熟练	
	长女	白海梅	哈尼	10	小学	哈尼语,熟练	汉语,熟练	
120	户主	白然欧	哈尼	34	小学	哈尼语,熟练	汉语,熟练	
	配偶	陈成飘	哈尼	31	小学	哈尼语,熟练	汉语,熟练	
	长子	白月兵	哈尼	11	小学	哈尼语,熟练	汉语,熟练	
	次子	白欧成	哈尼	8	小学	哈尼语,熟练	汉语,熟练	
121	户主	白者友	哈尼	36	中专或中技	哈尼语,熟练	汉语,熟练	彝语,略懂
	配偶	赵春丽	汉	36	中专或中技	哈尼语,熟练	汉语,熟练	
	长女	白　莹	哈尼	12	小学	汉语,熟练	哈尼语,略懂	

122	户主	白伙然	哈尼	42	小学	哈尼语,熟练	汉语,熟练	
	配偶	陆皮依	哈尼	42	初中	哈尼语,熟练	汉语,熟练	
	长子	白忠明	哈尼	17	高中	哈尼语,熟练	汉语,熟练	
	长女	白然飘	哈尼	14	初中	哈尼语,熟练	汉语,熟练	
123	户主	张小青	哈尼	28	大专	哈尼语,熟练	汉语,熟练	
124	户主	李海燕	哈尼	31	初中	哈尼语,熟练	汉语,熟练	
125	户主	白龙然	哈尼	43	初中	哈尼语,熟练	汉语,熟练	
	配偶	张明里	哈尼	39	初中	哈尼语,熟练	汉语,熟练	
	长女	白　雪	哈尼	21	中专或中技	哈尼语,熟练	汉语,熟练	
	长子	白成勇	哈尼	18	小学	哈尼语,熟练	汉语,熟练	
126	户主	白建旭	哈尼	25	大学	哈尼语,熟练	汉语,熟练	
127	户主	张　龙	哈尼	42	高中	哈尼语,熟练	汉语,熟练	
	配偶	陈拉所	哈尼	37	小学	哈尼语,熟练	汉语,熟练	
	长子	张智刚	哈尼	17	高中	哈尼语,熟练	汉语,熟练	
	次子	张智荣	哈尼	15	初中	哈尼语,熟练	汉语,熟练	
128	户主	白约普	哈尼	38	小学	哈尼语,熟练	汉语,熟练	
	配偶	李嘎抽	哈尼	36	小学	哈尼语,熟练	汉语,熟练	
	长女	白云妹	哈尼	17	中专或中技	哈尼语,熟练	汉语,熟练	
	长子	白来华	哈尼	15	高中	哈尼语,熟练	汉语,熟练	
129	户主	陈建新	哈尼	38	高中	哈尼语,熟练	汉语,熟练	
	配偶	李普秋	哈尼	37	文盲或半文盲	哈尼语,熟练	汉语,略懂	
	长女	陈佳瑶	哈尼	13	小学	哈尼语,熟练	汉语,熟练	
	次女	陈佳慧	哈尼	10	小学	哈尼语,熟练	汉语,熟练	
130	户主	白者然	哈尼	42	初中	哈尼语,熟练	汉语,熟练	
	配偶	卢琼英	哈尼	37	小学	哈尼语,熟练	汉语,熟练	
	长女	白　婷	哈尼	13	初中	哈尼语,熟练	汉语,熟练	
	次女	白　静	哈尼	8	小学	哈尼语,熟练	汉语,熟练	
131	户主	龙发初	哈尼	46	初中	哈尼语,熟练	汉语,熟练	
	配偶	李娜鲁	哈尼	41	小学	哈尼语,熟练	汉语,熟练	
	长子	龙嘎发	哈尼	22	初中	哈尼语,熟练	汉语,熟练	
	长女	龙春艳	哈尼	20	初中	哈尼语,熟练	汉语,熟练	
132	户主	何伟抽	哈尼	34	文盲或半文盲	哈尼语,熟练	汉语,熟练	
	长女	陈家乐	哈尼	11	小学	哈尼语,熟练	汉语,熟练	
133	户主	白牛者	哈尼	35	小学	哈尼语,熟练	汉语,熟练	
	配偶	白明楼	哈尼	27	小学	哈尼语,熟练	汉语,熟练	
	长子	白斗云	哈尼	8	小学	哈尼语,熟练	汉语,略懂	

134	户主	白牛波	哈尼	31	小学	哈尼语，熟练	汉语，熟练	
	配偶	陆琼芬	哈尼	32	文盲或半文盲	哈尼语，熟练	汉语，熟练	
	长子	白普云	哈尼	12	小学	哈尼语，熟练	汉语，熟练	
	次子	白普文	哈尼	8	小学	哈尼语，熟练	汉语，熟练	
135	户主	白才波	哈尼	51	高中	哈尼语，熟练	汉语，熟练	
	配偶	张　丽	哈尼	40	中专或中技	哈尼语，熟练	汉语，熟练	
	长子	白博候	哈尼	9	小学	哈尼语，熟练	汉语，熟练	
136	户主	白苗优	哈尼	33	初中	哈尼语，熟练	汉语，熟练	
	配偶	李　俊	哈尼	38	小学	哈尼语，熟练	汉语，熟练	
	长女	白院萍	哈尼	9	文盲或半文盲	哈尼语，熟练	汉语，熟练	
	次女	白　梅	哈尼	7	小学	哈尼语，熟练	汉语，熟练	
137	户主	龙成玉	哈尼	34	小学	哈尼语，熟练	汉语，熟练	
	长子	龙云生	哈尼	12	小学	哈尼语，熟练	汉语，熟练	
138	户主	彭中平	汉	53	高中	汉语，熟练	哈尼语，熟练	
	配偶	白成楼	哈尼	49	初中	哈尼语，熟练	汉语，熟练	
	长子	彭湘云	哈尼	29	大专	哈尼语，熟练	汉语，熟练	
	次子	彭南疆	哈尼	24	大专	哈尼语，熟练	汉语，熟练	
	长女	彭方圆	哈尼	22	中专毕业	哈尼语，熟练	汉语，熟练	
139	户主	龙木山	哈尼	34	小学	哈尼语，熟练	汉语，熟练	
	配偶	李然努	哈尼	33	文盲或半文盲	哈尼语，熟练	汉语，略懂	
	长女	龙来农	哈尼	13	小学	哈尼语，熟练	汉语，熟练	
	长子	龙山发	哈尼	9	小学	哈尼语，熟练	汉语，熟练	
140	户主	白普者	哈尼	37	初中	哈尼语，熟练	汉语，熟练	
	配偶	李福杯	哈尼	40	小学	哈尼语，熟练	汉语，熟练	
	母亲	白龙所	哈尼	84	文盲或半文盲	哈尼语，熟练	汉语，不会	
	长子	白高成	哈尼	16	初中	哈尼语，熟练	汉语，熟练	
	次子	白扒成	哈尼	14	小学	哈尼语，熟练	汉语，熟练	
141	户主	白阿全	哈尼	37	初中	哈尼语，熟练	汉语，熟练	
	配偶	李明里	哈尼	31	小学	哈尼语，熟练	汉语，熟练	
	长子	白然财	哈尼	11	小学	哈尼语，熟练	汉语，熟练	
	次子	白红勇	哈尼	6	学龄前儿童	哈尼语，熟练	汉语，略懂	
142	户主	罗昂努	哈尼	38	文盲或半文盲	哈尼语，熟练	汉语，熟练	
143	户主	白然嘎	哈尼	42	初中	哈尼语，熟练	汉语，熟练	
	配偶	李然艳	哈尼	45	文盲或半文盲	哈尼语，熟练	汉语，熟练	
	长子	白宗明	哈尼	21	初中	哈尼语，熟练	汉语，熟练	
	长女	白龙仙	哈尼	20	中专或中技	哈尼语，熟练	汉语，熟练	
	次女	白　嫒	哈尼	16	初中	哈尼语，熟练	汉语，熟练	

144	户主	白然秋	哈尼	36	初中	哈尼语,熟练	汉语,熟练	
	配偶	李明桃	哈尼	35	文盲或半文盲	哈尼语,熟练	汉语,熟练	
	长子	白秋文	哈尼	13	初中	哈尼语,熟练	汉语,熟练	
	长女	白秋芬	哈尼	12	小学	哈尼语,熟练	汉语,熟练	
145	户主	白龙然	哈尼	65	文盲或半文盲	哈尼语,熟练	汉语,熟练	
	配偶	白批优	哈尼	66	文盲或半文盲	哈尼语,熟练	汉语,略懂	
	五子	白然保	哈尼	27	大专	哈尼语,熟练	汉语,熟练	
146	户主	龙阿处	哈尼	37	初中	哈尼语,熟练	汉语,熟练	
	配偶	白普农	哈尼	38	初中	哈尼语,熟练	汉语,熟练	
	长子	龙成华	哈尼	13	初中	哈尼语,熟练	汉语,熟练	
	长女	龙花梅	哈尼	17	初中	哈尼语,熟练	汉语,熟练	
147	户主	龙阿三	哈尼	32	初中	哈尼语,熟练	汉语,熟练	
	配偶	白福志	哈尼	23	小学	哈尼语,熟练	汉语,熟练	
148	户主	白黑俭	哈尼	66	初中	哈尼语,熟练	汉语,熟练	
	配偶	白九收	哈尼	60	文盲或半文盲	哈尼语,熟练	汉语,略懂	
149	户主	龙优鲁	哈尼	55	大专	哈尼语,熟练	汉语,熟练	
	长子	龙成明	哈尼	31	初中	哈尼语,熟练	汉语,熟练	
	儿媳	白来收	哈尼	31	初中	哈尼语,熟练	汉语,熟练	
	次子	龙禄成	哈尼	16	初中	哈尼语,熟练	汉语,熟练	
150	户主	李宝蔚	汉	36	初中	汉语,熟练	哈尼语,熟练	
151	户主	许贵仙	哈尼	42	初中	哈尼语,熟练	汉语,熟练	
	长女	白光霞	哈尼	17	初中	哈尼语,熟练	汉语,熟练	
	长子	白　华	哈尼	13	小学	哈尼语,熟练	汉语,熟练	
152	户主	白阿鲁	哈尼	44	初中	哈尼语,熟练	汉语,熟练	
	配偶	白行所	哈尼	44	小学	哈尼语,熟练	汉语,熟练	
	长女	白来抽	哈尼	21	初中	哈尼语,熟练	汉语,熟练	
	长子	白来忠	哈尼	19	初中	哈尼语,熟练	汉语,熟练	
153	户主	杨忠山	哈尼	51	小学	哈尼语,熟练	汉语,熟练	
	配偶	张玉苹	汉	48	初中	汉语,熟练	哈尼语,熟练	
	长子	杨成功	哈尼	25	小学	哈尼语,熟练	汉语,熟练	
	次子	杨沙宝	哈尼	22	小学	哈尼语,熟练	汉语,熟练	
154	户主	杨忠然	哈尼	55	文盲或半文盲	哈尼语,熟练	汉语,熟练	
	配偶	白木所	哈尼	48	文盲或半文盲	哈尼语,熟练	汉语,熟练	
	妹妹	杨忠秋	哈尼	42	小学	哈尼语,熟练	汉语,熟练	
	长子	杨然嘎	哈尼	31	小学	哈尼语,熟练	汉语,熟练	
	儿媳	李者楼	哈尼	32	小学	哈尼语,熟练	汉语,熟练	
	长女	杨然抽	哈尼	24	初中	哈尼语,熟练	汉语,熟练	

155	户主	杨嘎欧	哈尼	48	小学	哈尼语，熟练	汉语，熟练	
	配偶	陆波勒	哈尼	51	文盲或半文盲	哈尼语，熟练	汉语，略懂	
	长子	杨阿才	哈尼	26	初中	哈尼语，熟练	汉语，熟练	
	儿媳	李然车	哈尼	21	小学	哈尼语，熟练	汉语，熟练	
	长女	杨智春	哈尼	23	初中	哈尼语，熟练	汉语，熟练	
156	户主	王艳芬	哈尼	63	文盲或半文盲	哈尼语，熟练	汉语，不会	
	三子	白石鲁	哈尼	37	小学	哈尼语，熟练	汉语，熟练	
	儿媳	李福丕	哈尼	32	小学	哈尼语，熟练	汉语，熟练	
	外孙	白山宝	哈尼	24	小学	哈尼语，熟练	汉语，熟练	
	孙子	白成建	哈尼	11	小学	哈尼语，熟练	汉语，熟练	
	孙女	白成仙	哈尼	10	小学	哈尼语，熟练	汉语，熟练	
157	户主	白普秋	哈尼	48	初中	哈尼语，熟练	汉语，熟练	
	配偶	白秋崩	哈尼	46	小学	哈尼语，熟练	汉语，熟练	
	次女	白秋吉	哈尼	24	初中	哈尼语，熟练	汉语，熟练	
	长子	白秋发	哈尼	22	初中	哈尼语，熟练	汉语，熟练	
158	户主	李我波	哈尼	55	文盲或半文盲	哈尼语，熟练	汉语，略懂	
	长子	白斗发	哈尼	31	初中	哈尼语，熟练	汉语，熟练	
	儿媳	陶秀芬	哈尼	27	小学	哈尼语，熟练	汉语，熟练	
	次子	白斗忠	哈尼	28	初中	哈尼语，熟练	汉语，熟练	
	长女	白斗表	哈尼	25	小学	哈尼语，熟练	汉语，熟练	
159	户主	白烟斗	哈尼	40	小学	哈尼语，熟练	汉语，熟练	
	配偶	杨优飘	哈尼	44	文盲或半文盲	哈尼语，熟练	汉语，熟练	
	母亲	龙们飘	哈尼	72	文盲或半文盲	哈尼语，熟练	汉语，略懂	
	长女	白　梅	哈尼	17	初中	哈尼语，熟练	汉语，熟练	
	长子	白平拥	哈尼	15	初中	哈尼语，熟练	汉语，熟练	
160	户主	白苗鲁	哈尼	45	高中	哈尼语，熟练	汉语，熟练	
	配偶	张阿珍	哈尼	41	小学	哈尼语，熟练	汉语，略懂	
	长子	白璐明	哈尼	23	大专	哈尼语，熟练	汉语，熟练	
	次子	白玉泽	哈尼	21	大学	哈尼语，熟练	汉语，熟练	
161	户主	白保木	哈尼	63	文盲或半文盲	哈尼语，熟练	汉语，熟练	
	配偶	白龙崩	哈尼	62	文盲或半文盲	哈尼语，熟练	汉语，熟练	
	长女	白斗梭	哈尼	40	小学	哈尼语，熟练	汉语，熟练	
	长子	白茂良	哈尼	35	初中	哈尼语，熟练	汉语，熟练	
	儿媳	白阿红	哈尼	35	初中	哈尼语，熟练	汉语，熟练	
	外孙	白孝飞	哈尼	15	初中	哈尼语，熟练	汉语，熟练	
	孙女	白林灵	哈尼	6	学龄前儿童	哈尼语，熟练	汉语，熟练	

162	户主	白忠收	哈尼	72	文盲或半文盲	哈尼语,熟练	汉语,熟练	
	长子	白龙义才	哈尼	44	初中	哈尼语,熟练	汉语,熟练	
	儿媳	高秋收	哈尼	38	小学	哈尼语,熟练	汉语,熟练	
	孙女	白山飘	哈尼	18	小学	哈尼语,熟练	汉语,熟练	
	孙子	白永福	哈尼	16	初中	哈尼语,熟练	汉语,熟练	
163	户主	白普苗	哈尼	65	文盲或半文盲	哈尼语,熟练	汉语,略懂	
	配偶	白斗收	哈尼	65	文盲或半文盲	哈尼语,熟练	汉语,略懂	
	三子	白波鲁	哈尼	37	初中	哈尼语,熟练	汉语,熟练	
	儿媳	李福梭	哈尼	33	文盲或半文盲	哈尼语,熟练	汉语,熟练	
	孙女	白青玉	哈尼	17	高中	哈尼语,熟练	汉语,熟练	
164	户主	白波福	哈尼	36	小学	哈尼语,熟练	汉语,熟练	
	配偶	白明仙	哈尼	38	小学	哈尼语,熟练	汉语,熟练	
	父亲	白何者	哈尼	78	文盲或半文盲	哈尼语,熟练	汉语,熟练	
	母亲	白石艳	哈尼	78	文盲或半文盲	哈尼语,熟练	汉语,熟练	
	长女	白福仙	哈尼	16	初中	哈尼语,熟练	汉语,熟练	
	次女	白福梅	哈尼	14	初中	哈尼语,熟练	汉语,熟练	
	三女	白福保	哈尼	9	小学	哈尼语,熟练	汉语,熟练	
165	户主	白龙表	哈尼	53	文盲或半文盲	哈尼语,熟练	汉语,略懂	
	长女	白九农	哈尼	26	初中	哈尼语,熟练	汉语,熟练	
	长子	白成高	哈尼	23	初中	哈尼语,熟练	汉语,熟练	
166	户主	白伟山	哈尼	57	文盲或半文盲	哈尼语,熟练	汉语,熟练	
	配偶	陆友杯	哈尼	51	文盲或半文盲	哈尼语,熟练	汉语,略懂	
	长子	白来忠	哈尼	27	初中	哈尼语,熟练	汉语,熟练	
	儿媳	李沙优	哈尼	27	初中	哈尼语,熟练	汉语,熟练	
	次子	白志桦	哈尼	23	初中	哈尼语,熟练	汉语,熟练	
167	户主	张优才	哈尼	66	小学	哈尼语,熟练	汉语,熟练	
	配偶	白卜崩	哈尼	61	文盲或半文盲	哈尼语,熟练	汉语,不会	
	儿媳	白批额	哈尼	35	小学	哈尼语,熟练	汉语,熟练	
	四子	张　翔	哈尼	29	初中	哈尼语,熟练	汉语,熟练	
	儿媳	龙春梅	哈尼	29	中专或中技	哈尼语,熟练	汉语,熟练	
168	户主	白波者	哈尼	58	中专或中技	哈尼语,熟练	汉语,熟练	
	配偶	白玉收	哈尼	57	文盲或半文盲	哈尼语,熟练	汉语,略懂	
	次子	白则木	哈尼	30	初中	哈尼语,熟练	汉语,熟练	
	三子	白者规	哈尼	27	初中	哈尼语,熟练	汉语,熟练	
	儿媳	李八收	哈尼	26	初中	哈尼语,熟练	汉语,熟练	

169	户主	李格牛	哈尼	77	文盲或半文盲	哈尼语,熟练	汉语,略懂	
	配偶	白波脚	哈尼	71	文盲或半文盲	哈尼语,熟练	汉语,不会	
170	户主	白苗秋	哈尼	26	小学	哈尼语,熟练	汉语,熟练	
	配偶	卢克梅	哈尼	25	小学	哈尼语,熟练	汉语,熟练	
	母亲	白卜抽	哈尼	62	文盲或半文盲	哈尼语,熟练	汉语,不会	
171	户主	白苗者	哈尼	38	初中	哈尼语,熟练	汉语,熟练	
	配偶	白成依收	哈尼	37	文盲或半文盲	哈尼语,熟练	汉语,略懂	
	长子	白者法	哈尼	18	初中	哈尼语,熟练	汉语,熟练	
	长女	白者都	哈尼	16	初中	哈尼语,熟练	汉语,熟练	
172	户主	白批龙	哈尼	66	文盲或半文盲	哈尼语,熟练	汉语,略懂	
	配偶	高美收	哈尼	64	文盲或半文盲	哈尼语,熟练	汉语,略懂	
	三子	白波牛	哈尼	37	初中	哈尼语,熟练	汉语,熟练	
	儿媳	李建梅	哈尼	36	初中	哈尼语,熟练	汉语,熟练	
	长女	白然背	哈尼	27	初中	哈尼语,熟练	汉语,熟练	
	孙子	白成文	哈尼	14	小学	哈尼语,熟练	汉语,熟练	
173	户主	白者成	哈尼	50	小学	哈尼语,熟练	汉语,熟练	
	配偶	白者农	哈尼	47	文盲或半文盲	哈尼语,熟练	汉语,略懂	
	长女	白欣禾	哈尼	25	初中	哈尼语,熟练	汉语,熟练	
	次女	白成芬	哈尼	23	初中	哈尼语,熟练	汉语,熟练	
	长子	白成发	哈尼	22	初中	哈尼语,熟练	汉语,熟练	
174	户主	白成宝	哈尼	40	初中	哈尼语,熟练	汉语,熟练	
	配偶	陆一仙	哈尼	32	文盲或半文盲	哈尼语,熟练	汉语,略懂	
	父亲	白波者	哈尼	80	文盲或半文盲	哈尼语,熟练	汉语,不会	
	长女	白　琳	哈尼	9	小学	哈尼语,熟练	汉语,熟练	
175	户主	白斗略	哈尼	62	文盲或半文盲	哈尼语,熟练	汉语,不会	
	儿媳	陈秀珍	哈尼	28	小学	哈尼语,熟练	汉语,熟练	
176	户主	白也者	哈尼	64	初中	哈尼语,熟练	汉语,熟练	
	配偶	白普脚	哈尼	60	文盲或半文盲	哈尼语,熟练	汉语,不会	
	长女	白者梭	哈尼	36	小学	哈尼语,熟练	汉语,熟练	
	长子	白者保	哈尼	29	初中	哈尼语,熟练	汉语,熟练	
177	户主	白龙扒	哈尼	60	文盲或半文盲	哈尼语,熟练	汉语,熟练	
	配偶	陈迷仙	哈尼	46	文盲或半文盲	哈尼语,熟练	汉语,熟练	
	长子	白扒功	哈尼	33	小学	哈尼语,熟练	汉语,熟练	
	儿媳	黄秀芬	汉	37	初中	汉语,熟练	哈尼语,熟练	
	三女	白杨玉芬	哈尼	29	小学	哈尼语,熟练	汉语,熟练	
	长孙	白功成	哈尼	15	小学	哈尼语,熟练	汉语,熟练	
	次孙	白功福	哈尼	13	小学	哈尼语,熟练	汉语,熟练	

178	户主	白龙波	哈尼	38	小学	哈尼语,熟练	汉语,熟练	
	长女	白波优	哈尼	20	小学	哈尼语,熟练	汉语,熟练	
	长子	白波红	哈尼	18	小学	哈尼语,熟练	汉语,熟练	
	次子	白波发	哈尼	15	初中	哈尼语,熟练	汉语,熟练	
	次女	白波抽	哈尼	13	小学	哈尼语,熟练	汉语,熟练	
179	户主	白玉福	哈尼	52	小学	哈尼语,熟练	汉语,熟练	
	配偶	白咀艳	哈尼	55	初中	哈尼语,熟练	汉语,熟练	
	长子	白福强	哈尼	29	中专或中技	哈尼语,熟练	汉语,熟练	
180	户主	白阿三	哈尼	45	小学	哈尼语,熟练	汉语,熟练	
	配偶	白三努	哈尼	42	文盲或半文盲	哈尼语,熟练	汉语,熟练	
	长子	白永红	哈尼	24	小学	哈尼语,熟练	汉语,熟练	
	儿媳	陆约车	哈尼	21	小学	哈尼语,熟练	汉语,熟练	
	次子	白永生	哈尼	21	小学	哈尼语,熟练	汉语,熟练	
181	户主	龙友杯	哈尼	58	文盲或半文盲	哈尼语,熟练	汉语,不会	
	长子	白斗卜	哈尼	34	初中	哈尼语,熟练	汉语,熟练	
	儿媳	白鲁农	哈尼	33	初中	哈尼语,熟练	汉语,熟练	
	孙子	白元昊	哈尼	11	小学	哈尼语,熟练	汉语,熟练	
	孙女	白媛惠	哈尼	7	小学	哈尼语,熟练	汉语,熟练	
182	户主	白老然	哈尼	60	大学	哈尼语,熟练	汉语,熟练	
	配偶	白黑所	哈尼	56	文盲或半文盲	哈尼语,熟练	汉语,略懂	
	长女	白永芳	哈尼	33	中专或中技	哈尼语,熟练	汉语,熟练	
	长子	白永春	哈尼	30	初中	哈尼语,熟练	汉语,熟练	
	儿媳	卢丽霞	哈尼	32	技工学校毕业	哈尼语,熟练	汉语,熟练	
	长孙	白秋伟	哈尼	9	小学	哈尼语,熟练	汉语,熟练	
	次孙	白秋刚	哈尼	7	小学	哈尼语,熟练	汉语,熟练	
183	户主	白玉保	哈尼	48	初中	哈尼语,熟练	汉语,熟练	
	配偶	白龙努	哈尼	49	文盲或半文盲	哈尼语,熟练	汉语,略懂	
	长女	白　仙	哈尼	27	初中	哈尼语,熟练	汉语,熟练	
	次女	白　梅	哈尼	23	初中	哈尼语,熟练	汉语,熟练	
	长子	白　灵	哈尼	21	初中	哈尼语,熟练	汉语,熟练	
184	户主	白波龙	哈尼	53	初中	哈尼语,熟练	汉语,熟练	
	配偶	李俄背	哈尼	52	文盲或半文盲	哈尼语,熟练	汉语,熟练	
	长子	白龙五	哈尼	32	初中	哈尼语,熟练	汉语,熟练	
	儿媳	白九努	哈尼	28	初中	哈尼语,熟练	汉语,熟练	
	次子	白　华	哈尼	29	初中	哈尼语,熟练	汉语,熟练	
	儿媳	朱虎梭	哈尼	24	小学	哈尼语,熟练	汉语,熟练	
	次女	白龙仙	哈尼	15	初中	哈尼语,熟练	汉语,熟练	

185	户主	白伟黑	哈尼	45	小学	哈尼语,熟练	汉语,熟练	
	配偶	白然杯	哈尼	46	文盲或半文盲	哈尼语,熟练	汉语,略懂	
	长女	白则飘	哈尼	26	小学	哈尼语,熟练	汉语,熟练	
	次女	白雯霞	哈尼	24	初中	哈尼语,熟练	汉语,熟练	
	长子	白则波	哈尼	21	小学	哈尼语,熟练	汉语,熟练	
186	户主	白苗波	哈尼	40	初中	哈尼语,熟练	汉语,熟练	
	配偶	李成吉	哈尼	40	文盲或半文盲	哈尼语,熟练	汉语,熟练	
	长子	白　赟	哈尼	20	高中	哈尼语,熟练	汉语,熟练	
	长女	白　琼	哈尼	18	初中	哈尼语,熟练	汉语,熟练	
187	户主	白波牛	哈尼	49	初中	哈尼语,熟练	汉语,熟练	
	配偶	白才表	哈尼	46	文盲或半文盲	哈尼语,熟练	汉语,熟练	
	长女	白普楼	哈尼	25	小学	哈尼语,熟练	汉语,熟练	
	次女	白云玲	哈尼	24	初中	哈尼语,熟练	汉语,熟练	
	长子	白普勇	哈尼	22	小学	哈尼语,熟练	汉语,熟练	
188	户主	白鲁发	哈尼	44	小学	哈尼语,熟练	汉语,熟练	
	配偶	卢小英	哈尼	40	文盲或半文盲	哈尼语,熟练	汉语,熟练	
	长子	白发才	哈尼	24	小学	哈尼语,熟练	汉语,熟练	
	次子	白发荣	哈尼	22	初中	哈尼语,熟练	汉语,熟练	
	长女	白发艳	哈尼	20	小学	哈尼语,熟练	汉语,熟练	
189	户主	白成秋	哈尼	45	小学	哈尼语,熟练	汉语,熟练	
	配偶	白马收	哈尼	45	小学	哈尼语,熟练	汉语,熟练	
	长子	白秋嘎	哈尼	24	小学	哈尼语,熟练	汉语,熟练	
	长女	李　香	哈尼	22	高中	哈尼语,熟练	汉语,熟练	
	次子	白秋保	哈尼	18	初中	哈尼语,熟练	汉语,熟练	
190	户主	李老普	哈尼	51	初中	哈尼语,熟练	汉语,熟练	
	配偶	李才飘	哈尼	51	初中	哈尼语,熟练	汉语,熟练	
	儿媳	李　琴	哈尼	22	高中	哈尼语,熟练	汉语,熟练	
	长子	李　伟	哈尼	18	高中	哈尼语,熟练	汉语,熟练	
191	户主	白志明	哈尼	45	初中	哈尼语,熟练	汉语,熟练	
	配偶	白阿都	哈尼	41	文盲或半文盲	哈尼语,熟练	汉语,略懂	
	长女	白　霞	哈尼	24	初中	哈尼语,熟练	汉语,熟练	
	长子	白　云	哈尼	23	初中	哈尼语,熟练	汉语,熟练	
192	户主	白然普	哈尼	43	中专或中技	哈尼语,熟练	汉语,熟练	
	配偶	李者记	哈尼	42	小学	哈尼语,熟练	汉语,熟练	
	长女	白艳梅	哈尼	19	初中	哈尼语,熟练	汉语,熟练	
	长子	白来云	哈尼	17	初中	哈尼语,熟练	汉语,熟练	

193	户主	白苗普	哈尼	73	文盲或半文盲	哈尼语,熟练	汉语,略懂	
	配偶	黄阳表	哈尼	70	文盲或半文盲	哈尼语,熟练	汉语,略懂	
	孙子	白良宽	哈尼	9	小学	哈尼语,熟练	汉语,熟练	
194	户主	白成生	哈尼	47	初中	哈尼语,熟练	汉语,熟练	
	配偶	白明农	哈尼	48	小学	哈尼语,熟练	汉语,熟练	
	长子	白贵灵	哈尼	26	大专	哈尼语,熟练	汉语,熟练	
	长女	白贵英	哈尼	25	初中	哈尼语,熟练	汉语,熟练	
	次子	白贵赢	哈尼	22	小学	哈尼语,熟练	汉语,熟练	
195	户主	白阿四	哈尼	27	初中	哈尼语,熟练	汉语,熟练	
	配偶	马恒优	哈尼	27	初中	哈尼语,熟练	汉语,熟练	
	母亲	白成收	哈尼	59	文盲或半文盲	哈尼语,熟练	汉语,略懂	
	哥哥	白波普	哈尼	29	初中	哈尼语,熟练	汉语,熟练	
	长子	白　帆	哈尼	8	小学	哈尼语,熟练	汉语,熟练	
196	户主	龙财富	哈尼	48	初中	哈尼语,熟练	汉语,熟练	
	配偶	李发仙	哈尼	47	小学	哈尼语,熟练	汉语,熟练	
	次女	龙畯楠	哈尼	22	大专	哈尼语,熟练	汉语,熟练	
197	户主	李波然	哈尼	48	小学	哈尼语,熟练	汉语,熟练	
	配偶	白龙抽	哈尼	47	文盲或半文盲	哈尼语,熟练	汉语,略懂	
	长子	李然嘎	哈尼	27	小学	哈尼语,熟练	汉语,熟练	
	儿媳	郭处楼	哈尼	25	小学	哈尼语,熟练	汉语,熟练	
	长女	李　梅	哈尼	25	初中	哈尼语,熟练	汉语,熟练	
	次子	李然处	哈尼	22	小学	哈尼语,熟练	汉语,熟练	
198	户主	白马波	哈尼	42	初中	哈尼语,熟练	汉语,熟练	
	配偶	白明鲁	哈尼	44	小学	哈尼语,熟练	汉语,熟练	
	长子	白鲁云	哈尼	17	小学	哈尼语,熟练	汉语,熟练	
	次子	白鲁学	哈尼	14	初中	哈尼语,熟练	汉语,熟练	
	三子	白　云	哈尼	10	小学	哈尼语,熟练	汉语,熟练	
199	户主	白斗龙	哈尼	66	文盲或半文盲	哈尼语,熟练	汉语,略懂	
	配偶	白胡农	哈尼	61	文盲或半文盲	哈尼语,熟练	汉语,略懂	
	长子	白生亮	哈尼	32	小学	哈尼语,熟练	汉语,熟练	
	儿媳	李来修	哈尼	31	文盲或半文盲	哈尼语,熟练	汉语,略懂	
	长孙女	白红明	哈尼	11	小学	哈尼语,熟练	汉语,熟练	
	次孙女	白红妹	哈尼	7	小学	哈尼语,熟练	汉语,熟练	
200	户主	龙规俭	哈尼	56	高中	哈尼语,熟练	汉语,熟练	
	配偶	龙批勒	哈尼	50	文盲或半文盲	哈尼语,熟练	汉语,不会	
	次子	龙俭处	哈尼	29	初中	哈尼语,熟练	汉语,熟练	
	长女	龙俭洁	哈尼	27	小学	哈尼语,熟练	汉语,熟练	

201	户主	龙玉才	哈尼	58	初中	哈尼语,熟练	汉语,熟练	
	配偶	李羊秋	哈尼	56	初中	哈尼语,熟练	汉语,熟练	
	长子	龙成荣	哈尼	32	中专或中技	哈尼语,熟练	汉语,熟练	
	次子	龙成光	哈尼	30	中专或中技	哈尼语,熟练	汉语,熟练	
	长女	龙娘楼	哈尼	24	初中	哈尼语,熟练	汉语,熟练	
202	户主	龙云伟	哈尼	22	初中	哈尼语,熟练	汉语,熟练	
	母亲	卢挖艳	哈尼	48	文盲或半文盲	哈尼语,熟练	汉语,熟练	
	大姐	龙云珍	哈尼	28	初中	哈尼语,熟练	汉语,熟练	
	二姐	龙云仙	哈尼	26	初中	哈尼语,熟练	汉语,熟练	
	三姐	龙云芬	哈尼	24	初中	哈尼语,熟练	汉语,熟练	
203	户主	龙鲁奎	哈尼	61	文盲或半文盲	哈尼语,熟练	汉语,略懂	
	配偶	龙迷果	哈尼	60	文盲或半文盲	哈尼语,熟练	汉语,不会	
	三子	龙阿四	哈尼	30	小学	哈尼语,熟练	汉语,熟练	
204	户主	龙嘎普	哈尼	42	小学	哈尼语,熟练	汉语,熟练	
	配偶	白成艳	哈尼	43	文盲或半文盲	哈尼语,熟练	汉语,略懂	
	母亲	龙欧抽	哈尼	83	文盲或半文盲	哈尼语,熟练	汉语,不会	
	长子	龙院东	哈尼	21	高中	哈尼语,熟练	汉语,熟练	
	长女	龙艳芬	哈尼	18	高中	哈尼语,熟练	汉语,熟练	
205	户主	龙成波	哈尼	54	文盲或半文盲	哈尼语,熟练	汉语,熟练	
	配偶	陈然表	哈尼	49	文盲或半文盲	哈尼语,熟练	汉语,不会	
	长子	龙来者	哈尼	28	初中	哈尼语,熟练	汉语,熟练	
	长女	龙来飘	哈尼	26	小学	哈尼语,熟练	汉语,熟练	
	次子	龙来波	哈尼	22	小学	哈尼语,熟练	汉语,熟练	
206	户主	龙嘎鲁	哈尼	48	初中	哈尼语,熟练	汉语,熟练	
	配偶	白伟角	哈尼	46	文盲或半文盲	哈尼语,熟练	汉语,略懂	
	长子	龙金福	哈尼	24	小学	哈尼语,熟练	汉语,熟练	
	长女	龙云仙	哈尼	20	初中	哈尼语,熟练	汉语,熟练	
207	户主	龙志强	哈尼	31	小学	哈尼语,熟练	汉语,熟练	
	配偶	白艳萍	哈尼	32	初中	哈尼语,熟练	汉语,熟练	
	母亲	白纠抽	哈尼	67	文盲或半文盲	哈尼语,熟练	汉语,不会	
208	户主	张加干	哈尼	41	小学	哈尼语,熟练	汉语,熟练	
	配偶	龙生也	哈尼	41	文盲或半文盲	哈尼语,熟练	汉语,熟练	
	长子	张然龙	哈尼	20	小学	哈尼语,熟练	汉语,熟练	
	长女	张然楼	哈尼	15	初中	哈尼语,熟练	汉语,熟练	
	次女	张然飘	哈尼	11	小学	哈尼语,熟练	汉语,熟练	

209	户主	白然普	哈尼	30	初中	哈尼语,熟练	汉语,熟练	
	配偶	白丽梅	哈尼	26	中专或中技	哈尼语,熟练	汉语,熟练	
210	户主	李鲁也	哈尼	67	文盲或半文盲	哈尼语,熟练	汉语,不会	
	次子	白成牛	哈尼	41	小学	哈尼语,熟练	汉语,熟练	
	儿媳	龙依收	哈尼	38	文盲或半文盲	哈尼语,熟练	汉语,略懂	
	长孙女	白中飘	哈尼	15	初中	哈尼语,熟练	汉语,熟练	
	次孙女	白牛娄	哈尼	14	初中	哈尼语,熟练	汉语,熟练	
	三孙女	白晓梅	哈尼	14	初中	哈尼语,熟练	汉语,熟练	
	孙子	白中龙	哈尼	11	小学	哈尼语,熟练	汉语,熟练	
211	户主	陈咀然	哈尼	69	文盲或半文盲	哈尼语,熟练	汉语,不会	
	配偶	白保农	哈尼	66	文盲或半文盲	哈尼语,熟练	汉语,不会	
	三子	陈然成	哈尼	35	初中	哈尼语,熟练	汉语,熟练	
	儿媳	朱成飘	哈尼	37	初中	哈尼语,熟练	汉语,熟练	
	孙女	陈文英	哈尼	11	小学	哈尼语,熟练	汉语,熟练	
212	户主	陈纠沙	哈尼	62	小学	哈尼语,熟练	汉语,熟练	
	配偶	李普脚	哈尼	58	文盲或半文盲	哈尼语,熟练	汉语,不会	
	次子	陈伟国	哈尼	29	高中	哈尼语,熟练	汉语,熟练	
	儿媳	杨惠萍	哈尼	26	初中	哈尼语,熟练	汉语,熟练	
213	户主	白波秋	哈尼	43	文盲	哈尼语,熟练	汉语,略懂	
	配偶	白哈龙	哈尼	49	初中	哈尼语,熟练	汉语,熟练	
	母亲	白龙崩	哈尼	71	文盲或半文盲	哈尼语,熟练	汉语,不会	
	妹妹	白波优	哈尼	30	初中	哈尼语,熟练	汉语,熟练	
	长子	白许保	哈尼	21	初中	哈尼语,熟练	汉语,熟练	
	次子	白来聪	哈尼	19	初中	哈尼语,熟练	汉语,熟练	
	三子	白原发	哈尼	16	初中	哈尼语,熟练	汉语,熟练	
	长女	白艳梭	哈尼	14	初中	哈尼语,熟练	汉语,熟练	
214	户主	白阿成	哈尼	80	文盲或半文盲	哈尼语,熟练	汉语,不会	
	配偶	白鲁抽	哈尼	80	文盲或半文盲	哈尼语,熟练	汉语,不会	
	三子	白伙恒	哈尼	37	初中	哈尼语,熟练	汉语,熟练	
	儿媳	白成杯	哈尼	35	初中	哈尼语,熟练	汉语,熟练	
	孙女	白　玉	哈尼	7	小学	哈尼语,熟练	汉语,熟练	
215	户主	白晓强	哈尼	38	初中	哈尼语,熟练	汉语,熟练	
	配偶	李艳英	哈尼	38	文盲	哈尼语,熟练	汉语,熟练	
	母亲	白明都	哈尼	78	文盲或半文盲	哈尼语,熟练	汉语,不会	
	长子	白　平	哈尼	16	初中	哈尼语,熟练	汉语,熟练	
	次子	白　帆	哈尼	14	初中	哈尼语,熟练	汉语,熟练	

216	户主	李秋然	哈尼	56	初中	哈尼语,熟练	汉语,熟练	
	配偶	李生抽	哈尼	55	文盲或半文盲	哈尼语,熟练	汉语,不会	
	次子	李然欧	哈尼	33	初中	哈尼语,熟练	汉语,熟练	
	儿媳	李波秋	哈尼	28	初中	哈尼语,熟练	汉语,熟练	
	孙子	李欧雄	哈尼	9	小学	哈尼语,熟练	汉语,熟练	
	孙女	李欧梭	哈尼	6	学龄前儿童	哈尼语,熟练	汉语,熟练	
217	户主	李成然	哈尼	48	初中	哈尼语,熟练	汉语,熟练	
	配偶	杨黑表	哈尼	43	文盲或半文盲	哈尼语,熟练	汉语,略懂	
	父亲	李沙成	哈尼	77	文盲或半文盲	哈尼语,熟练	汉语,不会	
	母亲	李普收	哈尼	77	文盲或半文盲	哈尼语,熟练	汉语,不会	
	长子	李来忠	哈尼	26	初中	哈尼语,熟练	汉语,熟练	
	儿媳	白前英	哈尼	24	小学	哈尼语,熟练	汉语,熟练	
	次子	李然福	哈尼	22	初中	哈尼语,熟练	汉语,熟练	
	长女	李然花	哈尼	21	小学	哈尼语,熟练	汉语,熟练	
218	户主	张老斗	哈尼	55	初中	哈尼语,熟练	汉语,熟练	
	配偶	白伙略	哈尼	52	文盲或半文盲	哈尼语,熟练	汉语,不会	
	父亲	张鲁波	哈尼	88	文盲或半文盲	哈尼语,熟练	汉语,不会	
	母亲	张永崩	哈尼	81	文盲或半文盲	哈尼语,熟练	汉语,不会	
	长子	张龙依保	哈尼	30	高中	哈尼语,熟练	汉语,熟练	
	四子	张小明	哈尼	27	初中	哈尼语,熟练	汉语,熟练	
219	户主	李秋成	哈尼	50	初中	哈尼语,熟练	汉语,熟练	
	配偶	李普艳	哈尼	50	文盲或半文盲	哈尼语,熟练	汉语,不会	
	母亲	李龙飘	哈尼	65	文盲或半文盲	哈尼语,熟练	汉语,不会	
	长女	李来鲁	哈尼	26	初中	哈尼语,熟练	汉语,熟练	
	次女	李阿红	哈尼	24	初中	哈尼语,熟练	汉语,熟练	
	三女	李　艳	哈尼	23	初中	哈尼语,熟练	汉语,熟练	
220	户主	李鲁秋	哈尼	44	初中	哈尼语,熟练	汉语,熟练	
	配偶	罗哈收	哈尼	42	文盲或半文盲	哈尼语,熟练	汉语,略懂	
	长女	李秋艳	哈尼	17	初中	哈尼语,熟练	汉语,熟练	
	次女	李玖所	哈尼	15	初中	哈尼语,熟练	汉语,熟练	
	长子	李玖沙	哈尼	12	小学	哈尼语,熟练	汉语,熟练	
221	户主	李波额	哈尼	38	小学	哈尼语,熟练	汉语,熟练	
	配偶	陈晓玲	哈尼	38	初中	哈尼语,熟练	汉语,熟练	
	母亲	李鲁记	哈尼	75	文盲或半文盲	哈尼语,熟练	汉语,不会	
	长子	李额才	哈尼	18	小学	哈尼语,熟练	汉语,熟练	
	次子	李额发	哈尼	16	初中	哈尼语,熟练	汉语,熟练	

222	户主	龙波才	哈尼	79	文盲或半文盲	哈尼语,熟练	汉语,不会	
	配偶	龙兰波	哈尼	72	文盲或半文盲	哈尼语,熟练	汉语,不会	
	三子	龙然里	哈尼	37	初中	哈尼语,熟练	汉语,熟练	
	儿媳	陈明优	哈尼	37	小学	哈尼语,熟练	汉语,熟练	
	长孙女	龙云浓	哈尼	14	初中	哈尼语,熟练	汉语,熟练	
	次孙女	龙云妹	哈尼	10	小学	哈尼语,熟练	汉语,熟练	
223	户主	龙忠木	哈尼	61	文盲或半文盲	哈尼语,熟练	汉语,略懂	
	配偶	龙秋所	哈尼	60	文盲或半文盲	哈尼语,熟练	汉语,不会	
	长子	龙鲁山	哈尼	35	小学	哈尼语,熟练	汉语,熟练	
	儿媳	王　英	哈尼	29	初中	哈尼语,熟练	汉语,熟练	
	侄女	龙玉芬	哈尼	23	小学	哈尼语,熟练	汉语,熟练	
	三子	龙木鲁	哈尼	28	初中	哈尼语,熟练	汉语,熟练	
	孙女	龙鲁花	哈尼	8	小学	哈尼语,熟练	汉语,熟练	
224	户主	龙批才	哈尼	47	初中	哈尼语,熟练	汉语,熟练	
	配偶	朱才收	哈尼	47	文盲或半文盲	哈尼语,熟练	汉语,不会	
	长子	龙成昆	哈尼	26	初中	哈尼语,熟练	汉语,熟练	
	次子	龙成宝	哈尼	25	初中	哈尼语,熟练	汉语,熟练	
	长女	龙成努	哈尼	23	初中	哈尼语,熟练	汉语,熟练	
225	户主	龙阿者	哈尼	58	文盲或半文盲	哈尼语,熟练	汉语,略懂	
	配偶	白成楼	哈尼	58	文盲或半文盲	哈尼语,熟练	汉语,不会	
	次子	龙阿四	哈尼	28	初中	哈尼语,熟练	汉语,熟练	
	儿媳	卢鲜花	哈尼	23	初中	哈尼语,熟练	汉语,熟练	
226	户主	白斗波	哈尼	56	初中	哈尼语,熟练	汉语,熟练	
	配偶	白波皮	哈尼	53	初中	哈尼语,熟练	汉语,熟练	
	母亲	白嘎崩	哈尼	91	文盲或半文盲	哈尼语,熟练	汉语,不会	
	长子	白波得	哈尼	32	小学	哈尼语,熟练	汉语,熟练	
	儿媳	马来努	哈尼	28	小学	哈尼语,熟练	汉语,熟练	
	次子	白波黑	哈尼	29	初中	哈尼语,熟练	汉语,熟练	
	儿媳	龙云霞	哈尼	22	初中	哈尼语,熟练	汉语,熟练	
227	户主	白也四	哈尼	38	初中	哈尼语,熟练	汉语,熟练	
	配偶	陈伟优	哈尼	41	初中	哈尼语,熟练	汉语,熟练	
	长子	白四福	哈尼	21	初中	哈尼语,熟练	汉语,熟练	
	长女	白四仙	哈尼	19	初中	哈尼语,熟练	汉语,熟练	
	次女	白四芬	哈尼	17	初中	哈尼语,熟练	汉语,熟练	

228	户主	曾开国	汉	49	小学	汉语,熟练	哈尼语,熟练	
	配偶	白文英	哈尼	42	初中	哈尼语,熟练	汉语,熟练	
	长子	曾国祥	哈尼	21	大专	哈尼语,熟练	汉语,熟练	
	长女	曾　凤	哈尼	19	初中	哈尼语,熟练	汉语,熟练	
	次女	曾　继	哈尼	16	初中	哈尼语,熟练	汉语,熟练	
229	户主	白远黑	哈尼	51	初中	哈尼语,熟练	汉语,熟练	
	配偶	陈　艳	哈尼	50	文盲或半文盲	哈尼语,熟练	汉语,不会	
	长子	白翁福	哈尼	20	初中	哈尼语,熟练	汉语,熟练	
230	户主	白伙普	哈尼	65	中专或中技	哈尼语,熟练	汉语,熟练	
	配偶	白咀表	哈尼	63	文盲或半文盲	哈尼语,熟练	汉语,不会	
	儿媳	李桂背	哈尼	39	小学	哈尼语,熟练	汉语,熟练	
	次子	白云勇	哈尼	36	中专或中技	哈尼语,熟练	汉语,熟练	
	儿媳	卢正芬	哈尼	28	初中	哈尼语,熟练	汉语,熟练	
	长孙	白来福	哈尼	15	小学	哈尼语,熟练	汉语,熟练	
	次孙	白来弟	哈尼	10	小学	哈尼语,熟练	汉语,熟练	
231	户主	白成杯	哈尼	62	文盲或半文盲	哈尼语,熟练	汉语,不会	
	孙子	白晓涛	哈尼	11	小学	哈尼语,熟练	汉语,熟练	
232	户主	白伙波	哈尼	71	文盲或半文盲	哈尼语,熟练	汉语,不会	
	配偶	李艳收	哈尼	52	文盲或半文盲	哈尼语,熟练	汉语,略懂	
	长女	白成远	哈尼	32	初中	哈尼语,熟练	汉语,熟练	
	次子	白成宝	哈尼	25	初中	哈尼语,熟练	汉语,熟练	
	儿媳	张黑期	哈尼	24	小学	哈尼语,熟练	汉语,熟练	
233	户主	龙成发	哈尼	37	小学	哈尼语,熟练	汉语,熟练	
	配偶	李老抽	哈尼	39	小学	哈尼语,熟练	汉语,熟练	
	长女	龙秋仙	哈尼	15	初中	哈尼语,熟练	汉语,熟练	
	长子	龙秋伟	哈尼	13	小学	哈尼语,熟练	汉语,熟练	
234	户主	白普纠	哈尼	44	初中	哈尼语,熟练	汉语,熟练	
	配偶	李　艳	哈尼	36	小学	哈尼语,熟练	汉语,熟练	
	长女	白艳仙	哈尼	18	初中	哈尼语,熟练	汉语,熟练	
	次女	白艳红	哈尼	15	初中	哈尼语,熟练	汉语,熟练	
235	户主	白阿卜	哈尼	41	小学	哈尼语,熟练	汉语,熟练	
	配偶	张明果	哈尼	44	文盲或半文盲	哈尼语,熟练	汉语,略懂	
	长女	白普抽	哈尼	22	初中	哈尼语,熟练	汉语,熟练	
	次女	李　梅	哈尼	19	初中	哈尼语,熟练	汉语,熟练	
	长子	白甫高	哈尼	17	初中	哈尼语,熟练	汉语,熟练	

236	户主	白东生	哈尼	44	初中	哈尼语,熟练	汉语,熟练	
	配偶	杨洋抽	哈尼	38	文盲或半文盲	哈尼语,熟练	汉语,略懂	
	长女	白成优	哈尼	16	初中	哈尼语,熟练	汉语,熟练	
	长子	白成熙	哈尼	12	小学	哈尼语,熟练	汉语,熟练	
237	户主	白然鲁	哈尼	41	小学	哈尼语,熟练	汉语,熟练	
	配偶	白八收	哈尼	37	文盲	哈尼语,熟练	汉语,略懂	
	长子	白来忠	哈尼	21	高中	哈尼语,熟练	汉语,熟练	
	长女	白素芳	哈尼	18	高中	哈尼语,熟练	汉语,熟练	
238	户主	白者木	哈尼	48	初中	哈尼语,熟练	汉语,熟练	
	配偶	石伟飘	哈尼	40	文盲或半文盲	哈尼语,熟练	汉语,熟练	
	长女	白小莲	哈尼	18	高中	哈尼语,略懂	汉语,熟练	
	次女	白小慧	哈尼	16	初中	哈尼语,略懂	汉语,熟练	
	长子	白小勇	哈尼	10	小学	哈尼语,略懂	汉语,熟练	
239	户主	龙成山	哈尼	39	初中	哈尼语,熟练	汉语,熟练	
	配偶	陈贵林	汉	35	初中	汉语,熟练	哈尼语,熟练	
	长子	龙山河	哈尼	12	小学	哈尼语,熟练	汉语,熟练	
240	户主	李卫生保	哈尼	41	初中	哈尼语,熟练	汉语,熟练	
	配偶	李波收	哈尼	38	文盲或半文盲	哈尼语,熟练	汉语,不会	
	长子	李岩普	哈尼	13	小学	哈尼语,熟练	汉语,熟练	
	次子	李嘎荣	哈尼	12	小学	哈尼语,熟练	汉语,熟练	
241	户主	白斗苗	哈尼	47	初中	哈尼语,熟练	汉语,熟练	
	配偶	李成农	哈尼	45	文盲或半文盲	哈尼语,熟练	汉语,不会	
	长女	白春艳	哈尼	19	初中	哈尼语,熟练	汉语,熟练	
	长子	白春华	哈尼	16	初中	哈尼语,熟练	汉语,熟练	
242	户主	白培才	哈尼	38	初中	哈尼语,熟练	汉语,熟练	
	配偶	白普脚	哈尼	32	文盲或半文盲	哈尼语,熟练	汉语,略懂	
	长女	白成花	哈尼	13	小学	哈尼语,熟练	汉语,熟练	
	次女	白成虹	哈尼	9	小学	哈尼语,熟练	汉语,熟练	
243	户主	龙红涛	哈尼	45	小学	哈尼语,熟练	汉语,熟练	
	配偶	高成们	哈尼	48	文盲或半文盲	哈尼语,熟练	汉语,略懂	
	长子	龙云工	哈尼	22	小学	哈尼语,熟练	汉语,熟练	
	儿媳	白嘎飘	哈尼	27	小学	哈尼语,熟练	汉语,熟练	
	次子	龙云福	哈尼	18	高中	哈尼语,熟练	汉语,熟练	
	三子	龙云发	哈尼	15	初中	哈尼语,熟练	汉语,熟练	
244	户主	李明来	哈尼	48	文盲或半文盲	哈尼语,熟练	汉语,熟练	
	配偶	白竹仙	哈尼	35	高中	哈尼语,熟练	汉语,熟练	

245	户主	龙伙秋	哈尼	34	初中	哈尼语,熟练	汉语,熟练	
	配偶	杨玉修	哈尼	30	小学	哈尼语,熟练	汉语,熟练	
	长子	龙建国	哈尼	13	小学	哈尼语,熟练	汉语,熟练	
246	户主	龙伙然	哈尼	41	高中	哈尼语,熟练	汉语,熟练	
	配偶	马娘青	哈尼	34	文盲或半文盲	哈尼语,熟练	汉语,略懂	
	长女	龙秋艳	哈尼	13	小学	哈尼语,熟练	汉语,熟练	
	长子	龙秋云	哈尼	9	小学	哈尼语,熟练	汉语,熟练	
247	户主	龙木九	哈尼	37	小学	哈尼语,熟练	汉语,熟练	
248	户主	李牛才	彝	44	小学	彝语,熟练	哈尼语,熟练	汉语,熟练
	配偶	李松义	彝	44	文盲或半文盲	彝语,熟练	哈尼语,熟练	汉语,熟练
	长子	李尚福	彝	21	初中	彝语,熟练	哈尼语,熟练	汉语,熟练
	长女	李来努	彝	18	初中	彝语,熟练	哈尼语,熟练	
249	户主	张玉芬	汉	42	小学	汉语,熟练	哈尼语,熟练	
	长女	张　庆	汉	23	小学肄业	汉语,熟练	哈尼语,熟练	
250	户主	白中文	哈尼	58	大专	哈尼语,熟练	汉语,熟练	
	配偶	龙九抽	哈尼	55	文盲或半文盲	哈尼语,熟练	汉语,略懂	
	长女	白来飘	哈尼	33	中专	哈尼语,熟练	汉语,熟练	
	长子	白江福	哈尼	31	高中	哈尼语,熟练	汉语,熟练	
	次女	白者楼	哈尼	25	高中	哈尼语,熟练	汉语,熟练	
251	户主	杨　涛	哈尼	35	高中	哈尼语,熟练	汉语,熟练	
252	户主	杨琼英	哈尼	30	初中	哈尼语,熟练	汉语,熟练	
253	户主	龙发明	哈尼	27	大专	哈尼语,熟练	汉语,熟练	
254	户主	马秋者	哈尼	52	文盲或半文盲	哈尼语,熟练	汉语,熟练	
255	户主	白学忠	哈尼	36	初中	哈尼语,熟练	汉语,熟练	
	配偶	盘来收	哈尼	31	小学	哈尼语,熟练	汉语,熟练	
	长子	白龙贤	哈尼	11	小学	哈尼语,熟练	汉语,熟练	
	长女	白琪琪	哈尼	6	学龄前儿童	哈尼语,熟练	汉语,熟练	
256	户主	白翁木	哈尼	33	中专或中技	哈尼语,熟练	汉语,熟练	
257	户主	陈波师	哈尼	39	小学	哈尼语,熟练	汉语,熟练	
	配偶	罗木优	哈尼	39	小学	哈尼语,熟练	汉语,熟练	
	长女	陈成仙	哈尼	14	初中	哈尼语,熟练	汉语,熟练	
	次女	陈模芬	哈尼	12	小学	哈尼语,熟练	汉语,熟练	
258	户主	李　强	哈尼	27	大学	哈尼语,熟练	汉语,熟练	
259	户主	龙院金	哈尼	32	初中	哈尼语,熟练	汉语,熟练	
	配偶	罗来仙	哈尼	32	小学	哈尼语,熟练	汉语,熟练	
	长子	龙山勇	哈尼	15	初中	哈尼语,熟练	汉语,熟练	
	长女	龙　婷	哈尼	13	小学	哈尼语,熟练	汉语,熟练	

260	户主	李然者	哈尼	36	小学	哈尼语,熟练	汉语,熟练	
	配偶	白艳松	哈尼	36	小学	哈尼语,熟练	汉语,熟练	
	长女	李者艳	哈尼	14	初中	哈尼语,熟练	汉语,熟练	
	长子	李者福	哈尼	12	小学	哈尼语,熟练	汉语,熟练	
261	户主	龙俭者	哈尼	31	小学	哈尼语,熟练	汉语,熟练	
	配偶	陈玉珍	哈尼	30	小学	哈尼语,熟练	汉语,熟练	
	长子	龙者宝	哈尼	7	小学	哈尼语,熟练	汉语,熟练	

第五章　绿春大兴镇广吗小组哈尼族语言使用情况个案调查

第一节　广吗小组概况

广吗小组是大兴镇大寨村委会所辖的4个村民小组之一，是一个哈尼族高度聚居的村寨。它位于县城西南的半山腰上，距县城约7公里。广吗小组附近还有大寨、小新寨、西哈腊依寨、阿迪寨等哈尼族村寨。

广吗小组有248户，共1206名村民。耕地面积747亩，人均0.65亩，粮食总产量33.36万公斤，人均292.12公斤，还种植茶叶、草果、八角、核桃等经济作物。2010年，经济总收入413.804万元，农民人均净收入2612.85元。

广吗小组建有一座小学。学校创办于1958年9月，1988年被确定为云南省哈汉双语文实验小学，2007年搬迁并重建了新校舍。广吗小学是云南省唯一的一所采用哈汉双语文教学的学校。目前，学校占地面积3300平方米，校舍建筑面积578平方米。现有4个教学班级，在校生65名，其中女生23名。专任教师4名，均为小学高级教师。2010年，广吗小组适龄儿童的小学入学率达到了100%。具有高中以上文化程度的50多人，约占全寨总人数的5%；具有大学以上文化程度的6人，占全寨总人数的0.5%。

随着改革开放的日益深入，越来越多的村民走出村寨到城里或外地打工，有的还创办了公司，当起了大老板。他们不仅提高了自己家庭的收入和生活水平，还把外面的新观念、新事物带回山寨，促进了山寨和外界的联系，缩小了城乡差距。

与大寨和坡头小组相比，广吗小组离县城稍远，2002年才有盘山公路与外界相通，是一个相对封闭的哈尼山寨。这里民风淳朴，哈尼族的各种传统习俗保存得较好。我们来到广吗小组的时候，看到大人们耕作于田间，小孩子嬉戏于井巷，相互用哈尼语交谈、问候。见到我们一行人来到村寨，有的用当地汉语方言招呼我们，为我们引路，小孩则躲到大人身后，胆怯而又好奇地看着我们。广吗小组的女性大都穿民族服装，男性则通常只有过节的时候才穿民族服装，平日装扮已与汉族无异。

第二节 广吗小组语言使用现状

与已成为城中村的大寨和坡头小组相比，广吗小组是一个相对比较封闭的近城山寨。地理位置和交通状况决定了它的特殊性：地理位置上，既不像大寨和坡头小组已基本被城区包围，也不像平河乡车里寨那样远离县城；交通状况上，2002年实现公路通车后，村民出入县城虽有所增多，但仍不十分频繁。

广吗小组的语言使用情况是怎样的？带着这个问题，我们对大寨村广吗小组村民的语言使用情况进行了穷尽式的入户调查。除去已迁至外地的家庭、聋哑人以及语言能力还不成熟的6岁以下儿童，共统计了243户家庭的1103名村民。在我们统计的人口中，哈尼族有1099人，汉族1人，彝族2人，傈僳族1人。下面是具体的语言使用情况的统计分析。

一、广吗小组哈尼族母语使用现状

（一）广吗小组哈尼族的母语使用情况

通过入户调查、四百词测试和个别访谈，我们对广吗小组哈尼族的母语使用情况进行了统计分析。统计结果显示，广吗小组哈尼族的母语能力很强，哈尼语的使用十分稳定，属于母语强势型村寨。不同年龄段母语语言能力的调查数据统计见表5-1。

表5-1 广吗小组不同年龄段的哈尼族母语使用情况表

年龄段（岁）	总人数	熟练		略懂		不会	
		人数	百分比（%）	人数	百分比（%）	人数	百分比（%）
6—19	263	261	99.24	2	0.76	0	0
20—39	420	420	100	0	0	0	0
40—59	274	274	100	0	0	0	0
60以上	142	142	100	0	0	0	0
合计	1099	1097	99.82	2	0.18	0	0

表5-1统计显示，广吗哈尼族6岁以上具有母语能力的1099人中，属于熟练的有1097人，占调查人数的99.82%；略懂的有2人，占调查人数的0.18%；没有一个人不会说哈尼语。

从年龄分层来看，广吗哈尼族20岁以上的青壮年、中年人和老年人全部都能熟练使用哈尼语；6—19岁的青少年有99.24%的人能够熟练掌握哈尼语，有0.76%的人略懂哈尼语，还没有发现已经完全不会哈尼语的个例。

略懂哈尼语的两个人中，一个是只有6岁的小男孩陆生平，他出生在县城，父母亲长期在城里做生意，从小学会的是汉语，后来跟爷爷奶奶学会了一点儿哈尼语，现在已经能够用简单的哈尼话和寨子里的小朋友玩要嬉戏了。另外一个是19岁的女孩白秋铝，她出生在一个族际婚姻家庭，母亲是外地彝族，家庭语言为汉语，后来逐渐学会了一些哈尼语，现在随父母在外地做生意，一年只回来一两次，哈尼语水平不高。

为进一步了解广吗哈尼族的母语能力和使用特点，我们随机选取了不同年龄段的7名村民，对他们进行了四百词测试，测试结果见表5-2。

表5-2　广吗小组哈尼族四百词测试统计表

姓名	年龄(岁)	性别	文化程度	A	B	C	D	A+B	等级
白万泽	73	男	小学	400	0	0	0	400	优秀
白阿明	64	男	小学	400	0	0	0	400	优秀
杨玉贞	23	女	大学	377	6	12	4	383	优秀
白忠梅	21	女	大学	381	2	9	8	383	优秀
白保强	16	男	初中	369	3	10	18	372	优秀
杨柳仙	12	女	小学	310	65	17	8	375	优秀
白永梅	11	女	小学	239	69	61	31	308	良好

表5-2测试结果显示，除11岁女孩白永梅的哈尼语等级为良好外，其他6人从12岁到73岁，等级均为优秀。据白永梅自述，她不但在学校里说汉语，父母也使用汉语和她交流，这是造成她哈尼语水平比不上其他人的原因。但由于在整个广吗小组哈尼语是绝对强势语言，她在家里与祖父母交流，出门与邻居、朋友交流仍需要说哈尼语，因此哈尼语仍具有良好的水平。

(二) 广吗小组非哈尼族的哈尼语使用情况

我们还对广吗小组中非哈尼族的4个村民的语言使用情况进行了调查和分析。具体情况见表5-3。

表5-3　广吗小组非哈尼族使用哈尼语情况表

民族	总人数	熟练		略懂		不会	
		人数	百分比(%)	人数	百分比(%)	人数	百分比(%)
汉	1	1	100	0	0	0	0
彝	2	1	50	1	50	0	0
傈僳	1	0	0	1	100	0	0
合计	4	2	50	2	50	0	0

这4位非哈尼族村民中，有汉族1人，彝族2人，傈僳族1人，均是从外地嫁到本寨的女性。调查结果显示，她们当中的1名汉族和1名彝族能够熟练使用哈尼语，另外两名的哈尼语

水平为略懂，基本能够使用哈尼语进行简单交流，但并不熟练。两位略懂哈尼语的妇女中，一位是26岁的傈僳族妇女，她的傈僳语和汉语水平均为熟练，但由于刚嫁到本寨不久，哈尼语还没有完全掌握，只会说一些简单的句子；另外一位是32岁的彝族妇女，她的汉语和彝语水平也均为熟练，哈尼语作为第三语言，还没有达到熟练的水平。可见，由于广吗小组哈尼语的强势地位，从外地嫁来本寨的非哈尼族在日常的生活、劳动中也逐渐学会并开始使用哈尼语，一些人甚至达到了熟练水平，和土生土长的广吗人没有太大区别。

（三）广吗小组村民的哈尼文掌握情况

广吗小组有相当数量的村民懂哈尼文，远远超过大寨和坡头小组。这是由于广吗设有云南省唯一的一座哈汉双语文实验小学，学校采用哈尼语、汉语两种语言授课，并开设了哈尼文课程，从这里毕业的很多学生都会拼读哈尼文，有些人甚至能够用哈尼文写作。另外，一些参加过民委或夜校培训的村民也会哈尼文。

二、广吗小组哈尼族的汉语使用现状

除能够熟练使用自己的母语外，一些广吗哈尼族还掌握了全国通用语——汉语。我们对广吗哈尼族的汉语使用情况也进行了调查分析，看到了以下几个特点：

（一）多数哈尼族能够兼用汉语

表5-4 广吗小组不同年龄段的哈尼族兼用汉语情况表

年龄段(岁)	总人数	熟练		略懂		不会	
		人数	百分比(%)	人数	百分比(%)	人数	百分比(%)
6—19	263	140	53.23	96	36.50	27	10.27
20—39	420	319	75.95	89	21.19	12	2.86
40—59	274	99	36.13	82	29.93	93	33.94
60以上	142	19	13.38	33	23.24	90	63.38
合计	1099	577	52.50	300	27.30	222	20.20

表5-4统计结果显示，在1099名哈尼族村民中，汉语水平熟练的有577人，占统计人数的52.50%；略懂的有300人，占统计人数的27.30%；完全不会汉语的有222人，占统计人数的20.20%。汉语水平熟练或略懂的共计877人，占统计人数的79.80%，即有近80%的广吗哈尼族村民能够兼用汉语。但调查中没有发现有语言转用的情况。广泛地兼用汉语，与开放的语言态度分不开。广吗人对汉语不但没有排斥心理，还特别支持小孩子学说汉语，如在被问及如何看待小孩子越来越多地讲汉语的问题时，广吗小组的白学金副组长说："我是支持鼓励孩子讲汉语的。汉语讲得好，对他们的学习有好处，走上社会以后也有好处。"在被问到如何看

待哈尼语和汉语的关系时，白副组长说："哈尼语、汉语两样都懂就最好了。"

同时我们还看到，尽管广吗哈尼族对待汉语的态度较为开放，越来越多的人能够兼用汉语，但由于距离县城相对较远，交通不便，广吗哈尼族兼用汉语的比例以及使用汉语的水平，与城中村大寨和坡头小组仍有一定差距。

（二）兼用汉语的比例存在代际差异

从年龄分层来看，60 岁以上的老年人兼用汉语的比例最低，汉语水平熟练或略懂的共 52 人，仅占这一年龄段总人口的 36.62%；其次是 40—59 岁年龄段的中年人，有 181 人汉语水平为熟练或略懂，占这一年龄段总人口的 66.06%；20—39 岁的青壮年兼用汉语的比例最高，汉语水平为熟练或略懂的有 408 人，占这一年龄段总人口的 97.14%；6—19 岁的青少年兼用汉语的比例略低于 20—39 岁年龄段的青壮年，汉语水平为熟练或略懂的有 236 人，占这一年龄段总人口的 89.73%。

除 6—19 岁的青少年外，广吗小组哈尼族兼用汉语的比例呈现出随年龄增大而递减的规律，即 20—39 岁＞40—59 岁＞60 岁以上。6—19 岁的青少年中有的年龄尚小，还没有开始学习汉语，有的甚至还没有入学，故兼用汉语的比例略低于 20—39 岁年龄段的青壮年。但可以预测的是，随着年龄的增长，广吗小组 6—19 岁的青少年兼用汉语的比例以及使用汉语的水平将会提高。

（三）兼用汉语的比例和水平与受教育水平有密切关系

从文化程度分层来看，广吗哈尼族的受教育水平与兼用汉语的比例和水平有密切的关系。呈现的规律是：受教育时间越长，兼用汉语的比例和水平越高；反之亦然。详见表 5-5。在我们统计的 1099 人中，高中（含中专）以上文化程度的有 50 人，全部都能兼用汉语，且水平均为熟练。初中文化程度的有 226 人，全部都能兼用汉语，其中水平达到熟练等级的有 215 人，占初中文化程度总人数的 95.13%；水平为略懂的有 11 人，占初中文化程度总人数的 4.87%。小学及学龄前儿童有 518 人，能兼用汉语的有 479 人，兼用比例为 92.47%，其中水平为熟练的有 287 人，占小学及学龄前儿童总人数的 55.41%，水平为略懂的 192 人，占小学及学龄前儿童总人数的 37.06%；另有 39 人不会汉语，占小学及学龄前儿童总人数的 7.53%。文盲或半文盲共 305 人，能够兼用汉语的有 122 人，兼用比例为 40%；其中达到熟练水平的只有 25 人，占文盲或半文盲总人数的 8.20%；水平为略懂的 97 人，占文盲或半文盲总人数的 31.80%；不会汉语的有 183 人，比例高达 60%。以上统计说明，兼用汉语的比例和水平与村民的受教育水平成正比。

表 5－5 广吗小组不同文化程度的哈尼族兼用汉语情况表

文化程度	总人数	熟练		略懂		不会	
		人数	百分比(%)	人数	百分比(%)	人数	百分比(%)
文盲半文盲	305	25	8.20	97	31.80	183	60
小学以下	518	287	55.41	192	37.06	39	7.53
初中	226	215	95.13	11	4.87	0	0
高中以上	50	50	100	0	0	0	0
合计	1099	577	52.50	300	27.30	222	20.20

（四）兼用汉语的比例和水平存在性别差异

广吗哈尼族兼用汉语的情况，男女之间也呈现出较大差异，具体表现为男性兼用汉语的比例和水平要高于女性。详见表 5－6。在我们所统计的 1099 位哈尼族中，有男性 584 人，女性 515 人。在 584 名男性中，能够兼用汉语的有 539 人，兼用比例为 92.29%。其中水平为熟练的有 388 人，占男性总人数的 66.44%；水平为略懂的有 151 人，占男性总人数的 25.85%；只有 45 人不会汉语，仅占男性总人数 7.71%。在 515 名女性中，能够兼用汉语的有 338 人，兼用比例为 65.63%。其中水平为熟练的有 189 人，占女性总人数的 36.70%；水平为略懂的有 149 人，占女性总人数的 28.93%；另有 177 名女性不会汉语，比例高达 34.37%。

表 5－6 广吗小组不同性别的哈尼族兼用汉语情况表

性别	总人数	熟练		略懂		不会	
		人数	百分比(%)	人数	百分比(%)	人数	百分比(%)
男	584	388	66.44	151	25.85	45	7.71
女	515	189	36.70	149	28.93	177	34.37
合计	1099	577	52.50	300	27.30	222	20.20

第三节 广吗小组人物访谈录

一、广吗小组副组长白学金访谈录

访谈对象：白学金，男，47 岁，哈尼族，初中，广吗小组副组长

访谈时间：2011 年 8 月 2 日上午

访谈地点：广吗小组白学金家中

访 谈 者：李春风

问：请介绍一下您的个人情况。

答：我今年47岁，是广吗村民小组副组长。初中毕业后就外出打工，什么工作都做过，比如赶马啊、搞建筑啊、修公路啊。家里有一个老母亲。我爱人也是哈尼族，在家务农。我们有3个小孩，儿子现在在外面开挖掘机，有一个女儿现在在个旧一中上高三。

问：您的汉语是怎么学会的呢？

答：上学的时候学会了一点儿，不熟练。后来常年在外打工，与汉族接触的机会很多，慢慢地就熟练了。

问：为什么没有继续读书呢？

答：社会情况不同。那时候教师一个月工资也就40几块钱，我们出去打工，随便一个月也能赚100多块。而且山区好找工作。我是家中的老大，想早点儿出去赚钱养家。没想到现在社会变得这么快，还是读书好。

问：您家庭的语言使用情况如何？

答：我母亲只会说哈尼语，不会汉语。我爱人能听并能讲一点儿汉语，但是在家基本不用，只说哈尼语，只有见到外族人的时候才说汉语。见到你们就害羞，怕说不好，就不肯开口说汉语了。我在家跟老人、爱人只使用哈尼语交流，与孩子则是一半汉语、一半哈尼语。孩子跟奶奶说哈尼语。

问：您为什么与小孩交流时一半用汉语一半用哈尼语？

答：我以前常年在外打工，汉语说得比较熟练，也习惯说汉语。也为了孩子们将来上学或者出去工作更方便一点儿吧。我从孩子小的时候就开始有意培养他们说汉语。个旧一中的那个女儿，从小学一年级就开始在外面读书，也习惯说汉语了。

问：广吗寨有人会哈尼文吗？

答：一些小孩子懂一点儿。因为小学学前班教的是汉—哈双语，小孩能学一年的哈尼文。哈尼文大概已经推行七八年了。

问：村民多使用什么语言交流？

答：在村子里，小朋友们一起玩的时候，一般都讲哈尼语。年轻人尤其是在外面读书的初中生、高中生之间基本上是讲汉语的；他们跟长辈或老人说哈尼语。我们这个年纪的人，基本都说哈尼语。总的来说，说哈尼语的多，说一半哈尼语、一半汉语的少。

问：您如何看待小孩们越来越多地说汉语？

答：我是支持并鼓励孩子讲汉语的。汉语讲得好，对他们的学习有好处，以后走上社会也有好处。

问：与您小时候相比，您认为现在孩子的语言环境发生变化了吗？

答：变化很大。我小时候只会讲一点点汉语，现在的小孩基本都会说，有的比我说得还好。

问：我觉得哈尼族保留了尊老爱幼的传统，是吗？

答：是的。哈尼族不会出现乱花钱、不孝敬父母的情况。现在寨子里出去打工的年轻人比较多，但是每逢寨子的节日一般都会回来。我们寨子有个不成文的规矩，年轻人和做生意发财的村民每年要凑钱两次，设宴拜谢寨子里的老人。拜谢完老人、亲人后，人们在一起打牌、聊天、喝酒。

问：所有的人都平均出资吗？

答：不完全是。凭自己的心意和能力，多有多出，少有少出。

问：年轻人有没有回来不会说哈尼语的？

答：没有。出去打工的，多数一年能回来两、三次，哈尼语水平没有变化。

问：村民到外面主要做什么呢？

答：主要以公路建筑为主。

问：发了财的村民也不忘本是吗？

答：对。那些发财的村民集资修路，或出钱资助村里。寨子里有的路就是他们集资修的，多的达 30 万，少的一两万的都有，都尽自己的能力，凭自己的良心去做。

问：出去搞建筑的村民会回来招本村年轻人出去务工吗？

答：很多人都是这样被招走的。这样做一是为本村孩子找出路，增加他们的收入。二是双方都放心，也方便。比如急需用钱的时候可以跟老板先借钱，还钱也方便一些。

问：广吗寨的人均收入有多少？

答：我们村很多土地都被国家征走了。人均年收入大约 2500 元。

问：寨子的主要经济收入有什么？

答：茶叶、草果等，都在山上种植，每年收入差不多四五十万，种植的草果有八九百亩，有收成的约两三百亩。或者挖野菜、采菌子等，但收入很少。应季的时候每天能卖到五六十块钱。

问：村民进城的主要交通工具是什么？

答：部分人坐拖拉机、面的等，也有的抄小路。我们这儿离县城很近。小路只有两公里，公路约有七公里。

问：茶农收入如何？寨子有茶厂吗？

答：收入多的上万元，少的也在千元以上。没有大的茶厂，但三四十家有揉茶机，揉茶每 100 斤收 8 块钱。

问：还有其他农作物吗？

答：水稻、苞谷比较多。但是我们不卖多余的粮食，除去自己家吃的粮食，我们都储存起来。这是害怕年成不好的时候，没有饭吃。

问：所有的人都不卖粮食？那要是有不够吃的呢？

答：都不卖。寨里大概有三四户不够吃，是因为他自己懒惰，没有人同情他们，也绝不会有人卖粮食给他们，让他们自己进城买吧！

问：那如果是因为年老体弱或其他客观原因粮食不够吃呢？

答: 村里会有好心人给他们送米的。

问: 寨子的节日多吗?

答: 多,每月最少一次节日,多数都是村民自发组织。每逢节日,全村都会穿哈尼族服装。自娱自乐嘛!

问: 广吗寨哪年开始通电、通水的?

答: 上世纪70年代开始通电,大概1983年开始通水。这是个大村子,有水源,所以很早就通水了。自来水是山上引下来的,纯天然的矿泉水。

问: 公路没修好以前,盖房子很难吧?

答: 2004年以前,公路没修好的时候,我们盖房子的料都是靠人走小路背过来的,相当艰苦。雇人的工钱可能比买建筑材料的钱还多。

问: 广吗寨儿童一般先学会哪种语言?

答: 在我们寨子先教哈尼语,后教汉语。这是怕孩子不会说哈尼语,汉语嘛,小孩看电视、看动画片、上学就学会了。

问: 村民重视小孩的教育吗? 您如何看待这个问题?

答: 还是重视的。成绩好的孩子一般都会一直读下去,成绩不好的,只要想读,家长还是会支持的,即使借钱也会供。我认为应该供孩子上学。现在如果不是高中毕业,打工人家也不要。不管为了自己的现在还是将来,都要多学点知识。知识就是财富。

问: 您认为广吗寨年轻人与县城年轻人相比,语言使用情况有何不同?

答: 广吗年轻人说哈尼语的水平比城镇里的年轻人高一些。汉语水平都差不多。

问: 您如何看待哈尼语和汉语的关系?

答: 哈尼语、汉语两样都懂就最好了。

问: 您担心以后年轻人慢慢地不会讲哈尼语吗?

答: 不担心。在我们寨子不会出现年轻人不会讲哈尼语的情况,也没有特意不说哈尼语的。即使现在有些小孩子不太会哈尼语,但是大一点儿后,在这个环境里肯定会讲的。

问: 广吗寨村民流动性大吗?

答: 寨子中发了财的人,有一部分搬去城里。搬进来的人不多,流动性比较小。因为没有田地,现在很多年轻人都外出打工。很多姑娘出去打工就不回来了,小伙子就要到别的寨子找媳妇。

二、广吗小组村民杨里和访谈录

访谈对象: 杨里和,男,53岁,哈尼族,小学,广吗小组村民

访谈时间: 2011年8月2日上午

访谈地点: 广吗小组

访 谈 者: 余成林

问：您好，请您首先介绍一下个人情况好吗？

答：我叫杨里和，1958 年出生于广吗，哈尼族。由于家庭经济比较困难，只读过两年小学，14 岁开始一直在外边打工，1994 年开始在曲靖修高速公路。我开始学的是哈尼语，6 岁开始学习汉语，主要是当地方言，普通话是在外边打工的时候学的。

问：请您介绍一下您的家庭情况吧。

答：我们家总共有 11 口人，妻子陆明果，1967 年出生，哈尼族。她没有学历，一直待在家里，很少出去，只会哈尼语，不会汉语，遇到不会哈尼语的人就没办法交流。大儿子杨平安，1977 年出生，中专学历，会哈尼语和汉语，会读哈尼文，现在在外打工。大儿媳妇白批梅，1980 年出生，小学学历，会哈尼语和汉语，在城里做生意。孙子杨涛，2006 年出生，在城里上幼儿园，只会说哈尼语，能听懂一点儿汉语。孙女杨云芬，2001 年出生，在大兴小学读四年级，会说哈尼语，汉语能听懂但不怎么会说。孙女杨云仙，2003 年出生，在大兴小学读二年级，会哈尼语，也会一点儿汉语。小儿子杨保秋，1985 年出生，初中学历，会说哈尼语和汉语，现在在昆明打工(修高速公路)。小儿媳陆来秋，1988 年出生，小学学历，在昆明打工。孙女杨春花，2008 年出生，只会说哈尼语。女儿杨万英，1994 年出生，在建水师范幼师班读书，会哈尼语和汉语，会跳民族舞蹈，现在在昆明实习。

问：您孙子在城里上幼儿园，你们是先教他哈尼语还是汉语？

答：我们先教他哈尼语，到学校才开始学习汉语。四五年级的时候，他们的汉语基本就会了。

问：您小儿子一家现在都在昆明打工，他们教您小孙女什么话？

答：他们也教小孙女哈尼语。

问：你们寨子里有幼儿园吗？

答：没有。寨子里只有学前班，只能到城里上幼儿园。只有家庭经济条件好的才去城里上幼儿园，因为上幼儿园的时候需要租房子由母亲看着。

问：这样的话，不就形成了一定的差别了吗？

答：是的。在城里上过幼儿园的，不仅汉语好一些，胆子也大一点儿，没有上过幼儿园的，汉语能力不仅差一些，胆子也小一些。

问：小孩子从小都学习哈尼语，不会汉语，到学校读书听不懂怎么办？

答：还可以的，因为一二年级的老师都使用哈尼语和汉语交替授课。

问：你们在家都用什么语言交流？说汉语吗？

答：我们在家里全部都说哈尼语，不说汉语。在寨子里也都说哈尼语。

问：你们和其他的民族交流的时候用什么语言？

答：和其他的民族比如汉族、彝族、西摩洛人打交道的时候都说汉语。

问：西摩洛人不也是哈尼族吗？为什么你们也要用汉语？

答：虽然我们和西摩洛人都是哈尼族，但是我们和西摩洛人的语言互相听不懂，所以要用汉语。

问：你们寨子都是哈尼族吗？有没有其他的民族？

答：我们寨子除了有几个嫁过来的汉族和彝族外，基本都是哈尼族。

问：你们与这些嫁过来的汉族和彝族用什么语言交流？

答：我们与这些嫁过来的汉族和彝族也都用哈尼语交流。

问：这些汉族和彝族都会哈尼语吗？

答：绿春的哈尼族和彝族基本都在一起，彝族都会说哈尼语，但哈尼族不会说彝语。汉族开始不会说哈尼语，慢慢地就会说哈尼语了。

问：如果您女儿以后不与哈尼族结婚，他们的小孩不会哈尼语怎么办？

答：如果她以后不与哈尼族结婚的话，她的小孩说什么话就看她的缘分了，也不一定非要教她的孩子说哈尼语。

问：您认为学习汉语重要吗？

答：学习汉语还是必需的，因为有了汉语在外边做生意、打工都吃得开，只会哈尼语在外边无法交流。

问：你们寨子有多少人会哈尼文？

答：我们寨子会哈尼文的有好几十个。有的还可以看报纸。哈尼文老师就有两个。过去学前班就教哈尼文。

问：听说你们寨子有钱人非常多，是吗？

答：是的，上千万的就有四五家。

问：他们都是从事什么工作？

答：主要是修路，搞建筑的也有。

问：你们寨子大学生多吗？

答：不多，现在在读的大学生有三四个，原来毕业的本科只有两个。

问：你们寨子有钱的人家这么多，为什么考上大学的又这么少？

答：主要是因为经济原因没有多少读大学的。在我们寨子里，会读书的孩子一般都是家庭经济条件差的，经济条件好的家庭，孩子又不怎么会读书。

问：您女儿现在已经读幼师了，您想不想她继续读大学、读研究生？

答：也想她继续考大学、考研究生，这就要看她的能力。只要她有能力，她愿意，我完全支持她。

问：你们寨子一直就在现在这个地方吗？

答：我们寨子大概是200多年前从大寨比地梭搬迁过来的，具体时间也不知道了。主要是为了生活，那个时候什么地方有比较大的平地就搬到什么地方。

问：刚才您说您的两个儿媳妇都是本寨的，同寨的可以互相通婚吗？

答：我们寨子基本都是互相通婚的。因为我们寨子有姓白、杨、河、李、陈、陆等几个大姓，这几个姓都属于不同的支系,但语言都相通,所以寨子里大部分都是亲戚。我们寨子除了姓白的同姓可以通婚以外,其他的同姓之间不可以通婚,因为姓白的也有不同的支系。

问: 你们和其他寨子通婚的多吗?

答: 和其他寨子、其他民族通婚的也有,但是不多。

问: 你们寨子周围还有些什么寨子?

答: 我们寨子的东边是松东,西边是规弄,南边是枪东,北边是县城。松东和规弄都是哈尼族寨子,枪东是彝族寨子。

问: 你们寨子离县城有多远?

答: 我们寨子离县城公路是 6700 米,到城里边有七八公里。

问: 你们这些钢筋混凝土住房都是什么时候开始修建的?

答: 这些钢筋混凝土住房是从 1998 年左右开始兴建的。

问: 你们寨子是什么时候开始通电、通水、通路的?

答: 我们寨子 1974 年开始通电,1980 年开始通水,2002 年修通了弹石路①的。

问: 你们寨子里有多少辆汽车?

答: 我们寨子有六七辆大车、20 多辆小车。我家只有一辆天意小车,原来开了 10 多年吉普车。

三、广吗小组村民白阿明访谈录

访谈对象: 白阿明,男,63 岁,哈尼族,小学,州县民间艺人
访谈时间: 2011 年 8 月 2 日下午
访谈地点: 广吗小组
访　谈　者: 余成林

问: 您好,请您介绍一下个人情况吧。

答: 我叫白阿明,1948 年出生,哈尼族,小学毕业,会哈尼语和汉语,还会一点儿傈傈语。州县民间艺人。我去过缅甸 4 个多月,在那儿放木(砍树)到昆明治病待了 3 个多月,到西双版纳赶马待了两个多月,到弥勒打工待了 3 个多月,还去广州待了 8 天。

问: 请您介绍一下您的家庭情况吧。

答: 我们家总共有 6 口人。妻子叫杨迎抽,1949 年出生,文盲,只会哈尼语,不会汉语。儿子叫白金玉,1977 年出生,高中毕业,会哈尼语和汉语,现在在上海打工。儿媳叫白里花,1988 年出生,初中毕业,会哈尼语和汉语。孙子叫白忠义,2008 年出生,会哈尼语,还不会汉语。孙女叫白忠琴,2006 年出生,会哈尼语,不会汉语。

---

① 指用小碎石铺成的路。

问：请问您去过这么多的地方，您的汉语是怎么学会的？

答：汉语主要是8岁开始读书的时候慢慢学习的，然后到其他地方进一步学习。

问：您还到过缅甸4个多月，您会缅甸语吗？

答：我去缅甸那边见到的主要是傈僳族，他们说傈僳话，有些听得懂，有些听不懂，主要还是说汉语，在交流中慢慢地学会一些傈僳语。

问：您作为州县民间艺人，主要做什么事情？

答：主要做哈尼文化宣传，比方盖房子、娶媳妇、做丧事、长街宴时做些文化宣传。

问：你们盖房子的时候有些什么习俗？

答：盖房子的时候要选吉日，属龙、属牛、属羊、属猪这4天是盖房子的好日子。属龙是地，属羊是天，属牛是土，属猪是水。不同的家庭根据自己的情况选择这4天中的一天。当然，这4天不一定每一个月都有，所以要选择。一般是在冬季、秋季，不在夏季和春季。夏季主要是雨季，会打雷，盖房子、讨媳妇是不能打雷的。春季因为忌日多也不行，秋季、冬季即使下雨也不会打雷。

问：房子盖好了之后有没有什么庆祝活动？

答：盖房子的时候，全村人要帮忙。房子盖好之后要杀鸡、杀猪请全村人吃一顿饭。来吃饭的人都要送礼，有的100块，有的二三十块，不一定。吃完饭还要唱歌、跳舞。

问：请问你们结婚的时候有些什么习俗？

答：哈尼族结婚也和盖房子一样要选定吉日，但可选的日子比盖房子的多。要根据男女双方的八字选定好日子。结婚之前，要请男女双方亲戚各四五人一起吃饭。尤其要邀请女方家的舅舅吃3次饭。男方还要给女方送手镯和一定的彩礼，可以五六百或者一千，根据自己的家庭经济条件。结婚之日，男方要派三至四人到女方家迎娶，女方家要陪送一个洗脸盆、一床被子、一对枕头和三四个碗。结婚之后3天回门。

问：你们在家里都用什么语言交流？

答：我们在家都讲哈尼语，孙女在家也说哈尼语，她只能听懂一点儿汉语，不会讲。

问：您孙女不会讲汉语，上学怎么办？

答：学校用哈尼语和汉语教学，他们慢慢地学习汉语，到三四年级就学会汉语了。

问：您认为学习汉语重要吗？

答：很重要。不会汉语，上学就听不懂，学习成绩就不好，就考不上初中、高中甚至大学。没有学历，即使出去打工也没有人要，很麻烦的，所以学好汉语还是很重要的。我们这个寨子主要是学汉语的问题，说哈尼语没有问题。

第四节　广吗小组语言使用情况总表

序号	家庭关系	姓名	民族	年龄（岁）	文化程度	第一语言及水平	第二语言及水平	第三语言及水平
1	户主	白乔昆	哈尼	40	初中	哈尼语，熟练	汉语，熟练	
	长子	白永杰	哈尼	19	初中	哈尼语，熟练	汉语，熟练	
	长女	白永仙	哈尼	17	中专或中技	哈尼语，熟练	汉语，熟练	
2	户主	白伟杯	哈尼	43	小学	哈尼语，熟练	汉语，略懂	
3	户主	杨三全	哈尼	78	文盲或半文盲	哈尼语，熟练	汉语，熟练	
	配偶	白龙努	哈尼	78	文盲或半文盲	哈尼语，熟练	汉语，略懂	
4	户主	白然者	哈尼	56	小学	哈尼语，熟练	汉语，熟练	
	配偶	杨批收	哈尼	48	文盲或半文盲	哈尼语，熟练	汉语，略懂	
	长女	白批秋	哈尼	26	初中	哈尼语，熟练	汉语，熟练	
	次女	白　欧	哈尼	23	初中	哈尼语，熟练	汉语，熟练	
	外孙女	白慧英	哈尼	7	小学	哈尼语，熟练	汉语，熟练	
5	户主	白成秋	哈尼	46	小学	哈尼语，熟练	汉语，熟练	
	配偶	陈然碑	哈尼	43	文盲或半文盲	哈尼语，熟练	汉语，略懂	
	长子	白秋然	哈尼	22	初中	哈尼语，熟练	汉语，熟练	
	次子	白秋木	哈尼	20	初中	哈尼语，熟练	汉语，熟练	
6	户主	何泽源	哈尼	31	小学	哈尼语，熟练	汉语，熟练	
	配偶	白楼收	哈尼	35	文盲或半文盲	哈尼语，熟练	汉语，略懂	
	母亲	高来收	哈尼	68	文盲或半文盲	哈尼语，熟练	汉语，不会	
7	户主	何咀收	哈尼	58	小学	哈尼语，熟练	汉语，略懂	
	长子	石玉发	哈尼	33	小学	哈尼语，熟练	汉语，熟练	
	儿媳	朱求克	哈尼	30	初中	哈尼语，熟练	汉语，熟练	
	孙女	石燕春	哈尼	6	学龄前儿童	哈尼语，熟练	汉语，略懂	
8	户主	白黑苗	哈尼	39	初中	哈尼语，熟练	汉语，熟练	
	配偶	杨秋收	哈尼	38	文盲或半文盲	哈尼语，熟练	汉语，熟练	
	母亲	白坚碑	哈尼	61	文盲或半文盲	哈尼语，熟练	汉语，不会	
	长女	白苗收	哈尼	17	小学	哈尼语，熟练	汉语，熟练	
	次女	白苗优	哈尼	13	初中	哈尼语，熟练	汉语，熟练	
	长子	白苗勇	哈尼	10	小学	哈尼语，熟练	汉语，略懂	
9	户主	白咀坚	哈尼	52	小学	哈尼语，熟练	汉语，熟练	
	配偶	卢阿七	哈尼	52	文盲或半文盲	哈尼语，熟练	汉语，略懂	

10	户主	高来普	哈尼	75	文盲或半文盲	哈尼语,熟练	汉语,略懂	
	配偶	杨谷收	哈尼	72	文盲或半文盲	哈尼语,熟练	汉语,不会	
	三女	高批艳	哈尼	35	小学	哈尼语,熟练	汉语,略懂	
	长子	高　峰	哈尼	34	高中	哈尼语,熟练	汉语,熟练	
	儿媳	白三背	哈尼	33	文盲或半文盲	哈尼语,熟练	汉语,略懂	
	次子	高士祥	哈尼	30	中专或中技	哈尼语,熟练	汉语,熟练	
	孙子	高　亮	哈尼	6	学龄前儿童	哈尼语,熟练	汉语,不会	
11	户主	白梭福	哈尼	57	小学	哈尼语,熟练	汉语,熟练	
	配偶	杨车角	哈尼	51	文盲或半文盲	哈尼语,熟练	汉语,略懂	
	母亲	白忠收	哈尼	94	文盲或半文盲	哈尼语,熟练	汉语,不会	
	长子	白甫昆	哈尼	25	初中	哈尼语,熟练	汉语,熟练	
	次子	白普生	哈尼	23	初中	哈尼语,熟练	汉语,熟练	
12	户主	白朱龙	哈尼	70	文盲或半文盲	哈尼语,熟练	汉语,略懂	
	配偶	白老碑	哈尼	67	文盲或半文盲	哈尼语,熟练	汉语,不会	
	次子	白永强	哈尼	36	初中	哈尼语,熟练	汉语,熟练	
	孙子	白规生	哈尼	8	小学	哈尼语,熟练	汉语,熟练	
13	户主	白忠仁	哈尼	39	小学	哈尼语,熟练	汉语,熟练	
	母亲	卢来收	哈尼	74	文盲或半文盲	哈尼语,熟练	汉语,不会	
	弟弟	白翁波	哈尼	36	小学	哈尼语,熟练	汉语,熟练	
	弟媳	高发收	哈尼	32	文盲或半文盲	哈尼语,熟练	汉语,略懂	
	妹妹	白黑角	哈尼	33	小学	哈尼语,熟练	汉语,熟练	
	侄子	白波发	哈尼	9	小学	哈尼语,熟练	汉语,略懂	
	侄子	白波然	哈尼	7	小学	哈尼语,熟练	汉语,略懂	
14	户主	白伟额	哈尼	69	小学	哈尼语,熟练	汉语,略懂	
	配偶	李阿灯	哈尼	66	文盲或半文盲	哈尼语,熟练	汉语,不会	
	长子	白龙处	哈尼	42	小学	哈尼语,熟练	汉语,熟练	
	儿媳	高胡者	哈尼	44	文盲或半文盲	哈尼语,熟练	汉语,略懂	
	长孙	白来生	哈尼	22	初中	哈尼语,熟练	汉语,熟练	
	次孙	白波沙	哈尼	18	初中	哈尼语,熟练	汉语,熟练	
15	户主	白然秋	哈尼	43	初中	哈尼语,熟练	汉语,熟练	
	配偶	杨苗楼	哈尼	44	文盲或半文盲	哈尼语,熟练	汉语,略懂	
	母亲	卢龙收	哈尼	69	文盲或半文盲	哈尼语,熟练	汉语,不会	
	长女	白秋梅	哈尼	20	小学	哈尼语,熟练	汉语,熟练	
	长子	白秋成	哈尼	15	小学	哈尼语,熟练	汉语,熟练	
	次子	白秋已	哈尼	13	初中	哈尼语,熟练	汉语,熟练	

16	户主	陈波优	哈尼	57	小学	哈尼语,熟练	汉语,略懂	
	配偶	白木农	哈尼	48	文盲或半文盲	哈尼语,熟练	汉语,不会	
	长子	陈春辉	哈尼	26	初中	哈尼语,熟练	汉语,熟练	
17	户主	陈忠有	哈尼	47	小学	哈尼语,熟练	汉语,熟练	
	配偶	李咀优	哈尼	43	文盲或半文盲	哈尼语,熟练	汉语,略懂	
	长子	陈嘎英	哈尼	15	初中	哈尼语,熟练	汉语,熟练	
	长女	陈嘎芬	哈尼	12	小学	哈尼语,熟练	汉语,熟练	
18	户主	陈老有	哈尼	43	小学	哈尼语,熟练	汉语,熟练	
	配偶	高留艳	哈尼	42	文盲或半文盲	哈尼语,熟练	汉语,不会	
	长女	陈鲁农	哈尼	12	小学	哈尼语,熟练	汉语,略懂	
	长子	陈鲁八	哈尼	10	小学	哈尼语,熟练	汉语,略懂	
19	户主	杨老泽	哈尼	72	文盲或半文盲	哈尼语,熟练	汉语,略懂	
	配偶	卢托收	哈尼	70	文盲或半文盲	哈尼语,熟练	汉语,不会	
20	户主	杨木九	哈尼	44	小学	哈尼语,熟练	汉语,熟练	
	配偶	白伙抽	哈尼	43	文盲或半文盲	哈尼语,熟练	汉语,略懂	
	长子	杨来康	哈尼	22	初中	哈尼语,熟练	汉语,熟练	
	次子	杨建云	哈尼	19	小学	哈尼语,熟练	汉语,熟练	
21	户主	白普斗	哈尼	70	文盲或半文盲	哈尼语,熟练	汉语,略懂	
	配偶	卢爱楼	哈尼	69	文盲或半文盲	哈尼语,熟练	汉语,不会	
	次子	白建明	哈尼	32	初中	哈尼语,熟练	汉语,熟练	
22	户主	杨坚三	哈尼	47	小学	哈尼语,熟练	汉语,熟练	
	配偶	白普飘	哈尼	45	文盲或半文盲	哈尼语,熟练	汉语,略懂	
	长女	杨沙优	哈尼	25	小学	哈尼语,熟练	汉语,熟练	
	长子	杨沙元	哈尼	21	初中	哈尼语,熟练	汉语,熟练	
23	户主	杨期贵	哈尼	46	小学	哈尼语,熟练	汉语,熟练	
	长子	杨贵宝	哈尼	17	小学	哈尼语,熟练	汉语,熟练	
	长女	杨贵艳	哈尼	16	小学	哈尼语,熟练	汉语,熟练	
24	户主	杨伟普	哈尼	67	小学	哈尼语,熟练	汉语,熟练	
	配偶	高来农	哈尼	66	文盲或半文盲	哈尼语,熟练	汉语,不会	
	长子	杨普秋	哈尼	45	小学	哈尼语,熟练	汉语,熟练	
	儿媳	白坚们	哈尼	46	文盲或半文盲	哈尼语,熟练	汉语,不会	
	次子	杨普龙	哈尼	32	初中	哈尼语,熟练	汉语,熟练	
	儿媳	李来角	哈尼	33	小学	哈尼语,熟练	汉语,熟练	
	长孙	杨建荣	哈尼	19	初中	哈尼语,熟练	汉语,熟练	
	长孙女	杨龙芬	哈尼	13	小学	哈尼语,熟练	汉语,熟练	
	次孙女	杨龙玉	哈尼	10	小学	哈尼语,熟练	汉语,略懂	
	次孙	杨龙文	哈尼	8	小学	哈尼语,熟练	汉语,略懂	

25	户主	卢腊收	哈尼	59	文盲或半文盲	哈尼语,熟练	汉语,不会	
	长子	杨思波	哈尼	30	初中	哈尼语,熟练	汉语,熟练	
	次子	杨思秋	哈尼	23	初中	哈尼语,熟练	汉语,熟练	
26	户主	杨胡斗	哈尼	75	文盲或半文盲	哈尼语,熟练	汉语,略懂	
	儿媳	白伟杯	哈尼	49	文盲或半文盲	哈尼语,熟练	汉语,不会	
27	户主	杨哈楞	哈尼	49	文盲或半文盲	哈尼语,熟练	汉语,略懂	
	配偶	白简艳	哈尼	44	文盲或半文盲	哈尼语,熟练	汉语,不会	
	长子	杨热贵	哈尼	20	初中	哈尼语,熟练	汉语,熟练	
	长女	杨热角	哈尼	17	初中	哈尼语,熟练	汉语,熟练	
28	户主	杨泽秋	哈尼	57	小学	哈尼语,熟练	汉语,熟练	
	配偶	白伟抽	哈尼	57	文盲或半文盲	哈尼语,熟练	汉语,不会	
	长子	杨伟华	哈尼	32	初中	哈尼语,熟练	汉语,熟练	
	儿媳	白古远	哈尼	25	小学	哈尼语,熟练	汉语,熟练	
	次女	杨秋明	哈尼	24	初中	哈尼语,熟练	汉语,熟练	
	次子	杨形优	哈尼	22	中专或中技	哈尼语,熟练	汉语,熟练	
	孙子	杨三福	哈尼	8	小学	哈尼语,熟练	汉语,略懂	
	孙女	杨三花	哈尼	6	学龄前儿童	哈尼语,熟练	汉语,不会	
29	户主	杨泽保	哈尼	58	小学	哈尼语,熟练	汉语,熟练	
	配偶	李波飘	哈尼	56	文盲或半文盲	哈尼语,熟练	汉语,不会	
	三女	杨三妹	哈尼	21	小学	哈尼语,熟练	汉语,熟练	
	长子	杨保六	哈尼	16	初中	哈尼语,熟练	汉语,熟练	
30	户主	白阿明	哈尼	63	小学	哈尼语,熟练	汉语,熟练	
	配偶	杨也抽	哈尼	62	文盲或半文盲	哈尼语,熟练	汉语,不会	
	三子	白金玉	哈尼	32	中专或中技	哈尼语,熟练	汉语,熟练	
	儿媳	白里花	哈尼	23	初中	哈尼语,熟练	汉语,熟练	
31	户主	白咀普	哈尼	66	文盲或半文盲	哈尼语,熟练	汉语,略懂	
	配偶	杨才杯	哈尼	62	文盲或半文盲	哈尼语,熟练	汉语,不会	
	长子	白服有	哈尼	40	小学	哈尼语,熟练	汉语,熟练	
	儿媳	马生优	哈尼	35	文盲或半文盲	哈尼语,熟练	汉语,略懂	
	三女	白玉琼	哈尼	33	初中	哈尼语,熟练	汉语,熟练	
	次子	白学安	哈尼	30	初中	哈尼语,熟练	汉语,熟练	
	儿媳	陈兰仙	哈尼	34	小学	哈尼语,熟练	汉语,熟练	
	孙女	白者花	哈尼	12	小学	哈尼语,熟练	汉语,略懂	
	外孙女	李颜龄	哈尼	6	学龄前儿童	哈尼语,熟练	汉语,不会	

32	户主	白坚劳	哈尼	71	文盲或半文盲	哈尼语,熟练	汉语,略懂	
	配偶	白波积	哈尼	76	文盲或半文盲	哈尼语,熟练	汉语,不会	
	次子	白龙仁	哈尼	34	初中	哈尼语,熟练	汉语,熟练	
	儿媳	李　琼	哈尼	32	初中	哈尼语,熟练	汉语,熟练	
	孙子	白福明	哈尼	11	小学	哈尼语,熟练	汉语,略懂	
	孙女	白仁优	哈尼	7	学龄前儿童	哈尼语,熟练	汉语,不会	
33	户主	白龙三	哈尼	83	文盲或半文盲	哈尼语,熟练	汉语,不会	
	长子	白龙伟	哈尼	56	小学	哈尼语,熟练	汉语,熟练	
	次子	白福嘎	哈尼	48	初中	哈尼语,熟练	汉语,熟练	
	儿媳	白安飘	哈尼	45	文盲或半文盲	哈尼语,熟练	汉语,不会	
	长孙	白智强	哈尼	26	初中	哈尼语,熟练	汉语,熟练	
	孙媳	卢阿英	哈尼	26	小学	哈尼语,熟练	汉语,熟练	
	次孙	白志成	哈尼	23	初中	哈尼语,熟练	汉语,熟练	
	三孙	白志雄	哈尼	23	初中	哈尼语,熟练	汉语,熟练	
34	户主	李批木	哈尼	54	小学	哈尼语,熟练	汉语,熟练	
	次子	李木波	哈尼	28	小学	哈尼语,熟练	汉语,熟练	
	儿媳	李秀英	哈尼	22	小学	哈尼语,熟练	汉语,熟练	
35	户主	白来然	哈尼	39	小学	哈尼语,熟练	汉语,熟练	
	配偶	卢兰依山	哈尼	38	文盲或半文盲	哈尼语,熟练	汉语,略懂	
	长女	白斗收	哈尼	17	小学	哈尼语,熟练	汉语,熟练	
	长子	白斗银	哈尼	14	初中	哈尼语,熟练	汉语,熟练	
36	户主	白牛抽	哈尼	65	文盲或半文盲	哈尼语,熟练	汉语,不会	
	长子	白洁三	哈尼	41	小学	哈尼语,熟练	汉语,熟练	
	次子	白苗秋	哈尼	37	小学	哈尼语,熟练	汉语,熟练	
	三子	白苗额	哈尼	32	小学	哈尼语,熟练	汉语,熟练	
	孙子	白额生	哈尼	10	小学	哈尼语,熟练	汉语,略懂	
37	户主	高阿施	哈尼	44	初中	哈尼语,熟练	汉语,熟练	
	配偶	白翁收	哈尼	43	文盲或半文盲	哈尼语,熟练	汉语,不会	
	长子	高木工	哈尼	22	初中	哈尼语,熟练	汉语,熟练	
	次子	高慕春	哈尼	20	初中	哈尼语,熟练	汉语,熟练	
38	户主	白阿玖	哈尼	49	小学	哈尼语,熟练	汉语,熟练	
	配偶	杨鲁优	哈尼	49	文盲或半文盲	哈尼语,熟练	汉语,不会	
	长女	白来努	哈尼	25	小学	哈尼语,熟练	汉语,熟练	
	长子	白建康	哈尼	23	小学	哈尼语,熟练	汉语,熟练	
	次子	白阿忠	哈尼	22	小学	哈尼语,熟练	汉语,熟练	

39	户主	白学金	哈尼	47	初中	哈尼语,熟练	汉语,熟练	
	配偶	李模梭	哈尼	43	小学	哈尼语,熟练	汉语,熟练	
	父亲	白万泽	哈尼	72	初中	哈尼语,熟练	汉语,熟练	
	母亲	白朋努	哈尼	65	文盲或半文盲	哈尼语,熟练	汉语,不会	
	长女	白来农	哈尼	22	初中	哈尼语,熟练	汉语,熟练	
	长子	白金强	哈尼	21	初中	哈尼语,熟练	汉语,熟练	
	次女	白金花	哈尼	17	高中	哈尼语,熟练	汉语,熟练	
40	户主	白绍文	哈尼	40	初中	哈尼语,熟练	汉语,熟练	
	配偶	何玉萍	哈尼	40	初中	哈尼语,熟练	汉语,熟练	
	长女	白继珍	哈尼	16	初中	哈尼语,熟练	汉语,熟练	
	次女	白普芬	哈尼	13	小学	哈尼语,熟练	汉语,略懂	
	长子	白福伟	哈尼	10	小学	哈尼语,熟练	汉语,略懂	
41	户主	白碧莎	哈尼	47	初中	哈尼语,熟练	汉语,熟练	
	父亲	白九波	哈尼	80	文盲或半文盲	哈尼语,熟练	汉语,不会	
	母亲	白然角	哈尼	70	文盲或半文盲	哈尼语,熟练	汉语,不会	
	长女	白　菊	哈尼	24	初中	哈尼语,熟练	汉语,熟练	
	长子	白　俊	哈尼	22	高中	哈尼语,熟练	汉语,熟练	
42	户主	白九斗	哈尼	77	文盲或半文盲	哈尼语,熟练	汉语,不会	
	配偶	白秋收	哈尼	75	文盲或半文盲	哈尼语,熟练	汉语,不会	
	长子	白棚文	哈尼	51	初中	哈尼语,熟练	汉语,熟练	
	儿媳	白马玉梭	哈尼	44	文盲或半文盲	哈尼语,熟练	汉语,略懂	
	三子	白绍三	哈尼	32	初中	哈尼语,熟练	汉语,熟练	
	孙女	白来优	哈尼	23	初中	哈尼语,熟练	汉语,熟练	
	孙子	白永清	哈尼	19	初中	哈尼语,熟练	汉语,熟练	
43	户主	白学光	哈尼	62	小学	哈尼语,熟练	汉语,熟练	
	配偶	卢哈也	哈尼	65	文盲或半文盲	哈尼语,熟练	汉语,不会	
	四子	白建强	哈尼	29	高中	哈尼语,熟练	汉语,熟练	
	孙子	白普文	哈尼	17	初中	哈尼语,熟练	汉语,熟练	
	长孙女	白飘抽	哈尼	15	小学	哈尼语,熟练	汉语,熟练	
	次孙女	白飘香	哈尼	15	小学	哈尼语,熟练	汉语,熟练	
	三孙女	白批才	哈尼	9	小学	哈尼语,熟练	汉语,略懂	
44	户主	白伙龙	哈尼	56	小学	哈尼语,熟练	汉语,熟练	
	配偶	白批收	哈尼	52	文盲或半文盲	哈尼语,熟练	汉语,不会	
	长子	白学万	哈尼	29	初中	哈尼语,熟练	汉语,熟练	
	儿媳	白仙琼	哈尼	27	初中	哈尼语,熟练	汉语,熟练	
	次子	白学勇	哈尼	27	初中	哈尼语,熟练	汉语,熟练	
	长女	白优飘	哈尼	23	初中	哈尼语,熟练	汉语,熟练	

45	户主	白普友	哈尼	37	小学	哈尼语,熟练	汉语,熟练	
	配偶	杨有农	哈尼	42	文盲或半文盲	哈尼语,熟练	汉语,不会	
	母亲	何则所	哈尼	72	文盲或半文盲	哈尼语,熟练	汉语,不会	
	长子	白伟华	哈尼	18	初中	哈尼语,熟练	汉语,熟练	
	次子	白伟生	哈尼	16	初中	哈尼语,熟练	汉语,熟练	
46	户主	白波牛	哈尼	45	小学	哈尼语,熟练	汉语,熟练	
	配偶	白者优	哈尼	43	文盲或半文盲	哈尼语,熟练	汉语,不会	
	父亲	白鲁普	哈尼	78	文盲或半文盲	哈尼语,熟练	汉语,不会	
	长女	白三艳	哈尼	21	小学	哈尼语,熟练	汉语,熟练	
	长子	白石波	哈尼	18	初中	哈尼语,熟练	汉语,熟练	
47	户主	白伙仁	哈尼	50	初中	哈尼语,熟练	汉语,熟练	
	配偶	李然飘	哈尼	50	文盲或半文盲	哈尼语,熟练	汉语,略懂	
	长子	白春林	哈尼	27	中专或中技	哈尼语,熟练	汉语,熟练	
	儿媳	白保抽	哈尼	24	初中	哈尼语,熟练	汉语,熟练	
	长女	白春梅	哈尼	25	大学	哈尼语,熟练	汉语,熟练	
	次女	白春燕	哈尼	22	初中	哈尼语,熟练	汉语,熟练	
48	户主	白学义	哈尼	36	初中	哈尼语,熟练	汉语,熟练	
	配偶	杨贵飘	哈尼	37	文盲或半文盲	哈尼语,熟练	汉语,略懂	
	父亲	白小三	哈尼	78	文盲或半文盲	哈尼语,熟练	汉语,不会	
	长女	白建玲	哈尼	14	初中	哈尼语,熟练	汉语,熟练	
	次女	白建仙	哈尼	12	小学	哈尼语,熟练	汉语,略懂	
	长子	白建春	哈尼	10	小学	哈尼语,熟练	汉语,不会	
49	户主	白宏程	哈尼	43	初中	哈尼语,熟练	汉语,熟练	
	配偶	沙平英	哈尼	37	初中	哈尼语,熟练	汉语,熟练	
	长女	白建荭	哈尼	17	初中	哈尼语,熟练	汉语,熟练	
	次女	白建桦	哈尼	15	初中	哈尼语,熟练	汉语,熟练	
	长子	白建懿	哈尼	7	小学	哈尼语,熟练	汉语,不会	
50	户主	白苗保	哈尼	65	文盲或半文盲	哈尼语,熟练	汉语,略懂	
	次子	白甫波	哈尼	28	小学	哈尼语,熟练	汉语,熟练	
	儿媳	杨保洁	哈尼	30	小学	哈尼语,熟练	汉语,略懂	
51	户主	高然里	哈尼	51	初中	哈尼语,熟练	汉语,熟练	
	配偶	陈波抽	哈尼	53	文盲或半文盲	哈尼语,熟练	汉语,不会	
	长女	高九折	哈尼	25	小学	哈尼语,熟练	汉语,熟练	
	长子	高玖发	哈尼	16	小学	哈尼语,熟练	汉语,略懂	

52	户主	白批木	哈尼	42	小学	哈尼语,熟练	汉语,熟练	
	配偶	李胡收	哈尼	50	文盲或半文盲	哈尼语,熟练	汉语,不会	
	母亲	杨则也	哈尼	75	文盲或半文盲	哈尼语,熟练	汉语,不会	
	长子	白木普	哈尼	27	初中	哈尼语,熟练	汉语,熟练	
	儿媳	白　霞	哈尼	25	初中	哈尼语,熟练	汉语,熟练	
	次子	白木黑	哈尼	22	初中	哈尼语,熟练	汉语,熟练	
53	户主	白鲁木	哈尼	63	文盲或半文盲	哈尼语,熟练	汉语,略懂	
	配偶	卢玉收	哈尼	60	文盲或半文盲	哈尼语,熟练	汉语,不会	
	长子	白福宝	哈尼	33	中专或中技	哈尼语,熟练	汉语,熟练	
	儿媳	杨胡角	哈尼	32	文盲或半文盲	哈尼语,熟练	汉语,略懂	
	次子	白健华	哈尼	27	初中	哈尼语,熟练	汉语,熟练	
54	户主	白来波	哈尼	58	小学	哈尼语,熟练	汉语,熟练	
	配偶	卢明里	哈尼	53	小学	哈尼语,熟练	汉语,熟练	
	长子	白肆光	哈尼	28	中专或中技	哈尼语,熟练	汉语,熟练	
	次子	白肆云	哈尼	26	初中	哈尼语,熟练	汉语,熟练	
	长女	白四妹	哈尼	23	初中	哈尼语,熟练	汉语,熟练	
55	户主	白文华	哈尼	38	小学	哈尼语,熟练	汉语,熟练	
	配偶	杨成优	哈尼	32	文盲或半文盲	哈尼语,熟练	汉语,略懂	
	母亲	杨期表	哈尼	69	文盲或半文盲	哈尼语,熟练	汉语,不会	
	长女	白建努	哈尼	14	小学	哈尼语,熟练	汉语,熟练	
	长子	白建光	哈尼	11	小学	哈尼语,熟练	汉语,略懂	
	次子	白建文	哈尼	6	小学	哈尼语,熟练	汉语,不会	
56	户主	白来保	哈尼	49	小学	哈尼语,熟练	汉语,熟练	
	配偶	白吉收	哈尼	47	文盲或半文盲	哈尼语,熟练	汉语,不会	
	长子	白鲁高	哈尼	23	初中	哈尼语,熟练	汉语,熟练	
	儿媳	白晓燕	哈尼	21	初中	哈尼语,熟练	汉语,熟练	
57	户主	白候八	哈尼	26	小学	哈尼语,熟练	汉语,熟练	
	母亲	李们青	哈尼	45	文盲或半文盲	哈尼语,熟练	汉语,不会	
	弟弟	白八成	哈尼	21	初中	哈尼语,熟练	汉语,熟练	
	妹妹	白八收	哈尼	18	小学	哈尼语,熟练	汉语,熟练	
58	户主	李批则	哈尼	78	小学	哈尼语,熟练	汉语,略懂	
	配偶	白坚抽	哈尼	54	文盲或半文盲	哈尼语,熟练	汉语,不会	
	长子	李建伟	哈尼	19	初中	哈尼语,熟练	汉语,熟练	

59	户主	李阿施	哈尼	42	小学	哈尼语,熟练	汉语,熟练	
	配偶	白则背	哈尼	44	文盲或半文盲	哈尼语,熟练	汉语,不会	
	母亲	杨鲁抽	哈尼	76	文盲或半文盲	哈尼语,熟练	汉语,不会	
	长子	李金才	哈尼	23	初中	哈尼语,熟练	汉语,熟练	
	次子	李金明	哈尼	21	初中	哈尼语,熟练	汉语,熟练	
	长女	李金妹	哈尼	16	高中	哈尼语,熟练	汉语,熟练	
60	户主	龙处成	哈尼	38	小学	哈尼语,熟练	汉语,熟练	
	配偶	白木梭	哈尼	42	文盲或半文盲	哈尼语,熟练	汉语,不会	
	母亲	白谷收	哈尼	75	文盲或半文盲	哈尼语,熟练	汉语,不会	
	长子	李成浦	哈尼	21	初中	哈尼语,熟练	汉语,熟练	
	长女	李成升	哈尼	18	小学	哈尼语,熟练	汉语,熟练	
	次女	李嘎仙	哈尼	7	小学	哈尼语,熟练	汉语,不会	
61	户主	白来秋	哈尼	62	文盲或半文盲	哈尼语,熟练	汉语,略懂	
	配偶	杨嘎优	哈尼	59	文盲或半文盲	哈尼语,熟练	汉语,不会	
	母亲	李三梭	哈尼	82	文盲或半文盲	哈尼语,熟练	汉语,不会	
	长子	白优保	哈尼	37	小学	哈尼语,熟练	汉语,熟练	
	儿媳	白木楼	哈尼	35	文盲或半文盲	哈尼语,熟练	汉语,略懂	
	长孙	白宝云	哈尼	14	初中	哈尼语,熟练	汉语,熟练	
	次孙	白宝华	哈尼	8	小学	哈尼语,熟练	汉语,略懂	
62	户主	杨仁表	哈尼	51	文盲或半文盲	哈尼语,熟练	汉语,不会	
	长子	白昆秋	哈尼	31	小学	哈尼语,熟练	汉语,熟练	
	次子	白昆有	哈尼	29	初中	哈尼语,熟练	汉语,熟练	
	儿媳	李毛秋	哈尼	28	小学	哈尼语,熟练	汉语,熟练	
	三子	白昆生	哈尼	25	小学	哈尼语,熟练	汉语,熟练	
63	户主	白批苗	哈尼	63	文盲或半文盲	哈尼语,熟练	汉语,略懂	
	配偶	杨明牛	哈尼	57	文盲或半文盲	哈尼语,熟练	汉语,不会	
	三子	白苗友	哈尼	25	初中	哈尼语,熟练	汉语,熟练	
	长女	白苗抽	哈尼	22	小学	哈尼语,熟练	汉语,熟练	
	孙女	白院红	哈尼	13	小学	哈尼语,熟练	汉语,熟练	
	孙子	白来福	哈尼	8	小学	哈尼语,熟练	汉语,略懂	
64	户主	白胡波	哈尼	46	小学	哈尼语,熟练	汉语,熟练	
	配偶	高批艳	哈尼	44	文盲或半文盲	哈尼语,熟练	汉语,不会	
	长女	白石抽	哈尼	19	小学	哈尼语,熟练	汉语,熟练	
	次女	白皮福	哈尼	17	小学	哈尼语,熟练	汉语,熟练	
	长子	白建良	哈尼	8	小学	哈尼语,熟练	汉语,不会	

65	户主	白然贵	哈尼	62	小学	哈尼语，熟练	汉语，熟练	
	配偶	杨里收	哈尼	63	文盲或半文盲	哈尼语，熟练	汉语，不会	
	长子	白贵文	哈尼	34	初中	哈尼语，熟练	汉语，熟练	
	儿媳	胡文美	傈僳	26	初中	傈僳语，熟练	汉语，熟练	
	孙女	白文静	哈尼	6	学龄前儿童	汉语，熟练	哈尼语，熟练	
66	户主	白万有	哈尼	65	小学	哈尼语，熟练	汉语，熟练	
	配偶	卢虎远	哈尼	62	文盲或半文盲	哈尼语，熟练	汉语，不会	
	长子	白有处	哈尼	44	小学	哈尼语，熟练	汉语，熟练	
	儿媳	杨普农	哈尼	43	文盲或半文盲	哈尼语，熟练	汉语，略懂	
	三子	白有才	哈尼	37	小学	哈尼语，熟练	汉语，熟练	
	长孙	白秋生	哈尼	23	初中	哈尼语，熟练	汉语，熟练	
	长孙女	白晓路	哈尼	23	初中	哈尼语，熟练	汉语，熟练	
	次孙	白秋云	哈尼	21	高中	哈尼语，熟练	汉语，熟练	
	次孙女	白秋铝	哈尼	19	初中	汉语，熟练	不详	
	三孙女	白永梅	哈尼	11	小学	哈尼语，熟练	汉语，熟练	
	三孙	白跃静	哈尼	8	小学	哈尼语，熟练	汉语，略懂	
67	户主	白安平	哈尼	65	小学	哈尼语，熟练	汉语，熟练	
	配偶	陆明咀	哈尼	63	文盲或半文盲	哈尼语，熟练	汉语，不会	
	次子	白艳三	哈尼	38	小学	哈尼语，熟练	汉语，熟练	
	儿媳	王前芬	哈尼	39	文盲或半文盲	哈尼语，熟练	汉语，不会	
	长孙女	白三梅	哈尼	13	小学	哈尼语，熟练	汉语，熟练	
	次孙女	白福仙	哈尼	10	小学	哈尼语，熟练	汉语，熟练	
	孙子	白福亮	哈尼	8	小学	哈尼语，熟练	汉语，不会	
68	户主	白成忠	哈尼	46	初中	哈尼语，熟练	汉语，熟练	
	配偶	杨科收	哈尼	43	文盲或半文盲	哈尼语，熟练	汉语，略懂	
	父亲	白万六	哈尼	71	初中	哈尼语，熟练	汉语，熟练	
	母亲	卢普收	哈尼	71	文盲或半文盲	哈尼语，熟练	汉语，不会	
	长子	白　涛	哈尼	23	中专或中技	哈尼语，熟练	汉语，熟练	
	长女	白忠梅	哈尼	21	大学	哈尼语，熟练	汉语，熟练	
	次女	白　霞	哈尼	19	中专或中技	哈尼语，熟练	汉语，熟练	
69	户主	白成青	哈尼	34	初中	哈尼语，熟练	汉语，熟练	
	配偶	孙建芬	汉	32	初中	汉语，熟练	哈尼语，熟练	
	长女	白青婷	哈尼	7	小学	汉语，熟练	哈尼语，熟练	

70	户主	杨伟然	哈尼	63	小学	哈尼语,熟练	汉语,熟练	
	配偶	白木飘	哈尼	58	文盲或半文盲	哈尼语,熟练	汉语,不会	
	长子	杨拉波	哈尼	37	初中	哈尼语,熟练	汉语,熟练	
	儿媳	陈阿芳	哈尼	31	初中	哈尼语,熟练	汉语,熟练	
	孙女	杨秋仙	哈尼	10	小学	哈尼语,熟练	汉语,略懂	
	孙子	杨秋浩	哈尼	8	小学	哈尼语,熟练	汉语,略懂	
71	户主	白欧抽	哈尼	49	小学	哈尼语,熟练	汉语,略懂	
	配偶	白建东	哈尼	53	高中	哈尼语,熟练	汉语,熟练	
	长子	白金海	哈尼	29	高中	哈尼语,熟练	汉语,熟练	
	次子	高　瑞	哈尼	27	高中	哈尼语,熟练	汉语,熟练	
72	户主	杨鲁苗	哈尼	72	小学	哈尼语,熟练	汉语,略懂	
	配偶	李　收	哈尼	72	文盲或半文盲	哈尼语,熟练	汉语,不会	
	孙女	杨广生	哈尼	18	中专或中技	哈尼语,熟练	汉语,熟练	
	孙子	杨苗华	哈尼	14	初中	哈尼语,熟练	汉语,熟练	
73	户主	白安星	哈尼	63	小学	哈尼语,熟练	汉语,略懂	
	配偶	李仁抽	哈尼	49	小学	哈尼语,熟练	汉语,略懂	
	长子	白金华	哈尼	35	初中	哈尼语,熟练	汉语,熟练	
	儿媳	白作新	彝	32	初中	汉语,熟练	彝语,熟练	
	长女	白金琴	哈尼	28	初中	哈尼语,熟练	汉语,熟练	
	次女	白智仙	哈尼	25	大学	哈尼语,熟练	汉语,熟练	
	次子	白金有	哈尼	21	初中	哈尼语,熟练	汉语,熟练	
74	户主	杨三木	哈尼	62	小学	哈尼语,熟练	汉语,略懂	
	配偶	白则农	哈尼	62	文盲或半文盲	哈尼语,熟练	汉语,不会	
	三子	杨天明	哈尼	33	初中	哈尼语,熟练	汉语,熟练	
75	户主	杨咀思	哈尼	41	小学	哈尼语,熟练	汉语,熟练	
	配偶	许桂芬	哈尼	34	初中	哈尼语,熟练	汉语,熟练	
	母亲	卢虎楼	哈尼	67	文盲或半文盲	哈尼语,熟练	汉语,略懂	
	长子	杨然宏	哈尼	15	初中	哈尼语,熟练	汉语,熟练	
76	户主	杨鲁然	哈尼	39	小学	哈尼语,熟练	汉语,略懂	
	配偶	张夫收	哈尼	26	小学	哈尼语,熟练	汉语,略懂	
	次女	杨处鲜	哈尼	7	学龄前儿童	哈尼语,熟练	汉语,熟练	
	长子	杨处普	哈尼	6	学龄前儿童	哈尼语,熟练	汉语,熟练	
77	户主	杨生普	哈尼	68	小学	哈尼语,熟练	汉语,熟练	
	配偶	卢腊收	哈尼	68	文盲或半文盲	哈尼语,熟练	汉语,不会	
	四子	杨普伟	哈尼	32	小学	哈尼语,熟练	汉语,熟练	
	儿媳	李普优	哈尼	32	文盲或半文盲	哈尼语,熟练	汉语,熟练	
	孙子	杨伟平	哈尼	11	小学	哈尼语,熟练	汉语,略懂	
	孙女	杨伟芬	哈尼	7	小学	哈尼语,熟练	汉语,略懂	

78	户主	白波俭	哈尼	47	初中	哈尼语,熟练	汉语,熟练	
	配偶	杨秋远	哈尼	46	文盲或半文盲	哈尼语,熟练	汉语,略懂	
	长女	白建芬	哈尼	19	小学	哈尼语,熟练	汉语,熟练	
	长子	白简华	哈尼	17	初中	哈尼语,熟练	汉语,熟练	
79	户主	杨然普	哈尼	52	小学	哈尼语,熟练	汉语,略懂	
	配偶	卢玉们	哈尼	47	文盲或半文盲	哈尼语,熟练	汉语,略懂	
	长子	陶牛岁	哈尼	29	初中	哈尼语,熟练	汉语,熟练	
	儿媳	陆康努	哈尼	25	小学	哈尼语,熟练	汉语,略懂	
	长女	杨破梭	哈尼	27	小学	哈尼语,熟练	汉语,熟练	
	次子	杨保木	哈尼	22	小学	哈尼语,熟练	汉语,熟练	
	孙女	杨秀芬	哈尼	7	学龄前儿童	哈尼语,熟练	汉语,不会	
80	户主	杨老则	哈尼	76	文盲或半文盲	哈尼语,熟练	汉语,略懂	
	配偶	李咀远	哈尼	74	文盲或半文盲	哈尼语,熟练	汉语,熟练	
	长子	杨成斗	哈尼	47	初中	哈尼语,熟练	汉语,熟练	
	儿媳	卢托梭	哈尼	46	文盲或半文盲	哈尼语,熟练	汉语,略懂	
	长孙	杨斗保	哈尼	23	小学	哈尼语,熟练	汉语,熟练	
	次孙	杨斗高	哈尼	21	小学	哈尼语,熟练	汉语,熟练	
81	户主	杨成秋	哈尼	44	初中	哈尼语,熟练	汉语,熟练	
	配偶	白波楼	哈尼	43	文盲或半文盲	哈尼语,熟练	汉语,略懂	
	长子	杨初华	哈尼	22	小学	哈尼语,熟练	汉语,熟练	
	儿媳	陈建芬	哈尼	21	小学	哈尼语,熟练	汉语,熟练	
82	户主	杨三忠	哈尼	66	文盲或半文盲	哈尼语,熟练	汉语,熟练	
	配偶	白明秋	哈尼	66	文盲或半文盲	哈尼语,熟练	汉语,不会	
	次子	杨忠然	哈尼	29	高中	哈尼语,熟练	汉语,熟练	
83	户主	白么然	哈尼	61	小学	哈尼语,熟练	汉语,熟练	
	配偶	白咀然	哈尼	62	文盲或半文盲	哈尼语,熟练	汉语,略懂	
	四女	白伟者	哈尼	33	小学	哈尼语,熟练	汉语,熟练	
	女婿	李成忠	哈尼	35	小学	哈尼语,熟练	汉语,熟练	
	外孙	李九荣	哈尼	12	小学	哈尼语,熟练	汉语,熟练	
	外孙女	李忠仙	哈尼	7	小学	哈尼语,熟练	汉语,略懂	
84	户主	杨里和	哈尼	53	小学	哈尼语,熟练	汉语,熟练	
	配偶	陆明果	哈尼	44	文盲或半文盲	哈尼语,熟练	汉语,不会	
	长子	杨平安	哈尼	34	中专或中技	哈尼语,熟练	汉语,熟练	
	儿媳	白批梅	哈尼	31	小学	哈尼语,熟练	汉语,略懂	
	儿媳	陆来九	哈尼	23	小学	哈尼语,熟练	汉语,熟练	
	次女	杨万英	哈尼	17	中专或中技	哈尼语,熟练	汉语,熟练	
	长孙女	杨云芬	哈尼	10	小学	哈尼语,熟练	汉语,熟练	
	次孙女	杨云高	哈尼	8	小学	哈尼语,熟练	汉语,熟练	

85	户主	杨才仁	哈尼	78	文盲或半文盲	哈尼语,熟练	汉语,略懂	
	配偶	卢鲁受	哈尼	73	文盲或半文盲	哈尼语,熟练	汉语,不会	
	长子	杨伟木	哈尼	38	小学	哈尼语,熟练	汉语,熟练	
	次子	杨仁忠	哈尼	35	小学	哈尼语,熟练	汉语,熟练	
	儿媳	朱三旮	哈尼	30	小学	哈尼语,熟练	汉语,熟练	
	孙女	杨鲁收	哈尼	18	小学	哈尼语,熟练	汉语,熟练	
86	户主	杨文学	哈尼	75	小学	哈尼语,熟练	汉语,熟练	
	配偶	李三角	哈尼	73	文盲或半文盲	哈尼语,熟练	汉语,不会	
	四子	杨有忠	哈尼	35	小学	哈尼语,熟练	汉语,熟练	
	儿媳	白公楼	哈尼	32	小学	哈尼语,熟练	汉语,略懂	
	孙女	杨拉仙	哈尼	13	小学	哈尼语,熟练	汉语,熟练	
	孙子	杨智明	哈尼	8	小学	哈尼语,熟练	汉语,熟练	
87	户主	杨来忠	哈尼	28	小学	哈尼语,熟练	汉语,熟练	
	配偶	白红云	哈尼	30	小学	哈尼语,熟练	汉语,熟练	
	母亲	卢伙收	哈尼	50	文盲或半文盲	哈尼语,熟练	汉语,不会	
88	户主	杨泽贵	哈尼	65	小学	哈尼语,熟练	汉语,略懂	
	配偶	白三抽	哈尼	61	文盲或半文盲	哈尼语,熟练	汉语,不会	
	女儿	杨斗抽	哈尼	31	初中	哈尼语,熟练	汉语,熟练	
	女婿	李贵者	哈尼	34	初中	哈尼语,熟练	汉语,熟练	
89	户主	杨泽嘎	哈尼	66	小学	哈尼语,熟练	汉语,略懂	
	配偶	李马所	哈尼	53	文盲或半文盲	哈尼语,熟练	汉语,不会	
	母亲	高黑飘	哈尼	93	文盲或半文盲	哈尼语,熟练	汉语,不会	
	长子	杨建春	哈尼	26	小学	哈尼语,熟练	汉语,熟练	
	次子	杨波黑	哈尼	22	小学	哈尼语,熟练	汉语,熟练	
90	户主	杨贵华	哈尼	44	小学	哈尼语,熟练	汉语,熟练	
	配偶	白明陶	哈尼	41	文盲或半文盲	哈尼语,熟练	汉语,略懂	
	长子	杨　荣	哈尼	23	初中	哈尼语,熟练	汉语,熟练	
91	户主	杨拉斗	哈尼	63	文盲或半文盲	哈尼语,熟练	汉语,略懂	
	配偶	白三楼	哈尼	57	文盲或半文盲	哈尼语,熟练	汉语,略懂	
	长子	杨普成	哈尼	37	初中	哈尼语,熟练	汉语,熟练	
	儿媳	白慧琼	哈尼	31	初中	哈尼语,熟练	汉语,熟练	
	次子	杨艺翔	哈尼	33	中专或中技	哈尼语,熟练	汉语,熟练	
	儿媳	白木努	哈尼	31	小学	哈尼语,熟练	汉语,略懂	
	三子	杨翁有	哈尼	31	初中	哈尼语,熟练	汉语,熟练	
	四子	杨普保	哈尼	29	初中	哈尼语,熟练	汉语,熟练	
	孙女	杨成仙	哈尼	12	小学	哈尼语,熟练	汉语,熟练	
	孙子	杨成云	哈尼	10	小学	哈尼语,熟练	汉语,熟练	

92	户主	杨里华	哈尼	39	小学	哈尼语，熟练	汉语，熟练	
	配偶	何批优	哈尼	36	小学	哈尼语，熟练	汉语，略懂	
	长子	杨成红	哈尼	11	小学	哈尼语，熟练	汉语，熟练	
	长女	杨宝鲜	哈尼	8	小学	哈尼语，熟练	汉语，略懂	
93	户主	杨嘎泽	哈尼	57	小学	哈尼语，熟练	汉语，熟练	
	配偶	卢忠抽	哈尼	57	文盲或半文盲	哈尼语，熟练	汉语，略懂	
	长子	杨成留	哈尼	35	小学	哈尼语，熟练	汉语，熟练	
	儿媳	李鲁柒	哈尼	32	初中	哈尼语，熟练	汉语，熟练	
	孙子	杨林荣	哈尼	14	初中	哈尼语，熟练	汉语，熟练	
	孙女	杨留仙	哈尼	10	小学	哈尼语，熟练	汉语，熟练	
94	户主	杨来者	哈尼	44	高中	哈尼语，熟练	汉语，熟练	
	母亲	白明红	哈尼	66	文盲或半文盲	哈尼语，熟练	汉语，不会	
	弟弟	杨来黑	哈尼	42	文盲或半文盲	哈尼语，熟练	汉语，不会	
	妹妹	杨忠九	哈尼	26	小学	哈尼语，熟练	汉语，略懂	
	次子	杨启超	哈尼	21	小学	哈尼语，熟练	汉语，熟练	
95	户主	杨然碑	哈尼	70	文盲或半文盲	哈尼语，熟练	汉语，不会	
	长子	白建财	哈尼	46	小学	哈尼语，熟练	汉语，熟练	
	儿媳	杨伙楼	哈尼	46	文盲或半文盲	哈尼语，熟练	汉语，略懂	
	次子	白三额	哈尼	44	小学	哈尼语，熟练	汉语，熟练	
	长孙	白额者	哈尼	21	小学	哈尼语，熟练	汉语，熟练	
	次孙	白波哲	哈尼	20	小学	哈尼语，熟练	汉语，熟练	
	三孙	白额江	哈尼	13	小学	哈尼语，熟练	汉语，熟练	
	四孙	白财勇	哈尼	8	小学	哈尼语，熟练	汉语，略懂	
96	户主	白龙有	哈尼	51	文盲或半文盲	哈尼语，熟练	汉语，熟练	
	配偶	陆哈抽	哈尼	42	文盲或半文盲	哈尼语，熟练	汉语，略懂	
	母亲	卢水碑	哈尼	78	文盲或半文盲	哈尼语，熟练	汉语，不会	
	长子	白　亿	哈尼	24	小学	哈尼语，熟练	汉语，熟练	
	次子	白优金	哈尼	14	小学	哈尼语，熟练	汉语，熟练	
97	户主	杨建华	哈尼	47	初中	哈尼语，熟练	汉语，熟练	
	配偶	白龙梭	哈尼	48	文盲或半文盲	哈尼语，熟练	汉语，略懂	
	长子	杨学东	哈尼	24	初中	哈尼语，熟练	汉语，熟练	
98	户主	白学文	哈尼	61	小学	哈尼语，熟练	汉语，熟练	
	配偶	杨仁抽	哈尼	55	文盲或半文盲	哈尼语，熟练	汉语，略懂	
	次子	白来有	哈尼	32	小学	哈尼语，熟练	汉语，熟练	
	儿媳	李来抽	哈尼	29	文盲或半文盲	哈尼语，熟练	汉语，熟练	
	三子	白来忠	哈尼	30	初中	哈尼语，熟练	汉语，熟练	
	儿媳	杨期表	哈尼	28	初中	哈尼语，熟练	汉语，熟练	
	孙子	白咀福	哈尼	9	小学	哈尼语，熟练	汉语，熟练	
	孙子	白者秋	哈尼	7	学龄前儿童	哈尼语，熟练	汉语，略懂	

99	户主	白伟波	哈尼	51	初中	哈尼语,熟练	汉语,熟练	
	配偶	李礼有	哈尼	53	文盲或半文盲	哈尼语,熟练	汉语,略懂	
	次女	白嘎艳	哈尼	28	小学	哈尼语,熟练	汉语,熟练	
	三女	白嘎努	哈尼	23	小学	哈尼语,熟练	汉语,熟练	
	长子	白嘎秋	哈尼	20	初中	哈尼语,熟练	汉语,熟练	
100	户主	白批黑	哈尼	57	文盲或半文盲	哈尼语,熟练	汉语,熟练	
	配偶	李玉抽	哈尼	49	文盲或半文盲	哈尼语,熟练	汉语,略懂	
	长子	白云川	哈尼	26	小学	哈尼语,熟练	汉语,熟练	
	儿媳	陶线针	哈尼	27	小学	哈尼语,熟练	汉语,熟练	
	次子	白云忠	哈尼	24	小学	哈尼语,熟练	汉语,熟练	
101	户主	白沙友	哈尼	37	小学	哈尼语,熟练	汉语,熟练	
	配偶	陈龙优	哈尼	39	文盲或半文盲	哈尼语,熟练	汉语,略懂	
	长女	白优芳	哈尼	13	小学	哈尼语,熟练	汉语,熟练	
	次女	白友洪	哈尼	9	小学	哈尼语,熟练	汉语,熟练	
	长子	白有应	哈尼	7	学龄前儿童	哈尼语,熟练	汉语,略懂	
102	户主	白志才	哈尼	46	文盲或半文盲	哈尼语,熟练	汉语,熟练	
	配偶	白普表	哈尼	45	文盲或半文盲	哈尼语,熟练	汉语,略懂	
	母亲	白爱受	哈尼	86	文盲或半文盲	哈尼语,熟练	汉语,不会	
	长女	白保梭	哈尼	22	中专或中技	哈尼语,熟练	汉语,熟练	
	次女	白春燕	哈尼	20	中专或中技	哈尼语,熟练	汉语,熟练	
	长子	白保强	哈尼	16	初中	哈尼语,熟练	汉语,熟练	
103	户主	陆那各	哈尼	68	文盲或半文盲	哈尼语,熟练	汉语,略懂	
	配偶	白忠权	哈尼	62	文盲或半文盲	哈尼语,熟练	汉语,略懂	
	三子	陆理成	哈尼	36	小学	哈尼语,熟练	汉语,熟练	
	儿媳	白　莹	哈尼	34	中专或中技	哈尼语,熟练	汉语,熟练	
	五子	陆平生	哈尼	31	小学	哈尼语,熟练	汉语,熟练	
	儿媳	李龙优	哈尼	28	小学	哈尼语,熟练	汉语,熟练	
	孙女	陆张莉	哈尼	10	小学	哈尼语,熟练	汉语,熟练	
	孙子	陆将豪	哈尼	8	小学	哈尼语,熟练	汉语,熟练	
104	户主	杨忠友	哈尼	53	小学	哈尼语,熟练	汉语,略懂	
	配偶	卢伙农	哈尼	51	文盲或半文盲	哈尼语,熟练	汉语,不会	
	长子	杨批波	哈尼	31	小学	哈尼语,熟练	汉语,熟练	
	次子	杨强生	哈尼	26	小学	哈尼语,熟练	汉语,熟练	
	三子	杨斗秋	哈尼	23	小学	哈尼语,熟练	汉语,熟练	

105	户主	白然目	哈尼	53	小学	哈尼语,熟练	汉语,略懂	
	配偶	白者略	哈尼	54	文盲或半文盲	哈尼语,熟练	汉语,不会	
	三女	白秋农	哈尼	24	小学	哈尼语,熟练	汉语,熟练	
	长子	白秋三	哈尼	22	小学	哈尼语,熟练	汉语,熟练	
106	户主	白优处	哈尼	66	小学	哈尼语,熟练	汉语,熟练	
	配偶	卢梅收	哈尼	67	文盲或半文盲	哈尼语,熟练	汉语,略懂	
	五子	白忠文	哈尼	35	初中	哈尼语,熟练	汉语,熟练	
	儿媳	李福表	哈尼	31	小学	哈尼语,熟练	汉语,熟练	
	孙女	白　英	哈尼	13	小学	哈尼语,熟练	汉语,熟练	
107	户主	白松青	哈尼	48	小学	哈尼语,熟练	汉语,略懂	
	配偶	杨三艳	哈尼	50	文盲或半文盲	哈尼语,熟练	汉语,不会	
	次女	白青努	哈尼	22	高中	哈尼语,熟练	汉语,熟练	
	长子	白青山	哈尼	20	小学	哈尼语,熟练	汉语,熟练	
108	户主	陆福三	哈尼	65	文盲或半文盲	哈尼语,熟练	汉语,略懂	
	配偶	卢沙优	哈尼	61	文盲或半文盲	哈尼语,熟练	汉语,不会	
	次子	陆永泽	哈尼	40	初中	哈尼语,熟练	汉语,熟练	
	三子	陆建安	哈尼	37	初中	哈尼语,熟练	汉语,熟练	
	长孙女	陆锦芳	哈尼	11	小学	哈尼语,熟练	汉语,熟练	
	次孙女	陆锦花	哈尼	8	小学	哈尼语,熟练	汉语,熟练	
	孙子	陆生平	哈尼	6	学龄前儿童	汉语,熟练	哈尼语,略懂	
109	户主	杨则科	哈尼	70	文盲或半文盲	哈尼语,熟练	汉语,不会	
	长子	杨批秋	哈尼	35	小学	哈尼语,熟练	汉语,熟练	
	儿媳	卢玉飘	哈尼	37	小学	哈尼语,熟练	汉语,略懂	
	孙子	杨秋核	哈尼	15	小学	哈尼语,熟练	汉语,熟练	
	孙女	杨玉芬	哈尼	12	小学	哈尼语,熟练	汉语,熟练	
110	户主	白鲁批	哈尼	45	文盲或半文盲	哈尼语,熟练	汉语,熟练	
	配偶	李者优	哈尼	44	文盲或半文盲	哈尼语,熟练	汉语,不会	
	三女	白友额	哈尼	21	小学	哈尼语,熟练	汉语,熟练	
	长子	白秋高	哈尼	16	初中	哈尼语,熟练	汉语,熟练	
111	户主	白伙斗	哈尼	45	小学	哈尼语,熟练	汉语,不会	
	配偶	白明红	哈尼	42	文盲或半文盲	哈尼语,熟练	汉语,熟练	
	父亲	白批然	哈尼	72	文盲或半文盲	哈尼语,熟练	汉语,不会	
	母亲	白批梭	哈尼	68	文盲或半文盲	哈尼语,熟练	汉语,不会	
	长女	白候梅	哈尼	15	小学	哈尼语,熟练	汉语,熟练	
	次女	白候杯	哈尼	13	小学	哈尼语,熟练	汉语,熟练	
	长子	白黑忠	哈尼	9	小学	哈尼语,熟练	汉语,不会	

112	户主	白鲁仁	哈尼	59	文盲或半文盲	哈尼语,熟练	汉语,熟练	
	配偶	杨明里	哈尼	59	文盲或半文盲	哈尼语,熟练	汉语,不会	
	次子	白绍华	哈尼	27	初中	哈尼语,熟练	汉语,熟练	
	儿媳	李忠吧	哈尼	27	文盲或半文盲	哈尼语,熟练	汉语,略懂	
	孙子	白者用	哈尼	6	学龄前儿童	哈尼语,熟练	汉语,熟练	
113	户主	白约八	哈尼	41	文盲或半文盲	哈尼语,熟练	汉语,熟练	
	配偶	杨么努	哈尼	43	文盲或半文盲	哈尼语,熟练	汉语,不会	
	长子	白劳波	哈尼	17	小学	哈尼语,熟练	汉语,熟练	
	次子	白龙贵	哈尼	15	初中	哈尼语,熟练	汉语,熟练	
	长女	白龙飘	哈尼	13	小学	哈尼语,熟练	汉语,熟练	
114	户主	白目抽	哈尼	57	文盲或半文盲	哈尼语,熟练	汉语,不会	
	长子	白仇三	哈尼	27	小学	哈尼语,熟练	汉语,熟练	
115	户主	白忠秋	哈尼	67	小学	哈尼语,熟练	汉语,不会	
	妹妹	白阿嘎	哈尼	48	文盲或半文盲	哈尼语,熟练	汉语,熟练	
116	户主	白保普	哈尼	59	小学	哈尼语,熟练	汉语,熟练	
	配偶	卢哈抽	哈尼	53	文盲或半文盲	哈尼语,熟练	汉语,不会	
	长子	白院生	哈尼	33	初中	哈尼语,熟练	汉语,熟练	
	儿媳	高来楼	哈尼	32	小学	哈尼语,熟练	汉语,熟练	
	次女	白山角	哈尼	22	小学	哈尼语,熟练	汉语,熟练	
	孙女	白叁梅	哈尼	12	小学	哈尼语,熟练	汉语,熟练	
	孙子	白斗木	哈尼	11	小学	哈尼语,熟练	汉语,熟练	
117	户主	白者秋	哈尼	58	小学	哈尼语,熟练	汉语,略懂	
	配偶	陈　因	哈尼	55	文盲或半文盲	哈尼语,熟练	汉语,不会	
	长女	白保收	哈尼	29	小学	哈尼语,熟练	汉语,熟练	
	长子	白保秋	哈尼	27	初中	哈尼语,熟练	汉语,熟练	
118	户主	白波梅	哈尼	36	文盲或半文盲	哈尼语,熟练	汉语,不会	
	配偶	白秋梭	哈尼	29	文盲或半文盲	哈尼语,熟练	汉语,不会	
	母亲	卢来抽	哈尼	70	文盲或半文盲	哈尼语,熟练	汉语,不会	
	长女	白们娄	哈尼	11	小学	哈尼语,熟练	汉语,熟练	
	次女	白们仙	哈尼	8	小学	哈尼语,熟练	汉语,熟练	
119	户主	白者波	哈尼	55	小学	哈尼语,熟练	汉语,略懂	
	配偶	白波云	哈尼	55	文盲或半文盲	哈尼语,熟练	汉语,熟练	
	长子	白来有	哈尼	25	初中	哈尼语,熟练	汉语,熟练	
120	户主	白生保	哈尼	38	文盲或半文盲	哈尼语,熟练	汉语,熟练	
	配偶	杨科楼	哈尼	38	文盲或半文盲	哈尼语,熟练	汉语,不会	
	长女	白来金	哈尼	17	小学	哈尼语,熟练	汉语,熟练	
	长子	白哲高	哈尼	15	初中	哈尼语,熟练	汉语,熟练	
121	户主	白松仁	哈尼	46	小学	哈尼语,熟练	汉语,熟练	

122	户主	白批坚	哈尼	65	文盲或半文盲	哈尼语,熟练	汉语,不会	
	配偶	杨才收	哈尼	62	文盲或半文盲	哈尼语,熟练	汉语,不会	
	三子	白然捌	哈尼	34	小学	哈尼语,熟练	汉语,熟练	
	儿媳	白候艳	哈尼	30	小学	哈尼语,熟练	汉语,熟练	
123	户主	白来者	哈尼	62	文盲或半文盲	哈尼语,熟练	汉语,熟练	
	配偶	杨玉梅	哈尼	56	文盲或半文盲	哈尼语,熟练	汉语,不会	
	长子	白玉才	哈尼	37	初中	哈尼语,熟练	汉语,熟练	
	儿媳	杨秋飘	哈尼	33	小学	哈尼语,熟练	汉语,熟练	
	次女	白玉娟	哈尼	21	小学	哈尼语,熟练	汉语,熟练	
	长孙	白木勇	哈尼	13	小学	哈尼语,熟练	汉语,熟练	
	次孙	白木初	哈尼	10	小学	哈尼语,熟练	汉语,熟练	
124	户主	卢阿普	哈尼	66	文盲或半文盲	哈尼语,熟练	汉语,不会	
	配偶	杨三收	哈尼	64	文盲或半文盲	哈尼语,熟练	汉语,不会	
	三子	卢龙三	哈尼	34	小学	哈尼语,熟练	汉语,熟练	
	儿媳	普规梭	哈尼	32	初中	哈尼语,熟练	汉语,熟练	
125	户主	白礼三	哈尼	40	小学	哈尼语,熟练	汉语,熟练	
	配偶	白艳春	哈尼	40	文盲或半文盲	哈尼语,熟练	汉语,不会	
	长女	白哲仙	哈尼	18	初中	哈尼语,熟练	汉语,熟练	
	长子	白哲华	哈尼	16	小学	哈尼语,熟练	汉语,熟练	
126	户主	李三角	哈尼	73	文盲或半文盲	哈尼语,熟练	汉语,不会	
127	户主	杨玉才	哈尼	53	小学	哈尼语,熟练	汉语,不会	
	配偶	李者记	哈尼	46	文盲或半文盲	哈尼语,熟练	汉语,不会	
	长子	杨有生	哈尼	25	小学	哈尼语,熟练	汉语,熟练	
	次子	杨有仁	哈尼	22	小学	哈尼语,熟练	汉语,熟练	
	三子	杨优华	哈尼	21	小学	哈尼语,熟练	汉语,熟练	
128	户主	白伟秋	哈尼	59	文盲或半文盲	哈尼语,熟练	汉语,不会	
	配偶	白普飘	哈尼	54	文盲或半文盲	哈尼语,熟练	汉语,不会	
	长子	白额波	哈尼	33	小学	哈尼语,熟练	汉语,熟练	
	儿媳	卢艳飘	哈尼	30	文盲或半文盲	哈尼语,熟练	汉语,熟练	
	次女	白仙梅	哈尼	28	小学	哈尼语,熟练	汉语,熟练	
	三女	白额秋	哈尼	25	小学	哈尼语,熟练	汉语,熟练	
	长孙女	白波花	哈尼	13	小学	哈尼语,熟练	汉语,熟练	
	次孙女	白波鲜	哈尼	9	小学	哈尼语,熟练	汉语,熟练	
	孙子	白波云	哈尼	7	小学	哈尼语,熟练	汉语,熟练	

129	户主	白波牛	哈尼	56	文盲或半文盲	哈尼语,熟练	汉语,不会	
	配偶	白然收	哈尼	55	文盲或半文盲	哈尼语,熟练	汉语,不会	
	长子	白有甫	哈尼	28	小学	哈尼语,熟练	汉语,熟练	
	儿媳	李财芬	哈尼	29	小学	哈尼语,熟练	汉语,熟练	
130	户主	陆阿鲁	哈尼	66	小学	哈尼语,熟练	汉语,略懂	
	配偶	杨才农	哈尼	62	文盲或半文盲	哈尼语,熟练	汉语,不会	
	长子	陆学亮	哈尼	34	高中	哈尼语,熟练	汉语,熟练	
	儿媳	李玉松	哈尼	35	初中	哈尼语,熟练	汉语,熟练	
	长孙女	陆兰仙	哈尼	10	小学	哈尼语,熟练	汉语,略懂	
	次孙女	陆龙飘	哈尼	7	小学	哈尼语,熟练	汉语,不会	
131	户主	杨批目	哈尼	55	小学	哈尼语,熟练	汉语,熟练	
	配偶	白普背	哈尼	55	文盲或半文盲	哈尼语,熟练	汉语,不会	
	父亲	杨波才	哈尼	83	文盲或半文盲	哈尼语,熟练	汉语,不会	
	长子	杨拉甫	哈尼	29	初中	哈尼语,熟练	汉语,熟练	
	儿媳	李中芬	哈尼	25	文盲或半文盲	哈尼语,熟练	汉语,熟练	
	次子	杨阿初	哈尼	26	初中	哈尼语,熟练	汉语,熟练	
	次女	杨　艳	哈尼	23	小学	哈尼语,熟练	汉语,熟练	
132	户主	杨立者	哈尼	60	文盲或半文盲	哈尼语,熟练	汉语,略懂	
	配偶	卢拉背	哈尼	56	文盲或半文盲	哈尼语,熟练	汉语,不会	
	长子	杨　云	哈尼	21	初中	哈尼语,熟练	汉语,熟练	
133	户主	何才角	哈尼	49	文盲或半文盲	哈尼语,熟练	汉语,不会	
	长子	白波仁	哈尼	24	小学	哈尼语,熟练	汉语,熟练	
	次子	白波扒	哈尼	23	小学	哈尼语,熟练	汉语,熟练	
134	户主	白拉秋	哈尼	45	小学	哈尼语,熟练	汉语,略懂	
	配偶	李龙抽	哈尼	44	文盲或半文盲	哈尼语,熟练	汉语,不会	
	长子	白八生	哈尼	23	小学	哈尼语,熟练	汉语,熟练	
	儿媳	杨　艳	哈尼	20	小学	哈尼语,熟练	汉语,熟练	
135	户主	白翁泽	哈尼	48	小学	哈尼语,熟练	汉语,熟练	
	配偶	高明里	哈尼	48	初中	哈尼语,熟练	汉语,熟练	
	长子	白秋昆	哈尼	27	小学	哈尼语,熟练	汉语,熟练	
	儿媳	陈艳芬	哈尼	28	初中	哈尼语,熟练	汉语,熟练	
136	户主	白三保	哈尼	43	小学	哈尼语,熟练	汉语,略懂	
	配偶	卢毛者	哈尼	43	文盲或半文盲	哈尼语,熟练	汉语,不会	
	长子	白保文	哈尼	22	小学	哈尼语,熟练	汉语,熟练	
	次子	白保福	哈尼	18	小学	哈尼语,熟练	汉语,熟练	

137	户主	白则规	哈尼	45	小学	哈尼语，熟练	汉语，熟练	
	配偶	杨苗农	哈尼	47	文盲或半文盲	哈尼语，熟练	汉语，不会	
	长子	白成安	哈尼	23	初中	哈尼语，熟练	汉语，熟练	
138	户主	白然者	哈尼	41	文盲或半文盲	哈尼语，熟练	汉语，熟练	
	配偶	白翁收	哈尼	40	小学	哈尼语，熟练	汉语，不会	
	长女	白成梭	哈尼	21	小学	哈尼语，熟练	汉语，熟练	
	长子	白成波	哈尼	17	小学	哈尼语，熟练	汉语，熟练	
139	户主	何文安	哈尼	42	小学	哈尼语，熟练	汉语，熟练	
	配偶	杨则梭	哈尼	45	小学	哈尼语，熟练	汉语，不会	
	长子	何龙三	哈尼	24	初中	哈尼语，熟练	汉语，熟练	
	儿媳	杨者优	哈尼	27	初中	哈尼语，熟练	汉语，熟练	
	次子	何龙泽	哈尼	22	初中	哈尼语，熟练	汉语，熟练	
	孙女	何颖欣	哈尼	6	学龄前儿童	哈尼语，熟练	汉语，熟练	
140	户主	白木贵	哈尼	44	文盲或半文盲	哈尼语，熟练	汉语，略懂	
	配偶	张生抽	哈尼	40	小学	哈尼语，熟练	汉语，不会	
	父亲	白也木	哈尼	77	文盲或半文盲	哈尼语，熟练	汉语，不会	
	长女	白贵飘	哈尼	16	中专或中技	哈尼语，熟练	汉语，熟练	
	长子	白贵云	哈尼	11	小学	哈尼语，熟练	汉语，略懂	
141	户主	白玉甫	哈尼	42	文盲或半文盲	哈尼语，熟练	汉语，略懂	
	配偶	白宝梅	哈尼	41	小学	哈尼语，熟练	汉语，略懂	
	次女	白股脚	哈尼	14	初中	哈尼语，熟练	汉语，略懂	
	长子	白夫者	哈尼	12	小学	哈尼语，熟练	汉语，略懂	
142	户主	白批者	哈尼	41	小学	哈尼语，熟练	汉语，略懂	
	配偶	白批抽	哈尼	40	文盲或半文盲	哈尼语，熟练	汉语，不会	
	长子	白友明	哈尼	16	初中	哈尼语，熟练	汉语，熟练	
	长女	白玉芬	哈尼	14	初中	哈尼语，熟练	汉语，熟练	
143	户主	白阿牛	哈尼	47	小学	哈尼语，熟练	汉语，略懂	
	配偶	张玉芬	哈尼	48	初中	哈尼语，熟练	汉语，熟练	
	母亲	杨者抽	哈尼	77	文盲或半文盲	哈尼语，熟练	汉语，不会	
	长子	白三有	哈尼	26	初中	哈尼语，熟练	汉语，熟练	
	长女	白叁妹	哈尼	20	大学	哈尼语，熟练	汉语，熟练	
144	户主	白四等	哈尼	43	文盲或半文盲	哈尼语，熟练	汉语，略懂	
	配偶	朱优表	哈尼	43	文盲或半文盲	哈尼语，熟练	汉语，不会	
	长子	白细亮	哈尼	17	初中	哈尼语，熟练	汉语，熟练	
	长女	白学芬	哈尼	13	小学	哈尼语，熟练	汉语，略懂	

145	户主	杨才波	哈尼	42	文盲或半文盲	哈尼语,熟练	汉语,略懂	
	配偶	李成飘	哈尼	44	文盲或半文盲	哈尼语,熟练	汉语,熟练	
	长子	杨来康	哈尼	20	小学	哈尼语,熟练	汉语,略懂	
	次子	杨　浩	哈尼	17	小学	哈尼语,熟练	汉语,略懂	
	三女	李　丽	哈尼	10	小学	哈尼语,熟练	汉语,略懂	
146	户主	杨才鲁	哈尼	47	小学	哈尼语,熟练	汉语,略懂	
	配偶	李波努	哈尼	43	文盲或半文盲	哈尼语,熟练	汉语,略懂	
	父亲	杨则才	哈尼	74	文盲或半文盲	哈尼语,熟练	汉语,不会	
	母亲	高则角	哈尼	75	文盲或半文盲	哈尼语,熟练	汉语,不会	
	长子	杨鲁嘎	哈尼	22	小学	哈尼语,熟练	汉语,熟练	
	次子	杨鲁云	哈尼	20	小学	哈尼语,熟练	汉语,熟练	
147	户主	杨期周	哈尼	61	文盲或半文盲	哈尼语,熟练	汉语,略懂	
	配偶	白才杯	哈尼	56	文盲或半文盲	哈尼语,熟练	汉语,不会	
	长子	杨者九	哈尼	36	小学	哈尼语,熟练	汉语,略懂	
	儿媳	卢呼飘	哈尼	40	文盲或半文盲	哈尼语,熟练	汉语,略懂	
	次女	杨者生	哈尼	26	小学	哈尼语,熟练	汉语,略懂	
	孙女	杨咀仙	哈尼	6	学龄前儿童	哈尼语,熟练	汉语,不会	
148	户主	何然保	哈尼	56	小学	哈尼语,熟练	汉语,熟练	
	配偶	陈培梭	哈尼	53	文盲或半文盲	哈尼语,熟练	汉语,略懂	
	长子	何秋波	哈尼	35	小学	哈尼语,熟练	汉语,略懂	
	儿媳	杨沙收	哈尼	35	文盲或半文盲	哈尼语,熟练	汉语,略懂	
	长孙女	何云春	哈尼	18	初中	哈尼语,熟练	汉语,熟练	
	次孙女	何波文	哈尼	15	初中	哈尼语,熟练	汉语,熟练	
	孙子	何波云	哈尼	12	小学	哈尼语,熟练	汉语,略懂	
149	户主	卢克梭	哈尼	90	文盲或半文盲	哈尼语,熟练	汉语,不会	
150	户主	杨有三	哈尼	48	小学	哈尼语,熟练	汉语,略懂	
	配偶	张克楼	哈尼	46	文盲或半文盲	哈尼语,熟练	汉语,不会	
	长子	杨来秋	哈尼	26	小学	哈尼语,熟练	汉语,熟练	
	儿媳	李者光	哈尼	27	初中	哈尼语,熟练	汉语,熟练	
	次子	杨来忠	哈尼	21	小学	哈尼语,熟练	汉语,熟练	
151	户主	杨建新	哈尼	43	小学	哈尼语,熟练	汉语,熟练	
152	户主	杨健平	哈尼	33	小学	哈尼语,熟练	汉语,熟练	
	配偶	李初努	哈尼	33	小学	哈尼语,熟练	汉语,熟练	
	父亲	杨者优	哈尼	68	小学	哈尼语,熟练	汉语,不会	
	母亲	卢玉农	哈尼	68	小学	哈尼语,熟练	汉语,不会	
	姐姐	杨玉萍	哈尼	38	小学	哈尼语,熟练	汉语,略懂	
	长子	杨龙福	哈尼	13	小学	哈尼语,熟练	汉语,略懂	
	长女	杨然芬	哈尼	6	学龄前儿童	哈尼语,熟练	汉语,不会	

153	户主	杨则三	哈尼	65	文盲或半文盲	哈尼语,熟练	汉语,略懂	
	配偶	卢咀远	哈尼	63	文盲或半文盲	哈尼语,熟练	汉语,不会	
	长子	杨波那	哈尼	42	小学	哈尼语,熟练	汉语,略懂	
	儿媳	白批楼	哈尼	39	文盲或半文盲	哈尼语,熟练	汉语,略懂	
	长孙女	杨科楼	哈尼	21	初中	哈尼语,熟练	汉语,熟练	
	次孙女	杨春花	哈尼	19	大学	哈尼语,熟练	汉语,熟练	
	三孙女	杨春艳	哈尼	17	初中	哈尼语,熟练	汉语,熟练	
	长孙	杨科生	哈尼	15	初中	哈尼语,熟练	汉语,熟练	
	次孙	杨科友	哈尼	13	小学	哈尼语,熟练	汉语,略懂	
154	户主	白批木	哈尼	57	文盲或半文盲	哈尼语,熟练	汉语,略懂	
	配偶	白木角	哈尼	53	文盲或半文盲	哈尼语,熟练	汉语,略懂	
	长子	白木何	哈尼	24	初中	哈尼语,熟练	汉语,熟练	
155	户主	白贵三	哈尼	63	文盲或半文盲	哈尼语,熟练	汉语,略懂	
	配偶	杨仁努	哈尼	48	小学	哈尼语,熟练	汉语,不会	
	长子	白银华	哈尼	24	小学	哈尼语,熟练	汉语,熟练	
	长女	白银芬	哈尼	21	小学	哈尼语,熟练	汉语,略懂	
	次子	白银福	哈尼	19	初中	哈尼语,熟练	汉语,熟练	
156	户主	杨成收	哈尼	24	大专	哈尼语,熟练	汉语,熟练	
157	户主	杨打哈	哈尼	55	文盲或半文盲	哈尼语,熟练	汉语,略懂	
	配偶	白然表	哈尼	55	文盲或半文盲	哈尼语,熟练	汉语,不会	
	长子	杨嘎福	哈尼	25	小学	哈尼语,熟练	汉语,熟练	
	儿媳	陈说花	哈尼	23	小学	哈尼语,熟练	汉语,略懂	
	次子	杨嘎发	哈尼	22	小学	哈尼语,熟练	汉语,熟练	
	儿媳	白古优	哈尼	22	小学	哈尼语,熟练	汉语,略懂	
158	户主	白伟甫	哈尼	49	小学	哈尼语,熟练	汉语,略懂	
	配偶	白松优	哈尼	43	文盲或半文盲	哈尼语,熟练	汉语,不会	
	长女	白秋辉	哈尼	23	初中	哈尼语,熟练	汉语,熟练	
	长子	白秋才	哈尼	21	小学	哈尼语,熟练	汉语,熟练	
159	户主	何斗龙	哈尼	46	小学	哈尼语,熟练	汉语,略懂	
	配偶	高胡表	哈尼	46	文盲或半文盲	哈尼语,熟练	汉语,不会	
	长子	何来忠	哈尼	23	初中	哈尼语,熟练	汉语,熟练	
	长女	何旭芬	哈尼	21	小学	哈尼语,熟练	汉语,略懂	
	次女	何玉芬	哈尼	19	小学	哈尼语,熟练	汉语,略懂	

160	户主	高来泽	哈尼	58	文盲或半文盲	哈尼语，熟练	汉语，不会	
	配偶	杨则农	哈尼	59	小学	哈尼语，熟练	汉语，不会	
	次子	高成普	哈尼	31	小学	哈尼语，熟练	汉语，熟练	
	孙子	高普勇	哈尼	8	小学	哈尼语，熟练	汉语，略懂	
	孙女	高普仙	哈尼	6	学龄前儿童	哈尼语，熟练	汉语，不会	
161	户主	高来山	哈尼	64	文盲或半文盲	哈尼语，熟练	汉语，不会	
	次子	高然友	哈尼	37	初中	哈尼语，熟练	汉语，熟练	
	儿媳	杨斗抽	哈尼	33	文盲或半文盲	哈尼语，熟练	汉语，略懂	
	孙女	高优芬	哈尼	8	小学	哈尼语，熟练	汉语，不会	
162	户主	李三成	哈尼	48	小学	哈尼语，熟练	汉语，略懂	
	配偶	白伙农	哈尼	42	文盲或半文盲	哈尼语，熟练	汉语，略懂	
	长女	李才优	哈尼	23	小学	哈尼语，熟练	汉语，略懂	
	长子	李才发	哈尼	22	小学	哈尼语，熟练	汉语，熟练	
	次子	李成福	哈尼	18	小学	哈尼语，熟练	汉语，熟练	
163	户主	李则龙	哈尼	42	小学	哈尼语，熟练	汉语，熟练	
	长女	李石门	哈尼	18	小学	哈尼语，熟练	汉语，略懂	
164	户主	李则扒	哈尼	40	小学	哈尼语，熟练	汉语，熟练	
	配偶	卢发优	哈尼	38	小学	哈尼语，熟练	汉语，略懂	
	长子	李扒福	哈尼	17	小学	哈尼语，熟练	汉语，略懂	
	长女	李扒梭	哈尼	13	小学	哈尼语，熟练	汉语，略懂	
165	户主	白龙秋	哈尼	54	文盲或半文盲	哈尼语，熟练	汉语，略懂	
	配偶	石才农	哈尼	45	小学	哈尼语，熟练	汉语，不会	
	长女	白秋艳	哈尼	30	小学	哈尼语，熟练	汉语，略懂	
	长子	白秋华	哈尼	20	小学	哈尼语，熟练	汉语，熟练	
166	户主	杨鲁才	哈尼	64	文盲或半文盲	哈尼语，熟练	汉语，不会	
	配偶	白立收	哈尼	57	文盲或半文盲	哈尼语，熟练	汉语，不会	
	次子	杨成坚	哈尼	36	小学	哈尼语，熟练	汉语，略懂	
	儿媳	普玉艳	彝	31	文盲或半文盲	彝语，熟练	哈尼语，熟练	
	长孙	杨建国	哈尼	11	小学	哈尼语，熟练	汉语，略懂	
	次孙	杨建福	哈尼	8	小学	哈尼语，熟练	汉语，不会	
167	户主	杨行玉才	哈尼	42	文盲或半文盲	哈尼语，熟练	汉语，不会	
	配偶	龙斗抽	哈尼	41	文盲或半文盲	哈尼语，熟练	汉语，不会	
	父亲	杨鲁规	哈尼	79	文盲或半文盲	哈尼语，熟练	汉语，不会	
	母亲	李忠收	哈尼	78	文盲或半文盲	哈尼语，熟练	汉语，不会	
	长女	杨咀飘	哈尼	6	学龄前儿童	哈尼语，熟练	汉语，不会	

168	户主	白规甫	哈尼	65	文盲或半文盲	哈尼语,熟练	汉语,不会	
	配偶	白明灯	哈尼	50	文盲或半文盲	哈尼语,熟练	汉语,不会	
	长子	白普黑	哈尼	28	小学	哈尼语,熟练	汉语,略懂	
	次子	白甫云	哈尼	21	小学	哈尼语,熟练	汉语,略懂	
169	户主	白规龙	哈尼	57	初中	哈尼语,熟练	汉语,熟练	
	配偶	普玉抽	哈尼	53	文盲或半文盲	哈尼语,熟练	汉语,略懂	
	长子	白高三	哈尼	23	小学	哈尼语,熟练	汉语,熟练	
	次子	白龙文	哈尼	21	小学	哈尼语,熟练	汉语,熟练	
170	户主	白斗额	哈尼	70	文盲或半文盲	哈尼语,熟练	汉语,不会	
	配偶	杨泽洁	哈尼	65	文盲或半文盲	哈尼语,熟练	汉语,不会	
	长子	白兰波	哈尼	44	初中	哈尼语,熟练	汉语,熟练	
	儿媳	普礼艳	哈尼	43	文盲或半文盲	哈尼语,熟练	汉语,略懂	
	三子	白黑有	哈尼	40	小学	哈尼语,熟练	汉语,熟练	
	儿媳	罗明抽	哈尼	32	文盲或半文盲	哈尼语,熟练	汉语,略懂	
	四子	白黑龙	哈尼	37	小学	哈尼语,熟练	汉语,熟练	
	长孙	白席福	哈尼	20	小学	哈尼语,熟练	汉语,熟练	
	次孙	白泽民	哈尼	18	小学	哈尼语,熟练	汉语,熟练	
	三孙	白成生	哈尼	10	小学	哈尼语,熟练	汉语,略懂	
	四孙	白福亮	哈尼	8	小学	哈尼语,熟练	汉语,略懂	
171	户主	李则嘎	哈尼	34	初中	哈尼语,熟练	汉语,熟练	
	配偶	李鲁觉	哈尼	31	小学	哈尼语,熟练	汉语,略懂	
	母亲	李克优	哈尼	68	文盲或半文盲	哈尼语,熟练	汉语,不会	
	长子	李有建	哈尼	10	小学	哈尼语,熟练	汉语,略懂	
	次子	李有文	哈尼	7	小学	哈尼语,熟练	汉语,不会	
172	户主	卢咀三	哈尼	27	小学	哈尼语,熟练	汉语,略懂	
	母亲	王利优	哈尼	46	文盲或半文盲	哈尼语,熟练	汉语,不会	
	弟弟	卢咀成	哈尼	25	小学	哈尼语,熟练	汉语,略懂	
173	户主	卢波目	哈尼	47	初中	哈尼语,熟练	汉语,熟练	
	配偶	卢忠优	哈尼	47	文盲或半文盲	哈尼语,熟练	汉语,略懂	
	长女	卢目梭	哈尼	23	小学	哈尼语,熟练	汉语,熟练	
	次女	卢木收	哈尼	21	小学	哈尼语,熟练	汉语,熟练	
	长子	卢沐福	哈尼	17	初中	哈尼语,熟练	汉语,熟练	
174	户主	卢波优	哈尼	54	文盲或半文盲	哈尼语,熟练	汉语,略懂	
	长子	卢加杰	哈尼	31	初中	哈尼语,熟练	汉语,熟练	
	儿媳	杨保梭	哈尼	28	小学	哈尼语,熟练	汉语,略懂	
	三子	卢元军	哈尼	24	小学	哈尼语,熟练	汉语,熟练	
	孙女	卢秋玉	哈尼	7	小学	哈尼语,熟练	汉语,不会	

175	户主	陈来秋	哈尼	35	小学	哈尼语,熟练	汉语,略懂	
	祖母	杨波积	哈尼	79	文盲或半文盲	哈尼语,熟练	汉语,不会	
	母亲	李黑远	哈尼	57	文盲或半文盲	哈尼语,熟练	汉语,不会	
	弟弟	陈额三	哈尼	32	小学	哈尼语,熟练	汉语,熟练	
	弟媳	高然梭	哈尼	33	文盲或半文盲	哈尼语,熟练	汉语,略懂	
	侄子	陈来福	哈尼	14	初中	哈尼语,熟练	汉语,熟练	
	侄子	陈来发	哈尼	13	初中	哈尼语,熟练	汉语,略懂	
176	户主	杨则欧	哈尼	57	初中	哈尼语,熟练	汉语,熟练	
	配偶	白木梭	哈尼	58	文盲或半文盲	哈尼语,熟练	汉语,不会	
	长子	杨批甫	哈尼	36	初中	哈尼语,熟练	汉语,熟练	
	儿媳	李和优	哈尼	41	文盲或半文盲	哈尼语,熟练	汉语,略懂	
	孙女	杨海英	哈尼	12	小学	哈尼语,熟练	汉语,略懂	
	孙子	杨海文	哈尼	8	小学	哈尼语,熟练	汉语,不会	
177	户主	杨坚发	哈尼	35	文盲或半文盲	哈尼语,熟练	汉语,略懂	
	配偶	沙玉背	哈尼	38	文盲或半文盲	哈尼语,熟练	汉语,略懂	
	父亲	杨鲁坚	哈尼	76	文盲或半文盲	哈尼语,熟练	汉语,不会	
	长女	杨发飘	哈尼	17	小学	哈尼语,熟练	汉语,略懂	
	长子	杨发福	哈尼	14	小学	哈尼语,熟练	汉语,略懂	
	次女	杨　琼	哈尼	10	小学	哈尼语,熟练	汉语,略懂	
178	户主	杨文亮	哈尼	70	文盲或半文盲	哈尼语,熟练	汉语,不会	
	配偶	李明那	哈尼	59	文盲或半文盲	哈尼语,熟练	汉语,不会	
	次子	杨成勇	哈尼	31	初中	哈尼语,熟练	汉语,熟练	
179	户主	杨鲁木	哈尼	64	文盲或半文盲	哈尼语,熟练	汉语,不会	
	配偶	白嘎秋	哈尼	64	文盲或半文盲	哈尼语,熟练	汉语,不会	
	长女	杨木艳	哈尼	23	小学	哈尼语,熟练	汉语,略懂	
180	户主	白伙优	哈尼	47	文盲或半文盲	哈尼语,熟练	汉语,熟练	
	配偶	罗黑杯	哈尼	44	文盲或半文盲	哈尼语,熟练	汉语,不会	
	母亲	白明里	哈尼	82	文盲或半文盲	哈尼语,熟练	汉语,不会	
	长女	白艳收	哈尼	22	小学	哈尼语,熟练	汉语,略懂	
	长子	白玉者	哈尼	21	小学	哈尼语,熟练	汉语,略懂	
181	户主	白三保	哈尼	44	文盲或半文盲	哈尼语,熟练	汉语,熟练	
	配偶	李红梅	哈尼	38	小学	哈尼语,熟练	汉语,略懂	
	长女	白艳芬	哈尼	17	中专或中技	哈尼语,熟练	汉语,熟练	
	长子	白赢福	哈尼	15	初中	哈尼语,熟练	汉语,熟练	
	次子	白保赢	哈尼	14	初中	哈尼语,熟练	汉语,熟练	

182	户主	白普则	哈尼	53	初中	哈尼语,熟练	汉语,熟练	
	配偶	李陈优	哈尼	59	文盲或半文盲	哈尼语,熟练	汉语,不会	
	长女	白者梅	哈尼	25	小学	哈尼语,熟练	汉语,不会	
	次女	白者收	哈尼	22	小学	哈尼语,熟练	汉语,略懂	
	三女	白者芬	哈尼	17	小学	哈尼语,熟练	汉语,略懂	
	长子	白云安	哈尼	14	小学	哈尼语,熟练	汉语,略懂	
183	户主	白普坚	哈尼	60	文盲或半文盲	哈尼语,熟练	汉语,不会	
	配偶	陈成努	哈尼	58	文盲或半文盲	哈尼语,熟练	汉语,略懂	
	次女	白建苹	哈尼	26	初中	哈尼语,熟练	汉语,熟练	
	孙女	白伟农	哈尼	14	小学	哈尼语,熟练	汉语,略懂	
184	户主	杨拉嘎	哈尼	58	文盲或半文盲	哈尼语,熟练	汉语,熟练	
	配偶	卢石收	哈尼	57	文盲或半文盲	哈尼语,熟练	汉语,不会	
	长子	杨木山	哈尼	33	小学	哈尼语,熟练	汉语,熟练	
	儿媳	白有梅	哈尼	33	小学	哈尼语,熟练	汉语,略懂	
	长女	杨木收	哈尼	29	小学	哈尼语,熟练	汉语,熟练	
185	户主	卢兰目	哈尼	52	小学	哈尼语,熟练	汉语,略懂	
	配偶	白德梭	哈尼	51	文盲或半文盲	哈尼语,熟练	汉语,不会	
	长子	卢王三	哈尼	32	初中	哈尼语,熟练	汉语,熟练	
	次子	卢生秋	哈尼	27	初中	哈尼语,熟练	汉语,熟练	
	三子	卢生有	哈尼	25	初中	哈尼语,熟练	汉语,熟练	
	四子	卢哈飘	哈尼	23	初中	哈尼语,熟练	汉语,熟练	
	儿媳	卢正分	哈尼	22	初中	哈尼语,熟练	汉语,熟练	
186	户主	杨成黑	哈尼	38	小学	哈尼语,熟练	汉语,略懂	
	配偶	白德艳	哈尼	41	文盲或半文盲	哈尼语,熟练	汉语,不会	
	长女	杨何芬	哈尼	20	小学	哈尼语,熟练	汉语,略懂	
	长子	杨拉福	哈尼	17	小学	哈尼语,熟练	汉语,略懂	
187	户主	杨玉普	哈尼	73	文盲或半文盲	哈尼语,熟练	汉语,不会	
	配偶	白三洁	哈尼	66	文盲或半文盲	哈尼语,熟练	汉语,不会	
	次子	杨普波	哈尼	45	初中	哈尼语,熟练	汉语,略懂	
	儿媳	卢仇艳	哈尼	41	文盲或半文盲	哈尼语,熟练	汉语,不会	
	孙女	杨来角	哈尼	21	小学	哈尼语,熟练	汉语,略懂	
	孙子	杨波黑	哈尼	19	小学	哈尼语,熟练	汉语,略懂	
188	户主	卢来山	哈尼	43	小学	哈尼语,熟练	汉语,略懂	
	配偶	杨才抽	哈尼	45	文盲或半文盲	哈尼语,熟练	汉语,不会	
	长子	卢来有	哈尼	20	小学	哈尼语,熟练	汉语,略懂	
	长女	卢来燕	哈尼	18	高中	哈尼语,熟练	汉语,熟练	

189	户主	陆福波	哈尼	48	小学	哈尼语,熟练	汉语,略懂	
	配偶	白谷梭	哈尼	48	文盲或半文盲	哈尼语,熟练	汉语,不会	
	母亲	白窝背	哈尼	91	文盲或半文盲	哈尼语,熟练	汉语,不会	
	长子	陆克鲁	哈尼	25	小学	哈尼语,熟练	汉语,熟练	
	儿媳	杨沙们	哈尼	23	小学	哈尼语,熟练	汉语,熟练	
190	户主	杨普司	哈尼	47	小学	哈尼语,熟练	汉语,略懂	
	配偶	龙腊梭	哈尼	42	文盲或半文盲	哈尼语,熟练	汉语,不会	
	长子	杨来成	哈尼	23	小学	哈尼语,熟练	汉语,略懂	
	次子	杨来波	哈尼	22	小学	哈尼语,熟练	汉语,略懂	
191	户主	杨伙飘	哈尼	49	文盲或半文盲	哈尼语,熟练	汉语,不会	
	长子	卢约三	哈尼	23	小学	哈尼语,熟练	汉语,熟练	
	次子	卢农远	哈尼	20	小学	哈尼语,熟练	汉语,熟练	
192	户主	卢优保	哈尼	44	小学	哈尼语,熟练	汉语,熟练	
	配偶	杨保抽	哈尼	43	文盲或半文盲	哈尼语,熟练	汉语,不会	
	长子	卢托衣者	哈尼	21	小学	哈尼语,熟练	汉语,略懂	
193	户主	杨老秋	哈尼	44	初中	哈尼语,熟练	汉语,略懂	
	配偶	李者背	哈尼	37	文盲或半文盲	哈尼语,熟练	汉语,不会	
194	户主	李波木	哈尼	47	初中	哈尼语,熟练	汉语,熟练	
	配偶	白胡玉们	哈尼	48	文盲或半文盲	哈尼语,熟练	汉语,不会	
	长子	李木工	哈尼	25	小学	哈尼语,熟练	汉语,略懂	
	次子	李木龙	哈尼	15	初中	哈尼语,熟练	汉语,熟练	
	长女	李木芬	哈尼	10	小学	哈尼语,熟练	汉语,略懂	
195	户主	杨伟发	哈尼	41	高中	哈尼语,熟练	汉语,熟练	
196	户主	白额保	哈尼	43	小学	哈尼语,熟练	汉语,熟练	
	配偶	杨车优	哈尼	44	文盲或半文盲	哈尼语,熟练	汉语,不会	
	长子	白保和	哈尼	24	初中	哈尼语,熟练	汉语,熟练	
197	户主	杨金民	哈尼	52	中专或中技	哈尼语,熟练	汉语,熟练	
	配偶	白成略	哈尼	49	文盲或半文盲	哈尼语,熟练	汉语,不会	
	长子	杨湖光	哈尼	28	初中	哈尼语,熟练	汉语,熟练	
	儿媳	陈伟农	哈尼	25	初中	哈尼语,熟练	汉语,熟练	
198	户主	杨有波	哈尼	44	小学	哈尼语,熟练	汉语,略懂	
	配偶	白明咀	哈尼	46	文盲或半文盲	哈尼语,熟练	汉语,不会	
	长女	杨波努	哈尼	23	初中	哈尼语,熟练	汉语,熟练	
	长子	杨里伟	哈尼	18	初中	哈尼语,熟练	汉语,熟练	

199	户主	白德八	哈尼	43	小学	哈尼语,熟练	汉语,熟练	
	配偶	白九楼	哈尼	46	小学	哈尼语,熟练	汉语,略懂	
	长女	白优芬	哈尼	23	小学	哈尼语,熟练	汉语,熟练	
	次女	白丽红	哈尼	21	初中	哈尼语,熟练	汉语,熟练	
	长子	白优云	哈尼	14	初中	哈尼语,熟练	汉语,熟练	
200	户主	白清黑	哈尼	25	文盲或半文盲	哈尼语,熟练	汉语,略懂	
	祖母	白人背	哈尼	93	文盲或半文盲	哈尼语,熟练	汉语,不会	
201	户主	杨程世	哈尼	35	小学	哈尼语,熟练	汉语,略懂	
	配偶	张芳英	哈尼	31	初中	哈尼语,熟练	汉语,熟练	
	长子	杨世权	哈尼	12	小学	哈尼语,熟练	汉语,略懂	
	次子	杨世宏	哈尼	8	小学	哈尼语,熟练	汉语,略懂	
202	户主	卢虎龙	哈尼	33	小学	哈尼语,熟练	汉语,熟练	
	长女	卢金妹	哈尼	13	小学	哈尼语,熟练	汉语,略懂	
	长子	卢龙伟	哈尼	11	小学	哈尼语,熟练	汉语,略懂	
203	户主	陆阿三	哈尼	18	小学	哈尼语,熟练	汉语,略懂	
204	户主	白也则	哈尼	44	小学	哈尼语,熟练	汉语,略懂	
	配偶	石成计	哈尼	44	文盲或半文盲	哈尼语,熟练	汉语,略懂	
	长子	白者中	哈尼	21	小学	哈尼语,熟练	汉语,略懂	
	次女	白来花	哈尼	18	小学	哈尼语,熟练	汉语,略懂	
205	户主	杨桥明	哈尼	38	小学	哈尼语,熟练	汉语,略懂	
	配偶	白九柒	哈尼	38	文盲或半文盲	哈尼语,熟练	汉语,不会	
	长子	杨　文	哈尼	15	高中	哈尼语,熟练	汉语,熟练	
	长女	杨　梅	哈尼	13	初中	哈尼语,熟练	汉语,略懂	
206	户主	白正源	哈尼	37	初中	哈尼语,熟练	汉语,熟练	
	配偶	白然优	哈尼	37	文盲或半文盲	哈尼语,熟练	汉语,不会	
	长子	白跃强	哈尼	16	高中	哈尼语,熟练	汉语,熟练	
	次子	白跃平	哈尼	14	初中	哈尼语,熟练	汉语,略懂	
207	户主	白保则	哈尼	39	小学	哈尼语,熟练	汉语,略懂	
	配偶	陈玉飘	哈尼	39	文盲或半文盲	哈尼语,熟练	汉语,不会	
	长子	白护亮	哈尼	17	初中	哈尼语,熟练	汉语,略懂	
	长女	白明辉	哈尼	15	初中	哈尼语,熟练	汉语,略懂	
208	户主	杨木保	哈尼	40	文盲或半文盲	哈尼语,熟练	汉语,熟练	
	配偶	普三优	哈尼	37	小学	哈尼语,熟练	汉语,略懂	
	长子	杨保梁	哈尼	17	小学	哈尼语,熟练	汉语,略懂	
	次子	杨保森	哈尼	14	初中	哈尼语,熟练	汉语,略懂	

209	户主	杨木坚	哈尼	37	初中	哈尼语,熟练	汉语,略懂	
	配偶	黑衣农	哈尼	37	文盲或半文盲	哈尼语,熟练	汉语,略懂	
	长女	杨坚花	哈尼	14	小学	哈尼语,熟练	汉语,略懂	
	长子	杨坚初	哈尼	13	小学	哈尼语,熟练	汉语,略懂	
210	户主	杨学真	哈尼	62	初中	哈尼语,熟练	汉语,熟练	
	配偶	白松抽	哈尼	62	文盲或半文盲	哈尼语,熟练	汉语,不会	
211	户主	白来甫	哈尼	36	小学	哈尼语,熟练	汉语,略懂	
	配偶	杨鼓飘	哈尼	34	小学	哈尼语,熟练	汉语,略懂	
	长子	白贵云	哈尼	14	小学	哈尼语,熟练	汉语,略懂	
	次子	白建荣	哈尼	10	小学	哈尼语,熟练	汉语,略懂	
212	户主	杨伟嘎	哈尼	40	文盲或半文盲	哈尼语,熟练	汉语,略懂	
	配偶	高成们	哈尼	36	文盲或半文盲	哈尼语,熟练	汉语,不会	
	长女	杨来燕	哈尼	13	小学	哈尼语,熟练	汉语,略懂	
	长子	杨来初	哈尼	12	小学	哈尼语,熟练	汉语,略懂	
213	户主	杨科三	哈尼	32	中专或中技	哈尼语,熟练	汉语,熟练	
	配偶	卢生们	哈尼	31	文盲或半文盲	哈尼语,熟练	汉语,不会	
	母亲	石来远	哈尼	68	文盲或半文盲	哈尼语,熟练	汉语,不会	
	长女	杨三农	哈尼	11	小学	哈尼语,熟练	汉语,略懂	
	长子	杨春民	哈尼	8	小学	哈尼语,熟练	汉语,不会	
214	户主	杨初者	哈尼	49	小学	哈尼语,熟练	汉语,略懂	
	配偶	白拉优	哈尼	49	文盲或半文盲	哈尼语,熟练	汉语,不会	
	三女	杨秀芬	哈尼	23	初中	哈尼语,熟练	汉语,熟练	
	四女	杨者飘	哈尼	22	初中	哈尼语,熟练	汉语,熟练	
	长子	杨　福	哈尼	19	中专或中技	哈尼语,熟练	汉语,熟练	
215	户主	白行衣保	哈尼	42	初中	哈尼语,熟练	汉语,熟练	
	配偶	李阿咀	哈尼	39	文盲或半文盲	哈尼语,熟练	汉语,略懂	
	长子	白来高	哈尼	21	高中	哈尼语,熟练	汉语,熟练	
	次子	白来华	哈尼	19	初中	哈尼语,熟练	汉语,熟练	
216	户主	白来生	哈尼	36	小学	哈尼语,熟练	汉语,略懂	
217	户主	杨科额	哈尼	37	小学	哈尼语,熟练	汉语,略懂	
	长子	杨雪山	哈尼	8	小学	哈尼语,熟练	汉语,不会	
218	户主	杨　康	哈尼	35	中专或中技	哈尼语,熟练	汉语,熟练	
	配偶	李咀培	哈尼	37	初中	哈尼语,熟练	汉语,熟练	
	长子	杨有祥	哈尼	7	小学	哈尼语,熟练	汉语,不会	

219	户主	杨建明	哈尼	36	初中	哈尼语,熟练	汉语,熟练	
	配偶	何　秀	哈尼	33	初中	哈尼语,熟练	汉语,熟练	
	母亲	李龙梭	哈尼	71	文盲或半文盲	哈尼语,熟练	汉语,不会	
	长女	杨文婷	哈尼	9	小学	哈尼语,熟练	汉语,略懂	
	长子	杨文杰	哈尼	8	小学	哈尼语,熟练	汉语,略懂	
220	户主	李佳明	哈尼	33	小学	哈尼语,熟练	汉语,略懂	
	配偶	朱罗义努	哈尼	31	初中	哈尼语,熟练	汉语,熟练	
	长女	李宣慧	哈尼	7	学龄前儿童	哈尼语,熟练	汉语,不会	
221	户主	高批鲁	哈尼	34	小学	哈尼语,熟练	汉语,熟练	
	配偶	陆玖三	哈尼	36	文盲或半文盲	哈尼语,熟练	汉语,不会	
	长子	高然黑	哈尼	12	小学	哈尼语,熟练	汉语,略懂	
	长女	高然芬	哈尼	8	小学	哈尼语,熟练	汉语,不会	
222	户主	白云超	哈尼	32	高中	哈尼语,熟练	汉语,熟练	
	配偶	白秋抽	哈尼	23	小学	哈尼语,熟练	汉语,略懂	
223	户主	白龙飘	哈尼	38	文盲或半文盲	哈尼语,熟练	汉语,略懂	
	长子	杨　钢	哈尼	15	初中	哈尼语,熟练	汉语,熟练	
224	户主	白玉成	哈尼	44	小学	哈尼语,熟练	汉语,熟练	
	配偶	杨明珠	哈尼	44	文盲或半文盲	哈尼语,熟练	汉语,不会	
	长子	白应良	哈尼	16	高中	哈尼语,熟练	汉语,熟练	
	次子	白应云	哈尼	14	初中	哈尼语,熟练	汉语,略懂	
225	户主	白绍明	哈尼	33	初中	哈尼语,熟练	汉语,熟练	
	配偶	杨苗额	哈尼	35	小学	哈尼语,熟练	汉语,略懂	
	长子	白批龙	哈尼	15	初中	哈尼语,熟练	汉语,熟练	
	次子	白有荣	哈尼	12	小学	哈尼语,熟练	汉语,略懂	
226	户主	白万华	哈尼	38	小学	哈尼语,熟练	汉语,熟练	
	配偶	白龙波	哈尼	35	小学	哈尼语,熟练	汉语,略懂	
	长子	白来华	哈尼	13	小学	哈尼语,熟练	汉语,熟练	
	长女	白慧英	哈尼	11	小学	哈尼语,熟练	汉语,略懂	
227	户主	白程银	哈尼	31	中专或中技	哈尼语,熟练	汉语,熟练	
	配偶	杨秋木	哈尼	26	小学	哈尼语,熟练	汉语,熟练	
	长子	白高云	哈尼	6	学龄前儿童	哈尼语,熟练	汉语,略懂	
228	户主	杨成伟	哈尼	31	小学	哈尼语,熟练	汉语,熟练	
	配偶	李明呼	哈尼	32	小学	哈尼语,熟练	汉语,略懂	
	长子	杨伟荣	哈尼	10	小学	哈尼语,熟练	汉语,熟练	
	次子	杨伟云	哈尼	6	小学	哈尼语,熟练	汉语,略懂	

229	户主	白有发	哈尼	34	小学	哈尼语,熟练	汉语,熟练	
	配偶	杨者美	哈尼	31	小学	哈尼语,熟练	汉语,略懂	
	长子	白三坚	哈尼	11	小学	哈尼语,熟练	汉语,略懂	
	长女	白三农	哈尼	9	小学	哈尼语,熟练	汉语,略懂	
230	户主	白保三	哈尼	37	小学	哈尼语,熟练	汉语,熟练	
	配偶	杨普艳	哈尼	37	小学	哈尼语,熟练	汉语,略懂	
	长子	白三规	哈尼	11	小学	哈尼语,熟练	汉语,略懂	
	长女	白三努	哈尼	8	小学	哈尼语,熟练	汉语,略懂	
231	户主	白坚然	哈尼	34	初中	哈尼语,熟练	汉语,熟练	
	配偶	高约青	哈尼	36	小学	哈尼语,熟练	汉语,略懂	
232	户主	杨批努	哈尼	38	小学	哈尼语,熟练	汉语,略懂	
233	户主	陆批鲁	哈尼	42	小学	哈尼语,熟练	汉语,熟练	
	配偶	白保抽	哈尼	41	小学	哈尼语,熟练	汉语,略懂	
	长女	陆生梭	哈尼	16	小学	哈尼语,熟练	汉语,熟练	
	长子	陆护保	哈尼	14	小学	哈尼语,熟练	汉语,熟练	
234	户主	卢家甫	哈尼	37	初中	哈尼语,熟练	汉语,熟练	
	配偶	白波略	哈尼	34	小学	哈尼语,熟练	汉语,略懂	
	长女	卢龙优	哈尼	11	小学	哈尼语,熟练	汉语,熟练	
	长子	卢约黑	哈尼	8	小学	哈尼语,熟练	汉语,略懂	
235	户主	陆湖工	哈尼	31	初中	哈尼语,熟练	汉语,熟练	
	配偶	白波才	哈尼	28	初中	哈尼语,熟练	汉语,熟练	
236	户主	杨　亮	哈尼	26	初中	哈尼语,熟练	汉语,熟练	
	配偶	李者然	哈尼	27	小学	哈尼语,熟练	汉语,熟练	
	长子	杨普强	哈尼	7	小学	哈尼语,熟练	汉语,略懂	
237	户主	杨　明	哈尼	29	初中	哈尼语,熟练	汉语,熟练	
	配偶	白伙梅	哈尼	29	小学	哈尼语,熟练	汉语,熟练	
238	户主	白成得	哈尼	28	小学	哈尼语,熟练	汉语,熟练	
	配偶	杨玉芬	哈尼	31	小学	哈尼语,熟练	汉语,熟练	
	长子	白得福	哈尼	7	小学	哈尼语,熟练	汉语,略懂	
239	户主	杨　麟	哈尼	29	初中	哈尼语,熟练	汉语,熟练	
	配偶	罗九优	哈尼	23	小学	哈尼语,熟练	汉语,熟练	
240	户主	白苗龙	哈尼	30	小学	哈尼语,熟练	汉语,熟练	
	配偶	陆哈角	哈尼	28	小学	哈尼语,熟练	汉语,熟练	

241	户主	卢批秋	哈尼	39	小学	哈尼语,熟练	汉语,熟练	
	配偶	杨秋农	哈尼	41	小学	哈尼语,熟练	汉语,略懂	
	长子	卢玉青	哈尼	18	小学	哈尼语,熟练	汉语,熟练	
	长女	卢来优	哈尼	18	中专或中技	哈尼语,熟练	汉语,熟练	
242	户主	杨科成	哈尼	30	小学	哈尼语,熟练	汉语,熟练	
	配偶	李者优	哈尼	28	文盲或半文盲	哈尼语,熟练	汉语,略懂	
	长女	杨成荣	哈尼	9	小学	哈尼语,熟练	汉语,略懂	
	次女	杨成功	哈尼	7	小学	哈尼语,熟练	汉语,略懂	
243	户主	杨泽鲁	哈尼	53	小学	哈尼语,熟练	汉语,熟练	
	配偶	陆排努	哈尼	34	文盲或半文盲	哈尼语,熟练	汉语,略懂	
	长子	杨文亮	哈尼	12	小学	哈尼语,熟练	汉语,熟练	

第六章　绿春平河乡车里小组哈尼族语言使用情况个案调查

第一节　车里小组概况

一、平河乡概况

平河乡位于绿春县东南部，乡政府驻地距县城65公里。地处两国三县六乡的结合部，东与金平县者米乡和元阳县黄草岭乡相连，南与越南接壤，西与我县半坡乡、骑马坝乡隔河相望，北与我县三猛乡毗邻。国境线长达123公里。

全乡辖12个村(居)委会，95个村(居)民小组。共6322户，31220人。境内有哈尼、瑶、彝、拉祜等4种世居民族。其中，哈尼族26684人，彝族504人，拉祜族169人，瑶族3863人。

全乡国土面积为460.31平方公里，均为山地。地势南北高、东西低，多陡坡、少平地。最高海拔2202米，最低海拔410米。属亚热带山地季风气候，局部地区属北热带气候。乡政府所在地年均气温17.2℃，年降雨量2890.7毫米。旱季、雨季分明，每年5至10月为雨季，11月至次年4月为旱季。

作为边境乡的平河乡，新中国成立后的60年，各方面都有了巨大的变化。2010年，完成社会总产值8538万元，农民人均纯收入达到1960元；粮食总产量1531万公斤，农民人均收粮419公斤。平河乡现有企业186户，从业人员617人。已形成17万亩的生物产业格局。利用科技培训基地，大力发展以猪、鸡、鸭为主的畜禽养殖业，实施边境村寨千户生猪圈养工程。平河乡现有4个村委会通柏油路，4个村委会通弹石路，86个自然村通毛石路①，行政村通路率达100%，自然村通路率达96.7%。形成了两大国际通道、六大乡内循环交通网络格局。全力开展农村饮水安全、节水灌溉、水毁修复、基本农田、山区综合开发等项目建设。

中越边民都能熟练使用哈尼语，往来较频繁。平河乡利用123公里边境线优势，积极推进“活边贸、促发展”战略，加强与越方的沟通、交流和合作。2010年4月28日，绿春县中越建交60周年庆祝大会在平河乡召开，实现了丫口水塘至云南乌马独洪中越边境通道正式对接通车；两个中越边境贸易市场年贸易额2500万元。

平河乡全面实行“一费制”、“三免制”和“二免一补”政策。即学杂费全免，小学生上学每月

---

①　指用压路机压平的路。

有50元的生活补贴，初中生补贴100元。初中入学率达96.73%；适龄儿童入学率达99.34%。整合各类社会帮扶资金，重点实施以农村基础设施建设、产业培植、劳务输出为主的扶贫工程。

平河乡广泛开展农村传统文体活动，民间文艺队蓬勃发展。全乡共组建了80支文化演出队、18支篮球队，利用重大节假日和民族节日积极开展丰富有益的文化活动。

二、车里村车里小组概况

车里村位于平河乡西南部24公里处，距绿春县城90公里。全村土地面积65.9平方公里，辖7个村民小组，村民2837人(2010年)。7个村民小组以村部为中心，相互间距离不超过10公里。

2010年，车里村经济总收入768万元，农民人均纯收入1657元，人均收获粮食约307公斤。粮食作物有水稻、玉米、花生、木薯等。木薯、玉米多用于喂养家畜，粮食和家畜多数自家食用。少数村民卖一点玉米或家畜。经济作物有草果、八角、茶叶、杉木树、香茅草等，近两年开始种植橡胶树。村上组织了12支文艺队，300多名队员，以女性队员为主，队员年龄上至六七十岁的老人，下至二十几岁的年轻人。每逢节日，文艺队唱民歌、对山歌，载歌载舞。已为村民喜闻乐见，受到全体村民的欢迎。车里村有两所小学，一所在车里寨(小组)，一所在马骑寨。

车里寨(小组)是车里村委会所在地，距离平河乡24公里；距离越南17公里，目测其直线距离不超过2公里。掩映在群山翠岭间的车里寨，森林植被覆盖率居全县最高。村民都自觉地保护周围的植被环境，没有砍树烧柴现象。全寨有104户，511人，都是哈尼族，包括果作和腊咪两个支系，相互间的语言略有差别，但都能听懂。车里寨固定耕地面积1560亩，人均占有土地10亩左右。其中水稻729亩、玉米1080亩、花生250亩、木薯450亩。最近两年着力开发一些经济作物，如：草果650亩、八角825亩、茶叶750亩、杉木树1200亩、桉树600亩。此外还有部分地区种植香茅草。2010年，人均收入2263元，人均收粮313公斤。

2004年全寨通电；上世纪80年代通水，但是全寨共用一个水管，2010年实现家家用上自来水。2003年，从车里寨到国防线的1.2公里的水泥路修筑完成。车里寨现有3辆农用车、2辆拖拉机、54辆摩托车。此外，每天有一趟通往绿春县城的班车途径车里寨。这些是村民出行的主要交通工具。

车里寨小学有10名教师，其中2名来自外县。学校使用汉哈双语教学。2010年，1—6年级有382名学生。近两年学校教学质量不断提高。全寨先后有大学生约10名，高中生数十名。

车里寨比较重视传统节日，逢年过节都穿本民族服饰，其头饰特点最为突出。各种节日中，最隆重的是十月年，这一天几乎每家都杀一头猪。其次是祭龙、六月年(矻扎扎)。祭龙在每年的2月中旬举行，持续一个星期，期间村民不许劳动，凑钱买祭品。其余的还有抽穗节、新米节等。

第二节 车里小组语言使用现状

车里小组有104户，511人，全部都是哈尼族，包括果作和腊咪两个支系，哈尼语交际无障碍。在这样一个全民都是哈尼族的寨子里，其村民语言使用现状如何，兼用语具有什么特点？随着对外交往的程度不断加深，又将出现哪些新变化？为了全面了解车里小组的语言使用现状及特点，我们对全组6岁以上（含6岁）、具有完全语言能力的477人，进行了穷尽式的语言使用情况入户调查。以下是对这477人的语言使用现状的统计和分析。

一、车里小组村民母语使用现状

通过对车里小组477名哈尼人的调查，我们得出了以下几个结论。

（一）全民超稳定使用母语

车里小组的村民不分年龄大小，百分之百都能熟练使用母语。其不同年龄段哈尼语使用情况统计数据见表6-1。

表6-1 车里小组不同年龄段的哈尼族母语使用情况表

年龄段（岁）	总人数	熟练		略懂		不会	
		人数	百分比（%）	人数	百分比（%）	人数	百分比（%）
16—19	141	141	100	0	0	0	0
20—39	179	179	100	0	0	0	0
40—59	111	111	100	0	0	0	0
60以上	46	46	100	0	0	0	0
合计	477	477	100	0	0	0	0

在车里寨，到处都弥漫着哈尼语的声音。不论男女老少，都使用哈尼语交谈。我们进村后，用汉语跟小孩子们打招呼，小孩们茫然地回头，用哈尼语跟小伙伴嬉笑着跑开。李组长告诉我们，刚读书的小孩基本不会汉语，小朋友们在一起都用哈尼语。不仅群众之间，村干部和群众之间、农村教师和学生之间，都在用哈尼语交流。

车里小组的哈尼语具有熔炉作用。有个叫李文的小朋友，从石屏到外婆家（本寨）读二年级，来到这里一年后就能熟练地使用哈尼语了。很多出去打工的年轻人，无论出去多久，一回到村寨仍能熟练地使用哈尼语。

像车里寨这样百分之百都能熟练使用哈尼语在其他地区是少有的。由此可以判断，车里小组属于母语超稳定型村寨，哈尼语是寨内超强势语言，全民都能熟练使用母语。

(二) 母语词汇量掌握略有代际差异

车里小组村民掌握哈尼语词汇量的情况如何，与什么相关？为了进一步详细了解村民母语使用的特点，我们对10名村民做了哈尼语四百词测试。测试结果见表6-2。

表6-2　车里小组哈尼族四百词测试统计表

年龄段(岁)	总人数	A(优秀)		B(良好)		C(一般)		D(差)	
		人数	百分比(%)	人数	百分比(%)	人数	百分比(%)	人数	百分比(%)
6—19	5	2	40	3	60	0	0	0	0
20—39	2	2	100	0	0	0	0	0	0
40—59	1	1	100	0	0	0	0	0	0
60以上	2	2	100	0	0	0	0	0	0
合计	10	7	70	3	30	0	0	0	0

一种语言的发展趋势，往往在青少年的母语使用能力上首先反映出来。上表测试结果显示，5名20岁以上的村民，测试等级均为优秀。而5名青少年中，2名优秀，3名良好，其母语水平略有下降趋势。这10名被测试者的详细情况见表6-3。

表6-3　10名被测试者的详细情况表

姓名	年龄	性别	文化程度	A		B		C		D		A+B	等级
				数量	百分比(%)	数量	百分比(%)	数量	百分比(%)	数量	百分比(%)		
普来秋	13	女	小学	283	70.75	29	7.25	27	6.75	61	15.25	312	良好
李普梅	13	女	小学	295	73.75	40	10	47	11.75	18	4.5	335	良好
马阿修	18	男	高中	300	75	29	7.25	37	9.25	34	8.5	329	良好
李普嘎	19	男	高中	378	94.5	0	0	12	3	10	2.5	378	优秀
李普车	19	女	高中	336	84	22	5.5	13	3.25	29	7.25	358	优秀
李丕黑	26	男	小学	371	92.75	15	3.75	4	1	10	2.5	386	优秀
李　清	26	女	大学	347	86.75	22	5.5	20	5	11	2.75	369	优秀
何石牛	42	女	小学	400	100	0	0	0	0	0	0	400	优秀
白黑秀	63	女	小学	394	98.5	4	1	2	0.5	0	0	398	优秀
李牛宝	69	男	文盲	400	0	0	0	0	0	0	0	400	优秀

从上表可以看到：车里小组村民掌握哈尼语词汇的情况与年龄段相关，而与文化程度、性别关系不大。年轻人的哈尼语词汇掌握量少于中老年人，他们的汉语借词增多。其形成原因有：一是年纪小，接触的事物比较少，或对一些事物不熟悉。如13岁的普来秋，对许多事物不熟悉，叫不出名字，导致测试结果比不上别人。但这种情况的儿童随着年龄增长，其哈尼语词

汇量将有所增加。二是车里小组的孩子，读初中时就要离家在学校住宿。在外面住讲汉语的机会增多，虽然不会从根本上影响其母语水平，但其母语词汇量掌握会受到影响。如 19 岁的李普车，常年在外读书，今年高中毕业回到家，其哈尼语词汇量降低，有些不常见的事物已说不出来。

二、车里小组村民汉语使用现状

车里小组与外界交往不多，懂汉语的村民少，村民整体汉语水平低。近年来，随着交通的发展、教育水平的不断提高以及外出打工人员的增多，村民整体汉语水平有了一定的提高。车里小组村民掌握汉语的情况有以下几个特点：

(一) 兼用汉语水平存在代际差异

我们调查了不同年龄段村民的汉语使用情况，发现存在代际差异。具体见表 6 - 4。

表 6 - 4 车里小组不同年龄段的哈尼族兼用汉语情况表

年龄段(岁)	总人数	熟练		略懂		不会	
		人数	百分比(%)	人数	百分比(%)	人数	百分比(%)
6—19	141	60	42.55	59	41.84	22	15.61
20—39	179	120	67.04	51	28.49	8	4.47
40—59	111	36	32.43	52	46.85	23	20.72
60 以上	46	1	2.17	13	28.26	32	69.57
合计	477	217	45.50	175	36.68	85	17.82

表 6 - 4 表明，四个年龄段村民的汉语使用水平由高到低的排列顺序是：20—39 岁＞6—19 岁＞40—59 岁＞60 岁以上。即：青壮年的汉语水平最高，95.53%会汉语；青少年其次，84.39%会汉语；中老年有 79.28%会汉语；60 岁以上的汉语水平最低，30.43%会汉语，且仅有一人熟练。

为什么存在这种差异？我们了解到，20—39 岁的青壮年汉语水平之所以最高，是由于这一年龄段村民的文化程度相对较高，其汉语有的是受过学校的基础训练，有的是外出打工掌握的。6—19 岁的青少年汉语水平不如前者，是因为接触汉语较短。60 岁以上的老人，绝大多数都是文盲，且与外界接触较少，所以不会汉语的多。唯一一位能熟练使用汉语的 75 岁老人李哈忠，是因为他读书读到高中毕业。

(二) 兼用汉语水平与文化程度相关

车里小组村民兼用汉语的水平与其文化程度密切相关。二者关系见表 6 - 5。

表 6-5　车里小组不同文化程度的哈尼族兼用汉语情况表

文化程度	总人数	熟练		略懂		不会	
		人数	百分比(%)	人数	百分比(%)	人数	百分比(%)
文盲半文盲	119	12	10.08	49	41.18	58	48.74
小学及学前	233	94	40.34	112	48.07	27	11.59
初中	102	88	86.27	14	13.73	0	0
高中以上	23	23	100	0	0	0	0
合计	477	217	45.49	175	36.69	85	17.82

表 6-5 显示，文化程度越高，兼用汉语的比例和水平越高。初中及以上文化程度的有 125 人，全部会汉语；而高中及以上文化程度的 23 人，全都能熟练使用汉语。

小学文化程度（包括学前班）的 233 人中，有 206 人会汉语，占小学文化程度的 88.41%；不会的有 27 人，占 11.59%。27 人中有 5 人的年龄分别为 41、44、45、46、47 岁，这 5 人长期生活在村寨中，不与外族人打交道，所以都不会汉语；除此之外的 22 人，均为 6—12 岁的在读小学生或学龄前儿童。据了解，车前小学的学生多数要到五六年级才开始掌握汉语，读初中时才能用汉语交流。随着年龄的增长，这些少年儿童的汉语水平将会提高。

文盲或半文盲兼用汉语的比例和水平最低。119 人中能熟练使用汉语的仅有 12 人，占 10.08%；略懂的有 49 人，占 41.18%；不会汉语的有 58 人，占 48.74%。这 119 人中，以中老年人占绝大多数。

（三）兼用汉语水平存在性别差异

车里小组的男性、女性与外界交往的程度不同，所以兼用汉语的水平存在差异。其具体统计数据见表 6-6。

表 6-6　车里小组不同性别的哈尼族兼用汉语情况表

性别	总人数	熟练		略懂		不会	
		人数	百分比(%)	人数	百分比(%)	人数	百分比(%)
男	245	134	54.70	91	37.14	20	8.16
女	232	83	35.78	83	35.78	66	28.44
合计	477	217	45.49	174	36.48	86	18.03

由表 6-6 可见，男性兼用汉语的比例高于女性。在 477 名被调查对象中，男性 245 人，女性 232 人。其中，男性会汉语的共 225 人，占男性总数的 91.84%；女性会汉语的共 166 人，占女性总数的 71.56%。女性不会汉语的比例明显高于男性。女性不会汉语的 66 人，占 28.44%；男性不会汉语的 20 人，占 8.16%。

女性与外界接触少，所以其汉语水平偏低。车里小组妇女多承担家中的主要劳作，外出打工的少,与外界接触的机会也少。即使外出卖东西,也只是到以哈尼语为主要交际用语的平河乡,不会汉语也能顺利完成交易。而很多男性则外出打工或做生意,与外界接触较多,其汉语水平得到不同程度的提高。如果男性只是在平河乡内打工,其汉语水平提高幅度也不大。

现代化进程将对车里小组的语言使用产生越来越深刻的影响。随着车里小组与外界交往程度的加深,加之车里小组村民对待汉语积极、包容的态度,年轻一代掌握汉语的水平将会有大幅度提高。汉语水平的提高,符合哈尼族的心愿。19 岁的李普车告诉我们,她跟伙伴们在一起的时候,有时候用汉语,有时候用哈尼语,村里人都能接受。但在跟祖辈交流时,还是要用哈尼语,以示尊重。

第三节　车里小组人物访谈录

一、车里村党支部书记陈龙处访谈录

访谈对象: 陈龙处,男,43 岁,哈尼族,小学,车里村党支部书记

访谈时间: 2011 年 8 月 11 日下午

访谈地点: 绿春县平河乡政府招待所

访 谈 者: 李春风

问: 请介绍一下您个人及家庭情况。

答: 我 1968 年出生在略马村略马寨。在略马村读小学,1984 毕业于平河乡中学。1985 年任略马村会计,1991 年至 1998 年任村文书(副主任),1998 年 12 月至 2006 年 4 月任东批村支书,2006 年 4 月任车里村支书至今。爱人是哈尼族。有两个小孩。儿子 26 岁,在家务农;女儿 24 岁,在红河县一个乡任中学教师。

问: 您的家庭语言使用情况如何?

答: 在家跟长辈和爱人都用哈尼语交谈。跟孩子则是汉语、哈尼语都说。从孩子小时候起就有意识地对他们说汉语,他们一般用哈尼语回答。

问: 您不怕孩子长大以后不会说哈尼语吗?

答: 不会的嘛! 哈尼语是我们民族的母语,不教也会的。汉语是全中国通用的,不教就不熟或不会。

问: 您是什么时候学会汉语的?

答: 我读小学时,老师是哈汉双语教学,但只能听懂一点儿,不会正常交流。读初中以后才学会当地汉语方言的。

问: 车里村现在有几所小学?

答: 2006 年之前,有 6 所小学。进行集中办学后,现有两所小学,一所在车里寨(小组),一

所在马骑寨。

问: 师资力量和教学情况如何?与过去相比有哪些变化?

答: 全校有10名教师,其中两名来自外县。学校还是双语教学。政府提倡用普通话讲课,但哈尼族汉语基础差,只用汉语讲孩子很难领悟。2010年,一至六年级有382名学生。五六年级才有数学、语文专职教师;五年级以下不分教师。

与过去相比,学校教学设施、师生住宿条件都得到了改善,教育水平在乡里算是比较高的,成绩最好的学生在乡里能排前三名。辍学率比较低。这是因为受政府关怀照顾,娃娃上学不但学杂费全免,而且小学生上学每月有50元的生活补贴,初中生有100元的补贴。学生上学不需要出什么费用,学生读书的积极性高一些。除非成绩不好或者不愿意读书,一般都能读完初中。截至目前,车里村先后出过32名大学生、60多名高中生。其中,车里小组有6名大学生、13名高中生。

问: 请您简要介绍一下车里村的地理位置和经济情况吧!

答: 车里村位于平河乡西南部24公里处,全村有土地面积65.9平方公里,辖7个村民小组,村民2837人(2010年)。7个村民小组以村部为中心,相互间距离不超过10公里。

2010年,全村平均每人每年收获粮食约307公斤。村里人均收入1657元。粮食作物有水稻、玉米、花生、木薯等。木薯、玉米多用于喂养家畜。粮食和家畜多数自家食用。少数村民卖一点儿玉米或家畜。经济作物嘛,以前曾种植香茅草。虽然香茅草收成周期短,经济见效快,但据说种植香茅草破坏生态环境,2000年以后政府已经开始引导种植别的经济作物了。从2003年开始,主要种植草果、八角、茶叶、杉木树,这两年陆续种植一些橡胶树,要10年才可割胶。

问: 车里寨(小组)的经济情况和基础设施如何?

答: 车里寨距离平河乡24公里,是车里村委会所在地。全寨有104户,511人。车里寨固定耕地面积1560亩,人均占有土地10亩左右。其中水稻729亩、玉米1080亩、花生250亩、木薯450亩。最近两年又着力开发一些经济作物。如:草果650亩、八角825亩、茶叶750亩、杉木树1200亩、桉树600亩。此外还有部分地区种植香茅草。2010年人均收入2263元,人均收粮313公斤。

2003年,从车里寨通到国防线的1.2公里水泥路修筑完成;2004年全寨通电;上世纪80年代通水,但是全寨共用一个水管,2010年实现家家用上自来水。为了节约,村里适当地收取一点儿水费。这些钱用来管理、维修水管。

问: 您知道车里寨的由来吗?

答: 以前听老人说,车里寨(tshe^{55} le̠^{33})的名称来自于哈尼语。tshe^{55} 是"谷子"的意思,le̠^{33} 是"赶街"的意思,tshe^{55} le̠^{33} 就是交易谷子的意思。

问: 现在您家在哪里?距离乡政府有多远?

答: 家在略马寨。略马寨距离乡政府约28公里,距离车里村公所约52公里。从家骑摩托车到车里村公所约两小时。已经习惯了,很方便。

问：车里寨村民平时出行的交通工具是什么？

答：农用车、拖拉机、摩托车。车里寨有 3 辆农用车、2 辆拖拉机、54 辆摩托车。

问：车里寨村民日常交际的语言情况如何？

答：全寨都是哈尼族，主要用哈尼语。现在很多年轻人出去打工，除了过年过节、农忙季节基本都在外面。有些人出去前连汉语都不会讲，回来后普通话讲得很流利。有的女孩子嫁出去后，再回来都会普通话了。

问：外出打工的年轻人回来后，对村里有什么影响吗？

答：会给村里带来一些变化，比如生活方式、劳动方式等。他们比我们会用一些科学技术。

问：您与村民都用什么语言交流？

答：平时在寨子里跟老人说哈尼语。在农村如果跟老人说汉语，他们听不懂，会被认为不礼貌。跟同龄或比自己小的就汉语、哈尼语都用。开会的时候，先用汉语照读宣传文件，然后再用哈尼语解释。

问：车里寨有哪些传统节日？

答：最隆重的是十月年，这一天几乎每家都杀一头猪。其次是祭龙、六月年(矻扎扎)。其余的还有抽穗节、新米节等。我们很重视传统节日，逢年过节都穿本民族服饰。

问：车里寨村民的服饰有什么特点？

答：车里寨周围的 4 个村被称为"果作"(略马寨一带的 4 个村被称为"腊咪"，还有"者米")。各个地区的服饰都不一样，车里寨服装颜色质地以蓝黑色土布为主。

问：您担心以后年轻人的哈尼语水平会下降吗？

答：按理来说不会出现这样的情况，除非搬出去，不在这个村居住了。

问：您认为车里寨近年的发展情况如何？

答：近 5 年来，车里寨还是发生了比较大的变化的。比如：村民的出行条件好了，原来是土路，现在是弹石路、水泥路；水质比以前好了，实现一户一表；各级政府对教育、基础设施、经济作物等加大投入力度；政府扶持村寨搞可持续发展的经济作物产业。

问：在发展过程中还存在哪些困难？

答：受地理环境、居住环境的影响，我们与外面交往很不方便；土质是沙土，种植的农作物收成不太好；急需一些养殖业方面的科学技术。另外，我们的教育水平还很有限。

二、车里小组副组长李建华访谈录

访谈对象：李建华，男，32 岁，哈尼族，小学，车里小组副组长

访谈时间：2011 年 8 月 12 日下午

访谈地点：车里村车里寨村民活动室

访 谈 者：张　鑫

问：你好，请做个简单的自我介绍吧！

答：我叫李建华，哈尼族，是车里小组的副组长。1979 年 8 月 6 日出生。我父亲叫李黑才，今年 63 岁。我母亲李立车，今年 60 岁，汉语略懂。爱人叫白胡车，20 岁。我们有个 2 岁的女儿。我奶奶李啊说今年 94 岁，不会说汉语，也听不懂。我们全家都是哈尼族，在家里都说哈尼语，很少说汉语，与寨子里的村民也基本上都说哈尼语。

问：您的读书经历是怎样的？

答：小学就在平河乡读的，我一年级的时候只会说一点点汉语，后来才慢慢学会了。我们这里的孩子大多在小学四五年级以前听不懂汉语，上课时老师先说哈尼语再说汉语。我初中在平河乡中学念的，后来在云南开远市读过私立高中。

问：为什么不到绿春一中读高中？

答：我个人认为开远好，当时觉得离家远点儿上学好，觉得开远很远吧。不想在家附近读书。

问：你会写汉字是什么时候？写作文顺当么？

答：我小学时还不会写作文，初中才会写作文。高中到了开远写作水平就和其他同学差不多了。我以前汉语的口头表达不太准，但是书写能力强些。高中毕业后回到寨子已经有 10 年了，现在讲汉语有点儿退化了，有点儿别扭。我心里明白但说不出来。我回到寨子里都讲哈尼语，不讲汉语。

问：你孩子说哈尼语吗？

答：我女儿 2 岁。刚刚学会说话，会用哈尼语讲爸爸、妈妈，不会汉语。

问：你对你女儿长大后学习什么语言是怎么打算的？

答：我们夫妻都愿意让她从小学汉语，因为她将来上学、写文章一定要用汉语。而母语哈尼语不需要学就会讲的，我们这里的小娃都会讲哈尼语。

问：你们寨子里读高中的多不多？读大学的有几个？

答：近几年有 10 多个读高中的，都是从平河乡考进绿春读高中的。他们在外面读书说汉语，回到寨子里就说哈尼语。上大学的也有 10 多个。

问：寨子里有哪些支系？相互通婚后语言使用情况怎样？

答：我们寨子里有果作和腊咪两个支系，相互间的语言有差别，但都能听懂。不同支系的家里，孩子说什么支系的语言多随父亲的支系，也有随母亲的。

问：你们为什么那么喜欢使用自己的语言？

答：我们是哈尼人嘛！

问：你们村里的经济来源是什么呢？

答：以前村里经济收入很少，种植香茅榨油出售是主要经济来源，再就是种水田。1998 年起依靠新农村建设的政策，加上村民们共同努力，我们现在整个村寨都有大的改观。

问：寨子里都有什么传统节日？

答： 我们寨子的祭龙仪式很隆重，在每年的 2 月中旬。寨子里有个用于祭拜的龙头。祭龙的时候不能干活，要是谁家干活就罚款。因为传说祭龙的时候要是劳动，祭龙就没有效果了。祭龙总共要一个星期，每家出 40 元买祭品。

问： 你担心你们的民族语言会走向衰退吗？

答： 不担心，我们大家从小就说哈尼语，外面的人回来还是用哈尼语交流。即使有的人小时候就去外面了或者外出很久，回来以后还会说哈尼语。

问： 寨子里出外打工的人多吗？

答： 寨子里年轻人很多都出去打工，去昆明的多。外出的人回来还是用哈尼语和寨子里的人交流。

问： 你们离越南这么近，有没有往来呢？

答： 我们很多人的亲戚朋友都在越南。他们总是回来赶集和访亲，回来也是说哈尼语。我们都能交流。

问： 你们寨子跟外界交往频繁吗？都能听懂彼此的话吗？

答： 我们与周边的马骑村、禾斯村、倮独村、甲斯村、爬别村、独迫村和石磊村寨之间交往很密切。寨子间都有亲戚朋友来往，全都能用哈尼语进行交流。

三、车里小组祭司李牛宝访谈录

访谈对象： 李牛宝，男，68 岁，车里小组村民，寨神祭司

访谈时间： 2011 年 8 月 12 日

访谈地点： 车里小组李牛宝家中

访 谈 者： 白居舟

问： 请您介绍一下车里寨子的来历。

答： 我们车里，距离平河乡政府 20 多公里，距离越南直线距离不到 2 公里。车里是我们哈尼族果作支系的寨子，历史比较悠久。在我们之前，车里曾经有过 150 户以上的历史，后来发生过一次瘟疫，主要是痢疾，没有药物医治，全村人死亡很多，许多家庭的人都死光了，没有死的逃往别处，多数到了现在的金平勐拉、西双版纳、越南以及缅甸等地。后来，在我出生的 1943 年，我们果作人又回到了现在的车里重新建村立寨。那时，花了很大的气力，投入了不少的牺牲，如牛、羊、猪、鸡等，把寨神竖立起来，把妖魔鬼怪驱除出去，安家落户，逐渐发展，现在成为了一个森林中的村庄，一个绿色环保的哈尼族生态家园。

问： 请介绍一下您的家庭情况。

答： 我爱人是对面马骑村人，也是我们果作人。1960 年嫁给我，我俩都没有读过书，这里看不到一个汉族，没有机会和汉族打交道，所以都不会汉语，现在会听一点儿，也只是到乡里赶集的时候学到的。我们生育了 6 个子女，3 男 3 女。大儿子李克忠，现在云南省民语委工作，

二儿子跟我在家务农，三儿子在绿春县水电局工作，大女儿在县妇幼保健站工作，二女儿出嫁在本村，三女儿原来在车里村公所当文书，现在回家承包了我们车里的茶厂。

问：平时车里人在村里和家中使用什么语言呢？

答：我们车里人在村里都说哈尼语，基本上不讲汉语，这里地处中越边界，没有一个汉族，是清一色的哈尼族。有时偶尔听到读书的年轻人讲汉语，或者在电视里听汉语，我和我的家人几乎没有说过汉语，我跟我的爱人以及子女都只讲哈尼语。因为我们夫妻都不会汉语，所以会讲汉语的子女回家都跟我们讲哈尼语。

问：您觉得车里人今后会像这样继续讲哈尼语吗？

答：肯定会的，至少我们这代人是不会变的。

问：将来呢？将来的孩子会不会抛弃母语呢？

答：只要哈尼人在，永远也不会抛弃哈尼语。

第四节　车里小组语言使用情况总表

序号	家庭关系	姓名	民族	年龄（岁）	文化程度	第一语言及水平	第二语言及水平	第三语言及水平
1	户主	李立坚	哈尼	37	小学	哈尼语，熟练	汉语，略懂	
	配偶	李把普	哈尼	33	小学	哈尼语，熟练	汉语，略懂	
	母亲	李克背	哈尼	77	文盲或半文盲	哈尼语，熟练	汉语，不会	
	长子	李克发	哈尼	11	小学	哈尼语，熟练	汉语，略懂	
2	户主	李翁九	哈尼	42	小学	哈尼语，熟练	汉语，略懂	
	配偶	李刚路	哈尼	42	文盲或半文盲	哈尼语，熟练	汉语，略懂	
	长子	李九才	哈尼	22	小学	哈尼语，熟练	汉语，熟练	
	次子	李兰娘	哈尼	19	小学	哈尼语，熟练	汉语，略懂	
	三子	李龙贵	哈尼	18	小学	哈尼语，熟练	汉语，熟练	
3	户主	李沙龙	哈尼	44	初中	哈尼语，熟练	汉语，略懂	
	长女	李立背	哈尼	15	小学	哈尼语，熟练	汉语，略懂	
	次女	李兰华	哈尼	13	小学	哈尼语，熟练	汉语，略懂	
4	户主	李摸黑	哈尼	28	小学	哈尼语，熟练	汉语，熟练	
5	户主	李卢衣成	哈尼	48	初中	哈尼语，熟练	汉语，略懂	
	配偶	白皮秋	哈尼	47	小学	哈尼语，熟练	汉语，略懂	
	长子	李阿强	哈尼	21	小学	哈尼语，熟练	汉语，熟练	
	长女	李腰说	哈尼	18	小学	哈尼语，熟练	汉语，熟练	

6	户主	李克九	哈尼	45	文盲或半文盲	哈尼语,熟练	汉语,略懂	
	配偶	李忙优	哈尼	47	文盲或半文盲	哈尼语,熟练	汉语,略懂	
	父亲	李初龙	哈尼	84	文盲或半文盲	哈尼语,熟练	汉语,略懂	
	长子	李龙然	哈尼	27	小学	哈尼语,熟练	汉语,熟练	
	长女	李腰秀	哈尼	22	小学	哈尼语,熟练	汉语,熟练	
	次女	李数把	哈尼	21	小学	哈尼语,熟练	汉语,熟练	
7	户主	李沙红	哈尼	40	小学	哈尼语,熟练	汉语,熟练	
	配偶	白沙飘	哈尼	35	文盲或半文盲	哈尼语,熟练	汉语,不会	
	父亲	李伟山	哈尼	68	文盲或半文盲	哈尼语,熟练	汉语,不会	
	母亲	李刚秀	哈尼	69	文盲或半文盲	哈尼语,熟练	汉语,不会	
	长女	李毛秀	哈尼	8	小学	哈尼语,熟练	汉语,不会	
8	户主	李小车	哈尼	26	文盲或半文盲	哈尼语,熟练	汉语,熟练	
	大妹	李车远	哈尼	23	小学	哈尼语,熟练	汉语,熟练	
	二妹	李平牛	哈尼	21	小学	哈尼语,熟练	汉语,熟练	
9	户主	李卢衣服	哈尼	51	文盲或半文盲	哈尼语,熟练	汉语,略懂	
	配偶	普兰艳	哈尼	49	文盲或半文盲	哈尼语,熟练	汉语,略懂	
	长女	李腰楼	哈尼	28	文盲或半文盲	哈尼语,熟练	汉语,熟练	
	长子	李石龙	哈尼	26	小学	哈尼语,熟练	汉语,熟练	
	儿媳	李木楼	哈尼	28	小学	哈尼语,熟练	汉语,熟练	
	次子	李龙发	哈尼	23	小学	哈尼语,熟练	汉语,熟练	
10	户主	李笼斗	哈尼	66	文盲或半文盲	哈尼语,熟练	汉语,略懂	
	配偶	白兰优	哈尼	63	文盲或半文盲	哈尼语,熟练	汉语,不会	
	长子	李月龙	哈尼	36	初中	哈尼语,熟练	汉语,熟练	
	儿媳	李胡远	哈尼	35	小学	哈尼语,熟练	汉语,略懂	
	长孙	李石发	哈尼	11	小学	哈尼语,熟练	汉语,不会	
	次孙	李石亮	哈尼	7	小学	哈尼语,熟练	汉语,不会	
11	户主	李虎九	哈尼	41	初中	哈尼语,熟练	汉语,熟练	
	配偶	马衣车	哈尼	39	初中	哈尼语,熟练	汉语,熟练	
	长女	李保们	哈尼	20	初中	哈尼语,熟练	汉语,熟练	
	长子	李保鲁	哈尼	19	高中	哈尼语,熟练	汉语,熟练	
	次子	李保咀	哈尼	17	小学	哈尼语,熟练	汉语,熟练	
12	户主	李石斗	哈尼	68	文盲或半文盲	哈尼语,熟练	汉语,不会	
	配偶	马夫收	哈尼	67	文盲或半文盲	哈尼语,熟练	汉语,不会	
	次子	李玉才	哈尼	28	小学	哈尼语,熟练	汉语,略懂	
	儿媳	陈讲背	哈尼	28	文盲或半文盲	哈尼语,熟练	汉语,不会	
	孙女	李朱艳	哈尼	6	学龄前儿童	哈尼语,熟练	汉语,不会	

13	户主	李龙然	哈尼	34	文盲或半文盲	哈尼语，熟练	汉语，略懂	
	配偶	李保牛	哈尼	30	文盲或半文盲	哈尼语，熟练	汉语，略懂	
	父亲	李然保	哈尼	66	文盲或半文盲	哈尼语，熟练	汉语，略懂	
	妹妹	李胡楼	哈尼	28	小学	哈尼语，熟练	汉语，熟练	
	长女	李然秀	哈尼	11	小学	哈尼语，熟练	汉语，不会	
14	户主	李批沙	哈尼	49	初中	哈尼语，熟练	汉语，熟练	
	配偶	李九娄	哈尼	47	文盲或半文盲	哈尼语，熟练	汉语，略懂	
	次女	李木艳	哈尼	27	小学	哈尼语，熟练	汉语，熟练	
	长子	李沙发	哈尼	24	小学	哈尼语，熟练	汉语，熟练	
	外孙女	李正妹	哈尼	9	小学	哈尼语，熟练	汉语，不会	
15	户主	李石才	哈尼	46	小学	哈尼语，熟练	汉语，不会	
	配偶	李忠楼	哈尼	32	文盲或半文盲	哈尼语，熟练	汉语，不会	
	长子	李模发	哈尼	11	小学	哈尼语，熟练	汉语，不会	
16	户主	李初才	哈尼	44	文盲或半文盲	哈尼语，熟练	汉语，略懂	
	配偶	白初说	哈尼	44	小学	哈尼语，熟练	汉语，不会	
	长子	李才九	哈尼	24	小学	哈尼语，熟练	汉语，熟练	
	次子	李小发	哈尼	21	小学	哈尼语，熟练	汉语，熟练	
	三子	李胡贵	哈尼	18	小学	哈尼语，熟练	汉语，熟练	
17	户主	李波才	哈尼	53	初中	哈尼语，熟练	汉语，熟练	
	配偶	罗石远	哈尼	46	初中	哈尼语，熟练	汉语，略懂	
	长子	李九保	哈尼	29	小学	哈尼语，熟练	汉语，熟练	
	长女	李胡楼	哈尼	24	初中	哈尼语，熟练	汉语，熟练	
	次子	李生华	哈尼	22	小学	哈尼语，熟练	汉语，熟练	
18	户主	李兰们	哈尼	54	文盲或半文盲	哈尼语，熟练	汉语，略懂	
	配偶	李初努	哈尼	56	文盲或半文盲	哈尼语，熟练	汉语，不会	
	次女	李爱背	哈尼	29	文盲或半文盲	哈尼语，熟练	汉语，熟练	
	四女	李自真	哈尼	23	小学	哈尼语，熟练	汉语，熟练	
19	户主	李翁黑	哈尼	37	初中	哈尼语，熟练	汉语，略懂	
	配偶	李么沙	哈尼	27	小学	哈尼语，熟练	汉语，略懂	
	父亲	李格保	哈尼	68	文盲或半文盲	哈尼语，熟练	汉语，略懂	
	母亲	何黑背	哈尼	65	文盲或半文盲	哈尼语，熟练	汉语，不会	
	侄女	李福收	哈尼	15	初中	哈尼语，熟练	汉语，熟练	
	长子	李正福	哈尼	9	小学	哈尼语，熟练	汉语，不会	
20	户主	李江衣山	哈尼	36	初中	哈尼语，熟练	汉语，熟练	
	配偶	李波丕	哈尼	24	小学	哈尼语，熟练	汉语，熟练	
	母亲	何毛优	哈尼	56	文盲或半文盲	哈尼语，熟练	汉语，略懂	

21	户主	李毛保	哈尼	35	初中	哈尼语,熟练	汉语,熟练	
	配偶	卢加说	哈尼	35	小学	哈尼语,熟练	汉语,熟练	
	父亲	李沙才	哈尼	67	文盲或半文盲	哈尼语,熟练	汉语,略懂	
	母亲	何龙优	哈尼	63	文盲或半文盲	哈尼语,熟练	汉语,不会	
	长子	李严法	哈尼	16	初中	哈尼语,熟练	汉语,熟练	
	长女	李普梅	哈尼	13	小学	哈尼语,熟练	汉语,熟练	
22	户主	李仁普	哈尼	41	文盲或半文盲	哈尼语,熟练	汉语,熟练	
	配偶	马莫努	哈尼	41	文盲或半文盲	哈尼语,熟练	汉语,不会	
	长女	李来优	哈尼	19	小学	哈尼语,熟练	汉语,熟练	
	长子	李夫龙	哈尼	18	小学	哈尼语,熟练	汉语,熟练	
	次子	李小军	哈尼	15	小学	哈尼语,熟练	汉语,略懂	
23	户主	李普中	哈尼	45	小学	哈尼语,熟练	汉语,熟练	
	配偶	白血背	哈尼	37	文盲或半文盲	哈尼语,熟练	汉语,略懂	
	长女	李终艳	哈尼	17	初中	哈尼语,熟练	汉语,熟练	
	长子	李中龙	哈尼	14	小学	哈尼语,熟练	汉语,略懂	
24	户主	李我坚	哈尼	49	初中	哈尼语,熟练	汉语,熟练	
	配偶	李么者	哈尼	48	文盲或半文盲	哈尼语,熟练	汉语,不会	
	次女	李干努	哈尼	25	初中	哈尼语,熟练	汉语,熟练	
	三女	李龙艳	哈尼	23	小学	哈尼语,熟练	汉语,熟练	
	四女	李平艳	哈尼	21	小学	哈尼语,熟练	汉语,熟练	
	外孙女	李龙飞	哈尼	6	学龄前儿童	哈尼语,熟练	汉语,不会	
25	户主	李科仁	哈尼	59	文盲或半文盲	哈尼语,熟练	汉语,略懂	
	配偶	张龙梭	哈尼	59	文盲或半文盲	哈尼语,熟练	汉语,不会	
	三子	李格普	哈尼	34	初中	哈尼语,熟练	汉语,熟练	
	四子	李先黑	哈尼	33	初中	哈尼语,熟练	汉语,熟练	
	儿媳	李么九	哈尼	28	小学	哈尼语,熟练	汉语,略懂	
	长孙女	李木秀	哈尼	10	小学	哈尼语,熟练	汉语,不会	
	次孙女	李情梅	哈尼	7	小学	哈尼语,熟练	汉语,不会	
26	户主	李然中	哈尼	45	初中	哈尼语,熟练	汉语,略懂	
	配偶	白干牛	哈尼	44	文盲或半文盲	哈尼语,熟练	汉语,不会	
	父亲	李批然	哈尼	67	文盲或半文盲	哈尼语,熟练	汉语,不会	
	母亲	李来背	哈尼	66	文盲或半文盲	哈尼语,熟练	汉语,不会	
	长子	李丕黑	哈尼	24	小学	哈尼语,熟练	汉语,熟练	
	儿媳	马明说	哈尼	24	文盲或半文盲	哈尼语,熟练	汉语,熟练	
	长女	李米秀	哈尼	17	小学	哈尼语,熟练	汉语,熟练	
	次子	李爱福	哈尼	15	小学	哈尼语,熟练	汉语,略懂	
	孙子	李来山	哈尼	7	学龄前儿童	哈尼语,熟练	汉语,不会	

27	户主	李立中	哈尼	35	文盲或半文盲	哈尼语，熟练	汉语，略懂	
	配偶	李九背	哈尼	36	文盲或半文盲	哈尼语，熟练	汉语，不会	
	长女	李波远	哈尼	17	初中	哈尼语，熟练	汉语，熟练	
	长子	李我沙	哈尼	12	小学	哈尼语，熟练	汉语，不会	
28	户主	李普沙	哈尼	41	小学	哈尼语，熟练	汉语，熟练	
	配偶	李生优	哈尼	38	小学	哈尼语，熟练	汉语，略懂	
	长女	李　英	哈尼	20	小学	哈尼语，熟练	汉语，熟练	
	长子	李　强	哈尼	19	小学	哈尼语，熟练	汉语，熟练	
	次子	李建强	哈尼	16	小学	哈尼语，熟练	汉语，熟练	
29	户主	李沙者	哈尼	38	初中	哈尼语，熟练	汉语，熟练	
	父亲	李吹黑	哈尼	74	文盲或半文盲	哈尼语，熟练	汉语，略懂	
	母亲	李仁秀	哈尼	73	文盲或半文盲	哈尼语，熟练	汉语，略懂	
	长子	李学成	哈尼	13	小学	哈尼语，熟练	汉语，略懂	
	次子	李江龙	哈尼	10	小学	哈尼语，熟练	汉语，不会	
30	户主	李龙山	哈尼	62	文盲或半文盲	哈尼语，熟练	汉语，略懂	
	配偶	李石楼	哈尼	62	文盲或半文盲	哈尼语，熟练	汉语，不会	
	长子	李山减	哈尼	34	小学	哈尼语，熟练	汉语，熟练	
	儿媳	李皮说	哈尼	32	文盲或半文盲	哈尼语，熟练	汉语，略懂	
	孙子	李普法	哈尼	14	小学	哈尼语，熟练	汉语，略懂	
31	户主	李立牛	哈尼	51	文盲或半文盲	哈尼语，熟练	汉语，不会	
	长子	李腰发	哈尼	33	小学	哈尼语，熟练	汉语，熟练	
	儿媳	李伟车	哈尼	32	文盲或半文盲	哈尼语，熟练	汉语，略懂	
	长孙女	李秀珍	哈尼	15	初中	哈尼语，熟练	汉语，熟练	
	次孙女	李岩秀	哈尼	10	小学	哈尼语，熟练	汉语，略懂	
32	户主	李初九	哈尼	42	小学	哈尼语，熟练	汉语，熟练	
	配偶	何石牛	哈尼	42	小学	哈尼语，熟练	汉语，熟练	
	长子	李普嘎	哈尼	19	高中	哈尼语，熟练	汉语，熟练	
	次子	李牛龙	哈尼	14	初中	哈尼语，熟练	汉语，熟练	
33	户主	李保才	哈尼	43	小学	哈尼语，熟练	汉语，熟练	
	配偶	白何玉收	哈尼	47	小学	哈尼语，熟练	汉语，略懂	
	父亲	李牛保	哈尼	68	文盲或半文盲	哈尼语，熟练	汉语，略懂	
	母亲	白兰努	哈尼	70	文盲或半文盲	哈尼语，熟练	汉语，不会	
	长女	李普车	哈尼	24	大学	哈尼语，熟练	汉语，熟练	
	次子	李羊九	哈尼	18	高中	哈尼语，熟练	汉语，熟练	

34	户主	李克咀	哈尼	39	初中	哈尼语,熟练	汉语,略懂	
	配偶	马跑背	哈尼	39	小学	哈尼语,熟练	汉语,略懂	
	母亲	李腰背	哈尼	72	文盲或半文盲	哈尼语,熟练	汉语,不会	
	妹妹	李成秀	哈尼	28	初中	哈尼语,熟练	汉语,熟练	
	长女	李咀车	哈尼	22	小学	哈尼语,熟练	汉语,略懂	
	次女	李仁牛	哈尼	17	小学	哈尼语,熟练	汉语,略懂	
	三女	李么坚	哈尼	14	小学	哈尼语,熟练	汉语,略懂	
	长子	李继军	哈尼	6	小学	哈尼语,熟练	汉语,略懂	
35	户主	李小成	哈尼	33	初中	哈尼语,熟练	汉语,熟练	
	配偶	何　芳	哈尼	34	初中	哈尼语,熟练	汉语,熟练	
	长子	李龙娘	哈尼	9	小学	哈尼语,熟练	汉语,略懂	
	次子	李刚才	哈尼	7	小学	哈尼语,熟练	汉语,略懂	
36	户主	李然龙	哈尼	38	初中	哈尼语,熟练	汉语,熟练	
	配偶	李伟远	哈尼	34	文盲或半文盲	哈尼语,熟练	汉语,略懂	
	长子	李普保	哈尼	15	初中	哈尼语,熟练	汉语,熟练	
	次子	李小九	哈尼	12	小学	哈尼语,熟练	汉语,略懂	
37	户主	李立雄	哈尼	48	初中	哈尼语,熟练	汉语,熟练	
	配偶	李先远	哈尼	36	小学	哈尼语,熟练	汉语,略懂	
	母亲	李龙抽	哈尼	76	文盲或半文盲	哈尼语,熟练	汉语,不会	
	长女	李普说	哈尼	25	小学	哈尼语,熟练	汉语,略懂	
	次女	李普牛	哈尼	21	小学	哈尼语,熟练	汉语,略懂	
	长子	李普然	哈尼	19	小学	哈尼语,熟练	汉语,略懂	
38	户主	李黑才	哈尼	63	小学	哈尼语,熟练	汉语,略懂	
	配偶	李立车	哈尼	60	文盲或半文盲	哈尼语,熟练	汉语,略懂	
	长子	李建华	哈尼	32	初中	哈尼语,熟练	汉语,熟练	
	儿媳	白胡车	哈尼	17	小学	哈尼语,熟练	汉语,熟练	
39	户主	李伟发	哈尼	37	小学	哈尼语,熟练	汉语,略懂	
	配偶	白龙说	哈尼	36	文盲或半文盲	哈尼语,熟练	汉语,略懂	
	母亲	李中牛	哈尼	80	文盲或半文盲	哈尼语,熟练	汉语,不会	
	长子	李发九	哈尼	17	小学	哈尼语,熟练	汉语,熟练	
	次子	李胡娘	哈尼	15	小学	哈尼语,熟练	汉语,略懂	
40	户主	李伟鲁	哈尼	39	小学	哈尼语,熟练	汉语,略懂	
	配偶	何哈秀	哈尼	44	初中	哈尼语,熟练	汉语,略懂	
	长子	李鲁嘎	哈尼	22	初中	哈尼语,熟练	汉语,熟练	
	次女	李鲁优	哈尼	18	小学	哈尼语,熟练	汉语,熟练	

41	户主	李哈忠	哈尼	75	高中	哈尼语,熟练	汉语,熟练	
	配偶	李咀优	哈尼	58	小学	哈尼语,熟练	汉语,略懂	
	长子	李克然	哈尼	33	初中	哈尼语,熟练	汉语,熟练	
	儿媳	李九谋	哈尼	31	小学	哈尼语,熟练	汉语,熟练	
42	户主	李江衣保	哈尼	47	小学	哈尼语,熟练	汉语,熟练	
	配偶	李沙远	哈尼	42	小学	哈尼语,熟练	汉语,略懂	
	长子	李华伟	哈尼	23	初中	哈尼语,熟练	汉语,熟练	
	次子	李腰保	哈尼	21	初中	哈尼语,熟练	汉语,熟练	
	三子	李波娘	哈尼	18	中专	哈尼语,熟练	汉语,熟练	
43	户主	李中沙	哈尼	47	小学	哈尼语,熟练	汉语,略懂	
	配偶	李从背	哈尼	45	初中	哈尼语,熟练	汉语,不会	
	长子	李双发	哈尼	17	小学	哈尼语,熟练	汉语,略懂	
	次子	李来普	哈尼	16	初中	哈尼语,熟练	汉语,熟练	
44	户主	李成咀	哈尼	43	小学	哈尼语,熟练	汉语,略懂	
	配偶	李九抽	哈尼	42	小学	哈尼语,熟练	汉语,略懂	
	母亲	李毛优	哈尼	60	文盲或半文盲	哈尼语,熟练	汉语,不会	
	长子	李咀发	哈尼	21	小学	哈尼语,熟练	汉语,熟练	
	长女	李咀车	哈尼	18	初中	哈尼语,熟练	汉语,熟练	
	次子	李毛龙	哈尼	16	小学	哈尼语,熟练	汉语,熟练	
45	户主	李毛衣服	哈尼	43	文盲或半文盲	哈尼语,熟练	汉语,略懂	
	配偶	李克娄	哈尼	43	文盲或半文盲	哈尼语,熟练	汉语,略懂	
	次女	李皮艳	哈尼	22	初中	哈尼语,熟练	汉语,熟练	
	长子	李平发	哈尼	18	中专	哈尼语,熟练	汉语,熟练	
46	户主	李秀芬	哈尼	35	初中	哈尼语,熟练	汉语,熟练	
	长女	陈　升	哈尼	11	小学	哈尼语,熟练	汉语,略懂	
47	户主	李然黑	哈尼	37	小学	哈尼语,熟练	汉语,略懂	
	配偶	马胡背	哈尼	36	文盲或半文盲	哈尼语,熟练	汉语,略懂	
	父亲	李石然	哈尼	70	文盲或半文盲	哈尼语,熟练	汉语,不会	
	母亲	李刚修	哈尼	70	文盲或半文盲	哈尼语,熟练	汉语,不会	
	长女	李车远	哈尼	13	初中	哈尼语,熟练	汉语,熟练	
	次女	李合芬	哈尼	10	小学	哈尼语,熟练	汉语,略懂	
48	户主	李秋九	哈尼	45	小学	哈尼语,熟练	汉语,略懂	
	配偶	李龙努	哈尼	41	文盲或半文盲	哈尼语,熟练	汉语,略懂	
	长子	李普发	哈尼	20	大学	哈尼语,熟练	汉语,熟练	
	长女	李艳芬	哈尼	18	小学	哈尼语,熟练	汉语,熟练	

49	户主	李忠坚	哈尼	53	文盲或半文盲	哈尼语,熟练	汉语,略懂	
	配偶	李伟抽	哈尼	49	文盲或半文盲	哈尼语,熟练	汉语,略懂	
	长子	李苦九	哈尼	27	小学	哈尼语,熟练	汉语,熟练	
	次子	李九们	哈尼	22	小学	哈尼语,熟练	汉语,熟练	
50	户主	李干沙	哈尼	37	小学	哈尼语,熟练	汉语,略懂	
	配偶	白江背	哈尼	36	文盲或半文盲	哈尼语,熟练	汉语,略懂	
	长女	李先牛	哈尼	17	初中	哈尼语,熟练	汉语,熟练	
	次女	李立牛	哈尼	11	小学	哈尼语,熟练	汉语,略懂	
51	户主	李点九	哈尼	49	初中	哈尼语,熟练	汉语,略懂	
	长女	李克松	哈尼	28	小学	哈尼语,熟练	汉语,熟练	
	长子	李树黑	哈尼	25	小学	哈尼语,熟练	汉语,略懂	
	次女	李木收	哈尼	22	小学	哈尼语,熟练	汉语,熟练	
52	户主	李斗格	哈尼	51	小学	哈尼语,熟练	汉语,略懂	
	配偶	李平背	哈尼	47	小学	哈尼语,熟练	汉语,略懂	
	长子	李格沙	哈尼	24	小学	哈尼语,熟练	汉语,略懂	
	儿媳	李爱芬	哈尼	21	小学	哈尼语,熟练	汉语,略懂	
53	户主	李乍那	哈尼	39	文盲或半文盲	哈尼语,熟练	汉语,略懂	
	配偶	李胡求	哈尼	41	文盲或半文盲	哈尼语,熟练	汉语,略懂	
	长子	李乍黑	哈尼	18	小学	哈尼语,熟练	汉语,熟练	
	长女	李乍优	哈尼	13	小学	哈尼语,熟练	汉语,略懂	
54	户主	李胡玉九	哈尼	41	小学	哈尼语,熟练	汉语,不会	
	配偶	李七努	哈尼	44	文盲或半文盲	哈尼语,熟练	汉语,略懂	
	长子	李路九	哈尼	24	初中	哈尼语,熟练	汉语,略懂	
	次子	李九红	哈尼	20	小学	哈尼语,熟练	汉语,略懂	
	儿媳	白普修	哈尼	18	小学	哈尼语,熟练	汉语,略懂	
	长女	李九努	哈尼	17	初中	哈尼语,熟练	汉语,熟练	
55	户主	李沙才	哈尼	55	小学	哈尼语,熟练	汉语,略懂	
	长子	李成咀	哈尼	33	初中	哈尼语,熟练	汉语,熟练	
	儿媳	李腰秀	哈尼	31	小学	哈尼语,熟练	汉语,略懂	
	次子	李刚发	哈尼	31	小学	哈尼语,熟练	汉语,熟练	
	长女	李阿珍	哈尼	22	初中	哈尼语,熟练	汉语,熟练	
	孙女	李咀秀	哈尼	13	初中	哈尼语,熟练	汉语,熟练	
	孙子	李祝成	哈尼	8	小学	哈尼语,熟练	汉语,略懂	

56	户主	李牛斗	哈尼	37	小学	哈尼语,熟练	汉语,略懂	
	配偶	李初秀	哈尼	36	小学	哈尼语,熟练	汉语,略懂	
	父亲	李成沙	哈尼	61	小学	哈尼语,熟练	汉语,略懂	
	母亲	李保说	哈尼	58	文盲或半文盲	哈尼语,熟练	汉语,不会	
	长女	李先说	哈尼	18	初中	哈尼语,熟练	汉语,熟练	
	长子	李爱然	哈尼	14	小学	哈尼语,熟练	汉语,略懂	
	次子	李木然	哈尼	12	小学	哈尼语,熟练	汉语,略懂	
57	户主	李斗普	哈尼	42	初中	哈尼语,熟练	汉语,熟练	
	配偶	李夫背	哈尼	41	小学	哈尼语,熟练	汉语,略懂	
	长子	李普嘎	哈尼	21	大学	哈尼语,熟练	汉语,熟练	
	长女	李普车	哈尼	19	高中	哈尼语,熟练	汉语,熟练	
	次子	李伟九	哈尼	16	初中	哈尼语,熟练	汉语,熟练	
58	户主	李伟然	哈尼	32	初中	哈尼语,熟练	汉语,熟练	
	配偶	李秀华	哈尼	30	初中	哈尼语,熟练	汉语,熟练	
	祖母	何阿说	哈尼	91	文盲或半文盲	哈尼语,熟练	汉语,不会	
	父亲	李胡九	哈尼	55	初中	哈尼语,熟练	汉语,熟练	
	母亲	杨克牛	哈尼	48	文盲或半文盲	哈尼语,熟练	汉语,不会	
	长女	李子妃	哈尼	9	小学	哈尼语,熟练	汉语,略懂	
59	户主	李沙者	哈尼	58	小学	哈尼语,熟练	汉语,略懂	
	配偶	陈石努	哈尼	59	文盲或半文盲	哈尼语,熟练	汉语,不会	
	长子	李伟中	哈尼	31	小学	哈尼语,熟练	汉语,略懂	
	儿媳	李拥牛	哈尼	32	小学	哈尼语,熟练	汉语,略懂	
	孙子	李龙嘎	哈尼	12	小学	哈尼语,熟练	汉语,熟练	
	孙女	李腰车	哈尼	8	小学	哈尼语,熟练	汉语,略懂	
60	户主	罗中九	哈尼	38	初中	哈尼语,熟练	汉语,略懂	
	配偶	何安楼	哈尼	36	小学	哈尼语,熟练	汉语,略懂	
	长女	罗干艳	哈尼	17	初中	哈尼语,熟练	汉语,熟练	
	长子	罗干成	哈尼	15	初中	哈尼语,熟练	汉语,略懂	
61	户主	罗嘎中	哈尼	41	小学	哈尼语,熟练	汉语,略懂	
	配偶	马木努	哈尼	37	小学	哈尼语,熟练	汉语,略懂	
	长子	罗中法	哈尼	18	小学	哈尼语,熟练	汉语,熟练	
	长女	罗中艳	哈尼	16	初中	哈尼语,熟练	汉语,熟练	
62	户主	罗龙坚	哈尼	44	小学	哈尼语,熟练	汉语,熟练	
	配偶	白哈远	哈尼	43	小学	哈尼语,熟练	汉语,略懂	
	长女	罗坚优	哈尼	25	初中	哈尼语,熟练	汉语,熟练	
	长子	罗坚发	哈尼	21	高中	哈尼语,熟练	汉语,熟练	
	次子	罗发成	哈尼	17	小学	哈尼语,熟练	汉语,熟练	

63	户主	普石坚	哈尼	45	初中	哈尼语，熟练	汉语，熟练	
	配偶	陈先谋	哈尼	46	文盲或半文盲	哈尼语，熟练	汉语，略懂	
	长女	普 修	哈尼	25	初中	哈尼语，熟练	汉语，熟练	
	次女	普哈抽	哈尼	23	小学	哈尼语，熟练	汉语，熟练	
	长子	普牛发	哈尼	20	小学	哈尼语，熟练	汉语，熟练	
64	户主	普岩斗	哈尼	53	初中	哈尼语，熟练	汉语，熟练	
	配偶	马波谋	哈尼	53	文盲或半文盲	哈尼语，熟练	汉语，不会	
	长子	普东发	哈尼	32	小学	哈尼语，熟练	汉语，略懂	
	儿媳	白牛秀	哈尼	31	初中	哈尼语，熟练	汉语，略懂	
	孙女	普来秋	哈尼	13	小学	哈尼语，熟练	汉语，略懂	
	孙子	普来发	哈尼	10	小学	哈尼语，熟练	汉语，略懂	
65	户主	普央坚	哈尼	37	初中	哈尼语，熟练	汉语，熟练	
	配偶	李胡娄	哈尼	35	小学	哈尼语，熟练	汉语，略懂	
	母亲	何龙所	哈尼	76	文盲或半文盲	哈尼语，熟练	汉语，不会	
	长子	普央黑	哈尼	15	小学	哈尼语，熟练	汉语，略懂	
	次子	普央龙	哈尼	12	小学	哈尼语，熟练	汉语，略懂	
66	户主	普坚黑	哈尼	43	小学	哈尼语，熟练	汉语，略懂	
	长子	普坚龙	哈尼	12	小学	哈尼语，熟练	汉语，略懂	
	长女	普胡秀	哈尼	11	小学	哈尼语，熟练	汉语，略懂	
67	户主	普克坚	哈尼	51	文盲或半文盲	哈尼语，熟练	汉语，略懂	
	配偶	李平秋	哈尼	45	文盲或半文盲	哈尼语，熟练	汉语，熟练	
	长女	普牛说	哈尼	26	初中	哈尼语，熟练	汉语，熟练	
	长子	普央卜	哈尼	21	高中	哈尼语，熟练	汉语，熟练	
	次子	普央路	哈尼	15	初中	哈尼语，熟练	汉语，略懂	
68	户主	普毛黑	哈尼	46	小学	哈尼语，熟练	汉语，略懂	
	长女	普普说	哈尼	22	大学	哈尼语，熟练	汉语，熟练	
	次女	普羊背	哈尼	20	文盲或半文盲	哈尼语，熟练	汉语，不会	
	三女	普石优	哈尼	16	小学	哈尼语，熟练	汉语，熟练	
	四女	普立背	哈尼	11	小学	哈尼语，熟练	汉语，略懂	
69	户主	普龙沙	哈尼	39	小学	哈尼语，熟练	汉语，熟练	
70	户主	白奔斗	哈尼	47	中专或中技	哈尼语，熟练	汉语，熟练	
	配偶	李哈背	哈尼	45	文盲或半文盲	哈尼语，熟练	汉语，略懂	
	母亲	李中牛	哈尼	70	文盲或半文盲	哈尼语，熟练	汉语，不会	
	长子	白伟亮	哈尼	22	大学	哈尼语，熟练	汉语，熟练	
	长女	白春芳	哈尼	18	初中	哈尼语，熟练	汉语，熟练	
	次子	白强福	哈尼	16	小学	哈尼语，熟练	汉语，略懂	

71	户主	白拉普	哈尼	49	小学	哈尼语,熟练	汉语,略懂	
	配偶	李黑背	哈尼	47	文盲或半文盲	哈尼语,熟练	汉语,不会	
	次女	白诚娜	哈尼	17	初中	哈尼语,熟练	汉语,熟练	
	长子	白生龙	哈尼	14	小学	哈尼语,熟练	汉语,略懂	
72	户主	白黑秀	哈尼	48	小学	哈尼语,熟练	汉语,熟练	
	母亲	王岩收	哈尼	86	文盲或半文盲	哈尼语,熟练	汉语,不会	
	次女	李　清	哈尼	26	大学	哈尼语,熟练	汉语,熟练	
	长子	李佶昊	哈尼	25	中专	哈尼语,熟练	汉语,熟练	
	三女	李宝贤	哈尼	24	大学	哈尼语,熟练	汉语,熟练	
73	户主	白阿普	哈尼	47	初中	哈尼语,熟练	汉语,熟练	
	配偶	马龙远	哈尼	38	文盲或半文盲	哈尼语,熟练	汉语,略懂	
	长子	白九生	哈尼	15	初中	哈尼语,熟练	汉语,熟练	
74	户主	白沙坚	哈尼	42	小学	哈尼语,熟练	汉语,熟练	
	配偶	李沙娄	哈尼	42	文盲或半文盲	哈尼语,熟练	汉语,略懂	
	母亲	李龙艳	哈尼	65	文盲或半文盲	哈尼语,熟练	汉语,不会	
	长子	白保咀	哈尼	18	初中	哈尼语,熟练	汉语,熟练	
	次子	白保坚	哈尼	16	初中	哈尼语,熟练	汉语,熟练	
75	户主	白沙付	哈尼	43	文盲或半文盲	哈尼语,熟练	汉语,略懂	
	配偶	李沙努	哈尼	43	文盲或半文盲	哈尼语,熟练	汉语,不会	
	母亲	普英优	哈尼	73	文盲或半文盲	哈尼语,熟练	汉语,不会	
	长子	白山格	哈尼	8	小学	哈尼语,熟练	汉语,略懂	
76	户主	白批黑	哈尼	49	小学	哈尼语,熟练	汉语,熟练	
	配偶	马普说	哈尼	47	小学	哈尼语,熟练	汉语,不会	
	次女	白小艳	哈尼	27	小学	哈尼语,熟练	汉语,熟练	
	女婿	杨翁斗	哈尼	27	小学	哈尼语,熟练	汉语,熟练	
	三女	白吓中	哈尼	24	文盲或半文盲	哈尼语,熟练	汉语,不会	
	四女	白爱艳	哈尼	22	小学	哈尼语,熟练	汉语,熟练	
	外孙女	杨斗燕	哈尼	6	学龄前儿童	哈尼语,熟练	汉语,不会	
77	户主	白立衣服	哈尼	36	初中	哈尼语,熟练	汉语,熟练	
	配偶	李石优	哈尼	35	文盲或半文盲	哈尼语,熟练	汉语,不会	
	长子	白石中	哈尼	14	小学	哈尼语,熟练	汉语,略懂	
78	户主	白牛黑	哈尼	44	初中	哈尼语,熟练	汉语,熟练	
	配偶	白刚抽	哈尼	41	文盲或半文盲	哈尼语,熟练	汉语,不会	
	长子	白牛龙	哈尼	18	小学	哈尼语,熟练	汉语,熟练	
	长女	白龙牛	哈尼	13	小学	哈尼语,熟练	汉语,略懂	

79	户主	白伟然	哈尼	46	小学	哈尼语,熟练	汉语,熟练	
	配偶	李背所	哈尼	46	小学	哈尼语,熟练	汉语,略懂	
	母亲	何腊背	哈尼	69	文盲或半文盲	哈尼语,熟练	汉语,不会	
	长子	白然坚	哈尼	24	小学	哈尼语,熟练	汉语,熟练	
	次女	白斗娄	哈尼	21	初中	哈尼语,熟练	汉语,熟练	
80	户主	白龙普	哈尼	58	卫校	哈尼语,熟练	汉语,熟练	
	配偶	李石收	哈尼	59	文盲或半文盲	哈尼语,熟练	汉语,不会	
	四子	白初嘎	哈尼	34	初中	哈尼语,熟练	汉语,熟练	
	儿媳	白雄背	哈尼	34	文盲或半文盲	哈尼语,熟练	汉语,不会	
	侄子	白普发	哈尼	25	小学	哈尼语,熟练	汉语,熟练	
	孙子	白雄杰	哈尼	11	小学	哈尼语,熟练	汉语,略懂	
	孙女	白利红	哈尼	6	学龄前儿童	哈尼语,熟练	汉语,不会	
81	户主	白立坚	哈尼	41	小学	哈尼语,熟练	汉语,略懂	
	配偶	李才娄	哈尼	41	文盲或半文盲	哈尼语,熟练	汉语,不会	
	长女	白丽针	哈尼	14	小学	哈尼语,熟练	汉语,略懂	
82	户主	白山良	哈尼	36	初中	哈尼语,熟练	汉语,熟练	
	配偶	李爱背	哈尼	36	小学	哈尼语,熟练	汉语,略懂	
	长女	白丽芬	哈尼	18	初中	哈尼语,熟练	汉语,熟练	
	次女	白丽苹	哈尼	16	初中	哈尼语,熟练	汉语,熟练	
	长子	白雄辉	哈尼	13	小学	哈尼语,熟练	汉语,略懂	
83	户主	马石坚	哈尼	43	初中	哈尼语,熟练	汉语,熟练	
	配偶	李加优	哈尼	41	小学	哈尼语,熟练	汉语,熟练	
	长女	马艺琴	哈尼	22	初中	哈尼语,熟练	汉语,熟练	
	长子	马阿修	哈尼	18	高中	哈尼语,熟练	汉语,熟练	
	次子	马坚路	哈尼	16	初中	哈尼语,熟练	汉语,熟练	
84	户主	马普沙	哈尼	45	初中	哈尼语,熟练	汉语,熟练	
	配偶	李阿抽	哈尼	45	小学	哈尼语,熟练	汉语,不会	
	长子	马吓才	哈尼	25	小学	哈尼语,熟练	汉语,熟练	
	儿媳	李毛艳	哈尼	24	小学	哈尼语,熟练	汉语,略懂	
	次子	马摸法	哈尼	21	大学	哈尼语,熟练	汉语,熟练	
85	户主	马兰仁	哈尼	41	小学	哈尼语,熟练	汉语,熟练	
	配偶	马立背	哈尼	41	小学	哈尼语,熟练	汉语,略懂	
	长子	马波坚	哈尼	21	高中	哈尼语,熟练	汉语,熟练	
	长女	马保修	哈尼	16	初中	哈尼语,熟练	汉语,熟练	

86	户主	马初九	哈尼	48	初中	哈尼语,熟练	汉语,熟练	
	长子	马九格	哈尼	24	小学	哈尼语,熟练	汉语,熟练	
	次子	马九发	哈尼	18	小学	哈尼语,熟练	汉语,略懂	
87	户主	马先黑	哈尼	32	小学	哈尼语,熟练	汉语,熟练	
	配偶	李立分	哈尼	29	小学	哈尼语,熟练	汉语,熟练	
	母亲	李牛优	哈尼	67	文盲或半文盲	哈尼语,熟练	汉语,不会	
	长女	马哈秀	哈尼	10	小学	哈尼语,熟练	汉语,不会	
	长子	马求发	哈尼	8	学龄前儿童	哈尼语,熟练	汉语,不会	
88	户主	马石黑	哈尼	62	文盲或半文盲	哈尼语,熟练	汉语,不会	
	配偶	李斗背	哈尼	58	文盲或半文盲	哈尼语,熟练	汉语,不会	
	长子	马黑咀	哈尼	34	文盲或半文盲	哈尼语,熟练	汉语,熟练	
	孙女	马斗说	哈尼	15	小学	哈尼语,熟练	汉语,略懂	
	孙子	马平简	哈尼	10	小学	哈尼语,熟练	汉语,略懂	
89	户主	马保然	哈尼	33	小学	哈尼语,熟练	汉语,熟练	
	配偶	黄腰秀	哈尼	31	文盲或半文盲	哈尼语,熟练	汉语,略懂	
	母亲	李伟牛	哈尼	59	文盲或半文盲	哈尼语,熟练	汉语,不会	
	长子	马哈成	哈尼	10	小学	哈尼语,熟练	汉语,略懂	
	次子	马然发	哈尼	7	小学	哈尼语,熟练	汉语,不会	
90	户主	何黑保	哈尼	62	文盲或半文盲	哈尼语,熟练	汉语,不会	
	配偶	白七收	哈尼	67	文盲或半文盲	哈尼语,熟练	汉语,不会	
91	户主	何山斗	哈尼	42	文盲或半文盲	哈尼语,熟练	汉语,熟练	
	母亲	李斗牛	哈尼	64	文盲或半文盲	哈尼语,熟练	汉语,不会	
	长子	何龙九	哈尼	17	小学	哈尼语,熟练	汉语,熟练	
	次子	何九发	哈尼	13	小学	哈尼语,熟练	汉语,略懂	
92	户主	何保中	哈尼	60	文盲或半文盲	哈尼语,熟练	汉语,略懂	
	配偶	普立优	哈尼	56	文盲或半文盲	哈尼语,熟练	汉语,不会	
	长子	何中普	哈尼	34	初中	哈尼语,熟练	汉语,熟练	
	次女	何石说	哈尼	23	初中	哈尼语,熟练	汉语,熟练	
	长孙女	何普秀	哈尼	13	小学	哈尼语,熟练	汉语,略懂	
	次孙女	何胡珍	哈尼	9	小学	哈尼语,熟练	汉语,略懂	
	孙子	何院生	哈尼	7	学龄前儿童	哈尼语,熟练	汉语,不会	
93	户主	陈背龙	哈尼	56	文盲或半文盲	哈尼语,熟练	汉语,略懂	
	长子	何九鲁	哈尼	36	高中	哈尼语,熟练	汉语,熟练	
	次子	何九娘	哈尼	32	初中	哈尼语,熟练	汉语,熟练	
	儿媳	白腊抽	哈尼	25	小学	哈尼语,熟练	汉语,熟练	
	孙子	何波玮	哈尼	7	学龄前儿童	哈尼语,熟练	汉语,不会	

94	户主	黄文福	哈尼	53	小学	哈尼语,熟练	汉语,熟练	
	配偶	罗普优	哈尼	49	初中	哈尼语,熟练	汉语,熟练	
	长子	黄江成	哈尼	28	小学	哈尼语,熟练	汉语,熟练	
	次子	黄成然	哈尼	23	初中	哈尼语,熟练	汉语,熟练	
	儿媳	李牛努	哈尼	23	小学	哈尼语,熟练	汉语,熟练	
95	户主	李兰坚	哈尼	38	初中	哈尼语,熟练	汉语,熟练	
	配偶	何中娄	哈尼	37	初中	哈尼语,熟练	汉语,熟练	
	长子	李雄保	哈尼	17	初中	哈尼语,熟练	汉语,熟练	
	长女	李金分	哈尼	13	小学	哈尼语,熟练	汉语,略懂	
	次子	李保文	哈尼	11	小学	哈尼语,熟练	汉语,略懂	
96	户主	李斗娘	哈尼	33	小学	哈尼语,熟练	汉语,熟练	
	配偶	何牛修	哈尼	36	文盲或半文盲	哈尼语,熟练	汉语,略懂	
	长子	李娘九	哈尼	15	初中	哈尼语,熟练	汉语,熟练	
	次子	李娘保	哈尼	12	小学	哈尼语,熟练	汉语,略懂	
97	户主	马沙保	哈尼	36	小学	哈尼语,熟练	汉语,熟练	
	配偶	白伟牛	哈尼	34	文盲或半文盲	哈尼语,熟练	汉语,熟练	
	长子	马山养	哈尼	16	初中	哈尼语,熟练	汉语,熟练	
	长女	马　芬	哈尼	14	小学	哈尼语,熟练	汉语,略懂	
98	户主	李仁格	哈尼	37	文盲或半文盲	哈尼语,熟练	汉语,熟练	
	配偶	李伟楼	哈尼	36	文盲或半文盲	哈尼语,熟练	汉语,熟练	
	长女	李格秋	哈尼	19	初中	哈尼语,熟练	汉语,熟练	
	长子	李格发	哈尼	16	初中	哈尼语,熟练	汉语,熟练	
99	户主	李鲁九	哈尼	31	初中	哈尼语,熟练	汉语,熟练	
	配偶	白加抽	哈尼	30	初中	哈尼语,熟练	汉语,熟练	
	长子	李　华	哈尼	11	小学	哈尼语,熟练	汉语,略懂	
	长女	李金梅	哈尼	8	小学	哈尼语,熟练	汉语,略懂	
100	户主	李证明	哈尼	23	小学	哈尼语,熟练	汉语,熟练	
	母亲	李来丕	哈尼	61	文盲或半文盲	哈尼语,熟练	汉语,不会	
101	户主	李贺龙	哈尼	26	小学	哈尼语,熟练	汉语,熟练	
	配偶	李石说	哈尼	27	小学	哈尼语,熟练	汉语,熟练	
102	户主	马先发	哈尼	37	小学	哈尼语,熟练	汉语,熟练	
	配偶	李批艳	哈尼	26	文盲或半文盲	哈尼语,熟练	汉语,略懂	
	长子	马先成	哈尼	7	学龄前儿童	哈尼语,熟练	汉语,不会	
103	户主	李坚干	哈尼	44	文盲或半文盲	哈尼语,熟练	汉语,熟练	
104	户主	李干黑	哈尼	37	小学	哈尼语,熟练	汉语,熟练	
	母亲	李腰收	哈尼	75	文盲或半文盲	哈尼语,熟练	汉语,不会	

第七章　绿春县县城语言使用概况

绿春县县城的语言使用情况不同于农村，有其自己的特点和规律。本章先介绍绿春县大兴镇的概况，然后介绍县城内不同社区的语言使用情况，并介绍几个城镇家庭个案。

第一节　绿春县大兴镇概况

绿春县县城只有东西走向、长约3公里的一条街，分南北两片，位于大兴镇政府腹地，归大兴镇管理。新中国成立初期，这里是只有十几间瓦房的一条街，现在街道两旁已是高楼林立。绿春县政府所在地——大兴镇，位于绿春县东北部，是全县政治、经济、文化中心，是绿春县的"城乡结合部"，城镇和村寨之间地域界限不明显。大兴镇下辖的牛头寨、大兴寨、坡头寨位于县城里，大寨则紧邻县城。全镇十分之一的人口居住在县城，居住面积约占县城总面积的三分之一。下面先把大兴镇的情况做一简要的介绍。

大兴镇东接元阳县俄扎乡，南邻三猛乡，西依牛孔乡，北靠红河县乐恩乡，晋(宁)思(茅)公路穿境而过。大兴镇辖11个村民委员会、2个社区，共96个自然村(104个村居民小组)。全镇共有11882户，52510人，占全县总人口的四分之一。世居民族有哈尼、彝、瑶、汉4个民族。其中，哈尼族占总人口的90%，汉族占7.5%，瑶族占2%，彝族占0.5%。

大兴镇主要农作物有水稻、玉米，季节作物有冬荞、再生稻、冬早蔬菜、冬闲田养鱼、大棚蔬菜等。其他还有石斛、茶叶、核桃、草果、八角、油茶、桉树、柜尾桉、油桉等生物产业。近年来，该镇大力发展以猪、鸡、鸭为主的畜禽养殖业。2010年，全镇农村经济总收入1.03亿元，农民人均纯收入2221元；乡镇企业总产值4345万元；粮食总产量1050万公斤，农民人均260公斤。

目前，大兴镇的96个自然村中已有95个村通了路，通路率达99%；通水率达100%。镇政府重点实施以农村基础设施建设、产业培植、劳务输出为主的扶贫工程，已完成了坡头等5个新农村示范村的建设。

大兴镇哈尼族的人口数量和语言使用占绝对优势，哈尼语是强势语言。许多生活在哈尼族寨子的汉族、彝族也能熟练地使用哈尼语。哈尼语还是镇政府办公使用的主要语言。该镇到处都能听到人们使用哈尼语交流。

大兴镇有正式办公人员74人，其中哈尼族50人、汉族14人、彝族7人、傣族2人、拉祜族

1人。由于来政府办事的百姓,尤其是50岁以上的人,多数只会用哈尼语,所以哈尼语为实际办公用语。政府还组织工作人员每周五学唱哈尼山歌,丰富办公人员的业余文化生活。

哈尼语是大兴镇的强势语言,但在大兴寨,哈尼语的地位有其特殊性。大兴寨是大兴镇西城社区的一个村民小组,居民原以汉族为主,汉语曾是寨内通用语。近20年来,许多汉族家庭已陆续搬往蒙自等地。现在的居民以哈尼族为主,约有220户人家,1700多人,哈尼语成为寨内通用语。寨内中老年汉族多数会说哈尼语,青少年儿童大多能听懂但不会说哈尼语。现阶段青少年的哈尼语水平总体下滑,通用语倾向使用汉语。随着经济的发展,交通条件的改善,外出求学、工作人数的增加,使用汉语的人将会逐渐增多。

大兴镇有深厚的哈尼文化底蕴。这里是哈尼长街古宴之乡,大寨是哈尼文的标准音点所在地。镇政府着力打造大兴哈尼文化品牌,推动当地的经济、文化建设。大兴镇镇政府重视各种哈尼族传统节日,如砣扎扎节、十月年、祭龙等。镇里每年农历十月组织的长街古宴,充分展示了哈尼族的丰富多彩的饮食文化、服饰文化和酒文化。尊老爱幼是哈尼族的优良传统,大兴镇将这一传统发扬光大,上寨的青年人每年要宴请全寨老人两次,以表达对老人们的感恩之情。届时,在外工作的年轻人都相约从四面八方归来。

为了更好地传承哈尼族传统文化,镇政府积极组织了108个农村文艺队,2082名队员,平均每个寨子有两支以上的文艺队。鼓励编创,现已创作并推广《大兴镇歌》和《敬酒歌》。文艺队利用重大节假日和民族节日,积极开展丰富有益的文艺活动。有的文艺节目改编自汉语节目,宣传用语以哈尼语为主、汉语为辅。汇演内容涵盖党的政策、科普、娱乐,已成为各地村民喜闻乐见的文艺形式,达到了宣传哈尼文化的效果。其他各乡镇正争相学习这些成功的经验。

第二节　绿春县县城语言使用情况

绿春县县城主要通行哈尼语和汉语。哈尼语是强势语言,是最常见的交际用语。但在不同社区内,其使用情况略有差异。下面以位于大兴镇内的部分农贸市场、商店、餐饮住宿服务行业、医院、政府机关、学校等单位为例,考察绿春县县城不同于农村的语言使用情况。

一、农贸市场

农贸市场经营者中哈尼族占多数,此外还有汉族、彝族、瑶族等。市场交际用语有哈尼语和汉语两种。买卖双方用语一般取决于买方的语言条件。即卖方先依照买方的外貌、衣着选择招呼用语,然后看买方使用什么语言,双方再确定使用什么语言进行交易。如果买方用哈尼语,卖方就用哈尼语作答;如果买方用汉语,卖方就用汉语作答。

由于大兴镇以哈尼族为主体民族,所以农贸市场中哈尼语使用频率最高,汉语方言次之,普通话使用频率最低。调查发现，买卖双方所使用的哈尼语中包含了大量汉语借词，比如商品名称、表示价钱的数词等。哈尼人卖菜时多用汉语数词、量词。很多进城卖东西的农民不用秤，而是论堆、论把卖。比如：南瓜花 1 把 1 块、4 块蜜蜂蛹要价 160 元。彝族、瑶族在农贸市场中都说哈尼语，有些汉族卖主也说哈尼语。

二、商店

在一些服装店、超市、杂货店，售货员或老板根据顾客的语言选择交际用语。汉语使用频率高，这是由于很多商品名称在哈尼语里没有，人们觉得使用汉语表达更方便。个别卖传统服饰的商店，使用哈尼语的场合更多一些。都玛民族服饰店的经理说，她是从大寨出来的，来的顾客说什么语言她就用什么语言回答。其实她的汉语不太好，所以有时候就让侄媳妇接待说汉语的顾客。她还说她不认识汉字，如果会哈尼文就好了，还可以用哈尼文记账、记事情，别人也看不懂。（说完大笑）

三、餐饮住宿服务行业

在宾馆、饭店，哈尼语是主要用语。

绿春印象宾馆的语言使用情况是：值班的 6 位服务员中，哈尼族 5 人、瑶族 1 人，都身着哈尼族的传统民族服装，哈尼人之间说哈尼语，瑶族和哈尼族只说汉语。宾馆的客流量大，有各民族的住宿人员。客人会讲哈尼语，就用哈尼语；客人不会讲哈尼语，就用汉语。瑶族服务员只讲汉语。

富众饭店的语言使用情况是：所调查的 5 位哈尼族值班人员都会哈尼语和汉语。哈尼语是店内的主要用语。厨师、服务员和多数顾客都是本地哈尼人，所以用哈尼语交流的场合较多。如果遇到说汉语的客人，他们就用不熟练的汉语做简单的回答。

四、医院

绿春县人民医院是全县唯一的一所综合医院。1995 年被国家卫生部认定为二级乙等医院。现有正式职工 149 人，哈尼族医护人员比例不到 60%。年纪大一点儿的医护人员多是当地的少数民族，比如哈尼族、彝族、傣族等。近年招聘的职工以汉族居多。以前医护人员与患者用哈尼语交流的比较多。工作年头多的医生，都会说哈尼语。与患者交流时，主要看患者的语言情况，患者用哪种语言方便就用哪种。近 10 年来，语言使用有了变化，由于汉族医生增多，主要用汉语交流。三四十岁以下的病人，基本都能使用汉语。年纪大的病人多数都由年轻人陪同看病，即使不会汉语，也能通过翻译沟通。哈尼语熟练的哈尼族医生一般都用哈尼语直接沟通；哈尼语略懂的大夫遇到不会说汉语的哈尼族患者，也会尽量用哈尼语与患者沟通。一位外科医生告诉我们，他是石屏汉族，来这里工作 3 年了，已学会了简单的哈尼语，他认为会哈尼语工作起来方便一些。不同民族的医护人员之间多使用汉语交流，比如交接班的时候，医学术语只能用汉语说，哈尼语中没有对应的词汇。

五、机关单位

以地震局为例。地震局共有公务员6人，汉族1人，哈尼族5人。这位汉族听不懂也不会说哈尼语。哈尼族之间交流习惯用哈尼语，与汉族交流时则用汉语。哈尼族依据对方说汉语或哈尼语而选择汉语或哈尼语进行交流，完全没有倾向性，也没有刻意选用哪种语言交流。李局长告诉我们：他与长辈交流时，为了表示尊敬首选哈尼语，只有在长辈说汉语时才用汉语回答。年轻人一起聚会时，主要说哈尼语，如果讲话中有些词哈尼语不好表达，大家就使用汉语借词。

六、学校

大寨小学有教职工44人，教师绝大部分是哈尼族，还有彝族、傣族和汉族。一至六年级有17个班，学生总数约550人，95%以上是哈尼族，其他民族的学生很少。在课堂教学中，大寨小学完全采用普通话教学。在课下，老师之间、学生之间以及老师与学生之间，说哈尼语还是说汉语因人而异。同一民族的学生用民族语，不同民族的学生则用汉语。学生之间哈尼语、汉语都用，老师和学生之间主要用汉语。一些工作时间较长的其他民族的教师，如彝族、傣族、汉族等教师也会讲哈尼语。老师之间主要说当地汉语方言。哈尼族老师之间有时说哈尼语。石杰坤（哈尼族）校长告诉我们：“老师倾向于讲汉语。我与哈尼族老师谈工作或者开全校大会时，讲汉语；平时交流思想感情时，尽量讲哈尼语。根据交际目的来选择语言。”总的来说，在课下，村里长大的低年级学生多数说哈尼语；而四年级以上的学生之间多数都说汉语。

第三节　绿春城镇家庭语言使用个案

在哈尼族人口占绝对优势的绿春，哈尼语的强势地位无可否认。但是，在全国通用语汉语的影响下，在族际婚姻家庭内部，不同家庭的语言生活会出现什么新情况？不同民族在同一生活社区的语言态度又如何？带着这些问题，我们深入调查了5个家庭的语言使用情况（包括在外地的直系亲属），作为家庭个案，其中有4个是族际婚姻家庭。每一个家庭至少包括三代人的语言使用情况。我们发现，不管是哪一个民族，只要生活在绿春一段时间，都能够不同程度地使用哈尼语，并且有些家庭成员的母语和第一语言发生了变化。

一、瞿正华一家三代人的语言使用情况

下面描述的是绿春县大兴镇大兴寨瞿正华一家三代人语言使用的特点及其变化，我们试

图从中寻求这一家三代人的语言使用特点和变化规律，并认识族际婚姻对语言使用的影响。

(一) 瞿正华的父母(第一代)的语言使用情况

瞿正华的父母都是汉族，都是汉语和哈尼语双语人。具体情况见表 7-1。

表 7-1　瞿正华父母语言使用情况表

家庭关系	姓名	民族	年龄(岁)	文化程度	第一语言及水平	第二语言及水平
父亲	瞿林书	汉	已去世	小学	汉语,熟练	哈尼语,熟练
母亲	李王翠	汉	87	文盲	汉语,熟练	哈尼语,熟练

父亲瞿林书，出生于红河县甲寅二丙丁村，第一语言是汉语。瞿正华的祖父曾先后在当地土司衙门私塾任私塾老师。瞿正华的父亲因家境困难，只有相当于小学的文化程度。父亲随祖父母迁移到绿春县后，做生意、赶马，能熟练使用哈尼语。

母亲李王翠，红河县甲寅二丙丁村人，后举家迁移到绿春县。与瞿林书从小便相识。虽生长在汉族寨子，但也会说哈尼语。

父母之间用汉语进行交流。

(二) 瞿正华一代(第二代)的语言使用情况

瞿正华这一代共有 8 个兄弟姐妹，5 男 3 女。他们都已组成各自的家庭，有族内婚，也有族际婚。配偶包括：哈尼族、汉族、彝族、苗族、傣族。虽然他们生活在汉族寨子，第一语言是汉语，但都能熟练使用哈尼语。具体情况见表 7-2。

表 7-2　瞿正华一代语言使用情况表

家庭关系	姓名	民族	年龄(岁)	文化程度	第一语言及水平	第二语言及水平	其他语言及水平
大哥	瞿金培	汉	66	小学	汉语,熟练	哈尼语,熟练	
大嫂	普秀英	彝	已去世	小学	彝语,熟练	汉语,熟练	哈尼语,熟练
大姐	瞿琼英	汉	64	初中	汉语,熟练	哈尼语,熟练	
大姐夫	任维珍	汉	64	初中	汉语,熟练	哈尼语,熟练	
二姐	瞿云芬	汉	61	初中	汉语,熟练	哈尼语,熟练	
二姐夫	王祖德	汉	62	大专	汉语,熟练	哈尼语,熟练	
三姐	瞿凤英	汉	56	高中	汉语,熟练	哈尼语,熟练	
三姐夫	李文森	苗	54	中专	苗语,熟练	汉语,熟练	
二哥	瞿平华	汉	54	初中	汉语,熟练	哈尼语,熟练	
二嫂	王振英	傣	54	中专	汉语,熟练	傣语,熟练	
三哥	瞿正平	汉	51	高中	汉语,熟练	哈尼语,熟练	
三嫂	吴　萍	汉	47	高中	汉语,熟练	哈尼语,熟练	
四哥	瞿春伟	汉	47	初中	汉语,熟练	哈尼语,熟练	
四嫂	宋建琼	哈尼	44	初中	哈尼语,熟练	汉语,熟练	

被调查人	瞿正华	汉	45	初中	汉语,熟练	哈尼语,熟练	彝语,略懂;瑶语,略懂;壮语,略懂
妻子	陈　丽	哈尼	37	大学	哈尼语,熟练	汉语,熟练	

大哥瞿金培,出生于红河县,第一语言是汉语。小学学历,毕业后到县水产公司工作。由于生活中接触的都是哈尼族,哈尼语熟练。族际婚,妻子是彝族,所以他会简单的彝语,家庭用语为汉语。现在退休在家。

大嫂普秀英,已过世。是从牛孔乡嫁到大兴寨的彝族,第一语言是彝语,也能熟练使用汉语和哈尼语。

大姐瞿琼英,第一语言是汉语,从小生活在绿春,能熟练使用哈尼语。绿春向阳中学毕业后,任绿春县牛孔乡妇委会主任。退休于红河县人大。族内婚,有一子,家庭用语为汉语。

大姐夫任维真,红河县乐育乡人,第一语言是汉语,也能熟练使用哈尼语。曾就读于红河一中,毕业后到绿春商业局工作。现居住于红河县。

二姐瞿云芬,出生于绿春县大兴寨。绿春一中初中毕业后,在绿春车队工作。族内婚,有两个女儿,家庭用语为汉语。现居住在石屏县。

二姐夫王祖德,出生于石屏县盛和乡。初中毕业后就职于电力公司,在职期间曾到云南省委党校进修,大专学历。

三姐瞿凤英,出生于绿春县大兴寨。高中毕业后在县民族工作队轻工局工作。退休于县人大,现居住在建水县。族际婚,丈夫是苗族,家庭用语为汉语。

三姐夫李文森,贵州省丹寨县苗族,第一语言是苗语。曾入伍当兵,退伍后在绿春电力公司任职,汉语熟练,并会简单的哈尼语。现居住在建水。

二哥瞿平华,从小生活在大兴寨,受周围哈尼寨子的影响,能熟练使用哈尼语。初中毕业后到元江县当兵。现在元江县劳动保障部工作。族际婚,妻子是傣族,家庭用语为汉语。

二嫂王振英,出生于九城县,傣族,第一语言是傣语。曾就读于沈阳公安大学,毕业后到公安局工作。现已退休。现居住在元江,有两个女儿。

三哥瞿正平,出生在大兴寨,第一语言是汉语。从小与哈尼族生活在一起,能熟练使用哈尼语。毕业于南京陆军学院,现在建水县纪委工作。族内婚,家庭用语为汉语。

三嫂吴萍,出生于建水县,汉族。后跟随父母举家迁移到绿春,第一语言是汉语,哈尼语略懂。红河农广校毕业后在建水县人民银行工作,有一个女儿。

四哥瞿春伟,绿春县大兴寨人。绿春二中毕业后,在县城做生意。族际婚,妻子是哈尼族,家庭用语为汉语。

四嫂宋建琼,绿春县哈尼族。初中毕业后在县城做生意,汉语熟练。有一子一女。

被调查人瞿正华,绿春县大兴寨人。小时候不会说哈尼语,为了与同学交流,初一开始学习哈尼语。哈尼语熟练。初中毕业后,自己创业。现在是绿春县政协常委、哈尼族饮食商会会长、工商联合会副主席。由于所涉及的行业比较广泛，接触的人也比较杂，会说一些简单的彝、瑶、壮等语言。族际婚，妻子是哈尼族，家庭用语是汉语。

妻子陈丽，出生于绿春县脚踏村，哈尼族。曾就读于红河民族中等专业学校，毕业后到绿春县大水沟乡工作，工作期间在云南省委党校函授学院进修。现在县妇联工作。有一子一女。

(三) 瞿正华的子女(第三代)的语言使用情况

瞿正华共有两个子女，他们的第一语言都是汉语。具体情况见表 7－3。

表 7－3 瞿正华子女一代语言使用情况表

家庭关系	姓名	民族	年龄(岁)	文化程度	第一语言及水平	第二语言及水平
儿子	瞿 磊	汉	22	大专	汉语，熟练	哈尼语，略懂
女儿	李艺佳	哈尼	9	小学	汉语，熟练	哈尼语，略懂

儿子瞿磊，出生于绿春县大兴镇，第一语言是汉语。高中毕业后跟随父亲一起做生意，哈尼语略懂。现就读于云南省委党校函授学院。

女儿李艺佳，出生于绿春县大水沟乡。其生父为哈尼族，所以其民族为哈尼族。现为绿春县大兴小学三年级学生，第一语言是汉语。年幼时由外公、外婆带，会一些简单的哈尼语。

(四) 瞿正华一家三代人稳定兼用汉语和哈尼语的原因

1. 语言环境。首先是家庭语言环境。虽然瞿正华一家生活在哈尼族高度聚居的地区，但依然能够熟练地使用汉语，主要原因是家庭用语一直是汉语。还有社会语言环境。瞿正华一家工作、学习的单位和学校，与他们在一起的哈尼族也使用汉语进行交流，所以瞿正华一家的汉语也能很好地使用。

2. 族际婚姻。瞿正华的前、后两位妻子都是哈尼族，母语都是哈尼语，汉语也很熟练。所以，两个孩子都能熟练地使用汉语，并会简单的哈尼语。

二、王林华一家三代人的语言使用情况

下面描述的是大兴镇王林华一家三代人语言使用的特点及其变化。

(一) 王林华的父母(第一代)的语言使用情况

王林华的父母是族际婚姻，父亲是汉族，母亲是彝族，父母都是多语人。具体情况见表 7－4。

表 7－4 王林华父母语言使用情况表

家庭关系	姓名	民族	年龄(岁)	文化程度	第一语言及水平	第二语言及水平	第三语言及水平
父亲	王朝云	汉	已去世	自学识字	汉语，熟练	哈尼语，熟练	彝语，略懂
母亲	李乔仙	彝	76	文盲	汉语，熟练	哈尼语，熟练	彝语，略懂

父亲王朝云，出生于云南省石屏县。9岁时，因为担心国民党抽壮丁而随姐姐逃到绿春，在绿春大兴镇做生意、赶马。期间，学会了哈尼语和彝语。在世时，其家庭用语为汉语。

母亲李乔仙，父母为牛洪村哈尼族。父亲过世后母亲改嫁给彝族，便随继父改为彝族，学会一些彝语。8岁时家中发生变故，被卖到大兴寨的孙土司家做丫环，因而能熟练使用哈尼语和汉语。王林华的母亲是绿春县的第一批女共产党党员。

父亲和母亲之间的交流用汉语，但都会哈尼语。

（二）王林华一代（第二代）的语言使用情况

王林华共有6个姐、弟、妹，都是族际婚，配偶包括汉、瑶、哈尼三种民族。王林华一家6姐弟虽都是彝族（当地旧时有“小马跟娘走”的说法，所以王林华这一代都随妈妈为彝族），但是第一语言都是汉语，也都会说哈尼语。具体情况见表7-5。

表7-5 王林华一代语言使用情况表

家庭关系	姓名	民族	年龄（岁）	文化程度	第一语言及水平	第二语言及水平	第三语言及水平
姐姐	王玲秋	彝	已去世	大专	汉语，熟练	哈尼语，熟练	
姐夫	方家明	汉	58	大专	汉语，熟练	哈尼语，熟练	
被调查人	王林华	彝	54	大专	汉语，熟练	哈尼语，熟练	
妻子	赵桂林	瑶	51	高中	汉语，熟练	哈尼语，熟练	
大妹	王琼秋	彝	52	大学	汉语，熟练	哈尼语，略懂	
大妹夫	申兴华	汉	55	大专	汉语，熟练	哈尼语，略懂	
大弟	王佑华	彝	50	大专	汉语，熟练	哈尼语，熟练	
大弟妹	陆丽萍	哈尼	45	大专	哈尼语，熟练	汉语，熟练	
二妹	王雪莲	彝	48	大专	汉语，熟练	哈尼语，略懂	
二妹夫	李宝仕	哈尼	52	大专	哈尼语，熟练	汉语，熟练	
二弟	王永红	彝	46	大学	汉语，熟练	哈尼语，略懂	景颇语，略懂
二弟妹	陈玉梅	汉	47	小学	汉语，熟练	景颇语，略懂	傣语，略懂

姐姐王玲秋，已去世。从小生活在大兴寨，第一语言为汉语。大专毕业后到戈奎乡任教，能熟练使用哈尼语，彝语不会。退休后随丈夫到建水县居住。族际婚，丈夫是汉族，家庭用语为汉语。

姐夫方家明，生于建水县，第一语言是汉语。大专学历，毕业后到戈奎乡任教，能熟练使用哈尼语。退休后回到建水县居住。

被调查人王林华，昆明医学院毕业后在戈奎乡防疫站工作，能熟练使用哈尼语。族际婚，妻子是瑶族，家庭用语为汉语。

妻子赵桂林，元阳县瑶族。父亲是通海蒙古族，入赘到元阳。由于元阳生活条件比较恶劣，举家迁移到绿春县大兴镇，能熟练使用哈尼语。高中毕业后，在百货公司上班。

大妹王琼秋，出生于大兴寨，第一语言为汉语。曾在红河州卫生学校就读，现居住在蒙自市，在州兽医站工作。年幼时受环境影响，略懂哈尼语。族际婚，丈夫是汉族，家庭用语为汉语。

大妹夫申兴华，生于蒙自市，第一语言是汉语。因为经常回妻子家，所以他能听懂简单的哈尼语。他和妻子之间的交流用语是汉语。

大弟王佑华，财政局职工，毕业于昆明财经学院。由于生活环境和工作需要，能熟练使用哈尼语。族际婚，妻子是哈尼族，家庭用语为汉语，有时也使用哈尼语。

大弟妹陆丽萍，绿春县岔弄村哈尼族，第一语言是哈尼语。毕业于云南林业学院，现在县林业局工作，能熟练使用汉语。

二妹王雪莲，高中毕业后，在大黑山百货公司工作。期间由于工作需要，曾到云南省委党校进修。受家庭环境的影响，略懂哈尼语。族际婚，丈夫是哈尼族，家庭用语为汉语。育有一女。

二妹夫李宝仕，出生于绿春县阿者洛马村，第一语言是哈尼语。初中、高中就读于县一中，汉语熟练。毕业于云南师范学院。现在县教育局工作。

二弟王永红，曾在德宏州当兵，退伍后转业到瑞丽市公安局，毕业于云南武警警官学院。族际婚，妻子是汉族，家庭用语为汉语。

二弟妹陈玉梅，出生于德宏州。小学毕业后到瑞丽市打工，略懂景颇语和傣语。育有一女。

(三) 王林华的子女(第三代人)的语言使用情况

王林华有一子一女。虽然王林华夫妇是彝族和瑶族，但是其子女都不会彝语，也听不懂瑶语，略懂哈尼语。具体情况见表 7－6。

表 7－6 王林华子女一代语言使用情况表

家庭关系	姓名	民族	年龄(岁)	文化程度	第一语言及水平	第二语言及水平
女儿	王孟文	瑶	28	中专	汉语，熟练	哈尼语，略懂
儿子	王孟俊	瑶	25	大专	汉语，熟练	哈尼语，略懂

女儿王孟文，已婚。红河州卫校毕业后，曾在三猛乡卫生所工作，略懂哈尼语。现在县妇幼保健院工作。

儿子王孟俊，未婚。毕业后在大兴镇做生意，略懂哈尼语。

(四) 王林华孙子辈(第四代人)的语言使用情况

王林华有一个外孙女。具体情况见表 7－7。

表 7－7 王林华孙子一代语言使用情况表

家庭关系	姓名	民族	年龄(岁)	文化程度	第一语言及水平	第二语言及水平
外孙女	杨文君	哈尼	6	幼儿园	汉语，熟练	

外孙女杨文君，虽然随父亲为哈尼族，但和母亲居住在大兴镇，第一语言为汉语。

(五) 王林华一家四代语言使用出现了明显代际差异

通过以上的分析，我们可以看到王林华一家四代人的语言使用情况已经发生了很大的差异。主要表现在第一、第二代同第三、第四代的哈尼语和汉语使用水平上。产生这种差异的原因有以下 4 点：

1. 族际婚姻。王林华这一代的 6 个兄弟姐妹全都与外族的通婚，哈尼语使用频率逐渐下降，到第四代基本只用汉语进行交流。因此，王林华家庭中的第三、第四代出现了本民族语言及哈尼语水平衰退的趋势。

2. 家庭、社会语言环境。虽然王林华家庭的四代人中出现汉语、哈尼语、彝语多语并存的现象，其中第一代的语言最为丰富，能熟练使用汉语和哈尼语，并能使用简单的彝语，但到了第三、第四代，由于受上学、交流等社会条件的制约，只会使用汉语，不再使用本民族语言和哈尼语。

3. 各自所处的语言环境不同，使同代人出现语言水平差异。王林华和妹妹王琼秋同为一个家庭中的第二代成员，都曾到内地念书，但在哈尼语的使用水平上却因语言环境不同而出现差异。

4. 语言态度。王林华的家庭中，虽然都不是汉族，但是汉语是家庭通用语，使用范围广。长辈对子女能否讲本民族语言采取顺其自然的态度，这一现象表现在各代家庭成员身上。第一代的李乔仙、第二代的王林华、第三代的王孟文、第四代的杨文君，他们分别为彝、瑶、哈尼族，但只有第一代的李乔仙略懂本民族语言——彝语，生活中也主要使用汉语，有时也用哈尼语。

三、陈拉抽一家三代人的语言使用情况

下面描述的是大兴镇大寨小组陈拉抽一家三代人语言使用的特点及其变化。

(一) 陈拉抽的父母(第一代)的语言使用情况

陈拉抽的父母都是绿春县牛洪村人，都是哈尼语和汉语双语人。具体情况见表 7－8。

表 7－8 陈拉抽父母语言使用情况表

家庭关系	姓名	民族	年龄(岁)	文化程度	第一语言及水平	第二语言及水平
父亲	陈伙验	哈尼	62	小学	哈尼语，熟练	汉语，熟练
母亲	白黑表	哈尼	62	文盲	哈尼语，熟练	汉语，熟练

父亲陈伙验，一直在牛洪村务农，第一语言是哈尼语。寨子就在城镇周围，汉语熟练。

母亲白黑表，出生于牛洪村，第一语言是哈尼语。虽然没有上过学，但经常到城里卖东西，并且儿媳是汉族，所以能熟练使用汉语。

（二）陈拉抽一代（第二代）的语言使用情况

陈拉抽这一代有 4 个兄弟姐妹，其中有 3 个组成了各自的家庭。具体情况见表 7－9。

表 7－9 陈拉抽一代语言使用情况表

家庭关系	姓名	民族	年龄（岁）	文化程度	第一语言及水平	第二语言及水平
被调查人	陈拉抽	哈尼	40	初中	哈尼语，熟练	汉语，熟练
丈夫	白八福	哈尼	37	初中	哈尼语，熟练	汉语，熟练
哥哥	陈 嘎	哈尼	42	高中	哈尼语，熟练	汉语，熟练
嫂子	黄素芬	汉	41	初中	哈尼语，熟练	汉语，熟练
大弟	陈 然	哈尼	37	初中	哈尼语，熟练	汉语，熟练
二弟	陈 坝	哈尼	32	初中	哈尼语，熟练	汉语，熟练
二弟妹	李 星	汉	36	初中	汉语，熟练	哈尼语，略懂

被调查人陈拉抽，牛洪村人，已嫁到大寨村。第一语言是哈尼语，并能熟练使用汉语。参加过多次哈尼文培训，能熟练使用哈尼文，会唱哈尼山歌。持有云南省《哈尼族口碑文化译注全集》编译工作证。经常教外国人学习哈尼文。族内婚，家庭用语为哈尼语。

丈夫白八福，哈尼名是白沙医，绿春县大寨村人。初中毕业后，边务农边在城里打工，汉语熟练。

哥哥陈嘎，出生于牛洪村，第一语言是哈尼语。高中毕业后在县城打工，汉语熟练。族际婚，妻子是汉族，家庭用语为哈尼语。

嫂子黄素芬，虽出生于牛洪村，但祖上是从内地迁移过来的汉族，第一语言是哈尼语，能熟练使用汉语。育有两子。

大弟陈然，未婚，现与父母居住在牛洪村，第一语言是哈尼语。初中毕业后没有固定的工作，一直在城里打零工，汉语熟练。

二弟陈坝，出生于牛洪村。族际婚，妻子是四川的汉族，家庭用语为汉语。

二弟妹李星，四川的汉族。七八年前独自到绿春县大兴镇打工，第一语言是汉语，只会简单的几句哈尼语。育有一子。

陈拉抽 4 个兄弟姐妹及其配偶间交流多用哈尼语，但与二弟妹李星交流用汉语。

（三）陈拉抽子女（第三代）的语言使用情况

陈拉抽有两个儿子，他们的第一语言都是哈尼语。具体情况见表 7－10。

表 7-10　陈拉抽子女一代语言使用情况表

家庭关系	姓名	民族	年龄(岁)	文化程度	第一语言及水平	第二语言及水平
长子	白医深	哈尼	23	大专	哈尼语,熟练	汉语,熟练
次子	白医强	哈尼	17	初中	哈尼语,熟练	汉语,熟练

长子白医深,出生于绿春县大寨村,第一语言是哈尼语。曾就读于个旧技校,毕业后分配到元江的一家矿山工作。能熟练使用汉语。

次子白医强,绿春县大寨村人,第一语言是哈尼语。初中毕业后在家中务农,汉语熟练。

兄弟间用汉语进行交流。

(四) 语言态度

陈拉抽并不担心寨子里的孩子长大后不会说哈尼语,但担心哈尼文化会消失,所以极力要求政府和民委进行哈尼文培训。她的申请得到政府相关部门批准,2011 年 3 月有关部门拨款支持其课本的编写和培训。

(五) 陈拉抽一家三代人稳定使用哈尼语的原因

1. 生活环境较为稳定。陈拉抽虽然从牛洪村嫁到大寨村,但她家下一代哈尼语的使用能力并没有下降。因为牛洪和大寨都是哈尼寨子,都属于哈尼族高度聚居的地区,所以虽然外出读书,但生活环境基本没有发生的变化。

2. 家庭语言环境。虽然陈拉抽一家都能熟练使用汉语,但家庭内部用语仍为哈尼语,只有与弟妹及侄子交流用汉语。

四、杨觉成一家三代人的语言使用情况

下面描述的是绿春县民委杨觉成一家三代人语言使用的特点及其变化。

(一) 杨觉成的父母(第一代)的语言使用情况

杨觉成的父母是绿春县大兴镇龙丁村人,瑶族,族内婚。具体情况见表 7-11。

表 7-11　杨觉成父母语言使用情况表

家庭关系	姓名	民族	年龄(岁)	文化程度	第一语言及水平	第二语言及水平	第三语言及水平
父亲	杨孝宽	瑶	已去世	中专	瑶语,熟练	哈尼语,熟练	汉语,熟练
母亲	李阿妹	瑶	62	文盲	瑶语,熟练	哈尼语,略懂	汉语,略懂

父亲杨孝宽,出生于龙丁村,第一语言是瑶语,也会瑶文。因为村周围都是哈尼族寨子,所以能熟练使用哈尼语。曾就读于蒙自师范,汉语熟练。毕业后在马忠当老师。

母亲李阿妹,龙丁村人。丈夫在外工作,她一直在家中务农,所以会听但不会讲汉语、哈

尼语。

夫妻子间的交流用语是瑶语。

（二）杨觉成一代（第二代）的语言使用情况

杨觉成这一代共有 6 个兄弟，他是家中长子。因为他们村的周围都是哈尼族寨子并常到县城做生意，所以他们的第一语言都是瑶语，并且都在 15 岁左右便能熟练使用哈尼语和汉语。具体情况见表 7－12。

表 7－12　杨觉成一代语言使用情况表

家庭关系	姓名	民族	年龄（岁）	文化程度	第一语言及水平	第二语言及水平	第三语言及水平
被调查人	杨觉成	瑶	36	大专	瑶语，熟练	哈尼语，熟练	汉语，熟练
妻子	李苗表	哈尼	36	中专	哈尼语，熟练	汉语，熟练	瑶语，略懂
大弟	杨元成	瑶	35	小学	瑶语，熟练	哈尼语，熟练	汉语，熟练
大弟媳	李秀芬	瑶	30	文盲	瑶语，熟练	哈尼语，略懂	汉语，略懂
二弟	杨丁强	瑶	33	初中	瑶语，熟练	哈尼语，熟练	汉语，熟练
二弟媳	白石米	瑶	29	文盲	瑶语，熟练	汉语，熟练	哈尼语，略懂
三弟	杨永明	瑶	31	文盲	瑶语，熟练	哈尼语，熟练	汉语，熟练
三弟媳	胡小梅	瑶	27	文盲	瑶语，熟练	哈尼语，熟练	汉语，熟练
四弟	杨建平	瑶	29	初中	瑶语，熟练	哈尼语，熟练	汉语，熟练
五弟	杨文斌	瑶	21	大学	瑶语，熟练	哈尼语，熟练	汉语，熟练

被调查人杨觉成，毕业于云南省旅游学院，现在县民委工作。族际婚，妻子李苗表，绿春坡头村哈尼族，第一语言是哈尼语，汉语熟练。受被调查人及其家人的影响，略懂瑶语。育有一女。家庭用语多为汉语，有时也用哈尼语。

大弟杨元成，出生于龙丁村。由于父亲去世早，小学毕业后便辍学回家务农。族内婚，妻子李秀芬，牛孔乡麻魔树村的瑶族，没有上过学，一直在家中务农，有时到县城赶集，略懂汉语和哈尼语。育有一男一女。家庭用语为瑶语。

二弟杨丁强，初中毕业后回家种植茶叶等经济作物。族内婚，妻子白石米，也是牛孔乡麻魔树村的瑶族，第一语言是瑶语，同她的二嫂一样，一直在家中务农，没有上过学，但由于外出赶集和家庭影响，能熟练使用汉语，并会简单的哈尼语。育有一女。在家中用瑶语与家人交流。

三弟杨永明，第一语言是瑶语。虽然从小便在家中务农，但是能熟练使用汉语和哈尼语。族内婚，妻子胡小梅，牛孔乡元盘村的瑶族，能熟练使用其母语——瑶语。受旁边的哈尼族村寨的影响，能熟练使用哈尼语。经常到县上做买卖，所以也能熟练使用汉语。夫妻俩不仅能熟练使用瑶语，还能熟练使用哈尼语和汉语，但在家中仍然用瑶语交流。

四弟杨建平，初中毕业后到上海打工，未婚。

五弟杨文斌，现就读于云南师范大学商学院二年级，能熟练使用汉语和哈尼语，未婚。

（三）杨觉成的子女（第三代）的语言使用情况

杨觉成只有一个女儿。具体情况见表 7－13。

表 7－13　杨觉成子女一代语言使用情况表

家庭关系	姓名	民族	年龄（岁）	文化程度	第一语言及水平	第二语言及水平	第三语言及水平
女儿	杨静宜	哈尼	7	小一	汉语，熟练	哈尼语，略懂	瑶语，略懂

女儿杨静宜，出生在县城，虽然是瑶族，但第一语言是汉语，瑶语只会简单的几句。幼年时期是外婆带的，所以能熟练使用哈尼语。但外婆去世后，她的哈尼语使用水平下降，现在能听懂但是不太会讲。家庭用语是汉语。

（四）语言态度

杨觉成最愿意使用母语瑶语，其次是汉语，最后是哈尼语。由于他的孩子不会熟练使用瑶语，所以他有些担心孩子会丧失母语使用能力，打算利用寒暑假时间让孩子回到寨子里学习瑶语。

（五）杨觉成一家三代人瑶语使用出现代际差异

通过以上的分析，我们看到杨觉成一家三代人的瑶语使用情况已经出现了差异。主要表现在第一、第二代同第三代瑶语的使用水平上。产生这种差异的原因有以下两点：

1. 迁居生活。杨觉成及其父亲这两代人都生活在龙丁村，在这里，人们使用瑶语进行交流。杨觉成年轻时由于工作的原因到绿春县城内生活，周边以汉族和哈尼族为主，通用语为汉语，所以杨觉成的下一代（第三代）的第一语言转变为汉语，基本不会使用瑶语和哈尼语。

2. 老人的影响。杨觉成的下一代（第三代）在幼年时期能熟练使用哈尼语，是因为当时她是由生活在绿春县坡头村的哈尼族奶奶带。但奶奶去世后，孩子由杨觉成夫妇自己带，家中多用汉语，孩子哈尼语水平就从熟练下降到会听不会说了。

五、李玉梅一家三代人的语言使用情况

下面描述的是大兴镇坡头小组李玉梅一家三代人语言使用的特点及其变化。

（一）李玉梅的父母（第一代）的语言使用情况

李玉梅父母是绿春县坡头村人，都是哈尼族，第一语言都是哈尼语，兼用汉语和彝语。具体情况见表 7－14。

表 7－14　李玉梅父母语言使用情况表

家庭关系	姓名	民族	年龄(岁)	文化程度	第一语言及水平	第二语言及水平	第三语言及水平
父亲	李老城	哈尼	已去世	文盲或半文盲	哈尼语,熟练	汉语,熟练	彝语,略懂
母亲	陈伟梭	哈尼	52	文盲或半文盲	哈尼语,熟练	汉语,熟练	彝语,略懂

父亲李老城,1984 年去世,生前是单位职工,能熟练使用汉语。

母亲陈伟梭,第一语言是哈尼语,会唱哈尼语山歌,是村文艺队队长,与外界接触多,汉语熟练。

李老城在世时,家庭内部交流使用哈尼语。由于李玉梅的祖父是从倮德迁移过来的彝族,李老城和陈伟梭略懂彝语。

(二) 李玉梅一代(第二代)的语言使用情况

李玉梅这一代只有她和一个弟弟。他们的第一语言都是哈尼语,也会汉语,还略懂彝语。具体情况见表 7－15。

表 7－15　李玉梅一代语言使用情况表

家庭关系	姓名	民族	年龄(岁)	文化程度	第一语言及水平	第二语言及水平	第三语言及水平
被调查人	李玉梅	哈尼	32	初中	哈尼语,熟练	汉语,熟练	彝语,略懂
丈夫	李最然	哈尼	33	初中	哈尼语,熟练	汉语,略懂	
弟弟	李城功	哈尼	24	高中	哈尼语,熟练	汉语,熟练	彝语,略懂
弟妹	李春艳	哈尼	24	高中	哈尼语,熟练	汉语,略懂	

被调查人李玉梅初中毕业后到城里打工,所以汉语熟练。由于曾与祖父(彝族)生活在一起,加上在县城做生意,所以会简单的彝语。与弟弟李城功用哈尼语交流。

丈夫李最然,出生于绿春县阿者洛马村,第一语言是哈尼语。15 岁随父母到县城,能熟练使用汉语,夫妻间交流多用哈尼语,有时也用汉语。

弟弟李城功的第一语言是哈尼语,汉语熟练,受祖父影响,彝语略懂。会唱哈尼语、彝语歌曲,曾被县文工团录用,并代表绿春县到州上参加表演。

弟妹李春艳,元阳县哈尼族,幼年随父母搬到绿春县城。现在县林业局工作,汉语熟练。夫妻间交流用哈尼语。

(三) 李玉梅的子女(第三代)的语言情况

李玉梅的下一代有一男二女。具体情况见表 7－16。

表 7－16 李玉梅子女一代语言使用情况表

家庭关系	姓名	民族	年龄(岁)	文化程度	第一语言及水平	第二语言及水平
长女	李院萍	哈尼	7	小三	汉语,熟练	哈尼语,熟练
次女	李燕皇	哈尼	6	小一	汉语,熟练	哈尼语,熟练
侄子	李公子	哈尼	2			

长女李院萍从小生活在县城,第一语言是汉语。但由于与爷爷、奶奶住在一起,而爷爷、奶奶都只使用哈尼语,所以她也能熟练使用哈尼语,第二语言是哈尼语。

次女李燕皇出生在县城,受环境影响,第一语言是汉语。受爷爷、奶奶语言的影响,哈尼语熟练。

侄子李公子,2 岁,还不会说话。

(四) 李玉梅一家三代人稳定使用哈尼语的原因

1. 生活在哈尼族高度聚居的地区。李玉梅的祖父虽然是彝族,但是他是上门女婿,婚后随妻子住在哈尼族聚居村,周围的人都说哈尼语,交流中彝语使用频率小,后代渐渐不会彝语。

2. 家庭语言环境的影响。虽然李玉梅一家居住在城镇里,孩子的第一语言由哈尼语转为汉语,哈尼语在生活中处于强势地位,由于爷爷奶奶只会说哈尼语,所以孩子在日常生活中自然而然地学会了哈尼语。

以上所调查的 5 个家庭,除李玉梅一家以外,其他 4 家都是族际婚姻家庭。各个家庭成员中,虽然有哈尼、汉、傣、苗、瑶、彝等不同的民族成分,但由于都生活在哈尼族占优势的绿春,在哈尼语的强势环境下,59 人(不包括已去世的人和 6 岁以下儿童)中,能够熟练掌握哈尼语的就有 44 人,占 74.6%,略懂哈尼语的有 11 人,占 18.6%,只有 4 人(占 6.8%)不会哈尼语。不会哈尼语的人中有 3 人是从小生活在其他城市后嫁来的媳妇,一个是 6 岁的儿童。具体见表 7－17。

表 7－17 五个家庭哈尼语使用情况表

总人数	熟练		略懂		不会	
	人数	百分比(%)	人数	百分比(%)	人数	百分比(%)
59	44	74.6	11	18.6	4	6.8

由表 7－17 中的统计数据我们可以看出,绿春县城的家庭语言使用有下面 3 种情况:

1. 不管是哪一个民族,只要生活在哈尼族占优势,哈尼语非常强势的绿春,都能够不同程度地掌握哈尼语,只是时间长短不同而已。

2. 在族际婚姻家庭中,人们普遍是双语人或多语人。如果是双语人的话,一般是“哈尼语—汉语”或“汉语—哈尼语”;如果是多语人的话,一般是“民族语—汉语—哈尼语”或“民族语—哈尼语—汉语”。

3. 在绿春，由于语言环境的变化，在强势语言哈尼语和全国通用语汉语的影响下，一些民族的第一语言发生了转移。在我们所调查的59人中，就有3位瑶族已经不会自己的母语，第一语言是汉语，第二语言是哈尼语；6位彝族中，有5位已经完全不会自己的母语，第一语言为汉语，第二语言为哈尼语；同样，有4位哈尼族儿童的第一语言已经转为汉语，第二语言为哈尼语。这些都给母语和第一语言的界定提出了复杂的问题，也值得我们深入思考。

六、五个家庭语言使用情况总表

序号	姓名	民族	年龄(岁)	文化程度	第一语言及水平	第二语言及水平	其他语言及水平
1	瞿林书	汉	去世	小学	汉语，熟练	哈尼语，熟练	
	李王翠	汉	87	文盲	汉语，熟练	哈尼语，熟练	
	瞿金培	汉	66	小学	汉语，熟练	哈尼语，熟练	
	瞿琼英	汉	64	初中	汉语，熟练	哈尼语，熟练	
	瞿云芬	汉	61	初中	汉语，熟练	哈尼语，熟练	
	瞿凤英	汉	56	高中	汉语，熟练	哈尼语，熟练	
	瞿平华	汉	54	初中	汉语，熟练	哈尼语，熟练	
	瞿正平	汉	51	高中	汉语，熟练	哈尼语，熟练	
	瞿春伟	汉	47	初中	汉语，熟练	哈尼语，熟练	
	瞿正华	汉	45	初中	汉语，熟练	哈尼语，熟练	彝语，略懂；瑶语，略懂；壮语，略懂
	普秀英	彝	去世	小学	彝语，熟练	汉语，熟练	哈尼语，熟练
	任维珍	汉	64	初中	汉语，熟练	哈尼语，熟练	
	王祖德	汉	62	大专	汉语，熟练	哈尼语，熟练	
	李文森	苗	54	中专	苗语，熟练	汉语，熟练	哈尼语，略懂
	王振英	傣	54	中专	汉语，熟练	傣语，熟练	
	吴　萍	汉	47	高中	汉语，熟练	哈尼语，熟练	
	宋建琼	哈尼	44	初中	哈尼语，熟练	汉语，熟练	
	陈　丽	哈尼	37	大学	哈尼语，熟练	汉语，熟练	
	瞿　磊	汉	22	大专	汉语，熟练	哈尼语，略懂	
	李艺佳	哈尼	9	小学	汉语，熟练	哈尼语，略懂	
2	王朝云	汉	去世	自学识字	汉语，熟练	哈尼语，熟练	彝语，略懂
	李乔仙	彝	76	文盲	汉语，熟练	哈尼语，熟练	彝语，略懂
	王玲秋	彝	去世	大专	汉语，熟练	哈尼语，熟练	
	王林华	彝	54	大专	汉语，熟练	哈尼语，熟练	
	王琼秋	彝	52	大学	汉语，熟练	哈尼语，略懂	

	王佑华	彝	50	大专	汉语,熟练	哈尼语,熟练	
	王雪莲	彝	48	大专	汉语,熟练	哈尼语,略懂	
	王永红	彝	46	大学	汉语,熟练	哈尼语,略懂	景颇语,略懂
	方家明	汉	58	大专	汉语,熟练	哈尼语,熟练	
	赵桂林	瑶	51	高中	汉语,熟练	哈尼语,熟练	
	申兴华	汉	55	大专	汉语,熟练	哈尼语,略懂	
	陆丽萍	哈尼	45	大专	哈尼语,熟练	汉语,熟练	
	李宝仕	哈尼	52	大专	哈尼语,熟练	汉语,熟练	
	陈玉梅	汉	47	小学	汉语,熟练	景颇语,略懂	傣语,略懂
	王孟文	瑶	28	中专	汉语,熟练	哈尼语,略懂	
	王孟俊	瑶	25	大专	汉语,熟练	哈尼语,略懂	
	杨文君	哈尼	6	幼儿园	汉语,熟练		
3	陈伙验	哈尼	62	小学	哈尼语,熟练	汉语,熟练	
	白黑表	哈尼	62	文盲	哈尼语,熟练	汉语,熟练	
	陈　嘎	哈尼	42	高中	哈尼语,熟练	汉语,熟练	
	陈拉抽	哈尼	40	初中	哈尼语,熟练	汉语,熟练	
	陈　然	哈尼	37	初中	哈尼语,熟练	汉语,熟练	
	陈　坝	哈尼	32	初中	哈尼语,熟练	汉语,熟练	
	黄素芬	汉	41	初中	哈尼语,熟练	汉语,熟练	
	白八福	哈尼	37	初中	哈尼语,熟练	汉语,熟练	
	李　星	汉	36	初中	汉语,熟练	哈尼,略懂	
	白医深	哈尼	23	大专	哈尼语,熟练	汉语,熟练	
	白医强	哈尼	17	初中	哈尼语,熟练	汉语,熟练	
4	杨孝宽	瑶	去世	中专	瑶语,熟练	哈尼语,熟练	汉语,略懂
	李阿妹	瑶	62	文盲	瑶语,熟练	哈尼语,略懂	汉语,略懂
	杨觉成	瑶	36	大专	瑶语,熟练	哈尼语,熟练	汉语,熟练
	杨元成	瑶	35	小学	瑶语,熟练	哈尼语,熟练	汉语,熟练
	杨丁强	瑶	33	初中	瑶语,熟练	哈尼语,熟练	汉语,熟练
	杨永明	瑶	31	文盲	瑶语,熟练	哈尼语,熟练	汉语,熟练
	杨建平	瑶	29	初中	瑶语,熟练	哈尼语,熟练	汉语,熟练
	杨文斌	瑶	21	本科	瑶语,熟练	哈尼语,熟练	汉语,熟练
	杨静宜	哈尼	7	小一	汉语,熟练	哈尼语,略懂	瑶语,略懂
5	李老城	哈尼	去世	文盲或半文盲	哈尼语,熟练	汉语,熟练	彝语,略懂
	陈伟梭	哈尼	52	文盲或半文盲	哈尼语,熟练	汉语,熟练	彝语,略懂
	李玉梅	哈尼	32	初中	哈尼语,熟练	汉语语,熟练	彝语,略懂
	李城功	哈尼	24	高中	哈尼语,熟练	汉语语,熟练	彝语,略懂

	李最然	哈尼	33	初中	哈尼语,熟练	汉语语,略懂	
	李春艳	哈尼	24	高中	哈尼语,熟练	汉语语,略懂	
	李院萍	哈尼	7	小三	汉语,熟练	哈尼语,熟练	
	李燕皇	哈尼	6	小一	汉语,熟练	哈尼语,熟练	
	李公子	哈尼	2				

从以上调查材料中,我们对绿春县县城语言使用情况能够得到以下6点认识:

1. 哈尼语和汉语都是绿春县县城的强势语言。就使用频率来说,哈尼语的使用频率更高。生活在绿春县城的其他民族,一般都能不同程度地使用哈尼语。但在不同社区内,其使用情况略有差异。两种语言在不同场合存在功能互补。

2. 在族际婚姻家庭中,哈尼语和汉语都是家庭的主要用语。但近年来出现汉语使用频率增加、民族语使用水平衰退的趋势。

3. 族际婚姻家庭的语言使用情况存在明显的代际差异。有些青少年出现转用汉语的情况。

4. 生活在绿春县县城的哈尼族、汉族、彝族主要使用哈尼语和汉语两种语言,瑶族和拉祜族等其他少数民族则多使用本族语、哈尼语和汉语三种语言。

5. 受生活环境影响,即使是同一代人之间,也存在语言使用水平的差异。

6. 生活在县城的各民族居民,都抱有包容的语言态度,不限制别人的语言使用。预计在绿春县县城哈尼语和汉语将会长期共存。

第四节　绿春县县城人物访谈录

一、绿春县人民医院院长陆文祥访谈录

访谈对象: 陆文祥,男,47岁,哈尼族,本科,绿春县人民医院院长

访谈时间: 2011年8月5日上午

访谈地点: 绿春县人民医院院长办公室

访 谈 者: 李春风、李文琪

问: 陆院长您好!请介绍一下您的成长经历吧!

答: 我1964年出生在岔弄寨。小学毕业后到绿春二中的向阳附中读书。那时上学学校不收学费,但上课时间比较少,有些学生半工半读。我们家里有7个孩子,生活比较困难,不上课的时候我就去砖瓦厂背砖赚钱。1980年高中毕业后,我考到红河卫校。那时候升学率很低,大概百分之十四五吧!毕业后,我被分配到戈奎乡卫生院,在那儿工作了3年。每天上班

从家到单位要走四五个小时。早上七八点从家出发，走到中午才能到。工作期间被派出去学习过几次。3年后，调到绿春人民医院工作至今。1988—1991年，单位派我到昆明医学院学习，积累了临床经验。2001年，我又被派到上海进修半年。

问：您小时候上学条件这么艰苦，您仍坚持不懈，很让人佩服！那您是什么时候学会汉语的？

答：学校在四五年级的时候开始教汉语，但我直到高中以后才能使用汉语交流。因为读高中时要住校，来自不同地方的同学们在一起，相互间只能用汉语沟通。

问：您认为汉语不好影响学习成绩吗？

答：影响很大。汉语学不好，认字啊、写作文啊，都不好，文科成绩就受影响。我那时候全靠理科成绩好，才把总成绩提上去的。

问：您的家庭语言使用情况如何？

答：我父母都是哈尼族。父亲早年赶马，能听、说汉语，母亲只会哈尼语，父母间使用哈尼语交流。我爱人也是哈尼族。我们跟父母用哈尼语交流。儿子今年高中毕业，刚考上大学。我跟爱人、小孩之间都使用汉语交流。

问：您儿子考取了哪所学校？

答：中国民航飞行学院。

问：飞行学院的学员是要经过层层严格测试的。您儿子这么优秀，您一定很有教育经验吧？

答：我和爱人常常探讨孩子的教育问题，也为此看过很多相关书籍。我们认为孩子的第一导师是父母，最好的方法是引导疏通，最好的学校是家庭，还有要给孩子一个健康向上的成长环境，培养孩子的兴趣爱好。他12岁到建水读初中。为了能让他自立，我们从他10岁就让他自己洗衣服、做饭。这样，他到了建水就很好地独立了。一直很积极、乐观，懂得爱惜自己，与别人分享。此外，我还常常教育我的小孩，有三点一定要记住：安全、健康、学习。人只有能保证自己是安全的、健康的才能更好地工作学习。一个人，如果健康出了问题，对一个家庭，尤其是亲情氛围浓的家庭来说，是一个灾难。很多亲人、朋友都会为你担心，影响了正常的工作及日常生活。爱护自己的健康，不但是为自己也是为所有的亲人、朋友负责。

问：感谢您跟我们分享了这么多好的教育经验。您儿子会哈尼语吗？

答：唉，这就是我觉得最遗憾的事情了。从2005年读初中开始，他就一直在建水上学，平时都说汉语，基本不会哈尼语，只能听、说一点儿简单的句子。

问：您认为不会哈尼语是很遗憾的事情？

答：是啊，很遗憾！要是本民族语言都不会，还怎么称得上是这个民族的人呢！可是也没办法。

问：那您的小孩跟爷爷、奶奶等长辈在一起怎么沟通呢？

答：简单的，像“吃饭”、“去哪儿”等日常用语，可以用哈尼语，再难一点儿的就开始用汉语了。

问：您刚才说您的母亲不会汉语，是吗？

答：这就是有意思的事情了。祖孙在一起，爷爷、奶奶没教会孙子学会哈尼语，反而孙子教会了爷爷、奶奶学汉语。现在我母亲基本能听懂汉语，也能用一些汉语了。

问：请问绿春人民医院现在有多少正式职工？民族成分和学历构成情况如何？

答：我院原有正式职工 133 人，今年新进 16 人，共 149 人。新进 16 人中，有一人是本科学历，15 人是专科学历。原有职工，初始学历多为中专。工作后都继续进修过。年纪大一点儿的职工多为当地的少数民族，比如哈尼族、彝族、傣族等。这几年招进来的一批年轻人，汉族居多。我们哈尼族上大学的本来就少，学医学专业的就更少了。

问：请您谈一谈绿春县人民医院近年来的发展情况。

答：近 5 年来，我院发展变化比较大。新农合（新农村合作医疗）以后，医院的患者多了起来。这也促使我们医院更新医疗设备、扩建病房。除了这些，我院还大力引进更多的医学人才。政府很重视县里医疗卫生事业的发展，去年给卫生系统 30 个事业编制。我们从曲靖、大理、昭通、四川、湖南、山东、河北、陕西等省内外学校广招医学人才，充实医疗队伍。还与一些医学院校签订实习协议。2006 年以来录用的医学人才已迅速成长，成为医院的骨干力量。

我们还创造各种深造机会，对在职医护人员进行继续教育，不断提高他们的业务能力水平。其中，让我们觉得受益匪浅的是由政府投资的远程医学教育课程。这种远程网络教育聘请的都是全国知名专家，很多疑难问题，被专家们一点拨，我们能比较迅速地理解和解决。这种培养方式，也拉近了我们边疆和内地的医疗距离。

问：听说医院里有的仪器可以用哈尼语提示？

答：是的。2007 年，我院投入使用 CT 设备。因为有些病人听不懂汉语提示语，影响透视结果。我们的设备人员就想出用录音的方式改进提示步骤。比如“闭气”，用哈尼语或汉语提示，病人就可以很好地理解并配合了。

问：新农村合作医疗对医院近年来的发展有什么影响呢？

答：自从 2007 年恢复实施新农村合作医疗以后，农民能看得起病了，来住院看病的人多了一倍。很多医生尤其是外科、妇产科的医生，都处在高强度、高压力的工作状态下。但是毕竟受经济条件的限制，我们医院的工资待遇没法提高。

问：医院医护人员与患者之间使用什么语言交流？

答：以前医护人员与患者用哈尼语交流的比较多。工作年头多的医生，都会哈尼语。与患者交流时，主要看患者用哪种语言方便就用哪种。近 10 年来，发生了变化，主要是使用汉语交流。三四十岁以下的病人，基本都能熟练使用汉语。年级大的病人多数都由年轻人陪同，即使不会汉语，也能比较顺利地看病。医护人员都会汉语，多使用汉语交流。比如交接班的时候，医学术语只能用汉语说，哈尼语里面没有相应的词语。

问：您认为近年来绿春县城镇哈尼语使用情况有哪些变化？

答：以前是我们（公职人员）使用汉语多一些，现在用汉语的人越来越多了。一些年轻人出去打工，刚离开绿春的时候只会哈尼语，几年后回来，都能说一口流利的汉语普通话了，哈尼语的水平也一点儿都没变。结果就是，这些年轻人只会哈尼语和汉语普通话，不会我们当地的汉语方言。现在上学的小孩，在学校都使用汉语。

问：您是否担忧哈尼语会衰退？

答：很担忧，但阻止不了。很可能几百年以后，就没有本民族语言了，没有本民族语言，又哪来的民族文化？那时候，我们的民族又将会是什么样呢！

问：您如何看待哈尼文的使用？

答：不好意思，我对哈尼文真的不太了解。我认为我们的民族文化要保留，哈尼文在保留我们的民族文化方面应该有积极意义。但是，双语教学对孩子来说实际上是一种负担。

问：您认为哈尼语的发展前景如何？您如何看待这个问题？

答：我们的民族是一个要求进步的民族，也是一个直接过渡的民族，就是说从奴隶社会直接过渡到社会主义社会的民族。求生存、求发展，这两方面的事情，国家要支持，我们民族要积极吸收其他民族的先进文化。这样，我们的民族语言（哈尼语）必然要受到很大的冲击。

二、大寨村村委会主任罗衣者访谈录

访谈对象：罗衣者，男，34岁，哈尼族，本科，大寨村村委会主任

访谈时间：2011年7月27日晚

访谈地点：绿春县大兴镇大寨村村委会

访 谈 者：余成林

问：罗主任您好，请您首先介绍一下您的个人情况，可以吗？

答：好的。我叫罗衣者，哈尼族，1977年出生于大寨村，1984年在大寨民族小学读小学，1990年至1993年在绿春县第二中学第一次读初中，1993年至1995年又在二中第二次读初中，1995年至1998年在云南民族学院高中班读高中，1999年至2000年在绿春一中又读了两年高中，2000年至2005年在昆明理工大学读大学，2005年至2010年在外干过房地产工作，2010年4月开始在大寨村委会担任村委会主任至今。会哈尼语和汉语。英语稍微懂一点儿。哈尼语的使用从出生一直到现在没有间断过。汉语是从1984年读书的时候开始学习的。

问：请您再介绍一下您的家庭情况吧。

答：我们家总共有10口人，我、父母、大哥一家3口，小弟一家4口。父亲叫罗高发，58岁，高小毕业。会哈尼语，汉语可以进行日常交往。母亲叫杨鲁梭，58岁，没有学历，会哈尼语，但经常到街上卖东西，会一些汉语。大哥叫罗生忠，36岁，高中毕业，会哈尼语和汉语，也接触过英语。嫂子叫李春霞，28岁，中专毕业，自由职业者，会哈尼语和汉语。侄子罗岚华，12岁，读小学五年级，会哈尼语和汉语，接触过英语。小弟叫罗阿三，30岁，高中毕业，会哈尼语

和汉语。弟媳陆来芬，20 岁，初中毕业，会哈尼语和汉语。侄子罗岚文，2 岁。侄女罗优琚，还不到 1 岁。

问： 请问您在家都用什么语言交流？

答： 在家里，我们兄弟姐妹和父母之间都用哈尼语交流，和侄子说话都用汉语。侄子开始学的都是汉语。

问： 您只教侄子汉语，不教他哈尼语吗？

答： 我们也时不时教他一些哈尼语，主要是日常生活方面的词语。因为侄子放学回来和小朋友在一起玩儿就学会一些哈尼语，他们说话一般是半哈尼语半汉语，把哈尼语和汉语经常混合在一起使用。

问： 为什么要教侄子汉语呢？

答： 这是很自然的现象，比如我到初中还不敢讲汉语，所以我读了两次初中、两次高中才考上大学。我们这一代不熟悉汉语已经吃了亏，不能再给下一代留下遗憾，我们要让他们从小熟练掌握汉语。

问： 您不担心您的侄子或者下一代不会哈尼语吗？

答： 担心呀，担心侄子以后汉语很好，哈尼语不怎么好。更担心在 50 年或者 100 年以后，很多人可能只会一两句哈尼语。

问： 如果真的会这样的话，您觉得哈尼文化最终会怎么传承下去？

答： 在绿春县，年纪较大的都是只会哈尼语，不会汉语，他们能够把哈尼文化传承下去多少，我们不好估计。

问： 您觉得应该怎么保护民族语言、民族文化？

答： 我认为主要还是通过双语教育。汉语教育是必需的，哈尼语教育也不能缺少。通过双语教育，培养学生的汉语能力和哈尼语水平。要多宣传，特别是政府支持一点，基层组织努力一点，老百姓也贡献一点。这样就可以开办双语学校，提高学生的双语水平和能力。

问： 听说你们村就有双语学校，是吗？

答： 是的。我们村的广吗就有一所双语学校。

问： 双语学校有多少学生，是你们村开办的吗？

答： 广吗双语学校只有小学一到四年级，总共有 160 多名学生，主要是广吗的学生。双语学校是上级政府支持开办的，是定点双语教学点，由上级政府直接管理。老师不一定都是本村的，但基本都是搞双语的。

问： 你们村除了广吗双语学校，还有其他的学校吗？

答： 我们村除了广吗以外，还有一所完小。

问： 你们村完小有多少学生，都是你们村的学生吗？

答： 我们村完小有 500 多位学生，主要是我们村的，也有其他村的学生就近就读。村完小主要是一至六年级，很早就有学前班。完小没有双语课程，但是也在搞双语教学。很多孩子在上学之前就上了幼儿园，接触了一些汉语。

问：作为村长，再请您介绍一下你们村里的情况吧。

答：我们大寨村委会位于县城西部1公里处，辖大寨、小新寨、广吗和西哈腊依4个村民小组，世居哈尼族，是哈尼族标准语音发源地，全村有722户、3390人，耕地面积2045亩，人均耕地0.6亩。

问：你们村的经济情况如何，主要经济来源是什么？

答：我们村的经济主要以茶叶、草果产业为主。其中，茶叶3294亩、草果3800亩、八角3881亩、板栗1000亩、核桃92亩。我们抓住退耕还林、县城周边滑坡治理的机遇，积极发展茶叶地套种八角、板栗、核桃等绿色经济作物，目前已初具规模。2010年，全村实现经济总收入1132.54万元，人均纯收入2490元；粮食总产量88.5万公斤，人均有粮240公斤。

三、绿春县个体工商业者李最然访谈录

访谈对象：李最然，男，35岁，哈尼族，高中毕业，绿春县个体工商者

访谈时间：2011年7月28日

访谈地点：绿春县大兴镇大寨村

访 谈 者：戴宗杰

问：你好，请你先介绍一下自己的家庭情况。

答：我叫李最然，哈尼族，今年35岁，职业高中毕业后从事个体经营。父母都是哈尼族，父亲在电力公司工作，一家人都住在县城里。我的妻子也是哈尼族，现在有两个女孩，一个7岁，一个5岁。

问：你的汉语说得不错，是从小就学会的吗？

答：不是，我小时候学的是哈尼话，高中才开始学习汉语。

问：家里都说什么话？

答：我父母和我们都讲哈尼话，我父母对孩子说哈尼话，我和妻子对孩子说汉语。

问：县城里讲汉语的多还是讲哈尼语的多？

答：都说哈尼话，只有极少数不会说哈尼话的才说汉语。

问：孩子的哈尼语怎么样？先学会汉语还是哈尼语？

答：孩子从小学汉语，哈尼语后来学会一些，但不太熟练，有一些不会说。

问：为什么从小就教孩子说汉语？孩子学的是普通话还是当地方言？

答：没有什么特别的目的。县城里孩子说汉语的比较多，大家都这样。孩子学的是当地话，我和妻子都不会讲普通话，只能教当地话。

问：县城里有讲普通话的孩子吗？你觉得当地方言和普通话哪个更有用？

答：有一些父母从小教孩子讲普通话。在绿春，当地话更有用，但要出去工作、读书的话，

还是普通话更有用一些。希望孩子上学以后能够学好普通话。

问: 城里的学校都是用普通话讲课吗?

答: 以前都是用当地话讲课,现在开始用普通话的越来越多了。课堂上都讲普通话,课下有的说当地话,有的说哈尼话。

问: 在广吗有一所用汉语和哈尼语两种语言讲课的学校,你觉得用双语授课和用汉语单语授课,哪个更好一些?

答: 我觉得双语教学更好一些。

问: 你的孩子哈尼语说得不如汉语好,有没有只会说哈尼语,不会说汉语的孩子?

答: 有一些,但不多,孩子们多少都能学会一点儿汉语。

问: 你觉得几十年后,县城里说汉语的多还是哈尼语的多?

答: 应该是说汉话的更多,小孩子现在是说汉语的比说哈尼语的多,汉语说得比哈尼话好,等他们长大了,当然是都讲汉话了。

问: 你怎么看这个现象?

答: 没什么,这是很自然的事情。

四、大兴镇大寨小学教师许者们访谈录

访谈对象: 许者们,男,哈尼族,大兴镇大寨小学教师

访谈时间: 2011 年 7 月 31 日

访谈地点: 大寨小学

访 谈 者: 邓凤民

问: 许老师,请您介绍一下大寨小学的情况。

答: 大寨小学是大兴镇最大的一个完小(包括一到六年级),还有个学前班。我原在坡头小学教书,今年刚调到大寨小学,9 月份开学我就开始教一年级了。

我们学校教职工有 45 个左右,教师绝大部分是哈尼族,其他民族的很少。一到六年级有 18 个班,学生总数在 550 人左右,学生 95%以上是哈尼族,其他民族的学生很少,他们来自周边各个村寨。汉族学生也有,不过很少,是来自四川、贵州的进城务工人员的子女。大寨小学有住宿条件,离学校远的村寨的学生可以住宿,也有住在亲戚朋友家里的。这些住宿的学生一般是周五下午放学后就回家了,星期天晚上再回到学校。

我们学校开设的课程有:语文、数学、英语、音乐、美术、体育、思想品德,学生从三年级开始就有英语课了。低年级的老师人数少,一个老师(如我)既教语文又教数学。

问: 请问用普通话上课低年级的哈尼族学生能听懂吗?

答: 这完全没问题,现在全用普通话教学,这是国家规定的。随着城市化进程的加快,我们大寨小学也进入到城乡一体化进程中了。我小的时候,不论是坡头小学还是大寨小学,那时

离城镇都比较远，现在都连成一体了，学生同城里的人接触多了。另外，现在小孩子看电视看得也比较多，自然而然就听懂汉语了，低年级的学生也不例外。我们班的学生平时和我说话都讲普通话，他们在学前班就讲汉语了。上课时，有时为了弄清楚他们是否真的懂了，我就问他们："你们知道那是什么吗？用哈尼语怎么说？茄子、桃子怎么说？"

问：同您小时候相比，现在低年级小学生的汉语水平是不是提高了？

答：我小时候的汉语水平没法和现在的低年级小学生比。我举个例子，我 7 岁时上的是大兴小学（绿春一小），刚上学时就闹了笑话，当时老师问我："你们家几口人？"。我以为老师是问我有多少只鸭子呢？因为我上小学前在家放鸭子嘛，所以我就在那里扳着手指头数，结果老师当时就笑开了，这件事给我的印象最深了。那时我们大兴小学哈尼族老师比较少，汉族老师较多，他们也不会哈尼语，老师们上课完全用汉语，但过段时间慢慢地就接受了，老师讲什么我就懂了。现在低年级的小学生跟我那时比，汉语水平很高，普通话教学完全能听懂，这是我最大的感受。

问：大寨小学学生除了懂哈尼语、汉语外，还有没有懂第三种语言的？

答：几乎没有。

问：您课后和学生聊天也都用普通话吗？

答：是的，我经常在课后和学生用普通话聊天，但有时也用哈尼语逗逗他们。如"你的头发真漂亮，是谁帮你梳的？你的衣服很漂亮等等。"我的学生也用普通话和我说："老师，我要去厕所。老师，我要喝水。"

问：学生们课后聊天用普通话多还是用哈尼语的时候多？

答：大多数学生课后用哈尼语聊天，他们喜欢用母语交流，不过讲汉语的也有，只不过不是普通话，用的是当地的汉语方言。

问：您教的学生来自族际婚姻家庭的多吗？

答：有，不过很少，他们大都来自哈尼族家庭。我们班里有个学生的妈妈是金平那边的壮族，他爸爸就是大寨的本地人。

问：您现在回父母家同他们讲哈尼语吧？

答：肯定的，我父母哈尼语、汉语都很好，但我还是习惯同他们讲哈尼语，如果讲汉语感到很别扭。

问：请介绍一下您家里的情况。

答：我爱人也是哈尼族，在县农业银行上班。我的儿子 17 岁了，开学就上高二了。我们在家里同孩子说汉语，我儿子也会讲哈尼语，主要同他爷爷、奶奶和外公、外婆说话时使用，不过还不那么熟练，不流利，跟我们就不愿意讲了。我儿子上初中后，由于经常和那帮哈尼族同学在一起玩，一起交流，现在哈尼语也很熟练了。

第八章　绿春哈尼族母语使用现状及其成因分析

本章主要使用课题组实地调查的材料，分析绿春县哈尼族使用哈尼语的现状，探讨哈尼语在哈尼人语言生活中的活力和作用，并分析形成这种使用现状的各种制约因素和成因。

第一节　哈尼族母语使用现状

一、四个村寨的哈尼语使用情况

我们入户调查了哈尼族聚居的四个大寨子(三个靠近县城、一个位于中越边境)：大兴镇大寨村委会的大寨(以下称“大寨”)、大兴镇牛洪村委会的坡头寨(以下简称“坡头寨”)和大兴镇大寨村委会的广吗寨(以下简称“广吗寨”)以及中越边境平河乡的车里寨。绿春县县城在一条狭长的山梁上，南北两边的山脚下都有小河。坡头寨位于县城的东头，大寨位于县城的西边，县城刚好在坡头寨和大寨之间。广吗寨位于大寨南边河对岸的半山腰上。

我们对坡头寨1115人、大寨1559人、广吗寨1099人、车里寨477人，共4250名哈尼人的语言使用情况进行了调查。调查统计结果是，这四个村寨熟练掌握哈尼语的人数比例都超过98%。这四个村寨中，不论男女老少，还是干部、群众，甚至其他民族的人，都会说哈尼语。这说明哈尼语在聚居区还保持旺盛的生命力，是哈尼人重要的交际工具。哈尼族在这四个村寨的使用情况详见表8-1。

表8-1　四个村寨哈尼族母语使用情况表

调查点	总人数	熟练		略懂		不会	
		人数	百分比(%)	人数	百分比(%)	人数	百分比(%)
坡头寨	1115	1112	99.73	3	0.27	0	0
大　寨	1559	1537	98.59	20	1.28	2	0.13
广吗寨	1099	1097	99.82	2	0.18	0	0
车里寨	477	477	100	0	0	0	0
合计	4250	4223	99.36	25	0.59	2	0.05

从表8-1中，我们可以看到略懂哈尼语的有25人，而且绝大多数都是青少年。这25人

中，有 23 个是 19 岁以下的；只有 2 个是 20—39 岁之间。以村寨来分，这 25 人中，坡头寨有 3 人，大寨有 20 人，广吗寨有 2 人，车里寨没有。他们略懂哈尼语的原因分述如下：

坡头寨略懂哈尼语的 3 人都集中在一个家庭，是姐弟三人。他们的哈尼语不熟练的原因主要是父母均长期外出打工，跟随父母生活在外地。这姐弟三人的情况详见表 8－2。

表 8－2　坡头寨略懂哈尼语的哈尼族情况表

姓名	性别	民族	年龄	文化程度	第一语言及水平	第二语言及水平
白小勇	男	哈尼	10	小学	哈尼语，略懂	汉语，熟练
白小莲	女	哈尼	18	高中	哈尼语，略懂	汉语，熟练
白小慧	女	哈尼	16	初中	哈尼语，略懂	汉语，熟练

大寨略懂哈尼语的 20 人中，有 2 人因其父亲是汉族，家庭交际语言主要以汉语为主，受家庭环境的影响，长大以后又经常在外打工，所以其哈尼语能力为略懂；而其余的 18 人，都是 7 岁以下的儿童，因为家长在家里有意识地教他们汉语，有些人还把孩子送到城里上幼儿园，较早地接受汉语，哈尼语的学习受到影响，所以他们的哈尼语为略懂。

广吗寨有 2 人略懂哈尼语。其中一个是 6 岁的小男孩陆生平，他出生在县城，父母长期在城里做生意，从小学会的是汉语，后来跟爷爷奶奶学会了一点儿哈尼语。另外一个是 19 岁的女孩白秋铝，她出生在一个族际婚姻家庭，母亲是外地彝族，家庭语言为汉语，在寨子里学会了一点儿哈尼语，现在随父母在外地做生意，一年只回来一两次，所以哈尼语水平不高。

下面将哈尼族的母语能力分为“会”、“不会”两种，“会”包括“熟练”和“略懂”。四个村寨的哈尼语掌握情况比例见表 8－3。

表 8－3　四个村寨的哈尼语掌握情况比例表

调查点	总人数	会		不会	
		人数	百分比（%）	人数	百分比（%）
坡头寨	1115	1115	100	0	0
大寨	1559	1557	98.87	2	0.13
广吗寨	1099	1099	100	0	0
车里寨	477	477	100	0	0

表 8－3 的统计显示不会哈尼语的只有 2 人，他们俩都在大寨。其中，一位是 12 岁的白慧，因为跟随父母打工住在开远，四五岁刚出去时还会一点儿哈尼语，现在一两年回来一次，没有学习哈尼语的环境，慢慢地就把哈尼语忘了；另一位是 11 岁的杨雅，因为母亲是昆明的汉族，现在一直住在变电站，没有学习哈尼语的环境。

从表 8－3 中还可以看出，坡头寨、广吗寨和车里寨的哈尼族会母语的比例达到 100%，大寨也达到了 98.87%。比例很高，说明哈尼语是被广泛使用的。

二、不同年龄段的哈尼语语言使用情况

现在，再从不同年龄段看这四个村寨哈尼族的母语能力。母语能力分为“熟练”、“略懂”和“不会”三种。见表 8-4。

表 8-4 四个村寨哈尼族的母语能力表

年龄段(岁)	总人数	熟练		略懂		不会	
		人数	百分比(%)	人数	百分比(%)	人数	百分比(%)
6—19	1085	1060	97.70	23	2.12	2	0.18
20—39	1656	1654	99.88	2	0.12	0	0
40—59	1016	1016	100	0	0	0	0
60 以上	493	493	100	0	0	0	0
总计	4250	4223	99.36	25	0.59	2	0.05

从表 8-4 统计数据中可看到，60 岁以上的 493 人、40—59 岁之间的 1016 人，哈尼语都很熟练。20—39 岁的年龄段有 1656 人，其中哈尼语熟练的就有 1654 人，只有 2 个哈尼语略懂，不会哈尼语的没有。在 6—19 岁的年龄段有 1085 人，其中哈尼语熟练的有 1060 人，也达到了 97.70%；略懂的有 23 人；不会哈尼语的只有 2 人，所占比例只有 0.18%。就此可以认为，中老年人的母语是相当熟练的，青年人的母语也大多很熟练，只是青少年中出现了略懂和不懂母语的情况。

三、哈尼语四百词测试的情况

为了认识哈尼族不同年龄段母语的词汇掌握水平，我们在三个村寨，随机抽取了 28 位哈尼人进行了四百词测试。各年龄段测试结果见表 8-5。

表 8-5 不同年龄段的哈尼族母语词汇掌握水平表

年龄段(岁)	总人数	A		B		C		D	
		人数	百分比(%)	人数	百分比(%)	人数	百分比(%)	人数	百分比(%)
6—19	18	6	33.33	6	33.33	4	22.22	2	11.11
20—39	9	9	100	0	0	0	0	0	0
40—59	6	6	100	0	0	0	0	0	0
60 以上	5	5	100	0	0	0	0	0	0
合计	38	26	68.42	6	15.79	4	10.53	2	5.26

表 8-5 显示，接受测试的哈尼族人，20 岁的青年到老年人共有 20 人，他们掌握哈尼语的词汇都达到了 A 级水平。这说明青壮年、中老年人的母语词汇能力较为稳定。但是，6—19 岁这个年龄段中，出现了母语词汇能力下降的情况。所测试的 18 人中，达到 A 的只有 6 个，只

占所测人数的33.33%；达到B的有6人，只占33.33%；有4人只达到C，占22.22%，达到D的有2人，占11.11%。青少年儿童为什么出现母语能力下降？

（一）6—19岁年龄段的被测试者，词汇水平总的来讲不高，特别是6岁到10岁的小孩

主要原因有两方面：一是随着社会的变化，人们生活习俗的改变，有的在以往是司空见惯的词如“茅草、棉花、芝麻、弩、箭”等，如今这些事物在哈尼族村寨已经越来越少见了；以前在哈尼族村边经常出没的动物如“野猪、麂子、水獭、豪猪、松鼠、猫头鹰、蚂蟥”等，已经越来越少了。所以，青少年儿童不知道这些词汇也就很正常的了。二是青少年儿童特别是6岁到12岁年龄段的，由于年龄小，很多基本词汇还没有掌握。如我们在大寨测试的两位小学生，一位是9岁的陈祖玉，女，大寨小学二年级；另一位是8岁的陈普云，男，大寨小学一年级。他们俩的父母都是哈尼族，家庭用语也是哈尼语，跟他们俩用哈尼语交谈的时候发现，他们说哈尼语是没有问题的，但测试词汇的时候，很多哈尼语的基本词汇都说不上来，词汇量少。可以预测，随着年龄的增长，他们哈尼语词汇的水平会越来越高。

（二）这18人中6—12岁被测试的人的D级词汇（即不会的词）

具体有：自然现象方面有“星星、虹、金子、银子、铜、锈”等词；人体器官名词有“脑髓、肺、肝、胆”等词；亲属称谓名词主要有“伯父”和“岳父”；动物名称有“野猪、麂子、水獭、豪猪、松鼠、猫头鹰、螃蟹、蚂蟥、蝴蝶、蝙蝠”等词。有的被测试人“苍蝇”和“蚊子”、“水牛”和“黄牛”、“老虎”和“豹子”不分。不会的植物类名词主要集中在“木瓜、酸角、芒果、甘蔗、向日葵、棉花、芝麻、茅草”等词上。有的被测试人“芭蕉”和“香蕉”不分，“橘子”用汉语借词。生活用品类名词不会的集中是“布、柱子、窗子、镰刀、弩、箭”等词；方位和时间名词不会的主要有“左边、右边、前天、后天”等词；形容词不会的主要有“厚、薄、硬、软、价钱贵、便宜、涩”等词；动词不会的主要有“擦桌子、拆房子、薅秧、吹（笛子）、叠（被子）、挂在墙上、换、借钱、浸泡衣服、溶化”等词。

（三）亲属称谓名词中，有些词借用了汉语

特别是父亲、爷爷、奶奶这三个词，现在有许多人都借用汉语。“父亲”不叫哈尼语 $a^{31}da^{33}$，而叫“爸爸”；“爷爷”不叫哈尼语 $a^{31}bo^{55}$，而叫“阿爷”，奶奶不叫哈尼语 $a^{31}phi^{31}$，而叫“阿奶”等。看来，随着哈尼人文化水平的提高，有的母语里存在的基本词也会借用汉语了。

（四）数词“一、二、三、四、五、六、七、八、九、十、百、千”

这些数词，被测试人有的不会，有的只会数到“三”，有的只会数到“六”，知道“百、千”的几乎没有。这是近年来出现的新情况。另外，哈尼族地区手机的使用已越来越普及。手机报号几乎都用汉语数词，没有用哈尼语报号的。我们在坡头寨看到一个56岁的哈尼族妇女，她说自己不会说汉语，却有手机。我们想找她邻居的男主人，要他的手机号。她向邻居的女主人要

号。这个地道的哈尼族中老年妇女，年龄与她相仿，用汉语的数字告诉我们她丈夫的手机号码。哈尼族村寨里不会说汉语的中老年妇女都能说汉语数词，看来哈尼语数词的功能在不断萎缩，哈尼族的少年儿童逐渐不会讲母语数词了。

四、不同场合的哈尼语使用情况

(一) 家庭

在哈尼族家庭，一般是20岁以上的人都说哈尼语，遇到不懂哈尼语的则用汉语交流。现在年轻父母开始有意识地教小孩子汉语。如果家里有三代人的话，第一代与第二代和第三代之间使用哈尼语交流，第二代与第三代之间则使用汉语交流。表8-6是坡头寨李玉梅一家的语言使用情况，反映了部分现代哈尼族家庭语言使用及母语转变的特点。

表8-6 坡头寨李玉梅一家语言使用情况表

家庭关系	姓名	民族	年龄(岁)	文化程度	第一语言及水平	第二语言及水平	第三语言及水平
父亲	李老城	哈尼	去世	文盲或半文盲	哈尼语，熟练	汉语，熟练	彝语，略懂
母亲	陈伟梭	哈尼	52	文盲或半文盲	哈尼语，熟练	汉语，熟练	彝语，略懂
户主	李玉梅	哈尼	32	初中	哈尼语，熟练	汉语，熟练	彝语，略懂
配偶	李最然	哈尼	33	初中	哈尼语，熟练	汉语，略懂	
弟弟	李城功	哈尼	24	高中	哈尼语，熟练	汉语，熟练	彝语，略懂
弟媳	李春艳	哈尼	24	高中	哈尼语，熟练	汉语，略懂	
长女	李院萍	哈尼	7	小三	汉语，熟练	哈尼语，熟练	
次女	李燕皇	哈尼	6	小一	汉语，熟练	哈尼语，熟练	
侄子	李公子	哈尼	2	学龄前儿童			

李玉梅的祖父是从倮德迁移过来的彝族。李玉梅的父亲生前是单位职工，母亲陈伟梭是村文艺队队长，夫妻两人不仅会哈尼语和汉语，而且还懂一些彝语。李玉梅夫妻和其弟弟、弟妹也会哈尼语和汉语，他们与父母一代在家一般都使用哈尼语交流。李玉梅的孩子在县城长大，父母有意识地教他们汉语，使其第一语言由哈尼语变为汉语。这样，李玉梅的家庭语言就发生了母语转移的现象。为什么会出现这种情况呢？因为李玉梅的祖父虽然是彝族，但婚后随妻子住在哈尼族聚居村，周围的人都说哈尼语，也就自然学会了哈尼语。但由于李玉梅的女儿经常和祖辈们生活在一起，祖辈们又只会说哈尼语，所以孩子在日常生活中也自然地学会了哈尼语。

(二) 学校

学校是教育的基地，也是哈尼族孩子学习汉语的主要场所。学校基本都采用普通话教学。但由于低年级孩子不懂汉语，老师只能采取半汉语半哈尼语的授课方式，即采用汉语和哈尼语交替使用的双语教学模式。在课下，老师之间、学生之间以及师生之间，说哈尼语还是说汉语则因人而异。老师之间主要说当地汉语方言。同一民族的学生用民族语，不同民族的孩子则用汉语，老师和学生之间主要用汉语。但有时，学生之间哈尼语、汉语都用。

其他民族的老师，如彝族、傣族，他们也会讲哈尼语，汉族老师到绿春时间较短的还不会讲哈尼语。哈尼族老师之间在聚会或聊天等联络感情的场合才说哈尼语。大寨小学校长石杰坤告诉我们说："老师倾向于讲使用人口较多的语言，比如汉语。我与哈尼族老师谈工作或者开全校大会时，讲汉语；交流思想感情时，我尽量讲哈尼话。往往是根据交际目的来选择语言。"

（三）农贸市场

7月31日，我们到绿春县城农贸市场去考察时，注意到铺面的主人大多都会哈尼语，也会汉语，但商品交易的语言主要是哈尼语。我们课题组的一位哈尼族成员在市场做了三个测试：第一个是到一个卖蔬菜的铺面前挑蔬菜，什么话也没有说。卖菜的人是一位哈尼族中年妇女，就用汉语说："买几把吧？菜很好的。"这时，这位成员用哈尼语问她多少钱一把，她马上就改用哈尼语告诉价格。第二个测试是到几个铺面前，什么都不说，但示意想要买他们的商品的样子，这时，卖主都会用汉语问要不要买一点儿，但当这位成员用哈尼语问价格时，他们都马上改用哈尼语。他们中有不同年龄的人，十几岁到五十几岁的都有，主要是妇女，个别的是男子。他们为什么先都说汉语，而不是哈尼语呢？可能认为买主不会哈尼语。第三个测试是测试者先后跟着三个穿民族服装的哈尼族妇女到铺面买货，看铺子里的人是怎么说的，结果发现，商家都对她们说哈尼语，用哈尼语问她们要不要买。根据调查发现，在农贸市场，哈尼语是通用语，汉语用得少。

（四）街道

人们在县城的街道上，到处都说哈尼语，人们见面打招呼、问候大多用哈尼语。原县人大常委会副主任卢保和于2008年10月6日专门做过一个测试，他从县城街头的坡头村大门口走到街尾的街心花园，一路上见到48个熟人，相互问候和打招呼时，有45人用的是哈尼语，只有3人用的是汉语。用哈尼语的比例是很高的，说明了在绿春哈尼语使用的普遍性。

五、哈尼族的语言态度

我们调查组一行来到绿春之后，对哈尼族的语言态度有一种共同的感觉：绿春的哈尼族群众对自己母语的长期生存没有危机感。他们认为不用担心自己的孩子不会哈尼语，在绿春即使不教哈尼语，孩子在哈尼语的大环境下，迟早也能学会。如绿春县博物馆副馆长白者黑（哈尼族）告诉我们说，他不担心孩子长大之后不会讲哈尼语，因为村里有浓厚的哈尼语环境，随着孩子年龄的增大，会自然而然地习得母语。所以，在绿春，很多哈尼族年轻的家长不担心自己孩子的哈尼语，反而普遍希望孩子能尽快学会汉语。

以上各方面的分析情况能够证明，目前绿春哈尼族全民广泛稳定地使用母语。这种现象是我们在调查之前没有预料到的。在现代社会市场经济的冲击下，我国很多少数民族语言出现母语使用功能衰退，使用人数在逐渐减少，母语水平在大幅下降，但哈尼语的功能在不同时间、不同代际、不同地区之间，没有拉开太大的距离。戴庆厦教授经过对比说："我 50 年前就在绿春调查哈尼语，在坡头寨住了 4 个月。那时，坡头寨都说哈尼语，不懂哈尼语的在这个寨子无法生活。过了 50 年，这次再来绿春，看到哈尼语的使用基本上还是这样普遍。"

第二节　哈尼族母语使用现状的成因分析

任何一种语言，能否在现实社会中站住脚，都不是偶然的，必有其历史根源和现实条件。哈尼族母语稳定使用的历史根源和现实条件是什么，这是我们研究语言国情中必须追究的。

绿春哈尼族为什么能够长期稳定地保留使用自己的语言，我们认为主要有以下五个因素：

一、高度聚居是哈尼语得以完好保留的客观条件

哈尼族在绿春县高度集中。这主要表现在两个方面：一是全县哈尼族人口比例大。在全县总人口 23 万人中，哈尼族就有 20 万人，占全县总人口的 87.4%(2011 年 6 月)。这个比例是很高的，绿春县是全国少数民族人口比例最高的县之一。二是县城附近哈尼族村寨高度集中。俄批、洛瓦、坡头、牛洪、阿倮那、那倮果、上寨、小新寨、大寨、西哈腊依和岔弄等 11 个村寨都是哈尼族村寨。其中，大寨、坡头等都是大寨子，据 2010 年统计，大寨有 395 户 1681 人，坡头村有 273 户 1153 人。这么多的村寨集中在县城附近，在民族地区是非常罕见的。这种高度聚居，为语言的稳定使用提供了基础条件。在绿春，不仅在乡镇，而且在县城，说哈尼语的人随处可见。

再以大寨小组为例。大寨小组共 395 户 1681 人，其中哈尼族有 1654 人，占全寨人口的 98.4%，村子周边的小新、西哈腊依、广吗和阿迪 4 个寨子也都是哈尼族，形成哈尼族高度聚居的分布局面。村民在家庭和村寨中所交往的都是本族人，哈尼语必然成为他们沟通感情、传递信息的唯一交际工具。不管是在寨子里还是走在大街上以及坐在公交车上，到处都可以听到哈尼语。

另外，车里小组共有 104 户 511 人，都是哈尼族，其中包括外嫁过来的哈尼族媳妇。村子里无论男女老少都使用哈尼语。

高度聚居这一客观条件，对于哈尼语的使用与传承极为有利。

二、居地封闭、交通不便制约了其他语言的进入

整个绿春县地处哀牢山深处，哈尼山寨都位于山巅或半山腰，包括地处大兴镇的绿春县城也只是东西方向的一条街。这样的地理环境和交通条件，使哈尼人与外族的联系受到了制约。

山寨与山寨之间虽然看着很近，但都坐落在不同的山梁上，山道弯弯，出行不便。村中人与外界交流很少，有些人甚至从来没有出过村寨。外来的语言、文化较难进入这一片土地，对哈尼语的冲击相对较小。

三、对母语感情深厚是哈尼语得以完好保存的情感基础

哈尼族对自己的母语有深厚的感情，他们知道语言是一个民族的身份与象征，是本族内部沟通的桥梁，是老祖宗传下来的瑰宝。所以，他们都觉得在家里和村寨里都应该使用母语，如果同族人之间不说哈尼语就会觉得怪怪的，好像双方的距离一下子就拉大了。尤其是中老年以上的哈尼人群，无论在寨子里，还是去赶街或者到医院看病，他们都会使用母语哈尼语和别人交流。在农贸市场，当他们看到我们这些有点儿像工作人员要买东西的时候，他们会先用汉语交流，发现我们会哈尼语的时候，他们就会立即使用哈尼语。这些都体现了哈尼族对自己母语的深厚感情。

四、哈尼传统文化的保留有助于哈尼语的保存

绿春哈尼文化丰富多彩，享有“哈尼文化山乡”的美誉。这个地区有丰富的传统文学，包括古歌、故事等。绿春哈尼人中有一些人还会咏唱。哈尼服饰在现代服饰的包围下，不仅没有被排斥，而是样式越来越多、越来越好看。在村寨，在大街上，到处可见到穿着漂亮哈尼服装的哈尼姑娘。一位哈尼老兄告诉我们：“哈尼姑娘穿着我们的民族服装会更漂亮，不好看的也变得好看了！”我们在绿春，经常会听见悠扬婉转的哈尼歌曲，很多年轻人还会利用汉语歌曲的旋律添加上哈尼歌词进行演唱。我们调查组到一些村寨，哈尼老乡们都会唱着他们悦耳动听的哈尼歌曲来欢迎我们或欢送我们。哈尼服装和哈尼歌曲保留和盛行，对哈尼语的保留也起着积极的推动作用。

从某种意义上说，语言是文化的一部分。语言的状况可能会繁荣或衰退，与文化的状况往往是同步的。

五、和谐的语言关系是哈尼语得以稳定保存的有利条件

绿春生态环境的和谐主要表现在三个方面：人与自然的和谐、人与人的和谐及不同语言的和谐。语言和谐是绿春生态环境和谐的一部分。

哈尼语和汉语都是绿春的强势语言，它们在各自的领域发挥作用，实现和谐互补。无论在大街上，还是在家里说，哈尼族说哈尼语或者说汉语，汉族说汉语或者说哈尼语，其他民族说自己的语言或者说哈尼语、汉语，都是很和谐的。在哈尼家庭内部，语言使用状况存在不同程度的代际差异。老一代偏爱母语，年轻一代却对汉语情有独钟。但不同代际都能互相协调，各就各位。

这种和谐的语言关系，是和谐的民族关系决定的。和谐的民族关系和语言关系必然会为

哈尼语的稳定使用提供一个相互尊重的语言环境。

绿春县的哈尼族稳定使用母语至少有以下优点：1. 使哈尼族现代语言使用得以顺利进行，保证了社会各领域的正常运转。2. 哈尼族自由地使用自己祖传的母语，从心里更深地体会到党的民族平等和语言平等的政策，更加激发对自己祖国的热爱。3. 语言是文化的载体，哈尼族保存使用母语，有助于哈尼族传统文化的继承和发展。4. 哈尼族稳定使用母语，有助于进一步学习、使用通用语汉语。

第九章　绿春哈尼族汉语使用现状及其成因分析

第一节　哈尼族汉语使用现状

绿春哈尼族地处哀牢山深处，各村寨聚居相对集中，母语保存完好。随着现代化进程的加快，哈尼人与外界的沟通更加频繁，通用语汉语成为哈尼人与外界、外族交流的重要交际工具，越来越多的人能够不同程度地兼用汉语，而且他们的汉语水平也在不断提高。汉语在他们的社会生活、家庭生活诸方面都起着越来越重要的作用，成为哈尼人生活中重要的交际工具之一。

通过调查，我们发现整个绿春大部分哈尼人兼用汉语，属于全民双语型。也就是说，绿春哈尼族的语言生活属于哈汉双语类型。哈尼族兼用汉语具有如下特点：

一、哈尼族将近90%的人能够不同程度地兼用汉语

表9－1反映的是我们所调查的四个村寨哈尼族兼用汉语的情况。

表9－1　四个村寨哈尼族兼用汉语的情况

村寨	总人数	熟练		略懂		不会	
		人数	百分比(%)	人数	百分比(%)	人数	百分比(%)
大寨	1559	1286	82.5	212	13.6	61	3.9
坡头	1115	924	82.9	126	11.3	65	5.8
广吗	1099	577	52.5	300	27.3	222	20.2
车里	477	217	45.50	174	36.48	86	18.02
合计	4250	3004	70.7	812	19.1	434	10.2

从表9－1可知，四个寨子4250人中，有3004人能够熟练地掌握汉语，占总人数的70.7%；有812人略懂汉语，占19.1%；只有434人不会汉语，占10.2%。这说明，四个寨子的哈尼族大多数都能兼用汉语。

二、兼用汉语的情况存在差异

不同地区、不同社区的哈尼族的母语水平虽存在差异，但与其汉语水平相比，差异较小。

(一) 兼用汉语程度类型

根据四个寨子掌握汉语的熟练程度，大致分为两种类型：

1. 靠近县城的哈尼族汉语水平熟练的人比例较高

属于这种类型的是大寨和坡头，这两个小组村民的汉语熟练程度都在80%以上。大寨小组和坡头小组分别属于大寨行政村和牛洪行政村，原来都属于绿春县城所在地大兴镇的郊区。由于现代化进程的推进，县里很多单位就设立在大寨小组内，坡头也变成大兴镇的"城中村"。村中老小平时与汉族接触较多，大寨小学和坡头小学都以汉语为教学语言，汉语是哈尼族与外族交际的主要工具，所以这两个寨子熟练掌握汉语的人的比例较高，大寨和坡头分别有82.5%和82.9%的人能够熟练掌握汉语，而不懂汉语的分别为3.9%和5.8%。在这126位不会汉语的哈尼人中，除75岁的白者保因为汉语不好只读过一年小学，后一直没有走出过哈尼寨子以外，其他人全部是中老年的文盲，他们既没有受过学校教育，也很少走出哈尼山寨，所以都不会汉语。

2. 相对偏僻、交通不便地区的哈尼族汉语水平稍低

属于这种类型的是广吗和车里。广吗虽然距离县城只有六七公里，但是山高坡陡，交通极为不便，与其他寨子也距离较远，处于相对封闭的状态。寨子里的人受教育程度普遍较低，50岁以上的老人有很多没有走出过寨子，所以这里能够熟练掌握汉语的人的比例较低，只有52.5%；还有27.3%的人略懂汉语；20.2%的人不会汉语。在不会汉语的222人中，除文盲或半文盲的中老年人以外，还包括一定数量的学龄前儿童，他们在寨子里主要接触哈尼人，哈尼语是他们全部生活的唯一交际语言。

车里是绿春县平河乡的一个寨子，与越南直径距离只有2公里，距离平河乡政府所在地24公里，距离绿春县城近90公里。由于地理位置偏僻，哈尼语保持完好，但是汉语使用水平较低。在我们所调查的477人中，能够熟练使用汉语的有217人，占45.5%；略懂汉语的有174人，占36.48%；不会汉语的有86人，占18.02%。车里小组是我们所调查的四个寨子中汉语水平较低的一个。

(二) 兼用汉语差异性的具体表现

这四个村寨兼用汉语的差异性具体表现在四个方面：

1. 不同年龄段掌握汉语的程度具有层次性

我们统计了四个村寨的少年(6—19岁)、青壮年(20—39岁)、中年(40—59岁)和老年(60岁以上)四个年龄段共4250人的汉语掌握情况。具体见表9-2。

表 9－2　四个村寨不同年龄段的哈尼族汉语水平情况表

年龄段(岁)	总人数	熟练		略懂		不会	
		人数	百分比(%)	人数	百分比(%)	人数	百分比(%)
6—19	1085	835	76.96	201	18.52	49	4.52
20—39	1656	1455	87.86	179	10.81	22	1.33
40—59	1016	605	59.55	268	26.38	143	14.07
60 以上	493	109	22.11	164	33.27	220	44.62
合计	4250	3004	70.68	812	19.11	434	10.21

从不同年龄段的哈尼族汉语使用情况来看，60 岁以上能够兼用汉语的比例最低，“熟练”和“略懂”的有 273 人，占这一年龄段总人口的 55.38%；其次是 40—59 岁年龄段的，“熟练”和“略懂”的有 873 人，占这一年龄段总人口的 85.93%；再次是 6—19 岁年龄段的，“熟练”和“略懂”的有 1036 人，占这一年龄段总人口的 95.48%；最高的是 20—39 岁的青少年，“熟练”和“略懂”的有 1634 人，占这一年龄段总人口的 98.67%。

四个寨子哈尼族兼用汉语的比例呈 V 字形分布。即：20—39 岁＞6—19 岁＞40—59 岁＞60 岁以上。其占同年龄总人口的比例分别为：98.67%＞95.48%＞85.93%＞55.38%，代际差异比较明显。

2. 不同文化程度兼用汉语的水平存在一定差异

从不同文化程度的人兼用汉语的情况来看，文化程度与兼用汉语的比例和水平有密切的关系。文化程度越高，兼用汉语的比例和水平越高。四个寨子中，高中(包括中专)以上文化程度的有 377 人，全部能够熟练掌握汉语。初中文化程度的有 1202 人，能够熟练掌握汉语的有 1173 人，占 97.59%；略懂汉语的有 28 人，占 3.33%。小学文化程度(包括幼儿园)的有 1657 人，能够熟练掌握汉语的有 1223 人，占 73.81%；略懂汉语的有 367 人，占 22.15%；还有不会汉语的 67 人，占 4.04%。没上过学的文盲或半文盲兼用汉语的比例和水平最低，1014 人中能熟练使用汉语的有 231 人，占 22.78%；略懂的有 417 人，占 41.13%；不会汉语的有 366 人，占 36.09%。这说明：文化程度越高，其汉语水平越高。具体统计数据见表 9－3。

表 9－3　四个村寨不同文化程度的哈尼族汉语水平表

文化程度	总人数	熟练		略懂		不会	
		人数	百分比(%)	人数	百分比(%)	人数	百分比(%)
文盲半文盲	1014	231	22.78	417	41.13	366	36.09
小学以下	1657	1223	73.81	367	22.15	67	4.04
初中	1202	1173	97.59	28	3.33	1	0.08
高中以上	377	377	100	0	0	0	0
合计	4250	3004	70.68	812	19.11	434	10.21

3. 不同性别兼用汉语的水平也存在一定差异

从不同性别看，兼用汉语的比例男性要比女性高。在我们所调查的4250位哈尼族中，有男性2149人，女性2101人。在男性2149人中，能够熟练兼用汉语的有1725人，占男性总数的80.27%；略懂汉语的有336人，占15.64%。而在女性2101人中，能够熟练兼用汉语的有1278人，占女性总数的60.83%；略懂汉语的有477人，占22.7%。而不会汉语的男、女人数分别为88人和346人，分别占4.09%和16.47%。具体数据见表9-4。

表9-4 四个村寨不同性别的哈尼族汉语水平表

性别	总人数	熟练		略懂		不会	
		人数	百分比(%)	人数	百分比(%)	人数	百分比(%)
男	2149	1725	80.27	336	15.64	88	4.09
女	2101	1278	60.83	477	22.7	346	16.47
合计	4250	3003	70.66	813	19.13	434	10.21

通过表中数据可以看出，我们所调查的四个哈尼村寨，男性熟练兼用汉语的比例比女性高近20个百分点，而女性略懂和不懂汉语的比例远比男性高。因为在哈尼人家庭中，男性出外打工和从事商业活动的越来越多，因此与外界接触相对较多，汉语水平也相对较高。女性则主要是在家庭中操持家务，与外界接触较少，因此汉语水平相对低一些。近年来，由于经济形态的转换，农村开始大面积种植经济作物，经济模式也由自给自足的农耕经济向外向型商品经济转变，妇女们即便是在家务农，与外界接触的机会也已逐渐增多，汉语水平也在不断提高，但与经常外出的男性相比，仍相对低一些。

4. 生活在不同社会环境中的哈尼人的汉语水平存在一定差异

除了考察哈尼人的汉语使用能力外，我们还调查了汉语在哈尼人社会交际中的作用，包括不同场合、不同对象的使用情况以及哈尼人如何自如地转换"哈尼语—汉语"语码。我们选取了一些典型的场合来分析哈尼人的汉语使用情况。

在哈尼村寨，由于很多50岁以上的老人没有走出过哈尼村寨，一部分哈尼老人或者会说一些汉语，或者还不会汉语，即使会说汉语的一些老人也主要使用当地方言，普通话水平较低。

在农贸市场、医院和大街上，经常听到的是哈尼语、汉语普通话和当地方言交错使用，语言使用比较随意，语码转换也比较灵活。在政府机关、学校人们比较熟练地使用普通话，工作人员之间一般都用汉语办公和交流。大寨村支书白忠福告诉我们："在街上和平时不正式的会议都使用哈尼语，正式的会议则使用汉语。村子里开会使用哈尼语，镇里或者县里来人开会一般使用汉语。到学校讲话(如六一儿童节)，也使用汉语，因为有些词用哈尼语翻译不过来，即使可以用哈尼语翻译过来有很多学生也听不懂。用汉语讲话学生都能听懂。在校学生的汉语能力比哈尼语能力强。"

在我们住宿和吃饭的地方，老板和服务员基本都是哈尼族，他们之间一般都用哈尼语交谈，但和我们打招呼的时候都使用汉语普通话。

总之，在绿春，哈尼语和汉语这两种语言根据实际需要和谈话对象灵活地、和谐地交替使用，显示出一派语言和谐的气氛。

第二节 哈尼族兼用汉语的成因分析

从哈尼族兼用汉语的现状可以看出，青壮年是熟练使用汉语的中坚力量，少年是使用汉语的生力军。可以预见的是，随着社会的发展，汉语在哈尼族的生活中将起到更加重要的作用。哈尼族兼用汉语主要有以下五个方面的原因：

一、学校教育是哈尼族普遍兼用汉语的主要保证

汉语是学校教育的主要用语，也是各民族之间彼此交流的主要用语。哈尼村寨普遍使用哈尼语，没有汉语习得环境；哈尼族习得汉语主要是在学校中习得的。大寨村支书白忠福告诉我们："我读初中后就很少回寨子了，每次回家和亲戚朋友聚到一起时都讲哈尼语。如果我说汉语，他们会感到很别扭，觉得这个人怎么这样呢？好像做多大官似的，他不讲哈尼语，怎么这样呢？亲戚朋友们会不高兴。有时村民吵架也用哈尼语吵，甚至吹牛（聊天）也用哈尼语。"因此，哈尼族孩子入学前大都不懂汉语，最多也只是会听一点点，但不会说汉语。进入学校之后，学校教学用语主要是汉语，还要求说普通话。有的孩子经过学前班或者幼儿园阶段的学习之后，具备了一些简单的汉语听说能力，但还不能熟练表达。更多的孩子没有经过幼儿园的中介阶段，只能到学校以后才开始接触汉语，汉语水平较差，尤其是说和写的能力很差。就像坡头村民小组组长白阿三所说："在学校，一般是读了两三年之后才听得懂汉语，就像我一样，读到三年级才听得懂汉语。"因此，在小学阶段，使用汉语教学的同时必须用哈尼语辅助教学。随着年龄的增长，哈尼语辅助教学的比例越来越小，直到小学五年级才完全使用汉语教学。

学校教育是哈尼族学习汉语的基本途径。九年义务教育的实施，为哈尼族习得汉语提供了优良的学习环境。哈尼寨子的孩子一般 6 岁进入学校开始学习汉语，大部分能完成九年义务教育。凡是读到小学毕业的哈尼族，只能初步掌握汉语，有的甚至要到初中毕业才能够熟练使用汉语。绿春县教育局普局长告诉我们，他就是到 15 岁的时候才能够熟练地使用汉语。随着受教育程度的增高，汉语熟练程度也增高。所以，哈尼族青少年大多受过学校教育，熟练掌握汉语的比例较高，而中老年人受教育程度较低，很多是文盲或半文盲，甚至很多人从来没有离开过所在的村寨，很少有机会学习和使用汉语，熟练掌握汉语的比例较低。

但有一点要说的是，在学校学到的汉语，由于回到村寨没有复习巩固的语言环境，势必出现一定程度的回生。所以，与一些周围有汉语环境的民族，如阿昌族、基诺族相比，哈尼族少年能熟练掌握汉语的年龄略大些。

二、市场经济的发展是哈尼族习得汉语的外部环境

我国是一个多民族国家，历史上各民族之间互相帮助、共同发展、共同进步。在各民族交往中，汉语成为我国各民族之间的通用语。尤其在市场经济大潮中，各民族之间的交往日益频繁，汉语在各民族之间的桥梁作用越来越突出。在绿春，甚至在大寨，到处可见市场经济给哈尼人带来的好处，促使哈尼人不断地与外族接触。越来越多的哈尼人走出村寨，涌向城镇，去求取财富和知识。要通过走出去和请进来的办法发展地方经济，搞活地方市场，都需要先掌握汉语才能实现。农民们的交际范围不再仅仅局限于田间地头；交际对象也不只是亲朋好友、父老乡亲；交际内容也不仅仅只是家长里短、柴米油盐。相比以前，他们的活动范围更广，交际内容更丰富，交际的对象、交际场合有了更多的拓展。这样，仅仅使用哈尼语已满足不了交际的需求，必须掌握当地通用的汉语。广吗小组杨里和告诉我们："学习汉语还是必需的，因为会汉语在外边做生意、打工都吃得开，只会哈尼语在外边无法交流。"现在的广吗人已经意识到学习和掌握汉语的重要性和紧迫感，很多年轻人已经走出广吗山寨，去工作、去发展。他们不仅通过汉语和外族交流获得了应得的利益，而且通过与外族交流，也使其汉语水平更加熟练。

正是这些原因，哈尼族青壮年熟练掌握汉语的比例要高于其他几个年龄段，男性熟练掌握汉语的比例普遍高于女性。

三、包容开放的民族情怀是哈尼族习得汉语的心理因素

哈尼族善于吸取其他民族的优点来发展自己，对语言也是如此。他们对学习汉语有着强烈的渴望和要求，并不担心汉语会与自己的母语发生冲突。在哈尼村寨，人们普遍认识到学习汉语的重要性，尤其希望自己的孩子能够早一点儿熟练地掌握汉语，早一点儿具有知识。他们认为，汉语不好，就不会有好的学习成绩；没有好的学习成绩就考不上高一级的学校；考不上高一级的学校，就不能很好地在外边工作或者打工。不懂汉语，就没有办法学习先进的知识和技术，不能更好地建设新农村。就像大寨村委会主任罗衣者所说："我们这一代不熟悉汉语已经吃了亏，不能再让下一代留下一些遗憾，我们要让他们从小熟练掌握汉语。"广吗小组副组长白学金也告诉我们："我是支持鼓励孩子讲汉语的。汉语讲得好，对他们的学习有好处，走上社会以后也有好处。"很多家长在家里也开始有意识地教小孩学习汉语，或者把自己的孩子送到城里读幼儿园或者小学，为自己的孩子提供学习汉语的最好环境，让孩子接受更好的学校教育，为孩子的前途着想。

四、广播、电视、手机、电脑等现代传播和通讯手段对哈尼族学习汉语起到了推动作用

目前，广播、电视、手机和电脑主要使用汉语传播和交流。在哈尼山寨，广播、电视几乎家家都有，而且是老人每天的生活伴侣，也是孩子们非常喜爱的娱乐工具，是他们生活中不可缺

少的一部分。尤其是电视，虽然有些老人或小孩看不太懂，但是可以通过画面内容慢慢地欣赏，可以通过耳濡目染慢慢地学习汉语。

手机是哈尼山寨年轻人交往的主要通讯工具，是彼此联系的简便快捷的手段。他们使用手机时会借用一些汉语的基本词汇，尤其是汉语数词。年轻人对汉语数词的掌握要比哈尼语数词快，使用的也较频繁。由数词到量词，再到其他词类，哈尼族青年在使用哈尼语的同时学会了汉语的一些基本词汇，汉语水平不断提高。

电脑是现代化进程中的产物，也开始进入哈尼村寨。大街上有规模不等的网吧，年轻人可以通过QQ、E-mail等传递感情、交流思想。每个村委会都配备有多台电脑，供各村工作人员填报各种信息，改变了原来手写传抄的局面，大大缩短了工作时间，也提高了工作效率。

最让我们欣喜的是，过去我们课题组每到一个村寨调查，都要先把每个村寨的户口输进电脑，然后才可以入户调查，需要花费很多的精力和时间。而我们这次到哈尼山寨，一说到户口册子，村领导就说没问题，我们都有电子版。这不仅给我们带来很大方便，也为我们节约了大量的时间。

五、哈尼族学习汉语文已有久远的历史

绿春县1952年开始创办小学，1958年建县并开办初中及幼儿教育，1971年开办高中，1979年开办教师进修学校，1983年开办农职中。2000年全县实现了基本普及六年义务教育，2003年基本扫除青壮年文盲，2004年基本普及九年义务教育，2010年中小学普及了实验教学，人均受教育6.3年。哈尼族学习汉语的机会越来越多，其汉语水平也必将越来越高。

第十章　绿春哈尼族青少年语言使用现状及其成因分析

改革开放以来，随着社会的巨大变化，文化教育水平的不断提高，哈尼族的语言使用状况也有了很大的变化。除了一些学龄前儿童和个别高龄老人外，绿春县哈尼族已普遍不同程度地掌握了汉语，成为哈汉双语人。

语言使用的发展变化，往往在青少年中表现得较为显著。所以，研究青少年的语言状况，对于认识语言的发展变化趋势更有价值。然而，不同语言的变化究竟存在什么不同的特点，是否存在母语能力的下降的现象，制约语言能力下降的因素又是什么，应该如何看待青少年语言能力的下降，这些都是研究语言使用现状时需要探讨的问题。

本章主要关注的是6—19岁使用双语的哈尼族青少年的语言生活，探讨上面提出的这些问题。需要比较，还会涉及其他年龄段哈尼族的语言状况。

第一节　哈尼族青少年语言使用现状

绿春哈尼族青少年的语言使用具有母语的稳定性、哈汉双语的兼用性和层次性及差异性的特点。现分述如下。

一、母语的稳定性：母语是绿春哈尼族青少年的主要交际工具

绿春是哈尼族的聚居区，哈尼族人口占全县总人口的87.4%(2010年)，属于高度聚居区。这里的哈尼族，包括青少年在内，在日常生活中都稳定而熟练地使用自己的母语——哈尼语。现代化的进程带来了城乡一体化、人民生活水平的提高以及社会的繁荣与进步，这一切都深刻地反映在哈尼族社区的方方面面。哈尼族青少年在母语使用上也被赋予了新的内容和特点。归纳起来，有以下三个方面：

(一)青少年掌握了哈尼语的常用词汇和基本的语法规则，能够用母语进行日常交际

哈尼语是哈尼族青少年日常生活的最主要的交际工具。他们能用哈尼语与长辈、同学、朋友，就生活、学习中的各种话题进行谈话，交流各自的观点和看法。在绿春这样的哈尼族高度聚居区，哈尼语成为绝对强势的语言。哈尼语甚至成为外族青少年不可缺少的交际工具，如：

牛洪村坡头村民小组的一户家庭中，父亲是彝族，母亲是本地的哈尼族，儿子普彦晨(16岁)在家同父母交流都用哈尼语。

绝大多数哈尼族青少年熟练地使用母语，这是绿春哈尼族青少年在母语使用上最重要的特点。预计这种状况将会长期持续下去。

(二)青少年的哈尼语水平略有下降

一些词汇、句子，本可以用哈尼语表达的，而且长辈仍然使用哈尼语表达，但哈尼族青少年已经不会说了，或者说得不流利、不连贯了。在调查中，我们通过四百词测试发现青少年的母语能力的确呈现略有下降的趋势。[①] 比如，我在访谈牛洪村坡头村民小组的"龙头"(祭师)李秋成时，他说："很多小孩子从小学习汉语，个别的已经不会说哈尼语，但能听懂。"而且，他还看到，这些孩子的母语的听、说能力不均衡，听的能力普遍要好于说的能力。

(三)为数不多的青少年母语水平为略懂、汉语水平为熟练

在绿春，完全不懂母语的哈尼族青少年是没有的。有的青少年虽然能听得懂简单的哈尼语，但在交际中却不愿意说或者根本不说，他们转用了汉语，成为操用汉语的单语人。比如，大寨村民小组的龙白莹(12岁)、广吗村民小组的陆生平(6岁)、大寨村民小组的白慧(12岁)都已成为汉语单语人。经了解得知，目前出现这种现象的人极少，而且只出现在族际婚姻家庭或父母外出打工的家庭里。产生这种现象的原因是多方面的，比如不同民族杂居和通婚、汉语的强势影响、现实生活的需要、个人的语言选择等。这个变化应该引起重视。

二、哈汉双语的兼用性：绿春哈尼族绝大多数青少年均是哈汉双语人

随着社会、经济的发展，城乡一体化程度的进一步的加强，汉语的重要性在民族地区越来越得到认同。绿春的哈尼族学习汉语，都是自觉自愿的，家长们非常重视孩子的汉语学习。在孩子进幼儿园之前，他们就开始有意识地教孩子说汉语了。我们访问了多位家长，他们都流露出了这样的看法：早一点让孩子掌握汉语，就意味着孩子将来能更好地适应社会，可能更有出息。如：广吗村民小组的白副组长(白学金)说："为了孩子们将来上学或者出去工作更方便一点吧。我从孩子小的时候，就开始有意识地培养他们说汉语。个旧一中的那个女儿，从小学一年级就开始在外面读书，也习惯说汉语了。"

绿春哈尼族儿童到了五六岁，家长们把他们送进学前班。七八岁后，进入小学。无论是在学前班还是小学，课堂用语都是汉语。大寨小学校长石杰坤说："我们大寨小学完全用普通话教学，像我这样的中心小学还有学前班嘛，学前班期间老师就用普通话教学，我们有意安排汉族老师来教。现在这些孩子的家长一般都在30多岁，文化程度比过去有所提高，大都初中毕

① 具体的数据和分析见本章第二节、第三节。

业，所以小孩子在家时，家长们也有意识教小孩讲汉语。一直在我们学校上学的小孩子汉语是没有问题的，都能用汉语和老师交流。但下面村寨来的孩子汉语差些，因为他们都在寨子里的小学读完4年级后才来到我们中心小学的。”我们通过访谈大寨小学教师许者们老师了解到："现在全用普通话教学，这是国家规定的。随着城市化进程的加快，我们大寨小学也进入城乡一体化进程中了。我小的时候，不论是坡头小学还是大寨小学，那时离城还比较远，现在都连成一体了，学生同城里的人接触多了。另外，现在小孩子看电视看得也比较多，自然而然就听懂汉语了，低年级的学生也不例外。我们班的学生平时和我说话都讲普通话，他们在学前班就讲汉语了。上课时，有时为了弄清楚他们是否真的懂了，我问他们：'你们知道那是什么吗？用哈尼语怎么说？'茄子'、'桃子'怎么说？'"在有的村寨，刚进学前班的儿童在学习中需要老师用哈尼语进行解释。但到了小学，老师就只用汉语授课。因为孩子们已完全能听得懂汉语，不需要哈尼语辅助教学。

进入小学后，汉语学习得到不断强化。绿春虽然哈尼族高度聚居，但还有彝族、汉族、瑶族和傣族等，各民族之间交往，必须使用汉语。大寨小学石校长说："到小学一年级时，就开始安排各种汉语口语活动，如要求学生用汉语进行讲演。比如讲讲我的家乡什么的。"在这样的环境下，哈尼族孩子们的汉语水平（包括听说读写各项技能）提高很快，逐渐与当地汉族不相上下。

三、层次性和差异性：绿春哈尼族青少年的语言状况存在不同类型

由于父母的民族成分（族内婚姻家庭或族际婚姻家庭）、年龄段等因素的影响，绿春哈尼族青少年在母语能力、语言习得和双语关系上，呈现出层次性及差异性的特点，构成不同的类型。

（一）哈尼语能力的高低

绿春哈尼族青少年哈尼语能力具有个体差异。本书将母语能力分为"熟练"、"略懂"和"不会"三级，并对大寨、坡头、广吗和车里四个村民小组的1085名6—19岁的哈尼族青少年进行了统计。统计结果是：哈尼语熟练的有1062人，占青少年总人口的97.8%；略懂的共有23名青少年，占青少年总人口数的0.2%。

除了个体差异外，因居住地（城镇或离县城较远）、家庭环境、父母的文化水平等条件的不同，青少年的哈尼语能力存在不同的层次。一般来说，离县城较远的聚居区的青少年的母语能力整体上高于城镇，族内婚姻家庭孩子的母语能力普遍高于族际婚姻家庭的。

（二）语言的习得顺序

1. 语言的选择与语言习得顺序

孩子最早习得哪一种语言，与家庭内部语言的关系最为密切。在族内婚姻家庭，父母双方都是哈尼族，家庭内部自然都使用哈尼语。孩子出生以后，第一语言肯定是哈尼语。但家长们

清楚地看到，汉语在孩子未来的学习和生活中具有不可替代的作用，因此有的家庭自打孩子出生起，就开始教孩子学说汉语。越来越多的孩子成了哈汉双语型。

我们在大寨村民小组走访时，碰到一位年轻的哈尼族妈妈，她的孩子才8个月大，她边推婴儿车边与孩子说汉语。问她为什么不和孩子说哈尼语呢，她说："在县城里，还是早点儿教孩子汉语，将来上学对孩子有用。至于哈尼语嘛，家里爷爷、奶奶会教他的。"大寨村主任罗衣者也同样认为："（重视汉语）这是很自然的现象，比如我到初中还不敢讲汉语，所以我读了两次初中、两次高中才考上大学。我们这一代不熟悉汉语已经吃了亏，不能再让下一代留下一些遗憾，我们要让他们从小熟练掌握汉语。"

但在族际婚姻家庭中，父母中有一方不是哈尼族，不会说哈尼语，会说哈尼语的一方往往"迁就"不会说哈尼语的一方，所以，家庭内部使用的语言是汉语。就多数情况而言，族际婚姻家庭的孩子大都先习得汉语，然后才习得哈尼语。但也有一些家庭的孩子是汉哈并进的双语型。

在绿春，双母语的情况越来越多。坡头村民小组李秋成说："汉语要学，哈尼语也要学。因为我们是哈尼族，所以必须要会说哈尼语。"这充分体现了绿春哈尼族对自己母语的热爱与自信，同时也表明了他们对汉语的重视。

2. 母语习得途径的差异

家庭和社区是语言习得的两条主要途径。在绿春，家长们都说："不用担心孩子不会说哈尼话。"城镇里年轻一代的父母在家里一般同孩子讲汉语，爷爷、奶奶同孩子讲哈尼语。大寨村民朱福良说："我们不担心孩子将来不会讲哈尼话，因为到上学同小朋友玩耍时，就学会用哈尼语交流了。绿春是哈尼人聚居区，哈尼语是老百姓主要交流的语言，村子里的亲戚朋友、隔壁邻居也会同孩子讲哈尼话，这样她自然而然就学会了。"在绿春，无论是在家庭、村寨、街上，还是城镇，几乎在任何时间、地点都能听到哈尼语。在这样的环境中，孩子轻松而自然地习得了哈尼语。

这就告诉我们，家庭和社区环境是儿童母语习得的重要条件。

（三）双语关系

这里的"双语关系"主要是指由于哈汉两种语言能力的高低差异而形成的不同关系。理论上，存在三种可能：一是汉语好于哈尼语；二是哈尼语好于汉语；三是哈尼语和汉语能力相当。但就青少年而言，其语言能力是不断发展和变化的，因此，在不同年龄段，双语关系会呈现不同的特点。

1. 学前阶段

第一语言是哈尼语的青少年，主要说哈尼语，虽然也懂简单的汉语，但哈尼语要好于汉语；而第一语言是汉语的青少年，哈尼语懂得少一点儿，汉语要好于哈尼语。至于双语的青少年，就要看其家庭内部哪一种语言用得更多，用得多的那种语言的能力会相对好一些。

2. 学校阶段

城镇的青少年在学前班、小学、中学的大部分时间都在学汉语、用汉语，因而汉语能力进步快，并逐步与当地汉族青少年的汉语水平相当；而离城较远的村寨小学的学生，汉语水平就稍差一些，一般是低年级的学生仍需要双语教学，到三年级时汉语才能完全听得懂，能自由表达。由于他们放学后仍回到村寨这个大的哈尼语环境中，所以他们的母语水平还是要高于汉语的。相对来说，城镇哈尼族青少年在母语习得上出现了一段“空档期”，即学生只能放学后回到家里，才有机会说哈尼语，他们与哈尼语环境保持着一种若即若离的关系，而不是像他们的父辈、祖辈那样，在青少年阶段一年四季、从早到晚所有的活动都在村寨里完成。正因为与哈尼语环境有所疏离，同时，由于强势的汉语、汉文化的进入，他们的汉语词汇量超过了哈尼语词汇量，汉语能力逐渐高于母语能力。我们还看到，随着年龄的增长，哈汉两种语言的词汇量都在增长，两种语言的能力都在不断提高。

3. 九年制义务教育之后

除极少数到外地求学或务工外，大多数绿春哈尼族青少年完成九年制义务教育后，就回到本村本寨务农，重新融入哈尼语的大环境中。这时，他们又获得了再次习得哈尼语的机会，能够弥补在“空档期”造成的母语知识的缺失，其哈尼语能力会有所提高，并逐渐赶上汉语水平。

第二节 哈尼族青少年母语能力分析

语言能力一般包括听、说两项基本技能。青少年的语言能力本来就是个动态的发展过程。由于年龄、地理分布、婚姻等因素的影响，绿春哈尼族青少年的母语能力存在些许不同程度的差异，不过总的看来，差异不大。

词汇量是衡量一个人语言能力和认知发展过程的重要依据。因此，统计不同年龄段掌握的词汇量，对于判定不同年龄段的语言能力有着重要作用。为此，我们采用了四百常用词汇测试的方法，通过对青少年基本词汇掌握情况的统计和比较，分析其母语能力的高低。

一、四百常用词汇测试情况

本章只关注 6—19 岁这个年龄段的青少年，出于比较的需要，下面把参加测试的人数、年龄段、居住地及人数略做说明：共测试了 38 位 6 岁以上的哈尼人。按年龄分为 4 段：6—19 岁，有 18 人； 20—39 岁，有 9 人；40—59 岁，有 6 人；60 以上，有 5 人。按居住地来分：地处城镇的包括坡头、大寨两个村民小组 21 人；离城较远的广吗村民小组 7 人，车里村民小组 10 人。下面来看四百常用词汇测试结果及分析，表 10 - 1 是对 38 份测试结果的统计（按年龄排序）：

表 10-1 38 位 6—19 岁哈尼族青少年数词测试情况表

姓名	年龄(岁)	A	B	C	D
白黑峰	6	164	89	110	36
白媛惠	7	171	89	107	33
陈普云	8	181	71	28	120
陈祖玉	9	179	58	40	123
白秋瑾	10	252	29	22	97
白三保	11	267	71	44	18
白元昊	11	193	20	32	155
白永梅	11	239	69	61	31
杨柳仙	12	310	65	17	8
白伟梭	13	278	58	39	25
普来秋	13	283	29	27	61
李普梅	13	295	40	47	18
白保强	16	369	3	10	18
白秋仙	16	346	22	21	11
白云福	17	337	20	20	23
马阿修	18	300	29	37	34
李普嘎	19	378	0	12	10
李普车	19	336	22	13	29
白忠梅	21	381	2	9	8
杨玉贞	23	378	6	12	4
李丕黑	26	371	15	4	10
李　清	26	347	22	20	11
朱福良	27	370	2	21	7
白者黑	32	394	4	1	1
杨琼仙	32	378	6	15	1
罗衣者	34	346	24	28	2
白斗卜	35	323	41	32	0
何石牛	42	400	0	0	0
刀玉山	45	379	13	5	3
杨建华	47	313	24	60	3
龙友杯	58	400	0	0	0
白波者	59	398	0	1	1
白老然	59	400	0	0	0
白黑秀	63	394	4	2	0
白阿明	64	400	0	0	0
李牛宝	69	400	0	0	0
白万泽	73	400	0	0	0
白波者	83	400	0	0	0

通过表 10－1 的统计，我们对绿春哈尼族青少年的母语能力得到了如下四点认识。

首先，绿春哈尼族青少年母语能力低于年长者，在 38 位受试对象中，有 7 位正确率达到 100%，他们毫无例外都是中老年人。这四百个词，中老年人一般都能掌握，达到 A 级的在 97%以上，而青少年只有 67%左右，二者相差 30%，差异显著。

其次，青少年母语能力的高低基本上与其年龄的大小成正比。

再次，同一年龄段，离城镇较远的广吗村民小组和车里村民小组的青少年的母语能力要高于城镇的大寨和坡头小组。我们从离城镇较远偏远地区和城镇两大组被测试人中，在 6—19 岁这个年龄段中各选取了 8 人，他们都来自父母均为哈尼族的家庭。通过词汇测试对比两组青少年词汇量的差异，结果是：两组被试 A＋B 之和的平均值分别是 345 和 297。两组平均相差 48 个词汇，占总测试词汇量的 12%。这说明，离城镇较远偏远地区的青少年和城镇青少年母语的词汇量存在明显的差异。

最后，青少年母语听说的能力不平衡，听说能力在一定程度上分离。有的青少年自认为母语没有问题，能交际，听得懂，但通过四百词测试，我们发现青少年说哈尼语的能力在下降。这集中反映在 C 级词汇上，有些青少年 C 级词汇有的能听懂，但不会说。因此，C 级词汇掌握的多少，能反映一个人听说能力之间的差异。C 级词汇数量越多，表明听说能力差距越大；C 级词汇越少，表明听说能力比较接近。

我们知道，“听”是信息输入，而“说”是信息输出。一个人能说出来的词汇，一定是能听得懂的；而他能听懂的词汇，却不一定能用于表达。因此，正常情况下，听说之间都会存在一定的差异。详情见表 10－2。

表 10－2　各年龄段 C 级词汇掌握情况

序号	年龄段	C 级词汇平均值	百分比(%)
1	6—19 岁	38.1	9.5
2	20—39 岁	15.7	3.9
3	40—59 岁	11.0	2.7
4	60 岁以上	0.4	0.1

表 10－2 呈现了不同年龄段哈尼人群对 C 级词汇的掌握情况。20 岁以下青少年 C 级词汇平均值是 38.1，约为 20—39 岁这个年龄段的 2.5 倍，是 40 岁以上年龄段的 3 倍多。由此可以认为，40 岁以上年龄段的中老年听说能力俱佳；20 岁以下的青少年、儿童的听说能力的差异是最大的，听哈尼语的能力要大大高于说哈尼语的能力。

青少年的语言能力正处于一个动态的发展变化过程中。随着时间的推移，他们对基本词汇的掌握情况会有所变化。在 A、B、C、D 四级词汇中，最可能发生变化的就是 B 级词。在测试中青少年对 B 级词的反映有两种不同情况：一是听到汉语后，没有立即说出这个词在哈尼语中是什么，而是想了一会儿后才说出。他们经常会说：“一下子想不起来了。”比如，

a^{55}kha^{33}a^{31}ma^{33}“螃蟹”一词，有的青少年想了一会儿才说出来。这说明在青少年的词库中，这个词还占有一席之地，“只是一时半会儿没有想起来”。也表明这些词在青少年的词库中已经从常用词下降到非常用词了。如果使用频率增加的话，也有可能升级为A级词。二是当被测试对象听到汉语后，第一反应是说出汉语借词，经提醒后才慢慢想起固有词来。比如，有的青少年听到词汇“腰带”后，马上说出汉语借词，经提示后，才恍然大悟地说出母语词 dʑø^{31}dzɔ^{31}来。再如：a^{55}bo^{55}ma^{55}de^{33}“木瓜”、ɕi^{31} lø^{55}“橘子”、ma^{31}mu^{55}a^{55}si^{31}“芒果”、sɿ^{31}liɤ^{24}a^{55}si^{31}“石榴”、tsha^{31} bø^{33}“窗子”等，这些哈尼语词，青少年在实际语言交际中几乎已不用了，而是转用汉语借词。如果这部分词的使用频率持续下降，则有可能降为C级词。

简言之，B级词有可能随着使用频率的增高而得到巩固，从而升级为A级词。但也存在另一种可能，即由于不常用而降为C级词。这正是青少年的语言能力不断发展变化的表现之一。

二、城镇组的四百词测试情况

根据上述筛选标准，我们选出不同年龄段的7人进行测试。测试结果见表10－3。

表10－3　7位城镇哈尼族四百词测试情况表

姓名	白秋瑾	白三保	白秋仙	朱福良	杨琼仙	刀玉山	白波者
年龄(岁)	10	11	16	27	32	45	83
A+B	281	338	368	372	384	392	400
百分比(%)	70.3	84.5	92.0	93.0	96.0	98.0	100

年龄与母语词汇总量成正比。老年人的母语词汇总量最大，占测试基本词汇的100%，中青年占95.5%，少年儿童词汇量最小，占82.3%，与中老年相比有所下降，相差17.7%。而中、老年人的母语词汇总量相差4.5%。

三、离城镇较远的偏远地区(广吗组、车里组)的四百词测试情况

根据上述筛选标准，我们选出各年龄段7人进行测试。测试结果见表10－4和柱状图图10－1。

表10－4　7名偏远地区哈尼族四百词测试情况表

姓名	杨柳仙	李普梅	白忠梅	李丕黑	何石牛	白阿明	白万泽
年龄(岁)	12	13	21	26	42	64	73
A+B	375	335	383	386	400	400	400
百分比(%)	93.8	83.8	95.8	96.5	100	100	100

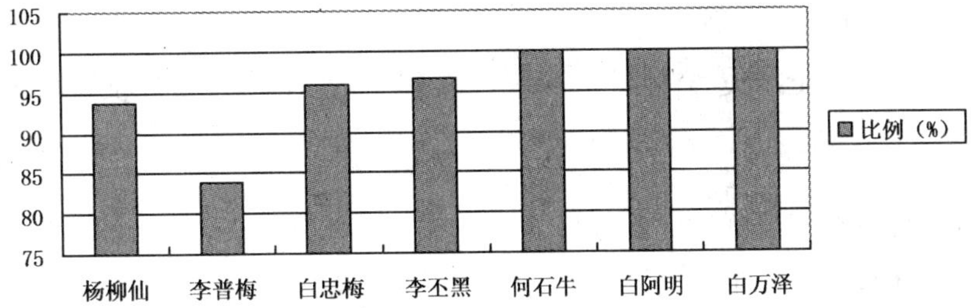

图 10—1 偏远地区组 A+B 测试占四百词比例图

在 7 名参加词汇测试的哈尼人中，词汇量最大的是三位 42 岁、64 岁和 73 岁的中老年人，四百词全部会说，达到 100%。相对来说，青少年词汇量少些，平均达到 355 个，占测试总词汇的 88.75%，二者相差 11.25 个百分点。为了更清楚地反映中老年和青少年基本词汇掌握情况的差异，我们把上述 4 个年龄段四百基本词汇测试结果汇总起来，求出每个年龄段的平均值，得到表 10－5。

表 10－5 4 个年龄段四百基本词汇测试情况汇总表

序号	年龄段	最高比例(%)	最低比例(%)	平均值(%)
1	6—19 岁	93.8	83.8	88.8
2	20—39 岁	96.5	95.8	96.1
3	40—59 岁	100	100	100
4	60 岁以上	100	100	100

表 10－5 用柱状图表示为图 10—2。

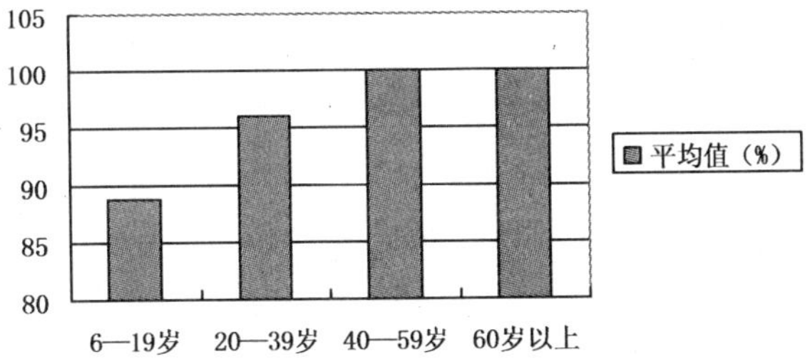

图 10—2 4 个年龄段四百基本词汇测试情况柱状图

从柱状图图 10—2 可以清楚地看出，60 岁以上年龄段母语词汇总量比青少年阶段高出 11.2 个百分点。这说明中老年的基本词汇掌握得最好，而青少年母语词汇量有一定程度的下降。由此可以认为，在离城镇较远的偏远地区 20 岁是哈尼人母语词汇量差异的一条分界线。

至此我们可以得出一个结论：无论在城镇聚居区还是离城镇较远的偏远聚居区，哈尼语基本词汇掌握程度与年龄大小成正比，即年龄越大，基本词汇掌握得越好；反之，年龄越小，掌握得稍差些，但总体上，相差不大。

第三节 哈尼族青少年母语能力下降的表现及成因

上一节我们通过词汇量测试定量分析了绿春哈尼族青少年母语能力的下降趋势。本节将从词汇使用的具体情况进一步揭示母语能力下降的具体表现，主要分析有哪些基本词汇出现了丢失、词汇概念泛化、同类概念混淆等问题。在此基础上，探讨绿春哈尼族青少年母语能力下降的原因。

一、青少年母语能力下降的具体表现

（一）所掌握的基本词汇量下降

哈尼语词汇丰富、具有系统性，不仅数量大、类别多，而且表达准确细腻。近年来，绿春哈尼族青少年母语词汇量减少，日常生活中的许多具体事物，中老年人能用哈尼语来指称、表达，而有些青少年已不会用母语词汇来表达，不得不借用汉语。过去当地常见而现在很少见的一些事物名称，比如表 10－6 所列鸟兽类名称，青少年都不会说了。

表 10－6 青少年不会说的鸟兽类名词

例词	汉义	例词	汉义
xu^{55} bu^{33}	布谷鸟	xa^{31} dza^{55}	麻雀
tsa̱^{31} bja̱^{31}	喜鹊	tɕhi^{55} za^{31}	麂子
dɔ^{55} la^{31} me^{31} khø^{55}	麝香	ɯ^{55} sɔ^{55}	水獭
xu^{33} phju^{55}	豪猪	xe^{31} je^{55} a^{31} khɯ^{31}	狼
phja^{31} ji^{31}	果子狸	bi^{55} tɕhe^{33}	松鼠

当地的一些有识之士已经注意到了这一点。红河广播电台男主播白居舟老师说："现在青少年说哈尼语只会说眼前的、看得见的，对于那些不常见的、消失的或即将消失的事物已经不会用哈尼语说了。"

通过四百基本词汇的测试，我们发现绿春哈尼族青少年在母语使用上有下面 5 个特点。

1. 随着客观事物在当地日常生活中逐渐消失或不常见，青少年逐渐不会用哈尼语词汇了。他们的词汇系统中，凡属于自己日常生活中常见的事物，都能用哈尼语来表达；而对于那些自己日常生活中不常见、不常用的事物，一般都不会用哈尼语表达了。如下列常用的名词他们都会脱口而出：a^{31} xa^{33}"鸡"、o^{31} a^{33}"鸭"、a^{31} ɣa̱^{31}"猪"、a^{31} khɯ^{31}"狗"、tho^{31} la^{33}"兔子"、mo^{31}"马"、a^{31} si̱^{31}"山羊"、la^{31} phi^{55}"辣椒"、tsha^{31} dɤ̱^{31}"盐"、ma^{55} de^{33}"南瓜"、a^{55} bo^{55}"树"、a^{55} je̱^{33}"花"、a^{55} si^{31}"果"等。这些词经过测试后绝大多数属于 A 级。

但像 a^{31} go̱^{33}"臭虫"、tɕhø^{55} a^{31} ma^{33}"啄木鸟"、tho^{31} khɯ^{31}"穿山甲"、a^{55} khu^{33} bja^{55} ɣa^{31}"蝙

蝠”等平时一般很难见得到的动物的名称，多数青少年既听不懂也不会用哈尼语说出来，均属于D级。a^{55} dzi^{55}“鸟”、xa^{31} pha^{31}“青蛙”、ŋa^{31} de^{55}“鱼”、a^{55} u^{33} la^{55} de^{31}“蚂蚁”、xu^{33} tsa^{31}“老鼠”、o^{55} lo^{55}“蛇”等词所指动物，青少年平时经常能看见，所以他们也会用哈尼语来指称，均属于A级。再如，khɯ^{31} se^{55}“跳蚤”、se^{55}“虱子”、se^{55} u^{33}“虮子”这些词几十年前在这一地区很常用，但现在的青少年大都没见过，所以测试时多属于C级。近年来，为了打造生态绿春，各级政府封山育林、保持水土，打猎已成为历史，所以与打猎有关的词汇青少年也不会了，如：gɔ^{31}“矛”、ka^{33} tɤ^{33}“弓”、ka^{31} mja^{31}“箭”、pja^{33} the^{31}“捕兽扣圈”、sa^{31} du^{31}“陷阱”、ɤ^{31} tsɿ^{31}“树浆(扣雀用)”等。由于人们在日常生活中已很少使用 khɯ^{55} bɔ^{31}“裹腿”，青少年也就不会说这些本族语词汇了。像 u^{55} tɕu^{31} me^{33} tshɔ^{55}“水碓”、a^{55} bo^{55} me^{33} tshɔ^{55}“木碓”、xɔ^{31} ȵɔ^{31} the^{55} xo^{33}“舂粑粑木槽”、xɔ^{31} ȵɔ^{31} the^{55} du^{55}“舂粑粑木杵”、ɕa^{33}“染(布)”等生产工具，在过去的绿春地区都能见到，而现在已被碾米机取代了，因此青少年基本不会用哈尼语表达了。再如，过去盛行的“马帮”(用马驮物的运输方式)，现在已被汽车、拖拉机、摩托车所代替，因而与“马帮”有关的词语青少年也都不会使用了，如：mo^{31} ɣa^{33}“马鞍”、mo^{31} me^{31} tshɔ^{31}“马笼头”、mo^{31} du^{55} de^{55}“马肚带”、mo^{31} so^{33} me^{31} tsa^{33}“马嚼子”、mo^{31} dzɿ^{31} nɔ^{31} da^{31}“马镫子”、ma^{31} dza^{31}“马掌”、mo^{31} tɕe^{33}“驮架”等。在人体器官、身体部位当中，mja^{33}“眼睛”、na^{31} bo^{55}“耳朵”、na^{55} me^{55}“鼻子”、me^{31} bɔ^{31}“嘴”、a^{31} la^{31}“手”、a^{31} khɯ^{55}“脚”、ȵu^{31} the^{55}“额头”、mja^{31} xɔ^{33}“眉毛”、la^{31} phu^{55}“手腕”、ba^{31} ta^{31}“肩膀”、phɔ^{31} tsɿ^{31}“膝盖”等外现的人体器官、部位，青少年都能熟练地用哈尼语词汇表达，但对有些存在细微差别的词就不会了，如 la^{31} nɔ^{55}“手心”、la^{31} ɣa^{31}“手背”。

语言中词与词之间在意义上是相互关联的。语言能力在词汇上的体现，不仅局限在对单个词的理解和掌握上，还包括对词与词之间意义关系的理解与掌握。我们看到，如果某一个词不会说，意义上与之相关的其他事物或动作可能也不会说。比如，很多青少年没见过 se^{55}“虱子”、se^{55} u^{33}“虮子”，自然也就不知道 phe^{31} tshɔ^{31}“篦子”是什么了。

2. 值得注意的是，青少年特别是少年儿童在数字表达上，基本上“五”以上的数字都转用汉语。

数词是语言中用于计量的基本词汇，大多数语言都有一套本族语的数词系统。绿春哈尼语也有一套完备的数字系统，从“一”到“十、百、千、万”都能够表达。然而，在我们对青少年数词测试时发现，过半数的青少年只能用哈尼语从“一”数到“四”，“五”以上的数字都转用了汉语。我们把18位6—19岁的哈尼族青少年从“一”到“十、百、千”的数词测试结果整理为表10-7。①

① 表10-7中1—18号被测试人的姓名参见表10-1中的前18位。

表 10－7　18 位 6—19 岁哈尼族青少年数词测试情况表

汉语	哈尼语	1	2	3	4	5	6	7	8	9	10	11	12	13	14	15	16	17	18
一	tɕhi^{31}	A	A	D	D	A	A	A	A	A	D	A	A	A	A	A	A	A	A
二	n̥i^{31}	A	A	D	D	A	A	A	A	A	D	A	A	A	A	A	A	A	A
三	sɔ^{55}	C	C	D	D	A	A	A	A	A	D	A	A	A	A	A	A	A	A
四	ø̱^{31}	C	C	D	D	D	A	A	A	A	D	A	A	A	A	A	D	A	A
五	ŋa̱^{31}	C	C	D	D	D	A	A	A	A	D	A	A	A	A	A	D	A	A
六	ku̱^{31}	C	C	D	D	D	A	D	C	A	D	D	C	A	D	A	D	C	A
七	sɿ̱^{31}	C	C	D	D	D	D	D	C	A	D	D	A	A	D	A	D	C	A
八	ɕe̱^{31}	C	C	D	D	D	D	D	C	A	D	D	A	A	D	A	D	C	A
九	ɣø^{31}	C	C	A	D	D	D	D	C	A	D	D	B	A	D	A	D	C	A
十	tshe^{55}	D	D	D	D	D	D	D	A	A	D	D	B	A	D	A	D	C	A
百	ja^{55}	C	C	D	D	D	C	D	C	A	C	D	D	A	D	C	D	C	A
千	thɔ^{55}	D	D	D	D	D	D	D	D	C	D	D	D	A	A	D	D	C	A

表 10－7 统计结果显示，大多数青少年用哈尼语从“一”数到“三”是没有问题的，只有 4 人能用哈尼语从“一”熟练完整地数到“十”，分别是 9 号、13 号、15 号和 18 号，9 号、13 号和 18 号 3 位青少年来自离城镇较远的广吗组和车里组，正如前文所述，离城镇较远的广吗组和车里组青少年哈尼语水平要比城镇的大寨组和坡头组高一些。总的来看，广吗组和车里组的青少年在母语数词掌握情况方面优于大寨和坡头组的青少年，15 号坡头组青少年白云福（17 岁）在所有测试对象中年龄最大，文化程度也最高（高二），除在学校外，其他场合他都使用哈尼语，这可能是他数词掌握得较好的原因。值得注意的是 12 号，来自车里组的李普梅，她只有“六”需要提示，“九”和“十”是思索一会儿才想起来的，这样看来，她几乎也能从“一”数到“十”。有些青少年在提示后才能想起来“五、六、七、八、九、十”哈尼语是什么，这说明这些数词已处于他们的记忆边缘，如经久不用，则可能从他们的词库中彻底消失。我们在实地调查中，经常能听到在哈尼语中掺杂着汉语数字借词。现摘录如下：

（1）A：ŋa^{31} ɤ^{33} sɤ^{33} tɕi^{55} xɔ̱^{31} ma^{33} xa^{55} mja̱^{33} ne^{33} ŋa^{31}？　　你手机号码是多少？
你　的 手机　号码　多少　是
B：ŋa^{31} ɤ^{33} sɤ^{33} tɕi^{55} xɔ̱^{31} ma^{33} 15096875042 ne^{33} ŋa^{31}.　我的手机号码是 15096875042。
我　的 手机　号码　15096875042 是

（2）A：tie^{31} tɔ̱^{31} tshe^{55} xa^{55} mja̱^{33} ne^{33} dʑa^{33}？　　有多少辆电动车？
电动车　多少　有
B：sa^{55} sɿ^{31}（30）to^{55} tsa^{55} dʑa̱^{33} ŋa^{31}.　　有 30 多辆。
30　多 张　有

（3）A：no^{55} xa^{55} tɕhi^{31} xu̱^{31} ŋa^{33} la^{31}？　　你属什么的？
你　哪　一　年　是　呢

B：ŋa^{55} 1965 ȵe^{31} ɤ^{33} se^{55} xu̱^{31} ŋa^{33}.　　　我1965年属蛇的。

我 1965年 的 蛇 年 是

(4) A：no^{55} xa^{55} mja̱^{33} xu̱^{31} bjɔ^{33} a^{55} la^{55}？　　　你多大了？

你 多少 年 有 了吗

B：ŋa^{31} sa^{55} sɿ^{31}(30) to^{55} sø^{24} ŋɯ^{55} a^{55}.　　　我30多岁了。

我 30 多 岁 是 了

(5) phi^{31} tɕɤ^{33} i^{33}(1) phi^{31} do^{55} kha^{55}.　　　喝一瓶啤酒吧。

啤 酒 一 瓶 喝

在绿春，以上实例不绝于耳。中青年以上的人也都这么用，渐渐已成为一种习惯。问其原因，都说汉语数字借词简洁方便。整个群体都在使用汉语数字借词，势必造成母语数词使用功能的萎缩。现在的青少年接受新鲜事物能力很强，而且也愿意接受，这就不可避免地对其产生影响，这也只是我们的猜测。至于汉语数字借词为什么使用频率如此之高，还有待于进一步地探索研究。

3. 青少年在使用亲属称谓时，有的使用哈尼语固有的亲属称谓词，有的并用哈尼语固有亲属称谓词和汉语借词。广吗组青少年普遍使用固有亲属称谓词。近年来，一些青少年更是用汉语借词代替了固有词。我们在同迷克村民小组白忠福交谈时，他说："我儿子跟我讲话时，只有'爸爸'这两个字用汉语说，其余都用哈尼语。女儿平时同我们说话也同她哥哥一样，除'爸爸'两个字用汉语外，其余都用哈尼语。如 pa^{55} pa^{33}（爸爸），xo^{31} dza^{31} ma^{31} a^{55}.'爸爸，去吃饭了。'但叫妈妈时用哈尼语说 a^{31} ma^{33}，如 a^{31} ma^{33}（阿妈），pa^{55} pa^{33}（爸爸）xa^{55} ge^{33} i^{55} a^{55} la^{55}.'妈妈，爸爸去哪里了？'有意思的是'爸爸'她还是用汉语，从来不说 a^{31} da^{33}（阿爸）。"

4. 现在由于卫生防疫条件的改善，过去一些常见疾病名称青少年也不会说了，而老年人还会。如：a^{55} na^{55}"疮"、dʑo^{31} dzø^{55}"癣"等。

5. 由于城镇化的快速推进，农民的土地减少了，青少年参加田间劳动的机会也少了，一些和农业生产有关的词汇也就不会说了。如：ma^{31} dza^{31} xɔ^{31} ɤ^{33} su^{55} ma^{33}"稗子"、a^{55} mu̱^{31} mu̱^{31}"薅秧"、o^{55} ga^{55}"排水沟"。

（二）词汇概念泛化，表达方式单一

词汇概念泛化是绿春哈尼族青少年在使用母语时不同于中老年的特点之一，也是青少年母语能力下降的表现。所谓词汇概念泛化，是指青少年用一个词统称与其语义特征相关的一类词。哈尼语中有一些意义相同或相近的词，原本用不同的词表达，但现在的青少年有的只知道统称词，不知道其下义词。如他们会说 a^{31} gɯ^{55}"星星"，不会说 a^{31} gɯ^{55} ɕi^{31} ɕi^{31}"流星"；会说 dʑa^{31} le^{55}"风"，不会说 ne̱^{31} so̱^{33} a^{31} li^{55}"旋风"。

同时，我们还看到，有些情况下，青少年会说一个个具体事物的名称，而不会说抽象的概念。他们在实际的话语交际中常用前者来代替后者。比如，青少年会说自己所在村子的名称，却不会说类概念 pu̠^{33}kha^{31}“村寨”。又如，有的青少年会说 ȵu^{31}phɯ^{55}“水牛”、mo^{31}“马”、a^{31}tsi̠^{31}“山羊”，却不会说其总称词汇 dze^{31}za^{31}“牲畜”。

（三）同类概念混淆，辨认不清

绿春哈尼族青少年在使用母语时，还存在一种以甲词替代乙词或以乙词替代甲词的误代现象。被误用的词多同类，虽语义不同，但基本属性有相似点。词汇误代的现象在青少年中普遍存在，这是由于青少年对母语基本词汇概念出现模糊引起的。这从一个方面反映出绿春哈尼族青少年母语能力的下降。我们把同类概念混淆的现象整理为表 10－8。

表 10－8　哈尼族青少年同类概念混淆例词表

A	B
ȵu^{31}tshe^{31}　犁	ȵu^{31}ka̠^{33}　耙
phe^{31}tshɔ^{31}　篦子	phe^{31}tshɔ^{55}　梳子
nɔ^{55}ma^{33}　太阳	ba^{33}la^{33}　月亮
sɿ^{55}　金	phju^{55}　银
ȵu^{31}phɯ^{55}　水牛	ȵu^{31}ȵi^{55}　黄牛
a^{55}mo^{55}　苍蝇	ja^{55}go^{31}　蚊子

（四）青少年母语使用中汉语借词有增多的趋势，有自己的特点

与老年人相比，中老年更习惯于使用固有词或汉语的老借词，青少年在母语使用中汉语借词增多；并带有自身的特点。哈尼语中汉语借词有的是半汉半固有词的形式。如：

ma̠^{31}dʑa̠^{31}di^{31}phu^{31}　马掌锤　　　　ɕa^{55}jo^{33}a^{55}do̠^{31}　香油灯

马掌　锤　　　　香油　灯

有时为了增加表意的清晰度，还要用固有词再重复一次。如：

sø^{33}pi^{31}bu̠^{31}du^{55}　水笔　　　　tje^{24}zi^{33}mu^{33}lu^{31}　电影

水笔　笔杆　　　　电影　画

形成这一特点的原因有：

1. 新中国成立前借的 da^{55}dʑa^{33}“大家”，借进来后为适应哈尼语的音系特点，原来的汉语中清辅音都浊化了。现在年轻人中多数已听不到浊音了，说成 ta^{31}tɕa^{55}。绿春哈尼语音系中没有唇齿音“f”，现在年轻人已有唇齿音了，这可从与老年人口中的汉语借词比较中看出来。如：pa̠^{24}pha^{31}“办法”、pe̠^{31}tsɔ^{24}“肥皂”、phe^{55}dʑi^{55}“飞机”，这些词在老年人那里唇齿音都变成了不送气或送气的双唇音“p”和“ph”，这种情况在青少年中已经听不到了。

2. 青少年母语使用中汉语借词有增多的趋势，是顺应交际的需要而出现的。如：橘子、窗子、皮带、花生、芒果。哈尼语在不同历史时期从汉语中借入一些词，借入时间较早的可以称之为老借词，借入时间稍晚的称为新借词。老借词如：pe̠^{31}tsha^{55}“白菜”、tsha^{31}xu^{55}“茶壶”、

lɔ^{31} di^{55} sɣ̱^{33}“花生”，现在青少年开始使用一些新借词，如 xua^{55} se^{55}“花生”，很少使用老借词 lɔ^{31} di^{55} sɣ̱^{33}“花生”了。现把实地调查中的一些带有汉语借词的例句摘录如下，例中借词下加下划线。

（1） xua^{55} se^{55} ba̱^{55} la^{33}.　　　把花生拿来。
　　 花生　　拿　来

（2） xua^{55} se^{55} ɣɣ^{55} i^{55}.　　　去买花生。
　　 花生　　买　去

（3） sa^{55} fa^{31} xu^{55} ta̱^{33} dʑo^{55}.　　　坐沙发上。
　　 沙发　上面　坐

（4） fa^{24} tje^{24} xo^{31} dza^{31} i^{55}.　　　去饭店吃饭。
　　 饭店　饭　吃　去

（5） pi^{55} kue^{33} ɣo^{55} tɕha^{33} ju^{31} i^{55}.　　　去宾馆里睡。
　　 宾馆　　里　　　睡　去

二、青少年母语能力下降的成因

绿春哈尼族青少年母语能力下降是一种客观事实，是多种因素综合作用的结果。

首先，由于经济文化的发展，哈尼人对国家通用语——汉语的要求越来越迫切，在语言习得上倾注了大部分精力，而对母语的习得、保存存在一定程度的忽视。总的看来，哈尼人对学习汉语抱有开放、包容、顺应、自愿的态度，认为只有掌握汉语才能与外界交流，才能得到发展。因此，学习汉语是一种自觉的行为、全民的行为。相比之下，对母语要求的期望值不高，认为能交际就可以了，所以母语习得处于一种自然状态。特别是改革开放后，由于现代化建设和当地经济发展的需要，哈尼人学习汉语的热情空前高涨，认为汉语掌握得好坏与升学、工作等更高追求密切相关，因此更加重视汉语的学习。

由于九年义务教育制度的实施，绿春哈尼族青少年大部分时间都在学校里度过。在学校里，同教师、不同民族的同学接触都用汉语，在中心完小上学的学生只有寒暑假或大周末才回到家。这样，他们与父母、寨子里的乡邻接触少了，习得母语的家庭环境、社区环境不具备了，母语能力自然也就下降了。他们回到家里跟父母也只限于简单交际，父母整天忙于生计，青少年整天忙于学习，相互间无法进行深入交流，这就使得青少年难以全面地掌握哈尼语。

其次，由于现代化进程冲击，哈尼语担负的交际功能有限，无法充分表达不断出现的新事物，这一客观事实也使得青少年不得不借助于汉语来进行日常的社会交际。

我们应该正确地认识和对待绿春哈尼族青少年母语能力下降问题。上文提到，青少年母语能力的下降主要表现在基本词汇丢失、词汇概念泛化、同类概念混淆等方面，他们在交际中不得不大量借用汉语。应如何看待这种现象呢？我们认为，在现阶段，少数民族语言借用汉语表达，存在客观必然性，有其积极的一面。哈尼语从汉语中借用一些成分来丰富和补充自己，是适应客观现实的需要，是与时俱进的表现。从这个角度来看，借用汉语具有积极作用。

当然，这一问题同时也存在消极的一面。如果任其发展，本民族语言的基本词汇和语法结构都将被汉语词汇和结构所替代，则有可能出现语言濒危和语言转用。当前绿春哈尼族青少年母语词汇量的减少还处在一个量变的过程中，但随着量的积累、增多，有可能出现质的转变。其结果就是，哈尼族青少年放弃母语，转用汉语。这对于民族语言文化的保护和传承、语言关系的和谐发展是不利的，也是我们不愿意看到的。

第十一章　结语与展望

我们课题组到了绿春县后，通过入户调查、访问、现场观察等方法，对绿春县哈尼族的语言使用情况进行了从点到面的调查、分析，取得了一些认识。这些认识虽然不是很成熟的，但毕竟是我们通过实际的观察研究才取得的，可以供政府和有关语文机构制定哈尼语文规划时参考，还可供其他国情调查研究参考。

我国语言众多，类型复杂。不同类型各有自己的特点。语言国情调查，必须努力去记录、分析不同类型的现状和特点，并通过比较寻找相互间的共性和个性。

绿春哈尼语使用的共性和个性是什么？我们调查的结论是，绿春哈尼族的语言生活的现状是健康、稳定、与时俱进的，但有一些不同于其他地区的特点。具体有以下几点：

一、在母语的保存和使用上，绿春哈尼族全民超稳定地使用自己的母语

为什么这里用个"超"字？这是与我们之前做过的8个南方少数民族语言使用情况相比较而言的。经过数十年的改革开放，在我国少数民族在经济大潮的冲击下，许多语言的功能都出现了不同程度的衰退，但也有一些语言保持稳定使用的状态。而相比之下，绿春哈尼语则是超常稳定。走进绿春就能看到：不论哪个年龄段、什么性别，不论是干部、知识分子，还是普通老百姓；也不论是农村，还是城镇，都在使用哈尼语，哈尼语是该县使用频率最高、使用最广泛的语言工具。整个县城及农村，弥漫着哈尼语的声音，离开了哈尼语，社会就难以运转。

在绿春，哈尼语是强势语言。所谓"强势"，是说它在社会交际中是不可替代的，能够制约其他语言。在绿春，其他民族的人进入哈尼村寨，有许多人过了几年就会说哈尼语了。在哈尼族村寨小学当老师，你不会哈尼语就教不下去；你要到村寨做生意，如果不懂哈尼语，就无法与老乡沟通，就做不成生意。

所谓"强势"，就是说，当地其他民族的人也能兼用哈尼语。分布在大兴县城的汉族有许多人能够说一口流利的哈尼语。2011年8月10日，我们应邀到龙天寨做客，顺便对拉祜族苦聪人的语言使用做了调查。这个寨子有33户，150人，都是拉祜族苦聪人。他们除了说苦聪语外，男女老少都会哈尼语，而且说得非常流利。他们说，周围都是哈尼族，自然就学会了，不会哈尼语，出去有困难。他们不仅能说哈尼语，连服装也穿哈尼族服装，唱的歌有些是汉族歌曲曲调、哈尼语歌词。从这里，我们看到了不同民族和谐交流的景象。

为什么绿春哈尼语有如此巨大的功能？首先，与哈尼族在绿春的超高度聚居有关。据2010年的统计数字，绿春共有230879人，其中哈尼族有201850人，占全县总人口的87.45%。

即便是县城大兴镇，居住的大多也是哈尼族。这种高度聚居的局面，在全国民族地区很少有。聚居是一种无形的力量，制约着其他各种因素的存在和发展。高度聚居有助于母语的使用和发展。大家在一起说同一种语言，人越多越有助于语言的保存和发展。高度聚居有助于传统文化的保存和发展，而传统文化的保存和发展有利于语言的使用和发展，二者形成互促的良性循环。高度聚居有助于缩小语言内部的差异，包括因不同地区、不同年龄、不同职业造成的语言差异，有利于增强语言在同一地区流通的能力。

此外，绿春哈尼语有如此巨大的功能还与绿春地区的历史来源、民族心理、语言关系等因素有关。

二、绿春哈尼族大部分兼用汉语，学习汉语早已成为哈尼族说一不二的自觉行为

既使用自己的母语又兼用汉语，哈尼族认为是天经地义的事。我们在绿春见到的哈尼人，都异口同声地强调掌握汉语的重要性。不仅干部、知识分子这么认为，普通的老百姓也是这么认为的。

县人民医院院长陆文祥说："汉语学不好，认字啊、写作文啊，都不好，文科成绩就受影响。"州县民间艺人白阿明说："学习汉语很重要。不会汉语，上学就听不懂，学习成绩就不好，就考不上初中、高中甚至大学。没有学历，即使出去打工也没有人要，很麻烦的，所以学好汉语还是很重要的。我们这个寨子主要是学汉语的问题，哈尼语没有问题。"绿春哈尼族阿倮欧滨的祭师助理白普才说："由于受社会变革大潮的影响，族际交往、跨地区交往越来越多，现在很多哈尼人，尤其是年轻人趋向于使用汉语，村子里已出现了嫁进来的哈尼族儿媳妇只讲汉语不讲哈尼语的情况。"

在云南大学读三年级的广吗姑娘陈玉贞说得好："与外省的同学接触多了，就发现以前自己生活的空间实在太狭小了。在家乡，父母也注重教育、注重孩子未来的发展。很多内地同学从小参加各种培训班、夏令营等，眼界开阔。再想想我们这些山里来的学生，很多都是在田野上长大的。我们的父母大多都不会汉语、不懂文字，在教育方面仅希望孩子识字。不得不承认，我们输在起跑线上了，但努力就会有收获的。在学校，我跟同学都用普通话交流。我很喜欢本民族的语言，不希望在接触外面新东西的时候忘记了本民族的文化。汉语的语法规则跟哈尼语不同，我必须在两种语言中处理好这种差异所带来的不便。""社会多元化是社会发展不可避免的趋势，各民族共同发展也是国家社会所需。在社会主义国家背景下，各民族当家做主，发展自己民族的语言文化。各民族文化相互融合、交汇，又保持自己的独特之处。这样，中华文化就会更加多姿多彩，体现我们这个多民族国家的特色。"

三、绿春哈尼族的语言生活是和谐的

在绿春，主要使用哈尼语和汉语两种语言。哈尼语是当地主要民族的母语，汉语是国家的通用语。二者虽然性质不同，但都是重要而不可缺少的。在家庭、村寨，在民族内部交流或传递民族感情，在承载民族文化等方面，哈尼语有其重要的、不可替代的作用；而在民族之间的交流上，在哈尼族进一步学习、掌握国内外新知识、新信息上，在哈尼族的现代化建设上，在母语

的基础上进一步学习汉语文是十分必要的，也是大势所趋。绿春哈尼族语言生活中母语和通用语的关系，我们看到的是一片和谐的景象。母语和通用语在不同的领域、不同的范围、不同的人群中，各就各位，互补协调，各自发挥自己的作用，呈现出“两全其美、和谐互补”的语言关系。这种和谐的语言关系，正是我国解决少数民族语言问题的最佳途径。

坡头寨前文艺队队长陈拉抽（女，哈尼族）说：“农村流行的歌曲，汉语的和哈尼语的都有。有的歌曲是汉语的调、哈尼语的词（借词换调），因为哈尼族的古调不好编排舞蹈。一部分是本民族自己的曲调，这些节目在乡下演出时很受欢迎，特别受35岁以上的人群的喜爱。但是，青年人更喜欢汉语节目，因为很多哈尼语节目他们都听不懂，不明白节目表达的意思。”“哈尼文可以表达哈尼人的感情，可以记载原汁原味的哈尼文化、祖先文化。比如，哈尼人会唱山歌，但是只靠口传是传不下去的，有了文字记载，下一辈的人就能通过文字进行学习。”

我国多民族、多语种的国情，以及坚持的民族平等、语言平等原则，决定了解决少数民族的语言问题必须选择“两全其美、和谐互补”这一最佳模式。这一模式，既符合中国共产党和中国政府的民族平等、语言平等原则，又符合民族发展的根本利益，而且还顺应了少数民族历史的和现实的发展规律。

绿春县语言和谐的模式为我国构建和谐的语言生活提供了有益的经验。

绿春的双语关系预计在两方面会得到新的发展：一是随着全县文化教育的提高，民族传统文化的开发，哈尼语的功能将会进一步提高；二是随着改革开放、经济建设的不断发展，哈尼族的汉语文水平将会不断提高。陆文祥院长说：“以前是我们（公职人员）使用汉语多一些，现在使用汉语的人越来越多了。一些年轻人出去打工，刚离开绿春的时候只会哈尼语，几年后回来都能说一口流利的汉语普通话，哈尼语水平也一点儿都没变。结果就是，这些年轻人只会哈尼语和汉语普通话，不会我们当地的汉语方言。现在上学的小孩，在学校都使用汉语。”

哈尼语凭借其高度聚居及与哈尼族文化的天然关系，将会长期在这块哈尼土地上延续；而汉语也会因其对少数民族发展的重大作用以及汉族和哈尼族长期密不可分的关系而被哈尼族当成通用语来接受。未来绿春地区的语言生活，将是哈尼语和汉语两种语言不断在和谐互补中发展。

汉语文水平的高低是制约哈尼族教育水平高低的瓶颈。从目前的情况看，哈尼族汉语文水平还不能适应经济、文化建设的发展需要，特别是中小学学生能熟练掌握汉语文的年龄偏大。因而，为了哈尼族地区的繁荣、进步，必须在现有水平上进一步提高哈尼族的汉语文水平。我们建议根据绿春哈尼族的特点，系统探索提高哈尼族汉语文水平，特别要摸索提前年龄段掌握汉语文的经验。

哈尼文如何在绿春县推行，需要当一件事来研究。哈尼文的标准音点，国家决定选在绿春县大寨，这是绿春人的光荣，使绿春比其他地区多了一个资源。对哈尼文这个资源，必须充分认识其有利的因素，正确处理与汉语文学习的辩证关系。哈尼文要如何进学校，如何在社会上扫盲，由绿春县政府决定。

附　　录

一　绿春大寨小组(哈尼文标准音点)的哈尼语音系

绿春大寨小组是哈尼文标准音点,其哈尼语的音系主要特点有:

1. 塞音、塞擦音、擦音都分清浊;
2. 在双唇音上有颚化和非颚化的对立;
3. 没有清化的鼻音、边音;
4. 没有复辅音声母;
5. 元音分紧元音和松元音两类;
6. 元音数量多,单元音有 10 个,加上松紧对立共 20 个;
7. 没有复合元音和带鼻音韵尾的韵母;
8. 由于受汉语影响,借入了少量复合元音韵母;
9. 声调少,只有 3 个。后受汉语影响增加了 1 个中升调;
10. 变调少。

一、声母

声母共有 31 个,按发音部位可划分为双唇音、舌尖前、舌尖中、舌面、舌根音,以及腭化音声母 pj、phj、bj、mj。详见表 1。

表 1　声母表

p	ph	b	m	f	
t	th	d	n	l	
ʦ	ʦh	ʣ	s	z	
ʨ	ʨh	ʥ	ȵ	ɕ	ʑ
k	kh	g	ŋ	x	ɣ
pj	phj	bj	mj		

例词见表 2。

表 2 声母例词表

声母	例词 1	汉义	例词 2	汉义
p	pe̱^{31}	呕吐	pa̱^{33}	半
ph	phe^{31}	（一）合	pha^{55}	换
b	be̱^{31}	（眼）瞎	ba̱^{33}	错
m	me^{31}	教	mɯ^{31}	好
f	fe^{55}	飞（机）	fa^{31}	发（展）
t	te̱^{31}	（一）级台阶	ta̱^{33}	（刀）快
th	the^{31}	挤	tha^{31}	别
d	de^{55}	（鸡）啼	da^{55}	靠
n	ne^{33}	从	na^{55}	病
l	le^{31}	追	la^{55}	来
ʦ	ʦe̱^{31}	凉	ʦa̱^{33}	（一）根（绳）
ʦh	ʦhe^{31}	犁（田）	ʦha^{33}	烤
ʣ	ʣe̱^{33}	（衣服）破烂	ʣa^{33}	对
s	se̱^{31}	杀	sa^{33}	（送）走
z	ze^{33}	硬	za^{33}	拾（柴）
ʨ	ʨe̱^{33}	驮（东西）	ʨa̱^{31}	煮
ʨh	ʨhe^{31}	脚（跛）	ʨha^{31}	累
ʥ	ʥe̱^{33}	刮	ʥa̱^{33}	有
ȵ	ȵe̱^{31}	捉	ȵa^{33}	会
ɕ	ɕe̱^{31}	八	ɕa^{33}	栽
ʑ	ʑe^{31}	割	ʑa^{33}	掉
k	ka̱^{33}	梳（头）	ku̱^{31}	六
kh	kha^{55}	稀疏	khu^{55}	叫
g	gɯ^{33}	讲	ga^{31}	听见
ŋ	ŋɔ^{31}	撬	ŋa̱^{31}	五
x	xe̱^{31}	砍（柴）	xa^{33}	鸡
ɣ	ɣa^{31}	力气	ɣɔ^{55}	硬
pj	pje^{31}	裁（衣服）	pja̱^{33}	摘（棉花）
phj	phje^{31}	放	phja^{55}	轻
bj	bje̱^{33}	剁	bja̱^{31}	木板
mj	mje̱^{33}	（斤）两	mja̱^{33}	眼

说明：

1. 声母 f 是受汉语影响产生的。

2. 50年前,哈尼族会使用哈尼语中的浊音来读汉语借词。例如:da^{55}ʥa^{33}"大家",但现在一般不用浊音词来读汉语借词了。

二、韵母

韵母共有26个,分为单元音韵母和复合元音韵母。

(一)单元音韵母

单元音韵母共有20个,详见表3。

表3 单元音韵母表

i	e	ø	a	ɔ	o	u	ɤ	ɯ	ɿ
i̱	e̱	ø̱	a̱	ɔ̱	o̱	u̱	ɤ̱	ɯ̱	ɿ̱

例词见表4。

表4 单元音韵母例词表

韵母	例词1	汉义	例词2	汉义
i	bi^{55}	分	di^{33}	(后)退
i̱	bi̱^{31}	给	di̱^{33}	(水)浑
e	de^{31}	推	xe^{55}	使唤
e̱	de̱^{33}	饱	ɕe̱^{33}	跑
ø	ʦhø^{31}	穷	ɣø^{31}	九
ø̱	dø̱^{33}	(一)个(笋子)	ø̱^{31}	四
a	xa^{31}	苦	ɣa^{55}	簸
a̱	ba̱^{31}	拿	na̱^{31}	早
ɔ	bɔ^{31}	斗	ɣɔ^{33}	圆
ɔ̱	dɔ̱^{33}	很	ȵɔ̱^{33}	剪
o	bo^{33}	吹	ɣo^{31}	分离
o̱	do̱^{33}	装	ɣo̱^{33}	脆
u	bu^{55}	浮	xu^{33}	看
u̱	bu̱^{31}	修补	gu̱^{33}	怕
ɤ	lɤ^{33}	迟	ɣɤ^{33}	拉
ɤ̱	bɤ̱^{33}	射(箭)	ɣɤ̱^{33}	摆(手)
ɯ	bɯ^{55}	沸腾	xɯ^{31}	大
ɯ̱	pɯ̱^{33}	烧	dɯ̱^{33}	泡(米)
ɿ	sɿ^{55}	黄	zɿ^{55}	承认
ɿ̱	sɿ̱^{31}	新	ʦɿ̱^{31}	家谱

(二) 复合元音韵母

复合元音韵母共有 6 个，即：ie、ia、iɔ、iɤ、ue、ua。详见表 5。

表 5　复合元音韵母及例词表

韵母	例词 1	汉义	例词 2	汉义
ie	tie^{24}	电	$thie^{31}$	铁(路)
ia	lia^{24}	(质) 量	lia^{31}	粮(食局)
iɔ	tiɔ^{24}	调(动)	thiɔ^{31}	调(解)
iɤ	liɤ^{31}	留(学)	niɤ^{33}	扭(秧歌)
ue	kue^{24}	怪	tue^{55}	吨
ua	xua^{31}	(中) 华	kua^{33}	管(理)

说明：

1. 在塞音、塞擦音上，紧元音只出现在不送气音上，送气音只与松元音结合。这就是说，哈尼语的松紧元音对立只在擦音、边音、鼻音上对立。在塞音、塞擦音上，松紧元音各有自己的出现条件，以送气、不送气为条件构成互补。

2. 少量的复合元音韵母是受汉语影响产生的。

三、声调

有 4 个声调，调型简单。其中的中升调是受汉语影响产生的。见表 6。

表 6　声调及例词表

声调	例词 1	汉义	例词 2	汉义	例词 3	汉义
高平 55 调：	ma^{55}	饱满	ʑa^{55}	百	$a^{31}ba^{55}$	影子
中平 33 调：	ma^{33}	阴性	ʑa^{33}	掉	ba^{33}	白
中降 31 调：	ma^{31}	不	ʑa^{31}	骂	ba^{31}	薄
中升 24 调：	ma^{24}	麻	ʑa^{24}	亚(洲)	pa^{24}	办(公)

二　绿春大兴镇的当地汉语音系

绿春县大兴镇与周围城镇的汉语大体相同，本文以大兴镇下属的大兴寨的汉语为代表，说明大兴镇的汉语音系。本音系的发音人王雪莲，1963 年出生于绿春县大兴镇大兴寨，其父是汉族，其母是彝族，但不会彝语。王雪莲自称彝族，但不会彝语，第一语言是大兴镇汉语。她主要使用汉语，也略懂哈尼语。

一、声母

声母有 21 个，见表 7。

表 7 声母表

p	ph	m	f	w
t	th	n	l	
k	kh	x		
ʦ	ʦh	s	z	
ʨ	ʨh	ȵ	ɕ	j

例词见表 8。

表 8 声母例词表

声母	例词 1	汉义	例词 2	汉义
p	pv̩^{21}	布	pɑ^{53}	八
ph	phv̩^{21}	铺	phɑ^{53}	趴
m	mv̩^{33}	亩	mɑ^{21}	骂
f	fei^{55}	飞	fɑ^{53}	发
w	wo^{55}	窝	wɑ^{33}	瓦
t	tɔ^{21}	道	tɑ^{53}	搭
th	thɔ^{21}	套	thɑ^{55}	他
n	nɔ^{21}	闹	nɑ^{21}	哪
l	lɔ^{21}	涝	lɑ^{55}	拉
k	kɔ^{21}	告	kv̩^{55}	姑
kh	khɔ^{21}	靠	khv̩^{53}	哭
x	xɔ^{21}	号	xɑ^{55}	哈
ʦ	ʦɔ^{55}	糟	ʦɑ^{21}	咋
ʦh	ʦhɔ^{55}	操	ʦhɑ^{53}	擦
s	sɔ^{55}	搔	sɑ^{55}	撒
z	zu^{21}	肉	zɔ^{21}	绕
ʨ	ʨiɔ^{21}	教	ʨiɑ^{55}	家
ʨh	ʨhiɔ^{55}	敲	ʨhiɑ^{53}	掐
ȵ	ȵiɔ^{33}	鸟	ȵiɑŋ^{53}	酿
ɕ	ɕiɔ^{33}	小	ɕiɑ^{55}	虾
j	jɔ^{33}	咬	jɑ^{53}	压

说明：

1. 舌尖音 ʦ、ʦh、s、z 与卷舌元音 ʅ 结合时，都读为 tʂ、tʂh、ʂ、ʐ，两套辅音形成对立。但 z 与舌尖音结合时，只读舌后音 ʐʅ。见表 9。

表 9

ʦɿ^{21}	字	→	tʂʅ^{21}	织
ʦhɿ^{53}	词	→	tʂhʅ^{21}	吃
sɿ^{21}	事	→	ʂʅ^{21}	是
		→	ʐʅ^{21}	日

2. 舌尖前音声母与后元音 u、o、ɔ 等结合时，有舌后化特点，但不构成对立，所以还用舌尖前音声母标志。例如：suɑŋ^{55}“双”读为 ʂuɑŋ^{55}。

3. 零声母 ɑŋ 韵可以变读为带 ɣ 的音节。例如：ɑŋ 可以变读为 ɣɑŋ^{21}“岸”。

二、韵母

韵母共有 26 个，分为单元音韵母、复合元音韵母和鼻音尾韵母。

（一）单元音韵母

单元音韵母共有 11 个，见表 10。

表 10　单元音韵母及例词表

韵母	例词 1	汉义	例词 2	汉义
i	mi^{33}	米	ti^{21}	地
y	ʨhy^{21}	缺	ʨhy^{21}	曲
u	mv̩^{33}	母	tv̩^{21}	肚
ɛ	mɛ^{21}	妹	mɛ^{21}	墨
æ	næ^{33}	奶	pæ^{21}	百
ɐ	mɐ^{21}	卖	mɐ^{33}	买
ɑ	mɑ^{21}	骂	phɑ^{21}	怕
o	po^{33}	簸	pho^{53}	泼
ɔ	pɔ^{55}	包	phɔ^{21}	泡
ɿ	ʦɿ^{33}	子	sɿ^{33}	死
ʅ	ʦʅ^{53}	指	sʅ^{21}	时

说明：元音 u 的实际读音是 v̩。例如：tu^{21}～tv̩^{21}“肚”。

（二）复合元音韵母

复合元音韵母共有7个，见表11。

表11 复合元音韵母及例词表

复合元音韵母	例词1	汉义	例词2	汉义
iu	liu^{21}	刘	$ȵiu^{33}$	扭
iɛ	$ȵiɛ^{21}$	念	$liɛ^{53}$	连
uɛ	$suɛ^{21}$	帅	$kuɛ^{21}$	怪
uɑ	$kuɑ^{53}$	刮	$khuɑ^{55}$	夸
ou	sou^{55}	收	$thou^{55}$	偷
yɛ	$yɛ^{21}$	月	$tɕyɛ^{21}$	决
yo	$ɕyo^{21}$	学	$tɕhyo^{53}$	确

（三）鼻音尾韵母

鼻音尾韵母共有8个，只有一个ŋ韵尾。见表12。

表12 鼻音尾韵母及例词表

鼻音尾韵母	例词1	汉义	例词2	汉义
iŋ	$jiŋ^{55}$	因	$jiŋ^{55}$	英
yŋ	$yŋ^{53}$	云	$tɕhyŋ^{53}$	群
ɛŋ	$kɛŋ^{55}$	根	$lɛŋ^{33}$	冷
ɑŋ	$ɑŋ^{55}$	安	$ɑŋ^{21}$	昂
uŋ	$xuŋ^{55}$	婚	$tshuŋ^{55}$	聪
iɑŋ	$tɕiɑŋ^{21}$	降	$ȵiɑŋ^{21}$	年
iuŋ	$tɕhiuŋ^{53}$	穷	$ɕiuŋ^{53}$	熊
uɑŋ	$kuɑŋ^{55}$	关	$suɑŋ^{55}$	双

说明：有的带鼻韵尾的音节，可以变读为无鼻韵尾的音节，反映了大兴寨汉语出现鼻韵尾逐渐消失的趋势，见表13。

表13 大兴寨汉语鼻韵尾变化趋势表

$ȵiɛŋ^{21}$	→	$ȵiɛ^{21}$	念
$liɑŋ^{53}$	→	$liɑ^{53}$	连
$tuɑŋ^{33}$	→	$tuɑ^{33}$	短

三、声调

声调共有4个，见表14。

表 14 声调及例词表

声调	例词 1	汉义	例词 2	汉义	例词 3	汉义
阴平 55	mɑ^{55}	妈	sɿ^{55}	诗	khɐ^{55}	开
阳平 53	mɑ^{53}	麻	sɿ^{53}	时	mɛŋ^{53}	门
上声 33	mɑ^{33}	马	sɿ^{33}	使	sɔ^{33}	扫
去声 21	mɑ^{21}	骂	sɿ^{21}	是	ti^{21ʔ}	地

说明：

1. 去声 21 调音节末尾带有喉塞音 ʔ。例如：ti^{21}～ti^{21ʔ}“地”。
2. 古入声并入阳平 53 调，古阳上并入去声 21 调。

三　绿春大兴镇哈尼族说当地汉语方言的音系

本音系的发音人是白者黑，哈尼族，1979 年出生于绿春县坡头村，其父母均为哈尼族，第一语言是哈尼语。7 岁开始学当地汉语方言，14 岁才能使用当地汉语方言交流。

一、声母

声母共有 20 个，见表 15。

表 15 声母表

p	ph	m	f	
t	th	n	l	
k	kh	x		
ʦ	ʦh	s	z	
ʨ	ʨh	ȵ	ɕ	j

例词见表 16。

表 16 声母例词表

声母	例词 1	汉义	例词 2	汉义
p	pv̩^{24}	布	pa^{31}	八
ph	phv̩^{55}	铺	pha^{31}	趴
m	mv̩^{33}	亩	ma^{24}	骂
f	fɛ^{55}	飞	fa^{31}	发
t	tɔ^{24}	道	ta^{31}	搭
th	thɔ^{24}	套	tha^{55}	他

n	nɔ^{24}	闹	na^{33}	哪
l	lɔ^{55}	涝	la^{55}	拉
k	kɔ^{24}	告	kv̩^{55}	姑
kh	khɔ^{24}	靠	khv̩^{31}	哭
x	xɔ^{24}	号	xa^{55}	哈
ʦ	ʦɔ^{55}	糟	ʦa^{31}	咋
ʦh	ʦhɔ^{55}	操	ʦha^{31}	擦
s	sɔ^{55}	搔	sa^{33}	撒
z	zu^{31}	肉	zɔ^{33}	绕
ʨ	ʨɔ^{55}	教	ʨa^{55}	家
ʨh	ʨhɔ^{55}	敲	ʨha^{33}	掐
ȵ	ȵɔ^{33}	鸟	ȵaŋ^{31}	娘
ɕ	ɕɔ^{33}	小	ɕa^{55}	虾
j	jɔ^{33}	咬	ja^{31}	压

说明：

1. 这 20 个声母既存在于当地汉语方言，也存在于哈尼语音系。
2. 哈尼语音系的声母数量大大超过了当地汉语方言音系的声母数量。
3. 古零声母 a 的音节，有时增加 ɣ 声母，但不构成对立。例如："安"读 a^{55} 或 ɣa^{55}。

二、韵母

韵母共有 15 个。分为单元音韵母和复合元音韵母两类。

(一) 单元音韵母

单元音韵母共有 9 个，见表 17。

表 17 单元音韵母及例词表

单韵母	例词 1	汉义	例词 2	汉义	例词 3	汉义
i	mi^{33}	米	ti^{24}	地	ti^{24}	定
u	mv̩^{33}	母	tv̩^{31}	肚	tu^{55}	东
ɛ	mɛ^{31}	妹	nɛ^{55}	奶	lɛ^{55}	冷
a	ma^{24}	骂	pha^{24}	怕	pha^{53}	胖
o	po^{31}	剥	pho^{31}	泼		
ɔ	pɔ^{55}	包	phɔ^{24}	泡	ʦhɔ^{55}	聪
ɤ	sɤ^{55}	收	thɤ^{55}	偷		
ɿ	ʦɿ^{33}	子	sɿ^{31}	时		
y	ʨhy^{33}	缺	y^{33}	雨		

说明：

1. 当地汉语方言有卷舌元音、非卷舌元音的对立，与非卷舌元音结合的声母是 ʦ、ʦh、s、z，与卷舌元音 ʅ 结合时，都读为 tʂ、tʂh、ʂ、ʐ。但哈尼族说当地汉语方言时，只有非卷舌元音一套。例如：ʦɿ²⁴“字”、ʦɿ²⁴“织”；ʦhɿ³¹“词”、ʦhɿ²⁴“吃”；sɿ²⁴“事”、sɿ²⁴“是”；zɿ²⁴“日”。

2. 元音 u 的实际读音是 v̩。例如：tu²¹～tv̩²¹“肚”。

3. 当地汉语方言中带鼻音尾的韵母，哈尼人读的时候都不带鼻音尾。例如：“聪”在当地汉语方言中读 ʦhuŋ⁵⁵，哈尼人读为 ʦhɔ⁵⁵。

(二) 复合元音韵母

复合元音韵母共有 6 个，见表 18。

表 18 复合元音韵母及例词表

复合元音韵母	例词 1	汉义	例词 2	汉义	例词 3	汉义
iu	liu³¹	刘	ȵiu³³	扭		
iɔ	thiɔ³¹	条	tiɔ²⁴	掉		
iɛ	miɛ³¹	棉	liɛ³¹	连	ȵiɛ³¹	年
uɛ	suɛ²⁴	帅	kuɛ²⁴	怪	xuɛ⁵⁵	婚
uɑ	kua³¹	刮	khua⁵⁵	夸	suɑ⁵⁵	双
uo	uo⁵⁵	窝	uo²⁴	卧		

说明：当地汉语方言的鼻音韵尾在哈尼族使用时都不发出，只有高元音 iŋ、yŋ 有时还能读出后鼻音。例如：jiŋ⁵⁵“因”、jiŋ⁵⁵“英”、yŋ⁵³“云”。

三、声调

声调共有 4 个，见表 19。

表 19 声调及例词表

声调	例词 1	汉义	例词 2	汉义	例词 3	汉义
阴平 55	mɑ⁵⁵	妈	sɿ⁵⁵	诗	khɛ⁵⁵	开
阳平 31	mɑ³¹	麻	sɿ³¹	时	mɛ³¹	门
上声 33	mɑ³³	马	sɿ³³	使	sɔ³³	扫
去声 24	mɑ²⁴	骂	sɿ²⁴	是	ti²⁴	地

说明：

1. 哈尼人说当地汉语方言的声调，用自己声调系统的 4 个调去对应。即：55 调对阴平 55；33 调对上声 33；31 调对阳平 31；24 调对去声 24。

2. 哈尼人说当地汉语方言的 4 个调，与当地汉语方言的 4 个调有严格的对应。但有的调值相同，有的调值不同。其对应关系见表20。

表20 当地汉语方言声调与哈尼人说当地汉语方言声调对照表

声调	当地汉语方言声调	哈尼人说当地汉语方言声调
阴平	55	55
阳平	53	31
上声	33	33
去声	21	24

四 绿春大兴镇哈尼族说普通话的音系

本音系的发音人是白者黑，哈尼族，1979年出生于绿春县坡头村，第一语言是哈尼语，7岁开始学当地汉语方言，14岁才能使用当地汉语方言交流；16岁开始学普通话，已能用带有哈尼腔的普通话（俗称哈尼普通话）进行交流。

一、声母

声母共有20个，见表21。

表21 声母表

p	ph	m	f	
t	th	n	l	
k	kh	x		
ʦ	ʦh	s	z	
ʨ	ʨh	ȵ	ɕ	j

例词见表22。

表22 声母及例词表

声母	例词1	汉义	例词2	汉义
p	pv̩^{53}	布	pa^{55}	八
ph	phv̩^{55}	铺	pha^{55}	趴
m	mv̩^{24}	亩	ma^{53}	骂
f	fɛi^{55}	飞	fa^{53}	发
t	tɔ^{53}	道	ta^{55}	搭
th	thɔ^{53}	套	tha^{55}	他

n	nɔ^{53}	闹	na^{24}	哪
l	lɔ^{53}	涝	la^{55}	拉
k	kɔ^{53}	告	kv̩^{55}	姑
kh	khɔ^{53}	靠	khv̩^{55}	哭
x	xɔ^{53}	号	xa^{55}	哈
ʦ	ʦɔ^{55}	糟	ʦa^{24}	杂
ʦh	ʦhɔ^{55}	操	ʦha^{55}	擦
s	sɔ^{55}	搔	sa^{24}	撒
z	zou^{53}	肉	zɔ^{24}	绕
ʨ	ʨɔ^{55}	教	ʨa^{55}	家
ʨh	ʨhɔ^{55}	敲	ʨha^{55}	掐
ȵ	ȵɔ^{24}	鸟	ȵa^{24}	娘
ɕ	ɕɔ^{24}	小	ɕa^{53}	下
j	jɔ^{24}	咬	ja^{55}	压

二、韵母

韵母共有 26 个，分为单元音韵母、复合元音韵母和鼻音尾韵母。

（一）单元音韵母

单元音韵母共有 9 个，见表 23。

表 23　单元音韵母及例词表

单元音韵母	例词 1	汉义	例词 2	汉义
i	mi^{24}	米	ti^{24}	地
u	mv̩^{24}	母	tv̩^{31}	肚
ɛ	lɛ^{24}	来	nɛ^{55}	奶
a	ma^{53}	骂	pha^{24}	怕
o	po^{55}	剥	pho^{31}	泼
ɔ	pɔ^{55}	包	phɔ^{24}	泡
ɤ	tɤ^{53}	豆	thɤ^{55}	偷
ɿ	ʦɿ^{24}	子	sɿ^{31}	时
y	y^{33}	雨	ny^{24}	女

说明：元音 u 的实际读音是 v̩。

（二）复合元音韵母

复合元音韵母有 9 个，见表 24。

表 24 复合元音韵母及例词表

复合元音韵母	例词 1	汉义	例词 2	汉义
iu	liu^{24}	刘	ȵiu^{24}	扭
iɔ	thiɔ^{24}	条	tiɔ^{53}	掉
iɛ	miɛ^{24}	棉	liɛ^{24}	连
uɛ	suɛ^{53}	甩	kuɛ^{53}	怪
uo	luo^{53}	落	xuo^{53}	货
ua	kua^{55}	刮	khua^{55}	夸
ou	ʑou^{53}	肉	sou^{55}	收
ɛi	mɛi^{53}	妹	lɛi^{53}	累
yɛ	tɕhyɛ^{55}	缺	lyɛ^{53}	略

（三）鼻音尾韵母

鼻音尾韵母共有 8 个，见表 25。

表 25 鼻音尾韵母及例词表

鼻音尾	例词 1	汉义	例词 2	汉义
iŋ	jiŋ^{55}	因	jiŋ^{55}	英
aŋ	aŋ^{55}	安	aŋ^{24}	昂
ɛŋ	kɛŋ^{55}	根	lɛŋ^{24}	冷
uŋ	xuŋ^{55}	婚	tshuŋ^{55}	聪
yŋ	yŋ^{24}	云	tɕhyŋ^{24}	群
uaŋ	kuaŋ^{55}	关	suaŋ^{55}	双
iaŋ	tɕiaŋ^{53}	降	ȵiaŋ^{24}	年
iuŋ	tɕhiuŋ^{24}	穷	ɕiuŋ^{24}	熊

说明：有的带鼻韵尾的音节，可以变读为无鼻韵尾的音节，反映了哈尼族说普通话带鼻韵尾音节时出现了不稳定的现象。如表 26 例词所示。

表 26 哈尼族说带鼻韵尾的普通话例词表

ȵiɛŋ^{21} → ȵiɛ^{21} 念
liaŋ^{53} → lia^{53} 连

三、声调

声调共有 4 个，见表 27。

表 27 声调及例词表

声调	例词 1	汉义	例词 2	汉义	例词 3	汉义
阴平 55	ma^{55}	妈	$sɿ^{55}$	诗	$khɛ^{55}$	开
阳平 24	ma^{24}	麻	$sɿ^{24}$	时	$mɛ^{24}$	门
上声 24	ma^{24}	马	$sɿ^{24}$	始	$sɔ^{24}$	扫
去声 53	ma^{53}	骂	$sɿ^{53}$	是	ti^{53}	地

说明:上声也能读出 214 调。例如:$sɿ^{24}$“始”也读为 $sɿ^{214}$。

四、哈尼人说普通话的音系与说当地汉语方言音系的对比

总的看来,哈尼人所说的普通话音系及当地汉语方言音系的声母差异不大,韵母和声调存在一定差异。

1. 韵母的差异表现在哈尼人说当地汉语方言时都不带鼻音韵尾,但说普通话时,出现后鼻音韵尾,与普通话的前鼻音韵尾和后鼻音韵尾相对应。

2. 两个音系的调值存在差异,但存在严格对应。详情见表 28。

表 28 哈尼人说汉语方言和普通话声调对照表

声调	哈尼人说当地汉语方言	哈尼人说普通话
阴平	55	55
阳平	31	24
上声	33	24
去声	24	53

五 绿春大寨小组的哈尼语音系与哈尼文对照

一、哈尼文创制和推行的历程

哈尼族历史上没有记录自己语言的文字。只在有些地区,如墨江县的癸能、碧溪一带,曾使用汉字记录当地哈尼语的符号,但并没有形成文字。新中国建立后不久,国家为了帮助哈尼族尽快提高自己的文化教育,决定为哈尼族创造拼写哈尼语的拼音文字。

从 20 世纪 50 年代初开始,中央及省里的一些民族语文工作者就开始调查研究哈尼语。1957 年,中国科学院少数民族语言调查第三工作队在广泛调查哈尼语方言、土语的基础上,经过广泛征求哈尼族各界人士的意见,决定以云南省绿春县大寨哈尼话的语音为标准音,设计以拉丁字母为基础的文字方案。这一方案共有以下 5 个特点:

1. 共有 26 个字母,其中辅音字母 20 个,元音字母 6 个。辅音字母有 Bb、Cc、Dd、Ff、Gg、Hh、Jj、Kk、Ll、Mm、Nn、Pp、Qq、Rr、Ss、Tt、Vv、Xx、Yy、Zz。元音字母有 Aa、Ee、Ii、Oo、Uu、Ww。

2. 声母表示法：浊的塞音、塞擦音、擦音用重叠字母表示，颚化加 j 表示。31 个声母的表示法见表 29（方括弧前面的是哈尼文，方括号中的是国际音标，下同）。

表 29　声母表

b [p]	p [ph]	bb [b]	m [m]	f [f]	
bi [pj]	pi [phj]	bbi [bj]	mi [mj]		
d [t]	t [th]	dd [d]	n [n]	l [l]	
z [ts]	c [tsh]	zz [dz]	s [s]	ss [z]	
j [tɕ]	q [thɕ]	jj [dʑ]	ni [ȵ]	x [ɕ]	y [ʑ]
g [k]	k [kh]	gg [g]	ng [ŋ]	h [x]	hh [ɣ]

3. 韵母表示法：紧喉元音是在松元音后加字母 v 表示。6 个韵母的表示法见表 30。

表 30　韵母表

i [ɿ]	yu [ø]	ei [e]	a [a]	ao [ɔ]	o [o]
u [u]	e [ɤ]	ee [ɯ]	ii [i]		
iv [ɿ̱]	yuv [ø̱]	eiv [e̱]	av [a̱]	aov [ɔ̱]	ov [o̱]
uv [u̱]	ev [ɤ̱]	eev [ɯ̱]	iiv [i̱]		
uei [ue]	ua [ua]	ia [ia]	ie [iɤ]	iei [iɛ]	iao [iɔ]

4. 声调表示法：声调共有 4 个。高平调 55 用字母 l 表示；低降调 31 用字母 q 表示；高升调 24 用字母 f 表示；中平调 33 不加声调字母。

5. 哈尼语与普通话相同或相近的音尽量采用与汉语拼音方案相同的字母表示，最大限度地与汉语拼音方案取得一致。这对哈尼族学习汉语有利，也便于其他民族学习哈尼语。

1958 年 7 月，哈尼文开始在红河哈尼彝族自治州的元阳、金平、红河、绿春等 4 个县推广。培训哈尼文教师，在群众和基层干部中进行哈尼文扫盲，受到哈尼族人民群众和干部的热烈欢迎。为配合哈尼文扫盲和教学工作，1957 年云南人民出版社设立了哈尼文编辑室。1958 年至 1964 年间先后出版了哈尼文读物、教科书、小词典等 24 种共 6 万余册。

云南民族大学民族语文部于 1957 年 3 月和 1960 年 9 月开办了两个哈尼文大专班，培训哈尼文人才共 60 多人。中央民族学院少数民族语言文学系于 1958 年和 1963 年先后开办了两个哈尼语文本科班，培养了哈尼语文人才 14 人。

“文化大革命”期间，由于“左”的思潮干扰，1962 年哈尼文扫盲工作以及哈尼语文的教学、扫盲、出版等工作被迫停止。直到 20 世纪 80 年代才略有恢复。1982 年在元阳县哈播村寨、1983 年在红河州民族师范学校开办过两期哈尼文培训班，共培训了 124 人。

1983 年哈尼文重新恢复推行，在推行前对哈尼文方案做了一些修改。修订后的哈尼文与原哈尼文相比主要有两个不同点：

1. 浊的塞音、塞擦音用单字母表示，不用重叠字母表示。如：浊音 b 用一个 b 字母表示。

2. 由于绿春话的不送气音只出现在紧元音上,送气音只出现在松元音上,二者构成互补,所以修订后的文字用一套字母表示。表示不送气的在元音后加字母 v,表示送气的不加 v。如:pa 表示送气,pav 表示不送气。

1984 年开始,在绿春、元阳、红河、金平等 4 个县的部分小学进行哈尼、汉双语文教学。从 1984 年至 1989 年,红河州哈尼、汉双语文教学取得了重大成绩,普及面最多达 200 多所学校 7000 多名学生;低谷期则只有 16 所学校 300 多名学生。自 1988 年开始,调整了学校和任课教师,先在有条件的学校进行试验。在试验中出现了一些双语文教学的成功典型,如绿春县的广吗小学、金平县的团坡小学等。这些学校的双语文教学取得了明显的教学效益,其入学率、及格率和巩固率都明显上升。

1986 年,绿春县广吗小学开办哈尼文学前班。学生经过半年的学习,就能掌握哈尼文。学前班的开办,为哈尼族儿童升入小学打下了必要的基础。同时,在红河、元阳、金平、绿春等县的部分哈尼族聚居区,开展了哈尼文扫盲。几年来累计有 4097 人脱盲,还出现了元阳哈播无盲村。但由于脱盲要求不高和继续巩固工作未跟上,复盲现象比较突出。这期间,红河哈尼族彝族自治州民族研究所印刷过《哈尼文报》;绿春、元阳、金平印刷过《学习哈尼文》和《求知》小报。云南民族出版社从 1984 年和 1991 年先后出版了哈尼文小学课本、词汇对照、科普和文艺读物、古籍等 20 多种,近 20 多万册。

中央民族学院于 1985 年开办过哈尼文专科班,学制两年,共毕业 11 名学生。云南省少数民族语文指导工作委员会分别于 1984 年和 1986 年,在红河哈尼族彝族自治州民族研究所开办培训班,先后约有 700 名小学公办、民办教师分别受过 1 至 3 次哈尼文培训,培训时间每次半月至 1 个月不等。云南少数民族语文指导工作委员会分别于 1984 年和 1985 年举办了两次哈尼文中级培训班。

二、哈尼文与大寨标准音的音系对照

(一) 声母

声母共有 32 个,见表 31。

表 31 声母表

国际音标	p	ph	b	m	f	
哈尼文	p-v	p	b	m	f	
国际音标	pj	phj	bj	mj		
哈尼文	pi-v	phi	bi	mi		
国际音标	t	th	d	n	l	
哈尼文	t-v	t	d	n	l	
国际音标	k	kh	g	ŋ	x	ɣ

哈尼文	k-v	k	g	ng	h	hh
国际音标	ʦ	ʦh	dz	s	z	
哈尼文	c-v	c	z	s	ss	
国际音标	ʨ	ʨh	ʥ	ȵ	ɕ	ʑ
哈尼文	q-v	q	j	ni	xi	y
国际音标						
哈尼文	w					

说明：当哈尼语声母是零声母 u、u̱ 时，哈尼文加 w 表示；当哈尼语声母是零声母 i、i̱ 时，哈尼文加 y 表示。

（二）韵母

韵母共有 26 个。

1. 单元音韵母：共有 20 个。见表 32。

表 32 单元音韵母表

国际音标	i	e	ø	a	ɔ	o	u	ɤ	ɯ	ɿ
哈尼文	i	ei	yu	a	ao	o	u	e	ee	ii
国际音标	i̱	e̱	ø̱	a̱	ɔ	o	u	ɤ̱	ɯ̱	ɿ̱
哈尼文	iv	eiv	yuv	av	aov	ov	uv	ev	eev	iiv

2. 复合元音韵母：共有 6 个。见表 33。

表 33 复合元音韵母表

国际音标	ie	ia	iɔ	iɤ	ue	ua
哈尼文	iei	ia	iao	ie	uei	ua

（三）声调

哈尼语有 4 个声调，在松元音音节上 4 个调都出现，在紧元音音节上只出现中平、低降两个调。哈尼文声调表示法：中平调不标，高平调用 l 标示，低降调用 q 标示，中升调用 f 标示。见表 34。

表 34 声调表

声调	高平调	中平调	中降调	中升调
调值	55	33	31	24
例词 1	dɔ^{55}（路）通	dɔ^{33} 穿（衣）	dɔ^{31} 钝	tɔ^{24} 道（德）
例词 2		dɔ̱^{33} 很	dɔ̱^{31} 健壮	

三、哈尼文文字样品

Hoq zaq hhyul bi aol，eel dol sivq bi daoq. Joq a yil e aqkeel maq sil，daol a li e daolciivq maq gol. Galtavq pavqzaq jav e miav yaol maq lav，galhaol luvcuv aqkeel seiq a maq tivq. Yiqma geebaq yil e noq a maq nieil，lalsav laolhyul li e noq a maq beiq.

汉语译文：吃饭长精神，喝水添血液。前往河谷脚不酸，前往深山腰不疼。路上枝叶不会来刮伤眼睛，路中石块不会来绊脚。向南到李先江不把你忘却，向北到元江县城不把你抛弃。

词注义：

Hoq zaq hhyul bi aol， eel dol sivq bi daoq. Joq a yil e aqkeel maq sil， daol a li
饭 吃 精神 让 有 水 喝 血 让 有 河谷 往 去 的 脚杆 不 酸 深山 往 去
e daolciivq maq gol. Galtavq pavqzaq jav e miav yaol maq lav， galhaol luvcuv aqkeel
的 腰杆 不 疼 路上 枝叶 有 的 眼 把 不 刮 路中 石块 脚杆
seiq a maq tivq. Yiqma geebaq yil e noq a maq nieil， lalsav laolhyul li e noq a
脚趾 往 不 绊 李先江 南部 去 的 你 把 不 忘却 元江 城市 去 的 你 把
maq beiq.
不 抛弃

六 绿春县哈尼语广播、电视的传播情况

为了了解绿春县哈尼语广播、电视的情况，调查组成员白居舟和戴宗杰于2011年8月5日，在绿春县广电局办公室，与分管哈尼语媒体传播的领导白阿强副局长，从事媒体传播的李成光、白成山、白三宝和最近聘请的哈尼语把关员白金山等进行了座谈和交流。了解到的情况如下。

一、收音站情况

1958年以前，县里指定白锦荣同志通过一部电子管7142型干电池收音机把收听到的中央人民广播电台的重要新闻节目摘抄下来，及时整理成文送给县领导参考，并在召开农村干部群众代表大会时，把各时期各级党委政府的路线方针政策用哈尼语讲给不懂汉语的哈尼族代表听。

二、绿春哈尼语广播历史及现状

绿春是地处祖国西南边陲的哈尼山乡，新中国成立以前，只有上六村和下六村之分，还没有绿春这个县名，1958年设置县制后才改为绿春县。

1958年10月，建立绿春县有线广播站，设备只有一套昆产25瓦交流电扩音机、一部九灯远程交流收音转播机、一部钟声810型台式录音机。全县4个区，44个乡，共安装舌簧喇叭60

只，县城安装高音喇叭 4 只，广播网为 493 杆公里，其中专线 1 杆公里，利用电话线 492 杆公里。1959 年元旦正式用汉语广播。

绿春县于 1967 年试办哈尼语广播，1969 年正式开播。每周播一节时间。

1970 年，出现了第一个哈尼语播音员李成光。李成光系大兴镇阿迪村委会规洞寨子的哈尼族，1944 年 8 月出生，初中文化。当时，他与一个叫李韵琴的汉语女播音员轮流值班，在老武装部所在地的一个茅草屋里工作，对着话筒直播。先后开办过的广播节目有“气象预报、绿春新闻、农业科技、民族文化”，以及转播中央广播新闻、云南新闻和文艺节目等。

哈尼语广播为直播方式。播音员李成光先看熟汉文稿件，弄懂意思，然后就坐在话筒前直接用哈尼语、汉语播出。每天播音 3 次，播出时间为早上 6：30—7：30，中午 12：00—12：30，晚上 6：30—8：30。广播开始都先播放乐曲《东方红》，然后用汉语和哈尼语轮流广播。

当时哈尼语的播音开始语言是这样的：

lu^{31} tshue^{55} ɕe^{31} kua^{33} po^{31} tsa^{24} ȵɔ^{31} ɔ^{55} ti^{24} i^{31} tshɿ^{24} kua^{33} po^{55} khe^{55} sɿ^{33} ma^{31} a^{55}.

绿春　　县 广　播 站　现在　第 一次　广　播 开始　要　了

绿春县广播站，现在开始第一次广播。

a^{31} u̱^{33} phø^{33} ɕi^{55} tha^{31} kua^{33} po^{55} ɤ^{33} do^{31} sɿ̱^{33} do^{31} dza^{31} dø^{55} na^{55} xa^{55}.

下　面　这 次　广　播　的 话语　分节那些　听取

下面请听这次广播的节目内容。

播音覆盖面，开始只能覆盖县城的居民。到了 1976 年，大兴镇多数寨子、平和乡、哈德乡（现改叫三猛乡）、牛孔乡等乡镇村委会一级都拉通了有线广播。哈尼人通过听哈尼语广播了解到了国家的大政方针，知道了国际、国内的形势变化，知道了县里有什么重要的事情。村干部要跟村民安排什么重要事情，都通过广播通知。较好地发挥了哈尼语广播作为各级党委和政府联系人民群众的桥梁和纽带作用。

20 世纪 70 年代，哈尼语广播很受哈尼族欢迎。那时，哈尼山寨普遍还是茅草房，茅屋容易引发火情，有了火情，靠广播通知群众。规洞寨子和小新寨曾经先后突发火灾，县里让广播员李成光马上用哈尼语通知附近机关干部职工和村民赶去火灾现场救火。由于扑火及时，都避免了重大损失。

白成山很欣慰地说，哈尼人很喜欢母语广播，因为听得懂，听得明白，感觉很亲切，很自然。他曾经在广播里讲解过在包谷地里施用碳酸氨和硝酸铵的方法，看不懂汉文说明的哈尼族群众，按照他的解释去给地里的包谷苗施肥，结果就丰产了。有的听众当面夸奖他，夸他在广播里教会了他们怎样施肥才好。原先，他们自以为多施化肥更好，结果适得其反，烧坏了庄稼，后来他们才明白，化肥多施少施都不好，要施得恰到好处。逢年过节都争着请他到家里喝酒。有一段时间，不少农户的耕牛脖子上生了牛皮癣，白成山就把从兽医站了解到的治愈牛皮癣的药方通过哈尼语广播介绍给村民，养牛的农户用他介绍的药方治愈了牛的病，都很感激他。

哈尼语广播，播送新闻是重点，宣传国家政策法规，传达各级党和政府以及各单位、各部门需要宣传的会议精神和文件内容，宣传农业科技。此外，还利用广播传承哈尼族传统文化，把从老一辈民间艺人那里录制的哈尼生产、生活习俗歌，如《四季生产调》、《同生同长调》、《生儿育女调》等播放给听众。播放前先用通俗易懂的哈尼语做解释和介绍，让听众听懂、听明白，从中获得民族传统文化的教育和熏陶，吸引年轻一代哈尼人，在学习汉语言文化，学习国内外先进文化的同时，继续传承和发扬本民族的优秀传统文化。

通过广播宣传，催生了一批又一批较为优秀的哈尼语年轻歌手，如阿英（大兴镇阿哲老马村人，出版过若干三弦弹唱专辑，多次参加全国残疾人文艺比赛并获奖）、李明秀（出版了《哈尼原生态民歌》）、陈丽（长期在版纳演绎哈尼语歌曲）、罗君忠羽（哈尼语吉他弹唱歌手）、阿斯通（“绿春联盟组合”的主要成员）等。

三、电视节目情况

现在，几乎每一个家庭都有了电视。为了满足哈尼族电视观众的需求，2009 年 5 月 10 日，绿春县广电局在绿春电视台开播了哈尼语新闻，成为红河州第一个开办民族语电视节目的县。

两年以来，绿春电视台哈尼语电视节目以播放绿春新闻为主，同时也开辟了“走村串寨、民语影视剧场”等节目，受到了观众的好评。

七　哈尼语（绿春）四百词测试表

测试对象的基本情况：

姓名________年龄________性别____ 民族（支系）________出生地________常住地________

第一语言________第二语言________其他语言________职业（职务）______ 文化程度______

父母的民族成分及语言使用情况：父亲________母亲________家庭语言使用情况__________

序号	汉义	国际音标	序号	汉义	国际音标
1	天	ɔ^{31}	11	河	lo^{55} ba^{31}
2	太阳	nɔ^{55} ma^{33}	12	井	lo^{55} xo̱^{31}
3	月亮	ba^{33} la^{33}	13	水田	ɕa^{55} de^{33}
4	星星	a^{31} gɯ^{55}	14	石头	xa^{31} lu̱^{33} ɣa^{31} dze^{55}
5	风	dʑa^{31} le^{55}	15	沙子	xa^{55} tshe^{55}
6	雨	ɔ^{31} ze^{55}	16	水	u^{55} tɕu̱^{31}
7	虹	be^{55} do^{55} lo^{55} tshu^{31}	17	金子	sɿ^{55}
8	雾	dʑo^{31} xø^{31}	18	银子	phju^{55}
9	山	xɔ^{55} the^{55}	19	铜	gɯ^{31}
10	洞	jo^{33} bø^{33}	20	铁	sɔ^{55}

21	锈	su^{55} ȵi^{55}
22	炭	xa^{31} ɣɤ^{31}
23	桥	lɔ^{55} dzɔ^{55}
24	坟墓	lu^{31} bɔ^{55}
25	头	u^{31} du^{31}
26	眼睛	mja̱^{33}
27	眼泪	mja̱^{33} bi^{55}
28	鼻子	na^{55} me^{55}
29	鼻涕	a^{31} be^{55}
30	耳朵	na^{31} bo^{55}
31	脖子	khɔ^{31} lɔ^{55}
32	肩膀	ba̱^{31} ta̱^{31}
33	脚	a^{31} khɯ^{55}
34	手	a^{31} la̱^{31}
35	手指	la^{31} nø^{55}
36	指甲	la^{31} sɔ^{31}
37	筋	sa^{31} gu^{31}
38	肉	sa^{31}
39	血	si̱^{31}
40	脑髓	u^{31} nɔ̱^{31}
41	骨头	sa^{31} jø^{31}
42	牙齿	sɤ^{31}
43	肺	po̱^{31}
44	心脏	nɯ^{33} ma^{33}
45	肝	tshɔ^{31}
46	胆	phi^{31} khɯ^{55}
47	屎	ɕi^{31}
48	汗	khɔ^{31} phju^{55}
49	尸体、死人	tsho^{55} si^{55}
50	人	tsho^{55}
51	男人	za^{31} jo^{33} za^{31}
52	妇女	za^{31} mi^{31} za^{31}
53	朋友	jo^{55} tɕho^{31}
54	聋子	na^{31} bo^{31}
55	结巴	lo^{31} dʑi^{31}
56	爷爷	a^{31} bo^{55}
57	奶奶	a^{31} phi^{31}
58	女婿	a^{31} za^{31}
59	孙子	ø^{31} pha^{31}
60	哥哥	a^{55} go^{31}；a^{31} mo^{55}
61	姐姐	a^{55} ba^{31}；du^{55} ma^{33}
62	嫂子	a^{31} tshu^{33}
63	伯父	da^{33} mo^{31}
64	岳父	jo^{31} pha^{31}
65	丈夫	xu^{55} dʑi^{55}
66	妻子	mi^{31} za^{31}
67	水牛	ȵu^{31} phɯ^{55}
68	黄牛	ȵu^{31} ȵi^{55}
69	犄角	khø^{55}
70	皮肤	sa^{31} gɯ^{55}
71	尾巴	dɔ^{31} mi^{31}
72	马	mo^{31}
73	山羊	a^{31} tsi̱^{31}
74	猪	a^{31} ɣa̱^{31}
75	公猪	ɣa̱^{31} pha^{31}
76	狗	a^{31} khɯ^{31}
77	兔子	tho^{31} la^{33}
78	鸡	a^{31} xa^{33}
79	鸭子	o^{31} a^{33}
80	老虎	xa^{31} la^{31}/xa^{31} zɿ^{31}
81	猴子	a^{55} mju̱^{31}
82	狗熊	xɔ^{31} ɔ^{55}
83	野猪	ɣa̱^{31} the^{31}
84	麂子	tɕhi^{55} za^{31}
85	水獭	ɯ^{55} sɔ^{55}
86	豪猪	xu^{33} phju^{55}
87	老鼠	xu^{33} tsa̱^{31}
88	松鼠	xu^{33} ba^{31}
89	猫	a^{55} mi^{55}
90	鸟	a^{55} dzi^{55}
91	老鹰	xa^{31} dze^{55}
92	猫头鹰	xu^{31} bu^{33} mja̱^{33} la̱^{31}

93	麻雀	xa^{31} dza^{55}
94	蛇	o^{55} lo^{55}
95	青蛙	xa^{31} pha^{31}
96	鱼	ŋa^{31} de^{55}
97	螃蟹	a^{55} kha^{33} a^{31} ma^{33}
98	跳蚤	khɯ^{31} se^{55}
99	苍蝇	a^{55} mo^{55}
100	蚊子	ja^{55} go^{31}
101	蚂蟥	a^{31} ɕe^{31}
102	蚂蚁	a^{55} u^{33} la^{55} de^{31}
103	鹅	o^{31} ŋø^{55}
104	蜜蜂	bja^{31} si^{55}
105	蝴蝶	a^{55} lu^{33} dza^{55} bɔ^{55}
106	蝙蝠	a^{55} khu^{33} bja^{55} ɣa^{31}
107	树	a^{55} bo^{55}
108	树根	a^{55} tɕhi^{55}
109	叶子	a^{55} pa^{31}
110	花	a^{55} je^{33}
111	水果	a^{55} si^{31}
112	核儿	a^{55} nɯ^{33}
113	芽儿	a^{55} tɕu^{33}
114	竹子	xa^{31} bo^{55}
115	竹笋	a^{55} dø^{33}
116	刺儿	a^{55} gɔ^{33}
117	桃子	si^{31} ɣɔ^{31}
118	橘子	ɕi^{31} lø^{55}
119	木瓜	a^{55} bo^{55} ma^{55} de^{33}
120	酸角	be^{33} tɕhe^{55}
121	芭蕉	a^{31} tɕhu^{55} a^{55} si^{31}
122	芒果	ma^{31} mu^{55} a^{55} si^{31}
123	甘蔗	phø^{31} tɕhu^{55}
124	向日葵	nɔ^{55} ma^{33} dɯ^{33} ɣo^{31}
125	稻草	ɣo^{33} jø^{31}
126	糯米	xɔ^{31} ȵ̥ɔ^{31}
127	种子	a^{55} zø^{31}
128	穗	tshe^{55} nɔ^{55}
129	玉米	tshe^{55} du^{33}
130	棉花	sa^{31} la^{31}
131	荞麦	ɣa^{31} le^{33}
132	萝卜	ɣo^{31} phu^{55}
133	辣椒	la^{31} phi^{55}
134	葱	se^{55} bɔ^{31}
135	盐	tsha^{31} dɤ^{31}
136	蒜	xa^{31} se^{55}
137	姜	tsha^{31} tsɿ^{31}
138	土豆	ja^{31} ju^{55}
139	红薯	mo^{31} tɕhu^{55}
140	南瓜	ma^{55} de^{33}
141	黄瓜	si^{31} xu^{31}
142	黄豆	nɯ^{33} si^{31}
143	花生	lɔ^{31} di^{55} sɤ^{33}
144	芝麻	nɔ^{31} si^{31}
145	草	dʑa^{33} ɣa^{31}
146	茅草	ɤ^{31} dʑi^{55}
147	鸡枞	xɔ^{55} lu^{55}、xɔ^{55} dza^{55}
148	木耳	dɔ^{31} ma^{33} na^{31} bo^{55}
149	米	tshe^{55} phju^{55}
150	饭	xo^{31} bjo^{31}
151	菜	ɣo^{31} tshø^{31}
152	白菜	pe^{31} tsha^{55}
153	干巴	sa^{31} ku^{33}
154	酸菜	ɣo^{31} tɕhe^{55}
155	酒	dzi^{55} ba^{31}
156	茶	la^{31} be^{33}
157	(吸)烟	ja^{33} xø^{31}
158	药	na^{55} tshi^{31}
159	线	sa^{31} khɔ^{55}
160	布	xa^{31} pha^{55}
161	衣服	phe^{55} xɔ^{31}
162	衣袖	la^{31} bɔ^{31}
163	扣子	phe^{55} si^{31}
164	裤子	la^{31} tshø^{31}

165	腰带	dʑø^{31} dzɔ^{31}	201	耙	ȵu^{31} ka̱^{33}
166	包头	u^{31} to̱^{33}	202	犁	ȵu^{31} tshe^{31}
167	帽子	u^{31} tshɔ^{31}	203	簸箕	ɣa^{55} ma^{33}
168	鞋	se^{31} nɔ̱^{33}	204	枪	mi^{31} bɤ̱^{33}
169	梳子	phe^{31} thɔ^{31}	205	弩	ka̱^{33} tɤ̱^{33}
170	戒指	nø^{55} dze^{55}	206	箭	ka̱^{31} mja^{31}
171	手镯	la̱^{31} du̱^{31}	207	书	so^{31} ɣa^{31}
172	枕头	u^{31} ɣɔ^{31}	208	歌	la^{55} ba̱^{31}
173	房子	la^{31} xø^{55}	209	力气	ɣa^{31} xa̱^{33}
174	牛圈	ȵu^{31} ku̱^{33}	210	名字	tsho^{55} mjɔ^{55}
175	墙	tsha^{31} thɔ^{31}	211	影子	a^{31} ba^{55}
176	柱子	zɔ^{55} ma^{33}	212	梦	ju̱^{31} ma̱^{33}
177	门	lu^{55} ɣu̱^{33}	213	旁边	bja^{55} dze^{55}
178	窗子	tsha^{31} bø^{33}	214	左边	dʑa^{31} tɕha^{55} phø^{33}
179	床	ɣɔ^{31} dzɔ^{33}	215	右边	dʑa^{33} ma^{55} phø^{33}
180	扫帚	ja̱^{33} phø^{55}	216	前边	me^{31} si^{33}
181	铁锅	sɔ^{55} tsha^{55}	217	后边	nɔ^{55} xɔ^{33}
182	盖子	xo^{31} phi^{31}	218	外边	la^{31} ȵi^{55}
183	茶壶	tsha^{31} xu^{55}	219	里边	la^{31} xø^{55}
184	刀	tho^{33} dʑe^{55}	220	上	a^{31} ta̱^{33}
185	碗	xɔ^{31} ma^{31}	221	下	a^{31} ɣu̱^{33}
186	筷子	dʑu^{55} da^{55}	222	今天	je^{31} nɔ^{33}
187	瓢	nɯ^{33} dzɤ̱^{33}	223	昨天	mi^{55} nɔ^{33}
188	火钳	la̱^{31} ȵɔ̱^{33}	224	前天	xu^{31} nɔ^{33}
189	吹火筒	mi^{31} dza^{31} bo^{31} lo^{33}	225	明天	nɯ^{33} so^{31}
190	扇子	bo^{33} sɤ̱^{33}	226	后天	sa^{55} phe^{31} nɔ^{33}
191	针	a^{31} ɣo̱^{31}	227	白天	nɔ^{33} ɣɔ^{55}
192	剪子	dzø^{31} da^{55}	228	早晨	ɔ^{31} so^{31}
193	伞	bu^{55} khɔ^{31}	229	晚上	ɔ^{31} tɕi̱^{31}
194	背篓	mja̱^{33} xa̱^{33}	230	日、天	nɔ^{33}
195	斧头	sɔ^{55} dzɔ^{55}	231	年	xu̱^{31}
196	锤子	di^{31} phu^{31}	232	今年	je^{31} nɔ^{33} xu̱^{31}
197	锯	sɔ^{55} su^{55}	233	去年	mi^{55} nɔ^{33} xu̱^{31}
198	锄头	tshe^{31}	234	明年	ȵi^{55} ja^{33} xu̱^{31}
199	绳子	a^{55} tsa̱^{33}	235	现在	ȵɔ^{31} ɔ^{55}
200	镰刀	je^{31} ma^{33}	236	一	tɕhi^{31}

237	二	ȵi^{31}
238	三	sɔ^{55}
239	四	ø̱^{31}
240	五	ŋa̱^{31}
241	六	ku̱^{31}
242	七	sɿ̱^{31}
243	八	ɕe̱^{31}
244	九	ɣø^{31}
245	十	tshe^{55}
246	百	ja^{55}
247	千	thɔ^{55}
248	(一)个(人)	ɣa^{31}
249	(一)个(碗)	xɔ^{31}
250	(一)粒(米)	nɯ̱^{33}
251	(一)双(鞋)	dzɔ^{55}
252	(打一)下	la̱^{31}
253	我	ŋa^{55}
254	我们	ŋa^{55} ja^{33}
255	你	no^{55}
256	你们	no^{55} ja^{33}
257	他	a^{31} jo^{31}
258	他们	a^{31} jo^{33} ma̱^{31}
259	大家	da^{55} dʑa^{33}
260	别人	su^{55} tsho^{55}/su^{55} ɣa^{31}
261	这	ɕi^{55}
262	这里	ɕi^{55} ge^{33}
263	那	ø^{55}
264	那里	o^{55} ge^{33}
265	谁	a^{31} so^{55}
266	多少	xa^{55} mja̱^{33} ne^{33}
267	大	xɯ^{31}
268	小	ȵi^{55}
269	高	go^{31}
270	矮	bjo̱^{33}
271	长	mo^{55}
272	短	ȵɔ^{55}
273	远	xɯ^{31}
274	近	ȵi^{31}
275	厚	thu^{55}
276	薄	ba^{31}
277	深	na̱^{31}
278	满	bjɔ^{33}
279	多	mja^{31}
280	弯(的)	ɣu̱^{31}
281	黑	na̱^{33}
282	白	phju^{55}
283	红	ȵi^{55}
284	黄	sɿ^{55}
285	绿	ȵu^{55}
286	重	ɕɔ^{33}
287	轻	phja^{55}
288	快	za^{55}
289	慢	lo^{33} je^{33}
290	早	na̱^{31}
291	锋利	ta̱^{33}
292	肥	tshu^{55}
293	瘦	ɕe̱^{31}
294	干	gɯ^{33}
295	湿	dʑe^{55}
296	硬	ɣɔ^{55}
297	软	nɔ^{31}
298	生(的)	jo^{33} dzɔ^{31}
299	新	sɿ̱^{31}
300	旧	jo^{33} dʑa^{33}
301	好	mɯ^{31}
302	(人)穷	tshø^{31}
303	(价钱)贵	phø^{31}
304	便宜	ja^{55}
305	热	lɔ^{55}
306	冷	ga̱^{33}
307	臭	be̱^{31} la^{31}
308	酸	tɕhe^{55}

309	甜	tɕhu^{55}
310	苦	xa^{31}
311	辣	tshi^{55}
312	咸	xa^{31}
313	（盐）淡	bjo^{31}
314	熟	mjɔ^{33}
315	涩	phe^{55}
316	干净	so^{55}
317	活（的）	jo^{33} de^{31}
318	死（的）	jo^{33} si^{55}
319	拔（草）	ɣɤ^{33}
320	耙（田）	ka^{33}
321	包（东西）	to^{33}
322	剥（花生）	lɤ^{31}
323	饱	de^{33}
324	背（东西）	ɤ^{31}
325	闭（眼）	tɕu^{31}
326	梳头	tshe^{55} khɔ^{55} ka^{33}
327	病	na^{55} xa^{31} sa^{55}
328	擦（桌子）	tɕi^{33}
329	踩	nɔ^{31}
330	插（秧）	tsu^{33}
331	拆（房子）	pja^{33}
332	缠（线）	lɯ^{33}
333	炒	lu^{55}
334	沉	nɯ^{31}
335	盛（饭）	khu^{31}
336	吃	dza^{31}
337	舂（米）	thɔ^{31}
338	出去	du^{33} ji^{55}
339	薅秧	ɕa^{55} mu^{31} mu^{31}
340	穿（衣）	dɔ^{33}
341	穿（鞋）	dzɿ^{31}
342	穿（针）	si^{55}
343	吹（笛子）	mɯ^{55}/bo^{33}
344	打（人）	di^{31}
345	打（枪）	mi^{31} bɤ^{33} bɤ^{33}
346	打瞌睡	ju^{31} ŋø^{55} ŋø^{55}
347	打哈欠	xa^{55} po^{3} po^{33}
348	打嗝儿	khɤ^{55} tɤ^{33} tɤ^{33}
349	打鼾	khɔ^{31} xɤ^{33} xɤ^{33}
350	戴（帽子）	tshɔ^{31}
351	叠（被子）	bja^{31}
352	懂	xɤ^{33}
353	读（书）	dzo^{55}
354	断（线）	tse^{33}
355	饿	me^{31}
356	放（盐）	do^{33}
357	（小鸟）飞	bjɔ^{55}
358	分	bji^{55}
359	缝	gu^{31}
360	孵（蛋）	u^{33}
361	敢（吃）	phɤ^{31}
362	干（活儿）	mi^{31} ȵe^{31} ɔ^{55}
363	割（草）	je^{31}
364	给	bi^{31}
365	够	lu^{31}
366	挂（在墙上）	pje^{33} tshɤ^{31}
367	关（门）	phi^{31}
368	害羞	sa^{31} do^{55}
369	害怕	gu^{33}
370	喝	do^{55}
371	恨	sɔ^{31}
372	换	pha^{55}
373	回去	ɣu^{31} li^{33}
374	夹（菜）	ȵɔ^{33}
375	嚼	ɣø^{31}
376	教	me^{31}
377	结婚	mi^{31} za^{31} sɤ^{31}/su^{55} mi^{55} i^{55}
378	借（钱）	pha^{55}
379	浸泡（衣服）	dɯ^{33}
380	开（门）	phɔ^{33}

381	砍(柴)	thu^{55}
382	看	xu^{33}
383	看见	mo^{55}
384	烤(火)	lɔ^{55}
385	哭	ŋø^{55}
386	买	ɣɤ^{55}
387	卖	ɔ^{31}
388	磨(刀)	si^{31}
389	呕吐	be̱^{31}
390	溶化	gɯ^{55}
391	杀	se̱^{31}
392	是	ŋɯ^{55}
393	洗(头)	u^{31}du^{31}tshi^{31}
394	像	du^{55}
395	笑	ɯ^{55}
396	休息	ɣa^{31} na^{31} na^{31}
397	养(鸡)	tɕhu^{33}
398	摇(头)	dzɿ^{31} bɤ^{55}
399	(狗)咬	ko̱^{31}
400	舀(水)	khu^{31}

八 哈尼语长篇话语材料

一

对话人：白普才，男，62岁，哈尼族佐巴白支系，生于绿春县大兴镇大寨村民小组，小学文化，现为该村村民，阿倮欧滨祭师助理，几十年未离开本地

记录地点：大寨村村民小组

记录时间：2011年7月28日

记录、整理者：白居舟

pe^{31}dʑi^{55}dzɤ^{31}：a^{55}go^{33} no^{55} mɯ^{31} ja^{33}，ŋa^{55} a^{31}lu̱^{33} pu̱^{33}the^{55} za^{55} dʑi^{55} dzɤ^{55} a^{31}u^{55}，je^{31}nɔ^{55}
白居舟： 阿哥 你 好 啊 我 阿倮 坡头 人 居舟(句尾) 今天

ŋa^{55}ja^{31} ta̱^{31}dzɔ^{31} ɔ^{55}tho^{55} pu̱^{33}ma^{33} ji^{55}ge^{33} i̱^{33} ɤ^{33} a^{31}，ga^{55}ɣu^{33} a^{31}be^{33} i^{31} tɕɤ^{33} u^{33} pa^{31} ȵe^{31} thø^{55}tha^{55}，
我们 大寨 奥托 大寨 这里 来的 是 过去 从前 1 9 5 8 年 那时

ŋa^{55}du^{33} do^{55}ȵa^{33} mi^{55}tsha^{33} i̱^{33} a^{55}ne^{33}，xa^{31}ȵi^{31} mi^{55}dɔ^{55} a^{33} ø^{31} xu̱^{31} dʑo^{55} la^{31} ɤ^{33} tsɔ^{55} ja^{55} mi^{31}
我们 东仰 地方 来 为了 哈尼 山乡 (助)4 年 在 了 的 中 央 民

tshu^{31} ta^{24}ɕo^{31} ɤ^{33} xa^{31}ȵi^{31} so^{31}mja̱^{33} a^{31}bo^{55} te^{24} tɕhi^{24} ɕa^{24} se^{55}sɤ^{33} ne^{33} sɤ^{31}tho^{33} a^{55}ne^{33} i̱^{33} u^{55}.
族 大学 的 哈尼 文字 专家 戴 庆 厦 先生 (助)带队 (连) 来 呢

ȵɔ^{31}ɔ^{55} ɤ^{33} xa^{31}ȵi^{33} do^{31} ga^{55}ɣu^{33} ɤ^{33} xa^{31}ȵi^{33} do^{31} na^{33}du^{55} du^{55} ma^{31} du^{55}、xa^{31}ȵi^{31} za^{31}zø^{31} do^{31} gɯ^{33}
现在 的 哈尼 语 过去 的 哈尼 语 一样 像 不 像 哈尼 后代 讲

lu^{55}su^{55} pha^{55} la^{55} ma^{31} pha^{55} la^{55}、pha^{55} la^{55}、ɤ^{33} xa^{55}dø^{55}、ma^{31} pha^{55} ɤ^{33} xa^{55}dø^{55} dʑa̱^{33} le^{55} na^{55}xa^{31}
特点 变 来 不 来 来 变 来 的 哪些 不 变 的 哪些 有 的 调查

dza^{31} ji^{33} u^{55}，ø^{55}me^{55}ne^{33} a^{55}go^{33} no^{55} xa^{55} xɤ̱^{33} i^{55}dø^{55} ŋa^{31} a^{33} tɕhi^{31}xe^{31} e^{55}me^{31} la^{31}.
做 来 因此 阿哥 你 所 知 那些 我 跟 请求 告知 吧

pe31 phu31 tshe31: xa31 ȵi33 do31 ŋu55 a55 le55 ŋɔ31 xa55 gɯ33 ȵa33 dø55 a55, ȵɔ31 ɔ55 zo55 ne33 ga55 ɣu33

白普才: 哈尼 语 是 啊 只要 所 讲 能 的 啊 现 在 以及 过去

gɯ33 ɤ33 tɕi55 pe33 sa24 tɕhi31 tɕha33. ø55 me55 ɤ33 mo55 ȵɔ31 ɔ55 ɤ33 za31 gu31 a31 phø55 ȵu55 nɔ33 go33 ɕe24

讲 的 基 本 上 一 样 可是 的 呢 现在 的 孩子 是 汉族 一起 县

tshe31 a33 dʑo55 la33 ŋɯ55 thɔ31 ŋɔ31, phø55 ȵu55 ȵu55 do55 ɯ55 tsɿ33 dzo55 li55 tɕa33.

城 里 在 来 是 因为 汉 语 一 些 学 去 了

thø31, da33 ma33 me31 bi31 ma31 si33 a33 ŋɔ31 za31 mɯ33 mjɔ31 ɔ55 ma31 si33 le55 e55 ɤ33 a31 me55, i31 pa55

喏 父母 吩咐 不 乱 如果 儿女 活计 不 乱 的 说 的 一样 一般

ne33 ȵɔ31 ɔ55 za31 mi33 khɯ31 ma33 li31 ȵu55 do55 nɔ55 ŋɔ55 ȵi31 do31 ma31 gɯ33 me55 du33 la55, xe31 xɤ55

地 现在 女人 儿 媳 也 汉语 只是 哈尼语 不 讲 的 出 来 祝福

xɤ55 do55 li55 ma31 na55 xa31 na33, ȵɔ31 ɔ55 ɤ33 tsho55 a55 ga55 ɣu33 tsho55 na31 du55 ma31 du55 mi31 ȵe31 ɔ55

祝词 也 不 听取 肯 现在 的 人 啊 过去 人 一 样 不 像 事情 干

ɤ33 li31 ma31 phɔ31 be33 a55, do31 sɿ3 gɯ33 ɤ33 li31 ȵi31 do31 tɕhi31 pa33 ȵu55 do55 tɕhi31 pa33 me55 du33 la55

的 也 不 同 始 了 话语 讲 的 也 哈尼语 一 半 汉语 一 半 的 出 来

dʑi55 a31 phø31 a31 da33 ne33 xa55 e55 tha31 la31 ɤ33 u55 dø55 nɔ55 ŋɔ55 ma31 e55 tha31 la31 ma31 mo55 be33 la31 ɤ33

快 祖母 祖父 由 所 说 下 来 的 那些 只是 没 说 下 来 没 见 过 来 的

mi31 ȵe31 lɔ33 ŋɔ31 phø55 ȵu55 na33 go33 ɣa33 dzo55 sɤ33 t ɕi55 sɤ33 pjɔ33 tje24 zi33 tɕi55 tje24 sɿ24 tɕi55

事情 如果 汉族 跟从 得 学 手机 手表 电视机 电影

sɤ55 zi55 tɕi55 lu31 zi55 tɕi55 tje24 thjɔ31 tje24 te55 tje24 nɔ33 ɕi55 ma55 sa31 ne33 phø55 ȵu55 do55 ma31 dzo55 ma55

收音机 录音机 电筒 电灯 电脑 这些 全部 汉语 不 学 不

tɕi55 u55 me55 ne33 ȵi31 do31 ȵu55 do55 ȵi31 tɕha33 me55 ma31 ba31 phɔ31 ma31 kha31.

能 因此 哈尼语 汉语 两 种 的 不 合拢 不 行

tsu33 jɔ31 ne33 ŋu55 a55 le55 ŋɔ31, ȵɔ31 ɔ55 ŋa55 du33 ɤ33 xa31 ȵi33 dzɿ55 le55 ga55 ɣu33 a31 be33 a31 bo55 mɔ31

主要的 是 啊 说道 现在 我们 的 哈尼 字 的 过去 从前 领袖 毛

tsu33 ɕi31 dʑo55 ɤ33 u55 tha55 na33 ka31 ɤ33, ŋa55 du33 ko31 tɕa55 xa31 ȵi33 za31 le55 tɕhi31 ba33 dʑo55 ɤ33 a31,

主 席 在 的 那时 就开始 我们 国家 哈尼 人 的 一 群 有 了 就

ɣa33 bi33 phø31 ŋa33 le55 ɤ33 mi31 ȵe31 jɔ55. to55 sɔ33 ȵe31 thɤ31 pi31 sɿ24 mɯ33 ȵa33 xu31 mi31 tshu31 ɤ33

得 让 贵 啊 是 的 事情 是 多少 年 特别 是 若干 年 民 族 的

fɔ55 su31 ɕi31 kue24 ma31 bi33 ɔ55 dza31 ɤ33 u55 tha55 ka31 ɤ33, ɯ55 tsɿ33 pje55 i55 tɕa33 a33 lo33 ma31, ve31 xua24

风俗 习惯 不 让 从事 的 那时 开始 一些 变 去掉 了是 嘛 文化

ta24 kɤ31 mi24 i55 tha55 ne33 ka31 ɤ33 ɯ55 tsɿ33 pje55 i33 tɕa33. ȵɔ31 ɔ55 ŋu55 a55 le55 ŋɔ31, xa55 ȵi31 ve31 le55

大 革命 当时 就 开始 一些 变 去掉 现在 是 啊 的 就 哈尼 文 的

e31 si33 li31 tɕhi31 tha31 xø55 fu31 xu31, xa55 ȵi31 ve31 dzo55 dʑi55 u55 le55 ŋɔ31 a55, tu31 tɕhi55 ɣø55 si55

以前 也 一次 恢复 还 哈尼文 读 都 啊 的 就 啊 非常 高兴

ɣø55 lo33 me55 dzo55 dʑi55 ɤ33 li31, tse31 sɿ24 ne33 a31 dɔ̱33 ma31 dzo55 xɤ33 ȵa33. ȵɔ55 ɔ55 li55 xø55 fu31 xu̱31

激动 的 读 都 的 也 正式 的 是 很 没 学 懂 能 现在 也 恢复 还

ɤ33 a31, dzo55 ȵa33 za31 gu31 a31 du̱33 la55 gɔ31 li55, tsa24 ŋu55 a55 le55 ŋɔ31 e31 si̱33 e55 ɤ33 a31 me55, tshe31 ɕɤ31

的 是 读 会 孩子 是 出来 多 呢 再 是 啊 的 就 刚才 说 的 一样 陈 秀

fe55 thu55 ma̱55 li55 xu31 the55 jɔ55 xa55 ȵi31 ve31 ma31 xɤ̱33 ȵa33 a31 wa33, nɔ55 xɔ33 zɔ31 ne33 ɣa33 dzo55

芬 他们 也 之前 呢 哈尼 文 不 懂 会 是哇 后来 认真 得 学

thɔ31 ŋɔ31, ȵɔ31 ɔ55 ŋɔ31 xa55 ȵi31 ve31 ɤ33 lɔ33 sɿ55 li55 gɯ33 ȵa33 thu55 me55 ŋɯ55 thɔ31 ŋɔ31 ɣa33 tsɔ31 sɿ24.

因为 现在 就 哈尼 文 的 老师 也 当 能 那样 是 因此 得 重视

ȵɔ31 ɔ55 tsi55 kɤ̱33 ne33 za31 gu31 thu55 tɕha33 ma31 lo31 si31 xe31 xɤ55 xɤ55 ɤ33 li31 ma31 na55 xa31 na33

现在 年幼 的 孩子 那 种 不 懂 还 祝词 祝 的 也 不 听取 肯

ke24 so31, la55 ba55 zi55 ɤ33 li31 ma31 na55 xa31 na33 e31 gu31 la55. ŋa55 du33 xa31 ȵi33 za31 le55 tɕhi̱31 mo55 a55

更说 酒歌 唱 的 也 不 听取 肯 唉 需要 我们 哈尼 人 的 一 个 啊

thɔ31, e31, e55 e31 e33 ga55 ɣu33 a31 be33 tsho55 mo31 za31 du33 da31 gɯ33 a31 thaɔ31, ze55 ne33 khu31 dza31

就 唉 唉 过去 从前 人 老 人 故事 讲 啊 就 雨季 矻扎扎

ma31 pje55 tɕhi̱31 ŋa33 le55, xa55 dʑi̱31 a33 ne33 ma31 pje55 tɕi̱31? ze55 ne33 khu31 dza31 ba33 la33 da̱33 a55 ne33

不 变 能 啊 的 什么 为了 不 变 能 雨季 矻扎扎 月份 上 了 就

khu31 dza31 ma31 dza31, thɤ31 bi31 sɿ̱31 gɯ33 tse̱33 li31 ma31 phɔ31. ŋa55 du33 a31 ȵa33 phø33 i55 dø55 a55

矻扎扎 不 过 特别 是 西部 也 不 同 我们 东部 面 这些 啊

ɯ55 tsɿ̱33 phɔ31, ku̱31 la33 si31 ma31 da̱33 me55 a55 khu31 dza31 ma31 dza31 ŋa33, ku̱31 la33 si31 xa55 nɔ33 da̱33

一些 同 六 月份 不 上 的 啊 矻扎扎 不 过 是 六 月 份 那 天 上

mo̱33 da̱33 mi31, ze55 ne33 khu31 dza31 ɣa̱31 zo55 xu33 le55, ku̱31 la33 si31 da̱33 ɤ33 li31 ɣa̱31 nɔ33 zo55 xu33 nɔ33

要 上 吧 雨季 矻扎扎 猪 和 鼠 的 六 月 份 上 的 也 猪 天 和 鼠 天

ma31 ŋɯ55 me55 khu31 dza31 ma31 dza31 tɕi̱31 lo33 ma31 e31 e33. u55 me55 thɔ31 thɔ31 tsho55 mo31 za31

不 是 的 矻扎扎 不 过 能 是嘛 唉 唉 那样 因此 老年 人

du33 da31 gɯ33、xe31 xɤ55 xɤ55 ɤ33 tshɔ31 na̱33 dza55 the55 a55 lɔ31 ja̱31 se55 ja̱31 le55, no55 sɿ31 jø55 ȵe31 ko55

故事 讲 祝词 祝 的 冬季 扎特 啊 龙 夜 蛇 夜 的 你 十月 年 过

ɤ33 tshe55 la33 da̱33 mo̱33 da̱33 mi31, lɔ31 nɔ33 zo55 ne33 se55 nɔ33 ma31 ŋɯ55 me55 a55 ga55 thɔ55 ma31 thɔ55

的 十 月 上 要 上 吧 龙 天 以及 蛇 天 不 是 的 啊 甘通 不 过

dza55 tɕi55 lo33 ma31. ma31 ŋɯ55 a55 ne33 nɔ55 ŋɔ55, thø31, gɯ33 tse̱33 phø33 ma̱55 e31 si̱33 ka̱31 ɤ33 xo31 sɿ31

吃 能 是嘛 不 是 为了 所以 喏 西部 面 们 前些时候就 新米节

dza31 a55, ŋa55 du33 i55 ma̱55 tse24 tsɔ55 ne33 a31 lo55 bje55 lo55 ɤ33 za31 zø31 dø55 a55, no55 nɔ33 ɣa33 tɕe33 si31,

过 了 咱们 这些 正中 的 阿保滨 祭 的 后代 们 啊 你 日子 得 捡 还

tsa55 sɿ̱31 la33 si31 ma31 da̱33 me55 xo31 sɿ̱31 ma31 dza31 tɕi̱31 a31 ua33, a31 jo33 ma̱31 jɔ55 li55 thɔ31 e31 mi55

再 七月 份 不 上 的 新米节 不 过 能 是呢 他 他们 啊呀 即 前些

ka31 ɤ33 ze31 nɔ55 a31 xɤ33 ne31 thɔ31. ø55 me55 ne33, ŋa55 du33 pjɔ55 tɕø33 a31, pjɔ55 tɕø33 i55 dø55 ma31 bi33
时候 热闹 了就是 啱 因此 就 咱们 标准 就 标准 这些 不 让
bja55 tɕi55 ŋa33 le55, tsho55 mo33 za31 thɔ55 nɔ33 du33 da31 i55 me55 gɯ33, i55 me55 gɯ33 ŋa33 e31 e55: pu33 tsu33
消失 是 的 老年 人 天天 故事 这样 讲 这样 讲 是 唉 建村
de33 tsu33 tsu33 ɤ33 u55 dø55 ɣa33 na55 xa55, tɕhi31 tsʅ55 tɕi55 tsʅ55、tɕhi31 lo33 tɕhi31 lo33 lɔ55 ŋɔ55 e55,
建寨 立 的 那些 得 听取 一 代 一 代 一 节 一 节 只 是 唉
sʅ31 tshe55 a31 phø33 du33 da31 lɔ55 ŋɔ55 thɔ31, i55 tɕha33 dʑi55 ɤ33 ga55 ɣu33 a31 be33 ka31 ɤ33 tsho55 le55 tɕha31
七十 祖宗 故事 只是 就 这种 类 的 过去 从前 就 的 人 的 谁
ma31 dʑo55 a31 ua33, du33 da31 i55 me55 tɕhue31 ɕa55 i33 a31, tɕhi31 tɔ55 tɕhi31 tɔ55 me55. ɣa31 ma33 ɣa33
不 活 是呢 故事 这样 传 下 来啊 一 道 一 道 的 寨神 得
lo55 dza31, ɤ33 li31 i55 me55 ne33 ɣa33 lo55 dza55, lo55 xo55 ɣa33 tɕa31 lo55 dza31 ɤ33 li31 thø55 me55 ne33 tɕa31
祭祀 的 也 这样 的 得 祭祀 水井 得 煮 祭祀 的 也 为此 而 煮
lo55 dza31 ɤ33 lɔ55 ŋɔ55, no55 si31 xa33 la31 jo33 pu33 kha31 thu55 ma55 a31 me55 ŋɔ31 thø31, lo55 xo55 tɕa31
祭祀 的 只是 你 西哈 腊 衣 寨子 他们 一样 就 啱 水井 煮
lo55 dza31 le55 li55 ma31 dʑa33, pa24 thu31 e31 fe24 me55 i31 phi31 pu31 ma33 pa24 phi31 jɔ31 me55 thɔ31,
祭祀 的 也 没 有 半途 而废 的 一瓶 不 满 半瓶 摇 的 即
xa31 ɲi33 za31 lɔ55 ŋɔ31 ŋɯ55 lo33 ma31. ŋa55 ja33 ji55 ma55 lɔ55 ŋɔ31 xa31 ɲi33 za33 jo33 li31 le55 tɕhi31 tɕha33
哈尼 人 确实 是 是嘛 我们 这些 确实 哈 尼 人 道理 的 一 种
tɕhi31 tɕha33 me55 bu33 lo31 ne33 ɔ55, ɲɔ31 ɔ55 lɔ31 thɤ31 bi31 sʅ31 a31 lo33 bje55 thu55 mo55 ne33 ko31 tɕa55 ne33
一 种 的 透明 的 做 现在 那 特别 是 阿倮 边 那 个 的 国家 的
li31 tsɔ31 sʅ24, xa55 ɲi31 ve31 li31 tsɔ31 sʅ24, fɔ55 su31 ɕi31 kue24 li31 tsɔ31 sʅ24, a55 ne33, ŋa55 du33 pu33 kha31
也 重视 哈尼 文 也 重视 风俗 习惯 也 重视 为此 咱们 寨子
lɔ55 ŋɔ31 xa55 dʑi31 mi31 ɲe31 li31 lo31 le55 pha55 le55 ne33 tɕhi31 dʑi31 tɕhi31 dʑi31 me55 zɔ33 ɔ55 ne33, xa55 dʑi31
确实 什么 事情 也 清清楚楚 的 一 样 一 样 的 认真 地 哪样
mi31 ɲe31 ɔ55 ɤ33 li31, u55 nɔ33 ma31 ŋɯ55 ɤ33 ŋɔ31 ma31 ɔ55 tɕi31 ŋa33. a31 phø33 phø31 ɣa55 ma31 si33, a31 da33
事情 做 的 也 那 天 不 是 的 就 不 做 能 是 祖宗 规矩 不 改 祖宗
da55 ɣa55 ma55 le55 le33, ze55 ne33 khu31 dza31 ma31 pje55 tɕi31 ŋa33, tshɔ31 na33 dza55 the55 ma55 jo55 tɕi31
纲常 不 变 的 雨季 矻扎扎 不 变 能 是 冬季 扎特 不 改 能
ŋa33 le55, ma31 pje55 tɕi31 ŋa33 le55 e55 ɤ33 a31, u55 nɔ33 ma31 ŋɯ55 ɤ33 ŋɔ31 ma31 ɔ55 tɕi31 ŋa33 le55 ɤ33, ji31 sʅ55
是 的 不 变 能 是 的 说 的 是 那 天 不 是 了 就 不 做 能 啊 是 的 意思
jɔ55 e55 ɤ33 lo33 ma31, ga31 a33 la55? tshɔ31 na33 dza55 the55 ma55 le55 tɕi31 ŋa33 le55 li55, u55 me55 ne33 e55
啊 说 的 是嘛 懂 了 吗 冬季 扎特 不 改 能 啊 的 也 为此 才 说
lo33 ma31, da33 ma33 tshe55 tsʅ55 pha55 ɤ33 la31 gɔ55 ma31 pha55, ɯ55 ɲu31 a31 ma33 tshe55 khɔ55 pha55 ɤ33
是嘛 父母 十 代 换 了 种属 不 换 水牛 阿妈 十 条 换 了

nɔ31 ɣa55 lo31 tɕhe33 da33 tsɿ31 tɕhi31 naɔ33 ma31 pha55 le55 e55 ɤ33 li31 u55 me55 ne33 e55. ɲɔ31 ɔ55 a31 phi31
足迹 田头 台阶 一 天 不 换 的 说 了 也 为此 才 说 现在 奶奶
a31 bo55 gɯ33 ɤ33 li31 u55 me55 ne33 ɣa33 gɯ33, ɲɔ31 ɔ55 no33 ja31 za31 gu31 gu31 si31, a31 kha55 a31 da33
爷爷 做 了 也 因 此 才 得 做 现在 你们 年纪 还 小 将来 阿爹
a31 ma33 ma31 dʑo55 ɤ33 ŋɔ31, no33 ja31 li31 a31 phi31 a31 bo55 tɕhi31 tha31 ɣa33 gɯ33. ɕa55 de33 tɕhi31 khɔ31
阿妈 不 在 了就 你们 也 爷爷 奶奶 一 次 得 做 水田 一 片
ɔ55 dza31 ɤ33, a31 ɲu31 tshe55 khɔ55 pha55 ɤ33 li31, mi31 the55 ne33 nɔ31 dɔ55 tha31 la31 ɤ33 lo31 tɕhe33 da33 tsɿ31
耕耘 了 牛 十 条 换 了也 从前 就 踩 通 下来 的 田头 台阶
lo33 tɕho33 lɔ55 ŋɔ55, a55 kha33 la31 ne33 le31 da33 mi31 ɤ33, a31 jo31 ma31 da33 li33 ɲa33 a31 ua33. u55 me55 ne33
沿着 只能 中间 来 从 赶 上 做 了 它 不 上 去 能 是啊 因此 就
thɔ31 ŋɯ55 dʑi55 dʑi55 me55 ma31 ŋɯ55 me55 tɕhi55 do55 li55 ma31 e55 ŋa33, xa55 ɲi31 ve31 ɕi55 mo55 li55 e31 si33
喏 真正 真的 不 是 的 一 句 也不 说啊 哈尼 文 这个 也早在
e24 li31 li31 i31 ɲe31 li31 e24 li31 sa55 ɲe31 xɤ33 ne33 li31, ta31 tse31 ɕo31 xɔ24 ɕi55 ge33 tɕi31 tsɔ55 tɕi31 tsɔ55 me55
2 0 0 1 年 2 0 0 3 年 为止 也 大寨 小学 这里 集中 集中 的
ji31 ɕɔ24 pa55 ŋa33. u55 tha55 ɯ55 tsɿ33 xɤ33 dʑi55 ɲa33 gɔ31 a31 jɔ55 li55, ɲɔ31 ɔ55 thø31 na31 ma31 ga31 sa55 ma55
夜校 办 是 那时 一些 懂 都 会 多 是呢 也 现在 喏 耳 不 闻 声 不
ga55 thɔ31, ɣo31 le31 ɣo31 ɲe55 ji55 a55 si55, ɲe55 i55 ɤ33 ŋɔ31 ɣo31 le31 ɲɔ31 ɔ55 tɕho33 pu33 xu55 ji33 ɤ33 ŋɔ31.
闻 就 重复 又 忘却 了 又 忘却 了 就 重复 现在 寻找 回来 了 就
ko31 tɕa55 si31 sɿ24 mɯ31 a55 ne33 a31 ua33 la31 a55 e55, ŋa55 du33 pu33 kha31 pu33 ma33 le55 a31 lu33 pu33 the55
国家 形势 好 因为 是啊 对 啊 唉 我们 寨子 大寨 的 阿鲁 坡头
mi55 tsha33 u31 du31, ta31 dzɔ31 sɿ31 tshe55 pu33 ma33, gɔ31 ma33 sɿ31 tshe55 sɿ55 ɣo55 le55 u55 tha31 na33 ka33
地方 头领 大寨 70 大寨 广吗 77 户 的 那时 开始
li31 the55 da33. xa55 ɲi33 ve31 tsɿ24 ko31 tɕa55 ne33 sɔ55 phø55、ko31 tɕa55 ne33 phø55 ɲu55 se55 sɤ33 ji55 tha55
就 出名 哈尼 文 字 国家 经 提倡 国家 经 汉族 先生 这次
ŋa31 tshe55 xu55 kha31 a55 ne33, ŋa55 du33 mi55 tsha33 ɣa33 dɔ55 pu33 ji33 ɤ33 xa31 ɲi33 so31 ɣa33 a31 bo55 te24
50 年 隔 因为 我们 家乡 重返 回来 的 哈尼 语文 爷爷 戴
tɕhi24 ɕa24 ne33 dɔ31 phe31 phe31, ta31 dzɔ31 ne33 e55 la55 ɤ33 ŋɔ31 a31 bo55 pe31 dʑu33 ɣɤ31 zo55 ne33 a31 bo55 lo31 su55
庆 厦 经 基础 打 大寨 从 说 来 了 就 爷爷 白 祖 额 以及 爷爷 罗 书
ve31, a31 jo33 ɲa31 ne33 u31 du31 du31, gɔ31 ma33 ne33 a31 ja31 ɕo31 tse55 lɔ33 sɿ55 ne33 ga55 sɤ55 sɤ55, a31 lu33
文 他们 俩 经 带头 带 广吗 从 是 杨 学 真 老师 经 带路 带 阿鲁
pu33 the55 ne33 a31 a31 ɲi55 dʑi55 dzɤ55 no31 ne33 ga55 tɕu33 thɔ55, ko31 tɕa55 ne33 li31 tsɿ55 tshɿ31, no33 ja31
坡头 从 是 兄弟 居舟 你 经 小路 开 国家 经 也 支持 你们
ne33 li31 nø31 gɔ55 a33 ne33 nɔ55 ŋɔ55, ma31 nø31 gɔ55 ɤ33 ŋɔ31 u55 me55 le55 ɤ33 the55 ma31 da33 a31 xɤ33 ne31.
经 也 注意 了才 所以 不 注意 了 就 那样 似的 名声不 上 了 也就

译文：

白居舟：哥哥你好！我是阿倮坡头人白居舟，这次我们来绿春大寨奥托寨子，是在中央民族大学戴庆厦老师带领下来的。戴老师早在1958年就到我们哈尼山乡东仰——绿春，前后在绿春待了4年。戴老师重返绿春，来亲眼看看哈尼寨子的变化，亲耳听听那些熟悉的哈尼语，请你就说说现在哈尼人说哈尼语和过去有什么区别，并说说大寨人学习使用哈尼文的情况。

白普才：只要是哈尼语，现在讲的和过去讲的基本上一样。然而，现在县城区域内的哈尼族后生，因为生长在县城，就跟汉族学了一些汉语。

古话说得好：不违背父母的规矩，子女的事情就不会乱套。现在不是说子女违背了父母的规矩，的确是形势在变化发展。现在，我们村里出现了个别儿媳妇不讲哈尼语的情况，就连基本的哈尼语祝福词也不愿意听，觉得别扭，觉得不如用汉语表达。现在的人跟过去的人不同，做事情也不同于过去了，讲话也不同于过去了，哈尼人讲话出现一半是哈尼语，一半是汉语的情况。只有老祖宗传下来的那些话语之外，老祖宗没有见过，没有说过的事物，只能跟汉语学，比如，手机、手表、电影、电视机、收音机、录音机、手电筒、电灯、电脑，所有新词、术语，不跟汉语学不行。因此，哈尼语和汉语两者不结合不行。

总的来说，新中国成立后，党和国家为了给哈尼人继承和发展哈尼族的语言文化，派出语言学专家学者，帮助哈尼族创造了哈尼语言文字，这是一件功德无量的好事。可是，后来搞运动，少数民族的风俗习惯受打击，特别是"文化大革命"，哈尼文的推行遇到了阻碍。后来得到恢复，2001年至2003年，在大寨民族小学集中办夜校学习哈尼文，当时很多人都参加了哈尼文培训，大寨寨门也题上了醒目的"哈尼文标准语音所在地 HAQNI SOMIAV DODSIIV ALQIL CUVDUQ"双语言文字，其中本村妇女陈秀芬是学得最好的一个，后来她还当了哈尼文老师，慕名前来绿春居住了好多年的美籍华人梁明刚夫妇及其3个子女的哈尼语都是跟她通过哈尼文学会的。

因此，哈尼语和哈尼文都要重视。现在年幼的孩子还不懂这些，起码的祝福词语都不懂，更不要说那些深奥的传统民歌。作为一个民族，语言文字那肯定是需要的，民族文化肯定是需要的。老人说雨季过矻扎扎节规定的日子和习俗不能改变，为什么不能改变呢？就是说不到农历六月不过这个节日，但也不是说一到农历六月就可以过这个节，祭祀阿倮欧滨的绿春大寨以东的十几个村寨哈尼族，过六月年时间，必须是农历六月之内的第一个属猪日和属鼠日，虽然月份到了，但是这个属相的日子不到还不行。老人说冬季过扎特特节（十月年）日子不变，即过十月年时间必须是属龙夜和属蛇夜，不到这个属相的日子不能过。大寨以下西部的哈尼族寨子，前些日子就过了新米节，而我们正宗的祭祀阿倮欧滨的哈尼人，不到农历七月是不过新米节的，而且还要选吉日。因此，我们自古就沿袭下来的这些节日习俗、民族文化不能改变，老人经常这么叮嘱我们，建村立寨的那些规矩都要遵守，只能一代一代相传，世世代代遵守，只有七十代祖先的故事，没有谁能够见到长生不老的人。祭寨神是祖先传下来的，祭水井神也是祖先传下来的，我们今后依然要遵守祭寨神和水井神等乡风民俗，像西哈腊衣（大寨下面的一个哈尼寨子），虽说是哈尼族，但是却已经不再祭祀水井神了，这样半途而废，一瓶不满半瓶摇的做法我们不喜欢。我们大寨至今还保留着传统的哈尼习俗，做什么习俗都清清楚楚、明明白白。保持语言文字也好，保持民族文化也好，现在国家也很重视，特别是阿倮欧滨以及哈尼族长街古宴等文化习俗，在绿春县委政府的精心打造下，不仅保持完好，而且得到了发扬，成为远近闻名的哈尼族品牌。

祖宗的规矩不改，祖宗的纲常不乱，雨季矻扎扎节不改，冬季十月年不变，父母更替了十代，父母传下来的银饰不变，耕牛更换了十条，老牛踩出来的台阶和道路不变，如果不让耕牛走老路，让它从没有路的田中央上去是上不去的，所有的道理都这样，没有道理的规矩和习俗，老祖先是不会制定的。

因此，我们非常虔诚地信奉祖先传下来的古老而优秀的传统文化。同时，我们哈尼人也要跟上时代的步伐，不仅要学好哈尼语、哈尼文，更要学好汉语和汉文化。在哈尼文的创制和推行的历程中，今天来的哈尼文之父戴庆厦老师，是哈尼人民必须永远铭记的汉族高级知识分子，在参与创制和推行哈尼文的先驱者之中，大寨有两位老人做出了贡献，一位是已故的白祖额老师，一位是还健在的罗书文老师；在绿春双语文的教学实践中，广吗小学的杨学真老师做出了贡献，在年轻的哈尼语广播工作者中，坡头人阿舟做出了艰苦的努力。所有这些为哈尼语言文字工作做出努力和贡献的人们，我们都要牢记和学习。

二

对话人：杨学真，男，62 岁，哈尼族行农宗支系，生于绿春县大兴镇大寨村广吗村民小组，小学文化，小学高级教师，现退休在家主要从事种植业。

记录地点：广吗村民小组

记录时间：2011 年 8 月 1 日

记录、整理者：白居舟

pe^{31} dʑi^{55} dzɤ^{31}：a^{55} go^{33} no^{55} mɯ^{31} ja^{33}，ŋa^{55} je^{31} nɔ^{33} gɔ^{31} ma^{33} pu̠^{33} kha^{31} la^{55} ɤ^{33} a^{31}，no^{31} ɤ^{33}

白居舟： 阿哥 你 好 啊 我 今天 广吗 寨子 来 的 是 你 的

nɔ^{33} go^{33} gɔ^{31} ma^{33} xa^{31} ȵi^{31} do^{31} sɿ̠^{33} na^{55} xa^{31} dza^{31} la^{55} u^{55}. a^{55} go^{33} no^{55} xa^{55} xu̠^{31} de̠^{31} la^{55}，xa^{55} me^{55}

跟 广吗 哈尼 语言 听取 做 来 啊 阿哥 你 哪 年 生 来 怎么

xɯ^{31} la^{55} le^{55} ɤ^{33} du^{33} da^{31} gɯ^{33} a^{55} ne^{33}，ŋa^{31} a^{33} tɕhi^{31} xe^{31} bi^{33} na^{55} xa^{31} e^{31} la^{31}？

大 来 的（连）故事 讲 为了 我 让一下 给 听取 好吗

ja^{31} ɕo^{31} tse^{55}：ɔ^{31}，ŋa^{55} ŋɯ^{55} a^{55} le^{55} ŋɔ^{31}，ŋa^{55} du^{33} xa^{31} ȵi^{33} za^{31} ɤ^{33} ŋa̠^{31} je^{33} ku̠^{31} tshe^{55} ti̠^{55} bjɔ^{33}

杨学真： 好 我 是 啊 的（助）我们 哈尼 人 的 五 轮 61 满

la^{31} ɤ^{33}，ȵu^{31} tɕhi^{31} xu̠^{31} ɕe̠^{31} la^{33} si^{31} ɤ^{33} tshe^{55} ɕe̠^{31} nɔ^{33}，ȵu^{31} nɔ^{33} thø^{55} nɔ^{33} de̠^{31} la^{55} la^{31} ɤ^{33}，kɔ^{55} li^{31}

了 的 牛 一 年 8 月 份 的 18 日 牛 日 那 日 生 来 了 的 公历

i^{31} tɕɤ^{33} sɿ^{24} tɕɤ^{33} ȵe^{31} tshe^{55} la^{33} si^{31} ɣø^{31} nɔ^{33} gɔ^{31} ma^{33} pu^{33}kha^{3} ne^{33} de^{31} la^{31} ɤ^{33}，xa^{31}ȵi^{33} za^{31} ŋɯ^{55}
1 9 4 9 年 10 月份 9 日 广吗 寨子 从 生 了 的 哈尼 人 是

a^{55}，tsho^{55} me^{55} mo^{55} ɤ^{33} bø^{55} ma^{33} si^{31}nɔ^{31} tsho^{55}，tɕha^{33} jo^{33}mo^{55} xo^{31}me^{55} mo^{55} ɤ^{33} xo^{31}sa^{55} ja^{31}
了 人 丁 旺 的 人 大 行农 人种 种属 家庭 旺 的 家庭 杨

dʑa^{33} a^{55}ɣo^{55} le^{55} lo^{33}ma^{33} nɔ^{55}ŋɔ^{31}. so^{31} ɣa^{31} dzo^{55} u^{55} le^{55} ŋɔ^{31} ɕɔ^{33}ɕo^{31} nɔ^{55}ŋɔ^{55} ma^{31} a^{33} dzo^{55} ja^{33}，
姓 门户 的 是嘛 然而 书 本 读 啊 的 却 小学 只是 不 得 读 啊

tsɿ^{31}tshe^{55} lɔ^{55} ŋɔ^{31} ɕɔ^{33}ɕo^{31} kɔ^{55}tɕi^{31} tɕɔ^{24}sɿ^{55} phi^{31} la^{31} ɤ^{33}，so^{31}ɣa^{31} me^{31} ɤ^{33} ŋɯ^{55} u^{55} le^{55} ŋɔ^{31} gɔ^{31}ma^{33}
职称 而 却 小学 高级 教师 评 了 的 书 教 的 是 啊 的 却 广吗

mi^{55}tsha^{33} me^{31} ɤ^{33}. i^{31} tɕɤ^{55} u^{33} tɕɤ^{33} ȵe^{31} ne^{33} i^{31} tɕɤ^{55} lu^{31} u^{33} ȵe^{31} tɕɤ^{33} jue^{31}，lu^{31}tɕhue^{55} ɕe^{24} ta^{31}ɕi^{55}
地方 教 的 1 9 5 9 年 从 1 9 6 5 年 9 月 绿春 县 大兴

ɕɔ^{33}ɕo^{31} so^{31}ɣa^{31} dzo^{55}，i^{31} tɕɤ^{55} lu^{31} lu^{31} ȵe^{31} ne^{33} i^{31} tɕɤ^{55} tshi^{31} pa^{31} ȵe^{31} sɿ^{31}e^{24} jue^{31} xɤ^{33}ne^{33}
小学 书 读 1 9 6 6 年 从 1 9 7 8 年 12 月 为止

gɔ^{31}ma^{33} ɕɔ^{33}ɕo^{31} so^{31}ɣa^{31} me^{31}，nɔ^{55}xɔ^{33} lu^{31}tɕhue^{55} ɕe^{24} tɕɔ^{31}sɿ^{55}tsi^{31}ɕu^{55}ɕo^{31}ɕɔ^{24} ȵi^{31} xu^{31} dʑo^{55}. i^{31}
广吗 小学 书 教 后来 绿春 县 教师进修学校 两 年 在 1

tɕɤ^{33} pa^{31} sɿ^{24} ȵe^{31} sɿ^{24} jue^{31} ne^{33} i^{31} tɕɤ^{33} tɕɤ^{33} tɕɤ^{33} ȵe^{31} xɤ^{33}ne^{33} gɔ^{31}ma^{33} xa^{55}xa^{24} sua^{55} ju^{33}ve^{31}
9 8 4 年 4 月 从 1 9 9 9 年 为止 广吗 哈汉 双 语文

sɿ^{31}je^{24} ɕo^{31} ɕo^{31} a^{33} so^{31}ɣa^{31} me^{31}，mi^{31}the^{55} tɕɔ^{31}tɔ^{24}tsu^{33}ze^{24} gɯ^{33}，nɔ^{55}xɔ^{33} ɕɔ^{24}tsa^{33} gɯ^{33}. ɕi^{55}
实验 学 校 在 书 教 首先 教导主任 任 后来 校长 任 这

ɣo^{55}tɕha^{33} i^{31} tɕɤ^{33} pa^{31} sɿ^{24} ȵe^{31} pa^{31} jue^{31} zo^{55}ne^{33} i^{31} tɕɤ^{33} pa^{31} u^{33} ȵe^{31} pa^{31} jue^{31} ȵi^{31} xu^{31} tɕhi^{31}te^{31}
里面 1 9 8 4 月 8 月 以及 1 9 8 5 年 8 月 两 年 连续

xɔ^{31}xo^{31} tsɤ^{55} mi^{31}je^{31} so^{33} a^{33} xa^{55}ȵi^{31}ve^{31} phe^{31}si^{31}pa^{55} a^{33} xa^{31}ȵi^{31} so^{31}ɣa^{31} dzo^{55}，nɔ^{55}xɔ^{33} li^{31}
红河 州 民研 所 在 哈尼文 培训班 在 哈尼 书 读 后来 也

kue^{55}mi^{31} ji^{31}ɕi^{55} zo^{55}ne^{33} mɔ^{31}tsɿ^{31} a^{33} xa^{31}ȵi^{31} so^{31}ɣa^{31} ø^{31} tha^{31} ɣa^{33} dzo^{55}. i^{31} tɕɤ^{33} tɕɤ^{33} tɕɤ^{33} ȵe^{31}
昆明 玉溪 以及 蒙自 在 哈尼 书 4 次 得 读 1 9 9 9 年

sɿ^{31}e^{24} jue^{31} thø^{31}ɕu^{55} nɔ^{55}xɔ^{33} ȵɔ^{31}ɔ^{55} xɤ^{33}ne^{33} a^{55}bo^{55} ɕa^{33} dza^{31}，sa^{55}mu^{31} a^{55}bo^{55} ɕa^{33}、dɤ^{31}xɤ^{31}
12 月 退休 以后 现在 为止 树木 种 吃 杉木 树木 种 草果

la^{31}pe^{33} ɕa^{33}、tsɤ^{31}po^{31} a^{31}me^{55} ɕa^{33}. a^{31}nu^{33} xa^{31}ȵi^{31} ɣɔ^{55}xo^{31}je^{55}lu^{55} so^{31}ɣa^{31} li^{31} bu^{31} xɔ^{55} dza^{31} si^{31}.
茶叶 种 板栗 核桃 种 另外 哈尼 口传文化 书籍 也 写 帮 吃 还

ŋa^{31} ɤ^{33} mi^{31}su^{55}za^{55} ŋɯ^{55} a^{55} le^{55} ŋɔ^{31} pe^{31}so^{55}tshɤ^{55} le^{55} gu^{55}，la^{31}xø^{55} a^{33} mi^{31}ȵe^{31} ɔ^{55} dza^{55}，
我 的 爱人 是 啊 的 就 白梭抽 的 叫 家 在 活计 干吃

za^{31}jo^{33} a^{31}ji^{31} ja^{31}kø^{24}xua^{31} la^{31}xø^{55} a^{33} mi^{31}ȵe^{31} ɔ^{55} dza^{55}、tsha^{31}ji^{55} tɕa^{55}kɔ^{55} dza^{31}，za^{31}jo^{33} ȵi^{31} ɣa^{31}
儿子 老大 杨贵华 家 在 活计 干吃 茶叶 加工 吃 儿子 二 个

le^{55} ɣa^{55} a^{55} le^{55}ŋɔ^{31} ja^{31}kø^{24}jɤ^{33}，lɔ^{33}sɿ^{55} gɯ^{33} ta^{31}si^{55}ɕɔ^{33}ɕ^{31}. a^{33} so^{31}ɣa^{31} me^{31}，sɔ^{55} ɣa^{55} le^{55} ɣa^{55} ŋɯ^{55}
的 个 啊 就是 杨贵有 老师 当 大兴小学 在书 教 三 个 的 个 是

a^{55} le^{55} ŋɔ^{31} ya^{31} kø^{24} mi^{31}，ɕe^{24} we^{33} tsu^{33} tsɿ^{31} pu^{24} fu^{31} pu^{24} tsa^{33}，ȵɔ^{31} ɔ^{55} ɕe^{24} ze^{31} sɿ^{24} tɕi^{31} tɕi^{31} tsa^{33}
啊 就是 杨贵明 县委 组织部 副部长 现在 县 人事局 局长
gɯ^{33}，za^{31} li^{33} a^{31} ja^{31} li^{31} le^{55} ŋa^{33}，la^{31} xø^{55} a^{33} mi^{31} ȵe^{31} ɔ^{55} dza^{55}. ŋa^{31} ɤ^{33} jo^{31} ma^{33} pe^{31} dzɔ^{55} jɤ^{55}
当 老幺 是 杨麟 的 是 家 在 活计 干 吃 我 的 岳母 白忠优
ɣø^{31} tshe^{55} ŋa̱^{31} xu̱^{31} dze^{31} a^{55}，tsho^{55} mo^{31} mo^{31} ma^{33} ŋɯ^{55} a^{55} ŋa^{31} ɤ^{33} a^{55} ba^{33} ja^{31} ku^{31} tshɤ^{55}，sɿ̱^{31} tshe^{55}
95 岁 多 了 老人 老 大 是 了 我 的 姐姐 杨谷抽 70
jo^{33} dze^{31} bjɔ^{33} a^{55}，tsho^{55} mo^{55} mo^{31} a^{55}. ŋa^{31} ɤ^{33} jo̱^{31} ɣo̱^{31} ɤ^{33} tsho^{55} a^{31} so^{55} li^{55} gɔ^{55} tɕhu^{33} ne^{33} ɔ^{55} dza^{55}
多些 满 了 老人 老 了 我 的 家庭 的 人 谁 都清白 地 干吃
xo̱^{31} do^{55} mo̱^{55}，a^{31} so^{55} ɤ^{33} mi^{31} ȵe^{31} a^{31} so^{55} zɔ^{33} zɔ^{33} ne^{33} ɔ^{55} dza^{55} ŋa^{33}. ŋa^{31} ɤ^{33} xɔ^{31} se^{55} xa^{55} phø^{31} dze^{31}
汲 喝 愿 谁 的事情 谁 好好 的 干吃 是 我 的 荣誉 最 珍贵
ɤ^{33} a^{31} i^{31} tɕɤ^{33} tɕɤ^{33} i^{31} ȵe^{31} zi^{31} na^{31} se^{33} mi^{31} tshu^{31} jy^{33} we^{31} ɕe^{55} tsi^{24} tɕɔ^{24} jɤ^{31} kɔ^{55} tso^{31} tse^{33} bi^{33} gɯ^{33}
的 是1 9 9 1 年 云南 省 民族 语文 先进 教育 工作者 让 当
ji^{55} mo^{55} ŋɯ^{55} a^{55}.
这个 是 了

pe^{31} dʑi^{55} dzɤ^{31}：a^{55} go^{33} no^{55} xa^{31} ȵi^{33} so^{31} ɣa^{31} xa^{55} me^{55} dzo^{55} be^{33} ua^{55}，dzo^{55} ja^{55} ŋa^{31}? ma^{31}
白居舟： 阿哥 你 哈尼 书 怎么 读 始 啊 读 易 吗 不
dzo^{55} ja^{55} ŋa^{31}? no^{55} xɔ^{33} no^{55} gɔ^{31} ma^{33} ɕɔ^{33} ɕo^{31} a^{33} xa^{31} ȵi^{31} so^{31} mja̱^{33} xa^{55} me^{55} me^{31} dza^{31}，phø^{55} ȵu^{55}
读 易 吗 后来 你 广吗 小学 在 哈尼 文字 怎么 教 吃 汉族
so^{31} mja̱^{33} nɔ^{33} go^{33} tɕhi^{31} gɔ^{33} ɣo^{31} xa^{55} me^{55} me^{31} dza^{31} ua^{55}?
文字 跟 一起 又 怎么 教 吃 啊

ja^{31} ɕo^{31} tse^{55}：ŋa^{55} i^{31} tɕɤ^{33} pa^{31} sɿ^{24} ȵe^{31} pa^{31} jue^{31} tɕe^{24} sø^{33} li^{33} a^{55} ne^{33} xa^{31} ȵi^{33} so^{31} ɣa^{31} ba^{33} la^{33}
杨学真： 我 1 9 8 4 年 8 月 建水 去 了 从 哈尼 书 月
tɕhi^{31} si^{31} dzo^{55}，thø^{55} tha^{55} dzo^{55} be^{33} be^{33} li^{33} tɕhi^{31} tha^{33} ŋɯ^{55} a^{55}，me^{31} ɤ^{33} lɔ^{55} sɿ^{55} a^{55} ta̱^{31} dzɔ^{31} ɤ^{33}
一 月 读 那时 读 开始 （助）一 次 是 了 教 的 老师 啊 大寨 的
a^{55} su^{55} be^{31} dʑu^{33} ɣɤ^{31}、tsi^{55} phi^{31} ne^{33} la^{55} ɤ^{33} xo^{31} pi^{33} khue^{55} lɔ^{33} sɿ^{55}、xɔ^{31} xo^{31} tsɤ^{55} mi^{31} tshu^{31}
阿叔 白祖额 金平 从 来 的 何 炳 坤 老师 红河州 民族
je^{31} tɕɤ^{31} so^{33} tsa^{55} phe^{31} tsɿ^{55} lɔ^{33} sɿ^{55}，a^{31} jo^{33} dø^{55} ne^{33} me^{31} la^{31} ɤ^{33} ŋɯ^{55} a^{55}. xa^{31} ȵi^{33} we^{31} xa^{24} jy^{33}
研究所 张佩芝 老 师 他们 些 由 教 来 的 是 了 哈尼文 汉语
phi^{55} zi^{55} na^{33} du^{55} du^{55} la^{55} ŋa^{55}，dʑo^{31} dzo^{55} dʑo^{31} lo^{31} la^{55}，ba^{33} la^{33} jo^{33} si^{31} dzo^{55} thɔ^{31} ŋɔ^{31} dzo^{55} xɤ̱^{33}
拼音 一般 像 来 是 一读 就会 来 月 整月 读 之后 读 懂
a^{55}. ø^{55} me^{55} ɤ^{33} li^{31} me^{31} dzu^{33} ne^{33} dzo^{55} xɤ̱^{33} mja̱^{33} ne^{33} dzo^{55} xɤ̱^{33} nɔ^{55} ŋɔ^{55}，nɯ^{33} ma^{33} ne^{33} ma^{31} dzo^{55}
了 虽然如此 口头 从 读 会 眼睛 从 读 会 只是 心 从 没 读
xɤ̱^{33} si^{31}. nɔ^{55} xɔ^{33} xa^{55} dzo^{55} dzo^{55} xa^{55} bu̱^{31} bu̱^{31} thɔ^{31} ŋɔ^{31}，nɯ^{33} ma^{33} ne^{33} li^{31} dzo^{55} xɤ̱^{33} a^{55}. ȵɔ^{31} ɔ^{55}
会 还 后来 尽量 读 尽量 写 所以 心 从 也 读 会 了 现在

xa^{31} ȵi^{33} do^{31} nɯ^{33} ma^{33} ne^{33} xa^{55} me^{55} nø^{31} du^{33} xa^{55} me^{55} xa^{31} ȵi^{33} so^{31} mja^{33} ne^{33} bu^{31} du^{33} ȵa^{33}，dzo^{55}
哈尼 话 心 由 怎么 想 出 怎 么 哈尼 文 用 写 出 会 读
ɤ^{33} li^{31} su^{33} ne^{33} dzo^{55} ȵa^{33}，phø^{55} ȵu^{55} so^{31} mja^{33} dzo^{33} ɤ^{33} na^{55} du^{55} me^{55} dzo^{55} du^{33} tɕi^{31} a^{55}.
的 也 熟练 读 会 汉族 文字 读 的 一般 样 读 出 会 了

xa^{31} ȵi^{31} so^{31} ɣa^{31} dzo^{55} ja^{55} le^{55} li^{55} e^{55} zo^{33}，ma^{31} dzo^{55} ja^{55} le^{55} li^{55} e^{55} zo^{33}. xa^{31} ȵi^{31} do^{31} su^{33} ne^{33}
哈尼 书 易读 的 也 可说 不 易读 的 也 可说 哈尼 话 熟练
gɯ^{33} ȵa^{33} ɤ^{33} ŋɔ^{31}，ȵi^{31} dzɿ^{55} dzo^{55} ɤ^{33} a^{31} ja^{55} ŋa^{33}，ȵi^{31} do^{31} ma^{31} gɯ^{33} ȵa^{33} me^{55} ȵi^{31} dzɿ^{55} dzo^{55}
讲 会 的就 哈尼文 读 的就易是 哈尼话不 讲 会 的 哈尼文 读
ɤ^{33} a^{31} a^{55} tsɿ^{33} sø^{31} ŋa^{33}，dɔ^{33} dzo^{55} sø^{31} ɤ^{33} a^{31} ma^{31} ŋɯ^{55} ŋa^{33}.
的就有些 难是 很 难读 的就不 是 啊

xa^{31} ȵi^{31} so^{31} mja^{33} dzo^{55} xɤ^{33} nɔ^{55} xɔ^{33}，ŋa^{55} do^{55} ȵa^{33} so^{31} ɣa^{31} me^{31} ɤ^{33} mi^{31} ȵe^{31} xu^{33} lɯ^{33} dza^{31} ɤ^{33}
哈尼 文字 读 会 以后 我 东仰 书 教 的 事情 管理(词缀) 的
ɕɔ^{55} ma^{33} a^{31} bo^{55} ne^{33} mi^{31} xe^{55} xe^{55} thɔ^{31} ŋɔ^{31}，gɔ^{31} ma^{33} dzo^{55} jɔ^{55} a^{33} xa^{31} ȵi^{31} so^{31} mja^{33} me^{31} dza^{31}. ku^{31}
大屋 阿爷 由 吩咐事情 因此 广吗 学校 在哈尼 文字 教 吃 6
xu^{31} ɤ^{33} za^{31} gu^{31} la^{33} go^{33} a^{31} sa^{31} ne^{33} xa^{31} ȵi^{31} so^{31} mja^{33} me^{31} mi^{31}. gɔ^{31} ma^{33} za^{31} gu^{31} a^{31} so^{55} li^{55}
岁 的 孩子 跟 是 全部 哈尼 文字 教（助） 广吗 孩子 谁 都
ȵi^{31} do^{31} gɯ^{33} ȵa^{33}，ø^{55} me^{55} ne^{33} ȵi^{31} dzɿ^{55} dzo^{55} ɤ^{33} lo^{31} li^{33} ȵa^{33}，dzo^{55} xɤ^{33} ja^{55}. i^{31} ȵe^{31} tɕi^{31} ɣo^{55} tɕhe^{33}
哈尼语 讲 会 因此 哈尼文 读 的明白 能 读 懂 易 一年 级 里面
ȵi^{31} do^{31} zo^{55} ne^{33} ȵu^{55} do^{55} tɕhi^{31} ko^{33} de^{33} ne^{33} me^{31} mi^{31}. ȵu^{55} do^{55} a^{55} xa^{24} jy^{33} phi^{55} zi^{55} ne^{33}
哈尼语 以及 汉语 一般 平 的 教（助） 汉语 则 汉语 拼音 用
me^{31} mi^{31}，xa^{31} ȵi^{31} so^{31} mja^{33} ne^{33} ȵu^{55} do^{31} ɤ^{33} ȵi^{31} do^{31} me^{31} mi^{31}，ȵi^{31} do^{31} ne^{33} ȵu^{55} do^{55} me^{31} xɤ^{33}，
教（助） 哈尼 文字 用 汉语 的哈尼语 教（助） 哈尼语 用 汉语 教 会
thø^{31} ȵu^{55} do^{55} thai^{51} jaŋ^{35} le^{55} me^{31} mi^{31}，ȵi^{31} do^{31} a^{31} nɔ^{55} ma^{33} le^{55} me^{31} mi^{31}，ȵu^{55} do^{55} ma^{31} xɤ^{33}
如 汉语 太 阳 的 教（助） 哈尼语 则太阳 的 教（助） 汉语 不 会
za^{31} gu^{31} dʑo^{31} ŋɔ^{31} thai^{51} jaŋ^{35} le^{55} nɔ^{55} ma^{33} jɔ^{55} e^{55} ɤ^{33} ja^{33} le^{55} nø^{31} xɤ^{33} ȵa^{33}，ma^{31} ŋɯ^{55} ɤ^{33} ŋɔ^{31}
孩子 立刻就 太 阳 的 太阳 的 说 的 啊 的 理解 会 不然 的 就
ȵu^{55} do^{55} tɕhi^{31} do^{31} me^{31} xɤ^{33} mo^{31} ɤ^{33} li^{31} dɔ^{33} sø^{31} ŋa^{33}. e^{24} ȵe^{31} tɕi^{31} za^{31} gu^{31} la^{33} go^{33} a^{31} ȵu^{55} do^{55}
汉语 一 句 教 会 要 的 也 很 难 是 二 年 级 孩子 跟 则 汉语
tshe^{55} bi^{55} ɤ^{33} ku^{31} bi^{55}，ȵi^{31} do^{31} tshe^{55} bi^{55} ɤ^{33} ø^{31} bi^{55} me^{31} mi^{31}；sa^{33} ȵe^{31} tɕi^{31} za^{31} gu^{31} la^{33} go^{33} a^{31}
十 分 之 六 分 哈尼语 十 分 之 四 分 教(助) 三 年 级 孩子 跟 则
ȵu^{55} do^{55} tshe^{55} bi^{55}，ɤ^{33} sɿ^{31} bi^{55} ȵi^{31} do^{31} tshe^{55} bi^{55} ɤ^{33} sɔ^{31} bi^{55} me^{31} mi^{31}；sɿ^{24} ȵe^{31} tɕi^{31} za^{31} gu^{31}
汉语 十 分 之七 分 哈尼语 十 分 之 三 分 教(助) 四 年 级 孩子
la^{33} go^{33} a^{31} ȵu^{55} do^{55} tshe^{55} bi^{55}，ɤ^{33} ɕe^{31} bi^{55} ȵi^{31} do^{31} tshe^{55} bi^{55} ɤ^{33} ȵi^{31} bi^{55} me^{31} mi^{31}；u^{33} ȵe^{31} tɕi^{31}
跟 则汉语 十 分 之八 分 哈尼语 十 分 之二 分 教(助) 五 年 级

za^{31} gu^{31} la^{33} go^{33} a^{31} ȵu^{55} do^{55} tshe^{55} bi^{55} ɤ^{33} ɣø^{31} bi^{55}, ȵi^{31} do^{31} tshe^{55} bi^{55} ɤ^{33} tɕhi^{31} bi^{55} me^{31} mi^{31}. lu^{31}
孩子 跟 则汉语 十 分之九 分 哈尼语 十 分之一 分 教(助) 六
ȵe^{31} tɕi^{31} za^{31} gu^{31} a^{31} sa^{31} ne^{33} ȵu^{55} do^{55} ne^{55} me^{31} mi^{31}, i^{55} tha^{55} ŋɔ^{31} ȵi^{31} do^{31} ma^{31} me^{31} ɤ^{33} li^{31} ȵu^{55} do^{55}
年 级 孩子 则全部 汉语 用 教(助) 那时 就 哈尼语 不 教 的 也 汉语
na^{55} xa^{55} ȵa^{33} a^{55}.
听得懂 了

a^{31} nu^{33} tɕhi^{31} tɕha^{33} ŋa^{55} gɔ^{31} ma^{33} pu̠^{33} kha^{31} ne^{33} ɔ^{31} tɕi̠^{33} ji̠^{31} pa^{55} sɔ^{31} ba^{33} me^{31} be^{33}. ȵu^{55} do^{55}
另外 一 种 我 广吗 寨子 在 晚上 夜班 三 班 教 过 汉语
ma^{31} dzo^{55} be^{33} la^{31} ɤ^{33} xa^{31} mi^{33} za^{31} nɔ^{55} u^{55} dø^{55} xa^{31} ȵi^{31} so^{31} mja̠^{33} xa^{55} me^{55} me^{31} xa^{55} me^{55} dzo^{55},
没 读 过 来 的 女人 年轻 那些 哈尼 文字 怎么 教 怎么 读
a^{31} jo^{33} dø^{55} a^{31} nu^{33} tɕhi^{31} dʑi̠^{31} ma^{31} nø^{31}, nø^{31} gɔ^{55} a^{55} ne^{33} bu̠^{31} ɤ^{33} li^{31} i^{55} mo^{55} bu̠^{55} dzo^{55} ɤ^{33} li^{31},
他们 些 其他 一 样 不 想 注意 因为 写 的 也 这个 写 读 的 也
i^{55} mo^{55} dzo^{55} ɤ^{33} ŋɯ^{55} thɔ^{31} ŋɔ^{31}, xa^{31} ȵi^{31} so^{31} ɣa^{31} xa^{55} dzo^{55} xɤ̠^{33} ȵa^{33} ɤ^{33} tsho^{55} gɯ^{33} da̠^{33}.
这个 读 的 是 所以 哈尼 书 最 读 会 能 的 人 当 上
se^{33} jy^{33} ɣø^{33} xo^{31} pi^{33} khø^{55} lɔ^{33} sɿ^{55} za̠^{31} i̠^{33} a^{55} ne^{33} sa^{55} xu^{33} ji^{33} ɤ^{33} tu̠^{31} tɕhi^{55} tɕhɤ^{31}, a^{31} jo^{31} li^{31} xa^{31} ȵi^{31}
省语委 何炳坤 老师 下来 为此 调查 来 的 非常 信 他 也 哈尼
so^{31} ɣa^{31} dzo^{55} za^{31} ȵi^{31} sɔ^{31} thɔ^{55} ɣa^{55} me^{31} ɤ^{33} gɔ^{31} ma^{33} xa^{31} mi^{33} za^{31} nɔ^{55} u^{55} dø^{55} mje̠^{33} ne^{33} dzo^{55} ȵa^{33}
书 学生 二 三 千 个 教 的 广吗 女人 年轻 那些 样 的 读 会
ɤ^{33} ma^{31} mo^{55} be^{33} si^{31} le^{55} e^{55} ŋa^{33}.
的 没 见 过 还 的 说道

译文：

白居舟：阿哥，你好！今天我来广吗寨子是想听听您说的哈尼语，先请介绍一下您的个人简历和家庭情况，好吗？

杨学真：好的。我属牛，出生于 1949 年 8 月 9 日，是广吗寨子生长的哈尼族，属于人丁兴旺的哈尼族行农宗支系、家庭和睦的杨氏门宗。读书只读到小学毕业，职称却评到小学高级教师，一直在广吗小学教书。1959 年至 1965 年 9 月在绿春县大兴小学读书，1966 年至 1978 年 12 月在广吗小学任教，后来在绿春县教师进修学校工作了两年。1980 年 4 月至 1999 年在广吗哈汉双语文实验学校任教，任过教导主任和校长。其间，于 1984 年 8 月和 1985 年 8 月先后两次到红河州民研所参加过两次哈尼文培训。后来，又到昆明、玉溪以及蒙自等地先后参加过 4 次哈尼文培训。1999 年退休后在家从事种植业，我种了杉木、草果、茶叶、板栗和核桃等经济作物，长势良好，成为较有影响的种植能手。此外，我还参与了《哈尼族口传文化译著全集》的编译工作。

我的爱人叫白梭抽，在家务农；大儿子杨贵华，在家务农，还加工茶叶；二儿子杨贵有，在大兴小学任教；三儿子杨贵明曾任县委组织部副部长，现任县人事局局长；小儿子杨麟，在家务农。我的岳母白忠优，已是95岁高龄的老人；我的姐姐杨谷抽，是70多岁的老人。我的家庭成员都很清白，都任劳任怨从事自己的工作。1991年，我被评为云南省民族语文先进教育工作者，这是我一生最珍贵的荣誉。

白居舟：阿哥，您是什么时候学会哈尼文的，您觉得学哈尼文容易吗？您是怎样从事哈尼语、汉语双语教学的？

杨学真：1984年8月我去建水学了一个月的哈尼文，教我的老师是大寨的叔叔白祖额、金平县来的何炳坤老师以及红河州民研所的张佩芝老师。哈尼文和汉语拼音相似，一学就会拼读，学了一个月就会了。虽然如此，用眼睛会看了，口头上会读了，可是心里还不熟练。后来尽量多读，尽量多写，心里也就熟练起来。现在，心里怎么想哈尼语就会用哈尼文怎么写出来，读哈尼文也像读汉文一样熟练了。

哈尼文可以说既好学又不好学。哈尼语讲得熟练的人学哈尼文就容易，不会讲哈尼语的人，学哈尼文就有些困难，但也不是特别难学。

熟练掌握了哈尼文之后，我被绿春县教育局安排在广吗小学从事双语教学。教6岁的学前班孩子学习哈尼文，偶尔教几个汉语词汇。广吗的孩子都会讲哈尼语，能读懂哈尼语文。一年级的学生，哈尼语和汉语的教学各占一半，汉语用汉语拼音拼读，把汉语的词义用哈尼文写出来，如汉语“太阳”用汉语拼音 tàiyáng 来拼读，并用哈尼文“naolma[$nɔ^{55}$ ma^{33}]”注释，这样一来，孩子就能立刻知道“太阳”这个词，否则，对于不懂汉语的哈尼族孩子而言，教会一句汉语也是很困难的。二年级的学生，汉语占十分之六，哈尼语占十分之四；三年级，则汉语占十分之七，哈尼语占十分之三；四年级，则汉语占十分之八，哈尼语占十分之二；五年级，则汉语占十分之九，哈尼语占十分之一。到了六年级，学生基本上听得懂汉语了，就全部用汉语教学。

此外，我在广吗曾经办过三个夜校扫盲班。教村子里那些从来没有学过哈尼语文的年轻妇女，我怎么教，她们就怎么学，一门心思地学，写的是哈尼文，读的是哈尼语，所以，她们成为哈尼文学得最好的人。云南省语委何炳坤老师下来调查并核实了这个事情之后很佩服，他说他教过数千人学习哈尼文，却没有看到过比广吗这些哈尼女人学得还好的人。

三

xa^{31}ȵi^{31} xu̠^{31}ma^{33} ga^{55}thɔ^{55}
哈尼　大年　甘通

讲述者：卢保和，男，56 岁，哈尼族哈欧支系，生于绿春县大兴镇岔弄村委会倮别新寨村民小组，大学学历，绿春县博物馆馆长

记录地点：绿春县博物馆

记录时间：2011 年 8 月 6 日

记录、整理者：李泽然、白居舟

xa^{31}ȵi^{31} xu̠^{31}ma^{33} ga^{55}thɔ^{55}，a^{55}ȵu^{55} xu̠^{31}ma^{33} dʑo^{31}dza^{31}. tshe^{55}la^{33} ga^{55}thɔ^{55} xu̠^{31} ɤ^{33} la^{33}mi^{31}
哈尼　过年　甘通　汉族　过年　春节　十月　甘通　年　的 尾月

ma^{31}，ŋɯ^{55} tshe^{55}la^{33} ga^{55}thɔ^{55} xu̠^{31} ɤ^{33} dɔ^{31}phe^{31}. ŋa^{33} ŋa^{55}du^{33} xa^{31}ȵi^{31} ga^{55}thɔ^{55} pu̠^{33} ɤ^{33} ŋɔ^{31}
不　是　十月　甘通　年　的 根基　是 我们　哈尼　甘通　过　了 就

xu̠^{31}sɿ^{31} da̠^{33} u^{55}na^{31}. tshe^{55}la^{33} xɤ̠^{33} ɤ^{33} ŋɔ^{31} tɕhi^{31} xu̠^{33} mjɔ^{31}kha^{55} ɔ^{55}lɯ̠^{33} sa^{31} a^{55}，ø^{55}me^{55}ne^{33}
新年　上　了啊　十月　到　了 就　一　年　农活　收尾　完　了　为此

tshe^{55}la^{33} ga^{55}thɔ^{55} le^{55} tɕhi^{31} xu̠^{33} mjɔ^{31}ma^{33} ga^{55}sɿ^{31} ɣa^{33} thɔ^{55} pu̠^{33}li^{33}la^{31} ɤ^{33}. tɕhi^{31} xu̠^{31} a^{31}
十月　甘通　的　一　年　大事　新路　得　开　翻过去　的　一　年　则

xu^{31}de̠^{31}sɿ̠^{31} ɤ^{33}kha^{55} li^{55} lu̠^{33}，ɣɔ^{55}de̠^{55} dzø^{31}ɕɔ^{33}bø^{55} li^{55} lu̠^{33}，nɔ^{31}de̠^{31} la^{55}sa̠^{33}dze^{31} li^{31} lu̠^{33}. tshe^{55}
开始生　庄稼　都 全　中间生 人丁　都 全　最后生 禽畜　都 全　十

la^{33} ga^{55}thɔ^{55} lɔ^{31}ja̠^{33} se^{55}ja̠^{55} le^{55} e^{55}ɤ^{33}a^{31}，xa^{31}ȵi^{33} ba^{33}la^{33} tshe^{55} la^{33}si^{31} ɤ^{33} mi^{31}the^{55}the^{55}li^{33} lɔ^{31}
月 甘通　龙夜　蛇夜　的 说的是　哈尼　月　十　月份　的 第一个　龙

nɔ^{33} zo^{55} se^{55} nɔ^{33} ne^{33} ga^{55}thɔ^{55} ɣa^{33} thɔ^{55} dza^{55}，lɔ^{31} nɔ^{33} a^{31} xu̠^{31}ø^{55}，se^{55} nɔ^{33} a^{31} xu̠^{31}sɿ^{31}，
日　和　蛇　日　以　甘通　得　过　吃　龙　日　则 旧年　蛇　日　则 新年

phø^{55}ȵu^{55}za^{31} ɤ^{33} sa^{55}sɿ^{31} wa^{33}se^{55} zo^{55}ne^{33} ta^{24}ȵe^{31} tshu^{55}i^{31} le^{55} e^{55} ɤ^{33} na^{33}go^{33} tɕhi^{31}tɕha^{33} ŋɯ^{33} a^{55}.
汉族　的 三十　晚上　以及　大年　初一　的 说 的 跟　一样　是　了

xa^{55}dʑi̠^{31} a^{55}ne^{33} ga^{55}thɔ^{55} ɣa^{33} thɔ^{55} ȵi^{55}? ga^{55}thɔ^{55} ma^{31} thɔ^{55} ɤ^{33} mjɔ^{31}xe^{55}dza^{55}xe^{55}
什么　为了　甘通　得　过　呢　甘通　不　过　就　生产生活

ma^{31}xe^{55}tɕi̠^{55}，mjɔ^{31}bi̠^{33}dza^{55}bi̠^{55} ma^{31}bi̠^{31}tɕi̠^{31}. tɕhi^{31} pu̠^{33} xɯ^{31} ɤ^{33} mi^{55}gu^{31} tsho^{55}xɔ^{55} da^{33}ma^{33} ne^{33}
不 安 排 能　劳动生活　不 吩咐 能　一　寨　大　的 咪谷　代表　父母　由

ɕi^{55}me^{55} e^{55}tha^{55}，pu̠^{33}sa^{55}sa^{55}ɤ^{33} pu̠^{33}dʑi̠^{31}dʑi̠^{31}，xo̠^{31}sa^{55}sa^{55}ɤ^{33} xo̠^{31}dʑi̠^{31}dʑi̠^{31}；tɕhi^{31} pu̠^{33} sa^{55} ɤ^{33}
这样　叮嘱　村寨兴旺　人声鼎沸　家庭兴旺　热气腾腾　一　寨　好　的

lu^{31} du^{31} bø^{33} lø^{33} tɕhi^{31} dzɔ^{55}，tɕhi^{31} ɣo^{31} sa^{55} ɤ^{33} xo^{31} sa^{55} da^{33} ma^{33} ȵi^{31} ɣa^{31}. tɕhi^{31} xu^{31} bɯ^{55} du^{33}

鼓 锣 一 双 一 家 好 的 家 好 父母 二 个 一 年 日出

ɔ^{31} dza^{31} sɔ^{31} ja^{55} ku^{31} tshe^{55} ŋa^{31} nɔ^{33}，tɕhi^{31} xu^{31} ba^{33} la^{33} tshe^{55} ȵi^{31} a^{31} si^{3}：tshe^{55} la^{33}、tshe^{55} ti^{55}、

天数 365 天 一 年 月 12 个月 十月 十一

xu^{31} ø^{55}、dʑo^{31} dza^{31}、dʑo^{31} ȵi^{33}、sɔ^{31} la^{33}、ø^{31} la^{33}、ŋa^{31} la^{33}、ku^{31} la^{33}、sɿ^{31} la^{33}、ɕe^{31} la^{33}、ɣø^{31} la^{33}、

十二 正月 二月 三月 四月 五月 六月 七月 八月 九月

tshe^{55} la^{33}. tshe^{55} la^{33} xu^{31} sɿ^{31} dza^{31}，tshe^{55} la^{33} ga^{55} thɔ^{55} thɔ^{55}，a^{31} ɣa^{31} se^{31}，xɔ^{31} thɔ^{31} the^{55}，a^{31} phø^{31}

十月 十月 新年 过 十月 甘通 过 猪 宰 粑粑 磕 祖宗

bɔ^{31} gɯ^{55} a^{33} dza^{55} xɤ^{55} xɤ^{55}，wu^{31} du^{31} thɔ^{31}，da^{31} u^{31} kha^{55} thɔ^{55} pu^{3} ma^{33} ɤ^{33} pu^{33} dzø^{31} ɣø^{55}，mi^{55} u^{31}

神龛 在 祭品 作 头 磕 人间 千谷 大寨 的 首领 爱 地下

tsha^{31} na^{31} a^{31} ma^{33} ɣø^{55}，tshɔ^{31} dzø^{31} a^{31} phø^{31} ga^{33} si^{33} u^{31} zu^{55} ɣø^{55}. a^{31} xu^{31} za^{31} mi^{31} gu^{55} zo^{55} ɣa^{33} bi^{33}

擦那阿玛神 爱 冬神 祖宗 嘎醒吴如神 爱 姑妈 女儿 邀请 得 让

dza^{31}，du^{55} ma^{33} me^{55} nɔ^{55} gu^{55} zo^{55} ɣa^{33} bi^{33} do^{55}；a^{31} xu^{31} za^{31} mi^{31} dza^{31} ɤ^{33} ma^{31} ɣɔ^{55}，du^{55} ma^{33}

吃 姊妹 弟兄 邀请 得 让 喝 姑妈 女人 吃 的 不 尽 姊妹

me^{55} nɔ^{55} dza^{31} ɤ^{33} ma^{31} sa^{31}.

弟兄 吃 的 不 绝

phø^{31} lo^{31} je^{55} ɕa^{33} xa^{31} ȵi^{31} xu^{31} ma^{33} ga^{55} thɔ^{55} thɔ^{55} la^{55} ba^{31} ba^{31} do^{31} ɕi^{55} me^{55} gɯ^{33} ŋa^{33}：

祖先 传下 哈尼 大年 甘通 过 民歌 歌词 这么 讲道：

tsho^{55} tɕho^{55} a^{31} ji^{33} me^{55} nɔ^{55}，tsho^{55} ɣø^{55} a^{31} da^{33} pha^{31} za^{31}；sɿ^{31} tsɿ^{31} a^{31} phø^{31} tɕhi^{31} ɣa^{31} ma^{31}

朋友 长子 兄妹 朋友 父亲 父子 七 代 祖先 一 个 不

mo^{55}，sɿ^{31} tshe^{55} a^{31} phø^{31} je^{55} ga^{31} ɣa^{33} gɯ^{33}. ŋa^{55} du^{33} xa^{31} ȵi^{31} phø^{31} li^{31} ma^{31} pha^{55}，da^{33} ma^{33}

见 七 十 祖先 故事 得 讲 我们 哈尼 规矩 不 变 父母

ɣɔ^{55} dʑo^{55} dʑa^{33}；de^{33} ta^{33} a^{55} ȵu^{55} ma^{31} pha^{55} ȵu^{55} do^{31} so^{31} bu^{31} dʑa^{33}；de^{33} ɣu^{31} bi^{31} tshɔ^{31} ma^{31} pha^{55}，

习俗 有 坝子 汉族 不 变 汉语 文字 有 河边 傣族 不 变

tshɔ^{31} do^{31} so^{31} bu^{31} dʑa^{33}. de^{33} ɣu^{31} bi^{31} tshɔ^{31} xu^{31} gɯ^{33} za^{31} nɔ^{55}，de^{55} ta^{33} a^{55} ȵu^{55} la^{33} gɯ^{33} za^{31} ji^{31}.

傣语 文字 有 河边 傣族 纪年 年轻 坝子 汉族 纪月 长子

ŋa^{55} du^{33} xa^{31} ȵi^{31} nɔ^{33} so^{55} da^{33} ma^{33}，da^{33} ma^{33} ɣɔ^{55} do^{31} xu^{31} a^{33} ma^{31} pha^{55} tɕi^{31}，da^{33} ma^{33} je^{55} lu^{55}

我们 哈尼 纪日 父母 父 母 规矩 首先 不 变 能 父母 习俗

nɔ^{31} a^{33} ma^{31} le^{31} tɕi^{31}. xa^{31} ȵi^{31} bø^{55} de^{55} nɔ^{55} ma^{33} ɣa^{31} me^{55}，xa^{31} ȵi^{31} bø^{55} dʑo^{55} a^{55} kha^{33} tɕhi^{31} xo^{31}.

后面 不 乱 能 哈尼 诞生 诺玛 阿美 哈尼 生活 中间 一 家

ŋa^{55} du^{33} do^{55} ȵa^{33} za^{31} zø^{31} sa^{55} zo^{55} la^{55} sa^{33} za^{31} lɔ^{55} li^{55}，ŋa^{55} du^{33} a^{31} lo^{33} ɯ^{55} bi^{55} lo^{55} ɤ^{33} za^{31} zø^{31} ŋa^{33}.

我们 东仰 后裔 幸福 红河 人民 是 我们 阿倮欧滨 祭祀 后裔 是

ȵa^{33} xɔ^{31} sa^{55} zo^{55} ku^{31} pu^{33} nɔ^{33} ma^{33} ɯ^{55} me^{55} dʑo^{55} ɤ^{33} ku^{31} dzɔ^{31}，ɣo^{33} mo^{31} ga^{55} sɤ^{31} mɯ^{31} zo^{55}

东部 好的 六寨 太阳 水源 在 的 六 村 中央 领导 好 则

do33 gɯ33 za31 nɔ55 sa55 me55 dʑo55 li55，jo31 bo33 de33 ja55 mɯ31 zo55 nɔ55 xɔ33 xo31 dza31 lu̱31 me55 dʑo55

南部 人民 幸福 在 是 自家 田地 好 则 后面 吃饭 够 的 在

li33. dzɔ55 u̱31 dzø31 ma33 lɯ55 dɯ55 ma31 pha55 li55，dzɔ55 ɣɔ55 phi55 ma33 ba31 be31 ma31 pha55 li55，

是 寨头 首领 传统 不 变 是 寨中 祭司 胡子 不 换 是

dzɔ55 dɔ31 tɕi̱31 ma33 lɯ55 dɯ55 ma31 pha55 li55，pu̱33 dzø31 dzø31 ma33 dzu55 ba55 dʑo55 li55，pu̱33 xɔ55

寨尾 工匠 技能 不 换 是 村寨 头领 中坝 在 哩 寨中

mi55 gu31 za31 ji̱31 dʑo55 li55. xɯ31 za31 me31 ma33 dzu̱31 ɤ33 xa31 ȵi31 tsho55 bɔ33 su55 sa55 dʑo55 li55，

咪谷 长子 在 是 妯娌 姑嫂 全 的 哈尼 聚居 人家 在 哩

tshe31 dɤ̱33 mja̱33 sɔ55 dzu̱31 ɤ33 je55 sa55 nɔ55 ŋa̱31 xo̱31 kha31 dʑo55 li55. da33 bɔ33 lu̱33 me55 dʑo55 ɤ33 nɔ33

锄头 刀具 全 的 原生 黎民 百姓 在 呢 父系 全 的 在 的 白

lo33 sa31 le31 su55 ɣa31 bɔ55 dze55 ɣa33，ma33 bɔ33 lu̱33 me55 dʑo55 ɤ33 ma33 lo31 xɔ31 ɔ55 su55 ɣa31 tɕhi31 xe31

昼 撵猎 别人 份额 得 母系 全 的 在 的 妇女 做衣 别人 一下

phɔ31. pu̱33 sa55 sa55 ɤ33 pu̱33 dʑi31 dʑi31，xo̱31 sa55 sa55 ɤ33 xo̱31 dʑi31 dʑi31 me55 dʑo55 li55；tɕhi31 pu̱33

同 寨子吉祥 得 寨子热闹 门户吉祥 得 户主热闹 的 在 哩 一 寨

sa55 ɤ33 lu31 du31 bø33 lø33 tɕhi31 dzɔ55，tɕhi31 ɣo̱31 sa55 ɤ33 xo̱31 sa55 da33 ma33 ȵi31 ɣa31；da33 ma33 ȵi31 ɣa31

好 的 鼓 锣 一 对 一 户 好 的 家 好 父母 两人 父母 两人

a55 kha33 za31 nɔ55 sa55，ɯ55 ma33 ȵi31 lo55 a55 kha33 ŋa31 za31 dzɤ31；de33 xɔ31 sa55 ɤ33 a31 phe55 je̱33，

里面 孩子 快乐 大江 两条 里面 鱼儿 旺 院子 平得 梨树 花开

de33 ɣɔ55 sa55 ɤ33 be31 be31 je̱33；lo55 thɔ33 thɔ31 di31 je̱33 ma33 bu31 dzɔ55 je̱33，dɔ55 a33 xɔ55 dɔ55 ɣe31 ma33

原野 好得 白白 花开 谷底 妥底 大花 鲜花 开 深山 森林 樱桃

je̱33 dza31 je̱33. xu̱31 mɯ31 xu̱31 tshi55 thɔ31 la33 tɕhi31 xu̱31，la33 mɯ31 la33 tshi55 tshe55 la33 tɕhi31 si31，

鲜花 开 吉祥年 年份 兔子 一 年 吉祥月 月份 十 月 一 个

nɔ33 mɯ31 nɔ33 dza31 se55 le55 tɕhi31 nɔ33. xa31 ȵi31 xu̱31 ma33 ga55 thɔ55 xɤ̱33，de33 ɣa31 za31 nɔ55 ɔ55 dze33

吉祥日 日子 属蛇 一 天 哈尼 大年 甘通 到 玩耍 孩子 陀螺

si31 za31 te̱33，pu̱33 tsu̱33 pha31 mo31 xu31 a33 dza55 xɤ55 xɤ55. de33 ɣa33 za31 nɔ55 nɔ55 xɔ33 u31 du31 thɔ31，ȵi31

小个 打 建村 老人 之前 祭品 摆 玩耍 孩子 之后 头 叩 两

la̱31 bo33 ɤ33 xe31 e55 mjɔ55，ȵi31 khɯ55 bo33 ɤ33 phɔ31 lo31 tu̱33. nɔ55 xɔ33 za31 zø31 nɔ31 dzɔ33 mjɔ55 sa55，

手 有 得 作揖 两 脚 有 得 膝盖 叩 后代 子孙 儿女双全

nɔ55 xɔ33 tu̱33 mi55 za31 zø31 tu̱33 dzɤ31. sɔ31 pje̱33 kha55 lu̱33，sɔ31 pje̱33 bø55 lu̱33，sɔ31 pje̱33 dze31 lu̱33，xu31

后代 叩得 子孙 叩 旺 三道 谷 全 三重 人 全 三代 禽畜 全 前

de̱31 sɿ31 kha55 lu̱33；kha55 de̱31 kha55 ma33 dzɔ55，kha55 de̱31 tshe55 so55 ȵɔ31 lo31 dzu̱31；xu31 tsu̱33

生 七谷 全 谷 生 大春 全 谷 生 饭谷 和 糯米 全 先 栽

kha55 za31 pa̱31 dʑu33 mi55 the55 sɤ33，nɔ31 tsu̱33 kha55 ma33 na31 ne55 u31 dzɔ33 si31 dzɔ31 lu̱33；ɣo31 dzø31

小春 叶茂 山坡 生 后 栽 大春 末梢 头顶 籽粒 全 俄最

dza31 ɤ33 kha55so55 du33，sɿ31phi55 dza31 ɤ33 kha55ma33ne33u31 du33；su55ta33 za31mɯ31 dza31 ɤ33

吃 的 香谷 出 石批 吃 的 大春作物 出 世间 儿女 吃 的

tshe55ȵi55 ɣo33jø31 a55si31 du33，thɔ55bi31bi31tshɔ31 la55 ɤ33 dza31lu55 ɣa33，de33ta33 a55ȵu55 la55 ɤ33

红谷 稻草 子实 出 千百个傣族 来 了 食物 有 坝子 汉族 来 了

dza31du31 dʑa33；thɔ55bi31bi31tshɔ31 ȵi31 do55 ȵi31 je33，de33ta33 a55ȵu55 ȵi31dza31ȵi31lɔ31；ɣɔ55 de31

吃处 有 百个傣族 越 喝 越 多 坝子 汉族 越吃越富 中 生

dzø31ɕo33 bø55，bø55 de31 mi31so55 ɕo33lo33 dzu31；za31mɯ31 ɕɔ55ma33 tɕhu55lu55 thɔ55，za31dʑo55

灵长类 人 人 生 女人和 男人 全 儿女 堂屋 蜜语 开 儿女

ɕɔ55ma33 lo33kha31 bjɔ33 lo55gɯ33tshɔ31 za31mɯ31 se55ɣa55 dʑa33，xu55tsu33ɣɔ31bɔ55 za31mɯ31 se55du31

堂屋 房间 满 左侧火塘边 儿女 玩耍处 有 支砌的楼板 儿女 娱乐处

dʑa33. phø31bi31mɯ31 ɤ33 jo33tɕha33 ŋɯ55 zo55，tɕhu55la55mɯ31 ɤ33 a31bja31 ŋɯ55 zo55ne33；ɣo55mo31

有 品种好 的 种属 是 了 品位高 的 蜜蜂 是 了呢 中央

dzø31za31mɯ31 zo55 xa31ȵi31 bø55dʑo55 sa55 ȵa33 a33，a31ɣo55 mɯ31 zo55 xa31ȵi31 pu33 xɔ31tɕhi31 nɔ31 de31

领导 好 了 哈尼 生活 好 会 了 官员 好 了 哈尼 有 荣誉 后 生

la55，sa33dze31 lu33 dzɔ55ȵu31 dze31 de31，phø55ma33 dzɔ55 dze31 dʑo55；phɤ31si31 de33xɔ31 bjɔ33

了 禽畜 全 牛 畜 生 公母 对 畜 在 村寨 原野 满

dze31mɯ31 la55 zo55，ga55ɣɤ33 sø55 la31ɣu33 pju55sɿ55 la55ɤ33 sa33xɔ31 bjɔ33；nɯ33ma33 xa55 nø31

禽畜 来 了 道路 畅 腰包 金钱 来得 秤盘 满 心 所 想

so55dza55 la55，la31lo33 xa55 ɔ55 nɯ33nø31 tsha31；ɔ31ma31 su55thɔ55 lɤ31xɤ33，xa55 xɤ33 mi55a33 bi33

如意 来 手杆 所 作 心意 合 天空 千人 篾帽 所 戴 之处 给

ɣø31，mi55ma33 su55tshi55 pja31 a33nɔ31 du31，xa55 nɔ31 mi55 a33 bi33 sa55 tɕhɔ55ua55.

盖 大地 千人 足迹踩处 所 踩 之处 给 平安 能 了

译文：

哈尼十月年

哈尼族过年在农历十月，汉族过年在春节。哈尼十月不是年尾，哈尼十月是年根。哈尼族过了十月年（哈尼语 ga55thɔ55“甘通通”）就意味着新的一年开始了。此时，一年的农活已经结束，新一年的农活即将开始，要安排新年的活计，要开辟新年的路子。过去的一年，五谷杂粮都已丰收，人畜也两旺。哈尼族十月过大年的日子一定要选在农历十月的第一个属龙和属蛇的日子，就像汉族过除夕和大年初一一样。

哈尼族在农历十月过大年的用意在于总结一年来的生产、生活情况，安排来年的农事。哈尼族寨神林的祭师咪谷这么叮嘱：寨子吉祥安宁，家庭兴旺发达。一个寨子喧闹的源头是一对锣鼓，一个家庭幸福的源泉在于父母。一年 365 天，一年 12 个月，十月、十一月、十二月、正月、二月、三月、四月、五月、六月、七月、八月、九月。农历十月"甘通通",过大年,宰猪、磕糯米粑粑、祭祖、叩头,取悦管辖农业的农神,取悦地下保佑庄稼的"擦那阿玛"神,取悦十月冬神"嘎醒吴如",邀请祖神回来过年,邀请出嫁的女人回娘家来过年,姑妈来了吃不尽,姊妹来了吃不完。

哈尼族"甘通通",过大年的传统酒歌歌词里说道:

哈尼十月过大年
友爱的兄弟姐妹
亲爱的父老乡亲
不见活七代的祖先
但闻传七十代祖先的故事
谁也没有看见过活了十代的祖先
但要编织十代祖先的传闻

友爱的兄弟姐妹
亲爱的父老乡亲
咱们哈尼不能改变的有祖先传下的规矩
汉族不能改变的是文字记载的历史
傣族不能改变的是傣文记载的习俗
喜欢河水的傣族是纪年的老二
喜欢坝子的汉族是纪月的老大
咱们哈尼祖先定下记日的规矩
祖先纪年的规矩不能改变
祖先记日的习俗不能更改

友爱的兄弟姐妹
亲爱的父老乡亲
党中央的政策开明
汉族的智慧仁慈
咱们哈尼生活在向阳的山坡
半山腰是我们哈尼的家园
咱们东仰幸福的哈尼
我们是祭祀阿倮欧滨的后裔
祖父东仰奠定的六个寨子
祖母瑙玛择好水源的六个地盘
在党中央制定的惠民决策感召下得以安居

耕耘着良田肥地丰衣足食
寨子上方头领的位置没有改变
寨子中间祭司的位置没有改变
寨子下方工匠的位置没有改变
有全村的能人村王
有祭神的祭司咪谷
有妯娌以及弟媳和哥嫂配合默契的家庭
有锄具和刀具配备齐全的家庭
有与父亲比肩的儿子捕猎能够与别人同等分享
有与母亲合心的女儿纺织裁剪和穿戴与别人相同
村寨兴旺人声鼎沸
家庭和睦人气旺盛
一村祥和有配对的锣鼓
一家幸福有成双的父母
父母双全儿女安康
两河交汇鱼虾兴旺
梨花掩映美丽的村庄
山花点缀清新的原野
托蒂花团锦簇在河底
樱桃花枝招展在山林
吉祥年份迎猴年
美好月份到十月
喜庆日子属蛇天
哈尼十月过大年
孩子们抽起了陀螺
寨老带头祭祖先
孩子们跟着来磕头
鞠躬弯腰双手来作揖
低眉垂首双脚来下跪
祈求后世子孙儿女双全
祈求后世人丁兴旺发达

友爱的兄弟姐妹
亲爱的父老乡亲

党中央决策英明政通人和
各级领导勤政为民
在阿倮擦切女人阿悲领地
女人擦切不垮奠定石基
山垭之上出平地
山坡之上出平台
有老人议事的会堂
有孩子们娱乐的操场
今日众多各级党委领导云集
诸多政府官员相聚
无数村寨长老相会
爱玩的孩子们聚在一起
老林爱打猎的瑶族也来了
深山打老熊的苦聪也来了
河边的傣族来相聚
平坝的汉族来聚首
山冈的仆拉来相会
山坳的彝族来碰头
咱们千百个哈尼聚在一起
相聚的人一个也不落
设宴的酒席摆起了千张万桌
千张万桌摆成了长街宴
开胃的美食摆盈了桌
开心的美酒斟满了碗
脚勤手快的年轻人频频斟酒
喝酒的人们像采集花蜜的蜜蜂聚在这里饮酒
边吃边讲炎路
边饮边讲炎嘎
食者都保性命
饮者都保元气
吃肉者身体强壮
饮酒者精气旺盛
来者都保性命
来者都保元气

友爱的兄弟姐妹
亲爱的父老乡亲
各届领导励精图治
世代江山人才辈出
阿倮擦起山洼用石头奠定成平地
山沟沟里就这么出了平台
山坡坡上就这样成了平地
哈尼山乡阳光灿烂
哈尼生活日新月异
三季庄稼丰收
三代人丁强盛
三类禽畜兴旺

首先祈求五谷丰登
祈求庄稼齐丰收
饭谷和糯谷成双
先种的小春枝肥叶茂
后种的大春末梢顶上结硕果
有俄最仙人吃的好谷粮
有石批神仙吃的好粮食
有世间儿女吃的红稻谷
千百个傣家来了有食物
平坝的汉家来了有吃处
千百个傣家越食越宽裕
平坝的汉家愈吃愈富裕

其次祈求人丁兴旺
生育孩子儿女双全
满屋子传出孩子的欢声笑语
如今的领导关心百姓
哈尼人的生活像蜜一样甜
再次祈求六畜兴旺
愿禽畜公母配对
愿禽畜挤满原野

愿禽畜进村的路通畅
愿金钱装满腰包
手能做的都合心
天空像硕大的篾帽
走到哪里都能庇护
大地广阔无垠

九　调查日志

2011年5月1日—7月23日

田野调查前的准备阶段。主要工作有:立题申请,选定课题组成员,搜集相关文献资料,制定调查词表和调查问卷,设计调查方案和经费预算,调查组成员的初步培训。

2011年7月20日

中午12点,调查组先遣成员李泽然和余成林从昆明抵达玉溪市元江县城接另一成员白居舟,受到了元江县哈尼族学会会长白坡德以及该县青少年校外培训中心陈磊老师的热情招待。午餐后沿元(元江县)红(红河县)公路前往红河哈尼族彝族自治州首府蒙自市。

下午5点多,3位成员受到州林业局卫官祥局长和州文化局李正有局长等的热情招待。

2011年7月21日

李泽然等三位先遣成员在州府蒙自汇报我们的来意,并向有关单位了解全州哈尼族的基本情况。

2011年7月22日

三位先遣成员晚7点多抵达绿春县城。

2011年7月23日

三位先遣成员在绿春,向县政府办公室主任李英德汇报课题组的目的和任务。还向有关单位了解该县哈尼族的基本情况,并准备了两个村寨的户口材料。中午,副县长罗优宝和县办公室主任李英德宴请调查组先遣人员。

2011年7月24日

绿春县政府办公室安排县文体局出车赴蒙自接应戴庆厦等调查组成员。

当晚，在蒙自工作的中央民族大学新老校友与课题组全体成员会面。

晚 10 时课题组成员开会，进一步明确调查任务和分工。

2011 年 7 月 25 日

早上 7 点前往绿春，中午 12 点到达元阳县老城，下午 5 点多抵达绿春县城，在绿春印象宾馆住下。晚，县委常委、副县长李捌先，县委常委、县委办公室主任李斗热，民宗局李央龙局长，用哈尼人的礼仪亲切招待调查组全体成员。课题组向领导们说明了来意，汇报了这次调查的宗旨和目标。

2011 年 7 月 26 日

上午，全体成员对所选点大兴镇牛洪村委会坡头村的居民做四百词测试及访谈。

全天共测试了不同年龄段的 11 个对象，还访谈了该村村民小组长阿三以及绿春县博物馆副馆长白者黑。

晚 10 点至 11 点半，课题组开会交流调查情况。

2011 年 7 月 27 日

上午，各成员对前一天坡头村民所做的语言能力测试进行分析、梳理。整理坡头村最新的户口资料电子文档。然后分头调查各户语言使用情况。

下午继续调查语言使用情况，李泽然和余成林在县民宗局杨文忠副局长的陪同下前往大兴镇大寨村委会了解情况，拷来了最新的大寨村委大寨村民小组的户口资料。

晚上 10 点至 11 点半，课题组开会交流调查情况。初步提出在绿春县哈尼语是强势语言的观点，并分析了其强势的种种表现。认为绿春县哈尼语的使用特点，在我国少数民族语言生活中是一个类型，值得研究。还认为，绿春哈尼语近几十年由于受到汉语影响，出现了一些变化。如：固有词中的数词在衰退，许多年轻人只能数到“五”，“五”以后只能用汉语借词；亲属称谓词“爸爸、妈妈、爷爷、奶奶”等也转用了汉语借词。

2011 年 7 月 28 日

全体成员到大寨村委会以及大寨村民小组分头进行四百词测试、语言使用情况调查、人物访谈以及话语材料录音工作。晚上在白者黑家见到罗优宝副县长。罗副县长给我们介绍了一些绿春县的情况。他还对我们说，要让自己的孩子学会哈尼语，汉语不怕学不会。

回来后，课题组碰头研究要摸一摸绿春县儿童习得语言的顺序，究竟有多少年轻的父母一开始就教孩子先学汉语。

2011 年 7 月 29 日

全体成员在住地整理材料及编写调查成果。

戴庆厦与李春风记录、整理当地汉语方言音系。戴宗杰与李文琪在民宗局杨副局长的陪同下到县政府办、民宗局、教育局、统计局、卫生局、妇联等单位了解哈尼族的社会经济、文化教育等情况。

晚上开会研究章节的安排。确定全书材料由余成林负责归总。强调材料要在离开实地前全部核对清楚。还决定增加“城镇语言使用情况”一章，包括医院、农贸市场、宾馆餐饮服务行业、政府机关等的语言使用情况。课题组进一步讨论绿春哈尼族语言的使用特点，认为高度聚居是哈尼语得以稳定使用的主要条件。高度聚居形成一个巨大的熔炉，其他民族来到这个地方很快被熔化。提出写作的三点要求：1. 要贴切并切中要害；2. 叙述要通顺，让人家愿意看下去；3. 要准确，但也要留有余地。

2011 年 7 月 30 日

李泽然与戴宗杰去绿春县博物馆馆长卢保和家记录了哈尼语话语材料并就哈尼族的历史、文化等问题进行了讨论。

2011 年 7 月 31 日

全体成员去农贸市场，了解农贸市场的语言使用特点，还了解了外族来绿春做生意及其语言使用情况。

邓凤民向大寨民族小学校长了解哈尼族青少年语言使用情况。

2011 年 8 月 1 日

上午整理材料，下午全体成员到大兴镇书记办公室了解全镇基本情况。

2011 年 8 月 2 日

全体成员去广吗做个案调查。

2011 年 8 月 3 日

继续整理材料和写稿。戴庆厦与李春风记录、整理哈尼人说当地汉语方言、普通话的音系。

下午全体成员到县博物馆参观了哈尼族文物展览，从中了解哈尼族的生产、生活习俗。馆长卢保从始至终陪同讲解。戴庆厦教授应邀题词：“哈尼族的语言文化是一大资源，有待大力开发、利用。”参观完毕后，白居舟还请卢保和馆长录制了哈尼语话语材料。

晚上，专题讨论了哈尼族母语使用情况及特点，由李泽然主讲。

2011 年 8 月 4 日

白天继续整理材料。

晚上开会时，课题组专题讨论了青少年语言使用问题，由邓凤民主讲。他提出青少年母语习得顺序问题、怎么看母语能力的下降、怎么判断母语水平的下降等。经过讨论，大家明确了一点：必须把青少年的语言生活放在语言社会的大背景下认识。绿春哈尼族青少年处在两个背景之下：一是哈尼语普遍使用的环境，二是通用语汉语大力推广的背景。青少年处在这两种背景交汇下，形成自己独特的语言特点。

2011 年 8 月 5 日

李春风和李文琪到绿春县人民医院访谈陆文祥院长，了解医院语言使用情况。戴宗杰访谈县民宗局局长李央龙。写了访谈记录。

晚上，县教育局普美成局长邀请课题组到他的家乡高山寨欢度哈尼族的重要节日——新米节。平河完小校长普玉忠、三猛完小校长陈里成、牛孔中学校长陈来然、大黑山中学校长张设究等 4 位中小学校长专程从远处赶来与我们相聚。也许我们都是老师的缘故，这些来自基层的中小学教师来回向我们敬酒，表示对我们的崇敬之情。

2011 年 8 月 6 日

课题组讨论全书目录。根据实际情况做了必要的增补。

2011 年 8 月 7 日

继续在住地整理材料和写稿。张鑫和李文琪到民宗局访谈副局长杨党成(瑶族)。

晚上课题组开会时提出：语言和谐是绿春三大和谐之一，要把语言和谐放到三大和谐中去分析。这三大和谐是指人与自然的和谐、人与人的和谐、不同语言间的和谐。

2011 年 8 月 8 日

继续在住地整理材料和写稿。中午，张鑫去了解宾馆、饭店的语言使用情况。

下午 4 点，县委吕兵书记、宣传部李莉红部长在县委会议室会见课题组全体成员。领队戴庆厦向书记汇报了这一阶段的工作；吕书记介绍了绿春县的县情及县委、县政府的规划。吕书记表示，要大力支持课题组的调查、研究工作。

晚上开会安排 11 日去平河乡做一个村寨的个案调查。

2011 年 8 月 9 日

上午继续写稿。下午，绿春县民宗局李央龙局长、杨文忠副局长带领全体成员前往牛孔乡拉祜族苦聪人寨子红太村民小组了解语言使用情况。这个拉祜寨周边都是哈尼族，拉祜人都会讲哈尼语，而且讲得非常好。他们在族内交际使用母语，与哈尼族交际就用哈尼语。

村民穿起节日盛装、载歌载舞欢迎来自北京的课题组。晚上，全寨居民大会餐，用苦聪人最好的饭菜招待课题组。他们感谢党和政府对他们的扶持和帮助，感谢北京来的专家来关心他们。如今他们有了卫生路、有了自来水，还建起了活动中心。临别时，村民放了彩炮欢送课题组。

到寨之前，顺路参观了位于国家级自然保护区内的绿春县黄连山水库。

2011 年 8 月 10 日

李文琪找城镇居民调查语言使用情况，共调查了 5 个人，为撰写“城镇居民家庭使用语言个案”准备了材料。

中午课题组开会，进一步明确对成果的要求。认为成果的定位要达到三点要求：材料丰富；有创新；表达准确。

2011 年 8 月 11 日

上午 11 点，在绿春县民宗局局长李央龙、副局长杨文忠的带领下，全体成员乘车到中越边境平河乡调查访问。11 点半，乡政府李军帅书记向调查组介绍了乡情。

下午开始做车里村委会车里村民小组的入户语言使用情况调查，了解车里村的历史和民风民俗。课题组在掌握数据的基础上，初步认为这里的哈尼族的母语比城区附近的几个大寨子相对较好，但汉语水平相对较低。

2011 年 8 月 12 日

全体成员到距离乡政府 20 多公里的车里寨子，全天在该村做四百词测试和访谈。

2011 年 8 月 13 日

上午，到中越边界新寨村民小组调查访问。戴庆厦 1958 年曾在该寨做语言调查和推广哈尼文。

这是个哈尼族和拉祜族苦聪人的寨子，所有苦聪人都会讲哈尼语。

午饭后返回绿春县城住地。晚饭前，集中开会，进一步安排剩下的写作和审稿任务。

按分工各自完成写作任务。

2011 年 8 月 14 日

按分工检查、修改草稿。

2011 年 8 月 15 日

继续检查、修改草稿，核对数据。

晚上，绿春县领导为了让我们课题组亲身体验哈尼族传统习俗长街宴的风采，并为了欢送课题组调查成功即将离开绿春，特意在牛洪寨组织长街宴宴会。宴会上，副县长罗优宝发表了热情洋溢的讲话，除了感谢课题组到绿春调查外，还介绍了长街宴的内容及其作用。宴会后还举行了篝火晚会，宾主共同跳起了欢乐的哈尼族乐作舞。陪同课题组参加这次长街宴的还有：县人大副主任、县总工会主席熊英努，县民宗局局长李央龙，副局长杨文忠，县民政局局长白嘎波，大兴镇镇长李晓忠、人大主席杨建荣，大兴镇副镇长施琼华和陆文忠，县机关事务局副局长齐书伦，大兴镇党政办公室主任赵勇等，还有坡头、牛洪、小新寨三个寨子的文艺队和附近的村民。

2011 年 8 月 16 日

继续检查、修改草稿，核对数据。

2011 年 8 月 17 日

田野调查基本结束，课题组成员返回各自的单位。

2011 年 8 月 18 日—30 日

最后统一体例；对注释、图表、标点符号等加以规范；增加内封。

2011 年 9 月 1 日

书稿送交商务印书馆。

十　照片

1. 绿春山城一角

2. 戴庆厦与50年前共创哈尼文的哈尼兄弟罗书文及其妻子合影

3. 李泽然测试儿童的语言能力

4. 白居舟测试车里村民的语言能力

5. 余成林了解大寨村民的语言能力

6. 邓凤民做四百词测试

7. 李春风整理绿春大兴镇汉语方言的音系

8. 张鑫、李文琪核对坡头村的语料

9. 戴宗杰调查坡头村的语言使用情况

10. 课题组在中越边境新寨村调查

11. 课题组在哈尼文标准音点大寨合影

参 考 文 献

1. 云南省民间文学集成办公室编　1990　《哈尼族神话传说集成》,中国民间文艺出版社。
2. 毛佑全著　1991　《哈尼文化初探》,云南民族出版社。
3. 云南省绿春县志编纂委员会编纂　1992　《绿春县志》,云南人民出版社。
4. 戴庆厦、段贶乐编著　1995　《哈尼语概论》,云南民族出版社。
5. 中央民族大学哈尼学研究所编　2000　《中国哈尼学》第一辑,云南民族出版社。
6. 李泽然著　2001　《哈尼语研究》,民族出版社。
7. 中共绿春县委宣传部编　2006　《生态绿春》,云南民族出版社。
8. 戴庆厦主编　2009　《西摩洛语语言使用现状及其演变》,商务印书馆。
9. 戴庆厦主编　2009　《泰国万伟乡阿卡族及其语言使用现状》,中国社会科学出版社。
10. 卢保和编著　2011　《绿春史话》,云南民族出版社。

后　　记

这次有幸重返阔别已经52年的云南省绿春县哈尼山寨，做哈尼语的语言国情调查，心情格外激动。

1956年大学毕业时，正逢国家组织开展大规模的少数民族语言调查，我即被派往中国科学院少数民族语言调查工作队，到云南参加哈尼语的调查研究工作。从1956年至1960年的4年时间里，我在红河两岸的哈尼族村寨广泛调查了哈尼语的方言、土语，设计了哈尼文文字方案，并做了哈尼文的试行和扫盲工作。我曾在坡头寨生活了4个月，在寨子里学习哈尼语并做哈尼文的试行工作，同哈尼族同胞实行"三同"——同吃、同住、同劳动，一起度过了粮食困难的难关。我还在中越边境小寨住了一个多月，在那里调查哈尼语并帮助群众扫盲。我初到县上时，县委洪大明书记还任命我担任县扫盲办公室主任，负责全县的哈尼文扫盲工作。洪书记还组织县上的领导学习哈尼文，让我教课。……我常自豪地说，我的青春年华，有一段是在红河两岸的哈尼村寨度过的。

1960年年底，我奉命回到学校做教学工作，结束了哈尼语的调查研究工作。此后，由于做其他语言的教学研究，就一直没有机会再回绿春。岁月如梭，不知不觉过了52年。当年我才20多岁，而如今已到古稀之年。在离开绿春的52年里，与哈尼同胞结下的难以忘怀的情谊，不时在我的脑海里回荡。

这次有幸重返绿春，一是去完成"985工程"语言国情调查的任务，看看绿春哈尼族的语言生活究竟发生了什么变化；还有一个让我兴奋的是，我要看一看绿春究竟发生了什么变化，还要拜访当年与我共事的哈尼兄弟。

轿车从蒙自向绿春奔驰，路过我当年徒步走过的元阳县县城、黄草岭、绿春县的俄批寨，缓缓进入了县城大兴镇。当年只有数十间瓦房的东西走向的宁静小街，如今街道两旁高楼林立，汽车穿梭。我不时地问坐在旁边的哈尼司机："50年代的大兴小学在哪里？""县政府在哪里？""县医院在哪里？"都变了，翻天覆地地变了，变得我一点儿都认不出来了。确切地说，这不是"变"，而是换了一座现代化小城。

第二天，我就安排去曾经住过4个月的坡头寨调查。到寨后，见到的大多是新瓦房，当年我住的公社小库房已被推倒盖了新房。只有寨子里荡秋千的地方我还有一点儿印象，但当年秋千旁的大龙树已因衰老驾鹤而去了。第三天，我去哈尼文标准音点的大寨做调查。当年为了设计、推行哈尼文，我不知多少次来到这个哈尼人聚居的村寨。如今，旧日的瓦房都换成了水泥楼房，家家都有了现代化电器。与我多年共事的同龄哈尼兄弟罗书文在村口迎接我，我俩情不自禁地拥抱，都流下了激动的泪水。回想当年为了推广哈尼文，我俩像亲兄弟一样与群众同甘共苦，共同度过了一个又一个难关。我还去了当年在那里做过哈尼文推行工作的广吗寨、小寨……等村寨。

绿春大变了，群众生活普遍提高了，只有像我这样阔别 50 多年的人才能最深刻地体会到它的变化。

绿春父老兄弟还一直记得我当年帮助他们创制哈尼文。每到一处，哈尼人都亲切地称我是“xa^{31} ni^{31} so^{31} $ɣa^{31}$ a^{31} bo^{55}（哈尼文爷爷）”，投以崇敬、感恩的目光。52 年过去了，当年我教过哈尼文的学生许多已不在世了，但在民间许多哈尼人都还记得当年有个北京小伙子为他们创造文字，在这里教过哈尼文。来到绿春后，课题组成员白居舟（绿春坡头哈尼族）告诉我，大寨有位老人叫李黑白，10 年前临终时问罗书文：“当年做哈尼文的小伙子现在在哪里，我能再见到他就好了。”我记得这位李大哥。当我听到这件事时，忍不住热泪盈眶。

哈尼人有许多美德，50 多年前我就已深深感受到了，比如对人真诚、心地善良、尊老护幼等。但这次我感触最深的是，他们都有一颗感恩之心。8 月 5 日晚，我们被县教育局普美成局长邀请到他的老家大山寨过新米节，平河完小校长普玉忠、三猛完小校长陈里成、牛孔中学校长陈来然、大黑山中学校长张设究等 4 位中小学校长专程从远处赶来与我们相聚。也许我们都是老师的缘故，这些来自基层的中小学教师来回向我们敬酒，表示对我们的崇敬之情。普玉忠校长对我深情地说：“我们过去没有文字，你为我们创造了文字，关心我们民族，我们哈尼人世代不会忘记你！”多好的感恩之心。酒席将毕，普局长对我说了一段感人肺腑的话：“今晚我不能陪你下山了。因为我要陪我姐姐一下，否则她会哭的。我是我姐姐从小背大的，她到河里摸了泥鳅上街卖，供我上学。”多么高尚的感恩之心！

感恩，这是难能可贵的美德。有了感恩之心，就会心地坦荡，就会有知心朋友，就会受人信任。哈尼人重感恩，这是哈尼族传统文化汇集而成的美德，是哈尼族赖以生存、稳步发展的精神力量。

我们的课题任务在大家的齐心努力下，已初步完成。我们要衷心感谢无私帮助过我们工作的人们。他们是：县委书记吕兵，县委副书记、县长朱布红，县人大主任王海者，原县政协主席陈球保，县委常委、副县长李捌仙，县委常委、宣传部部长李莉红，县委常委、县委办公室主任李斗热，县人大副主任、县总工会主席熊英努，副县长罗优宝，县政协副主席、县委统战部部长朱文学，县政协副主席龙刀者，县政府办公室主任李英德，县委统战部副部长、县民宗局局长李央龙，副局长杨文忠和杨觉成，县教育局局长普美成，县委宣传部副部长、县文化体育和广播电视局局长王本宏，县教育局原党委书记李宝仕，县地震局局长李沙普，县直机关工委常务副书记马石额，县人民医院院长陆文祥，县博物馆馆长卢保和，副馆长白者黑，大兴镇党委书记陆批斗，镇长李晓忠，人大主席杨建荣，平河乡党委书记李金顺，人大主席李斗普，副乡长李鲁发等。还有州林业局局长卫官祥、州广播电视局办公室副主任高继勇。此外，还有罗书文、李批成、瞿正华、卢学艺、李最然、普山发、李最斗等。尤其要感谢县民宗局副局长杨文忠的全程陪同和悉心照顾。

课题组的全体成员在田野调查中尽心尽力，连续奋战。他们为了完成教育部“985”课题，为了给哈尼族尽一份心，每天除了睡觉、吃饭外，都在工作，没有一天休息。大家团结一致，互相支持，共同构建了一个和谐、愉快、能打攻坚战的集体。

绿春，这个由我们敬爱的周恩来总理亲自命名的县名，这次能来这里做调查研究，是我们的福分。我们愿把这本洒了汗水的小书，献给克己待人、诚实向上的哈尼人！愿他们未来的日子过得越来越美！

戴庆厦

2011 年 8 月 15 日

于绿春县城绿春印象宾馆